·期权红宝书系列·

小马白话期权2

多品种交易机会与稳健盈利策略

小马／著

電子工業出版社
Publishing House of Electronics Industry
北京·BEIJING

内 容 简 介

本书是畅销书《小马白话期权——1 年 100 倍的稳健交易心法》的进阶版作品。全书分为基础知识篇、商品期权篇、美股期权篇、期权看盘篇、进阶策略篇、实战经验篇和投资者教育篇。本书结合作者多年的期权实战经验，生动形象地介绍了如何全天候在不同市场和不同行情下使用对应的策略，做好策略对冲和跨市场对冲，以及如何抓住不同品种的波段性机会，确保稳健盈利。同时从实战的角度总结成功经验和失败教训，是一本跳出期权理论、用通俗易懂的语言介绍期权实战的书籍。

本书适合零基础学习期权的大众投资者，以及有一定期权基础知识但又缺乏实战经验、理论知识比较丰富、想全面提高期权交易能力的人员阅读参考。

图书在版编目（CIP）数据

小马白话期权. 2，多品种交易机会与稳健盈利策略 / 小马著. —北京：电子工业出版社，2019.5
（期权红宝书系列）
ISBN 978-7-121-31442-1

Ⅰ. ①小… Ⅱ. ①小… Ⅲ. ①期权交易—基本知识 Ⅳ. ①F830.91

中国版本图书馆 CIP 数据核字（2019）第 057631 号

责任编辑：黄爱萍
印　　刷：三河市双峰印刷装订有限公司
装　　订：三河市双峰印刷装订有限公司
出版发行：电子工业出版社
　　　　　北京市海淀区万寿路 173 信箱　　邮编：100036
开　　本：720×1000　1/16　印张：22.25　字数：392 千字
版　　次：2019 年 5 月第 1 版
印　　次：2024 年 7 月第 11 次印刷
定　　价：79.00 元

凡所购买电子工业出版社图书有缺损问题，请向购买书店调换。若书店售缺，请与本社发行部联系，联系及邮购电话：（010）88254888，88258888。

质量投诉请发邮件至 zlts@phei.com.cn，盗版侵权举报请发邮件至 dbqq@phei.com.cn。

本书咨询联系方式：（010）51260888-819，faq@phei.com.cn。

推荐序

期权市场的自由与梦想

我和小马老师都是国内最早一批接触期权并有情怀推广期权正能量的人之一，共同见证着国内期权成交量的增长与投资者学习期权热情的提升。期权工具已然引起了中国金融市场和民众生活的较大变化。期权又称选择权，期权的伟大之处就在于它给予中国投资者尤其是股民更多的选择和自由。

期权市场故事多、梦想也多。很多朋友一谈到期权，心就像“跌进了深深的湖水，从此推不开、躲不掉”，因为在期权市场里有他的自由和梦想。是的，在期权市场里有不少人拥有实现财务自由的梦想，而且期权市场能够直接无条件地给你表达观点的自由。

在股票市场，股票投资者的交易方向有限，买入并持有几乎是简单且唯一的套路，其损益图是一条简单的向右上方倾斜的直线。在买入股票后，如果股价上涨，则有盈利；如果股价下跌，则有亏损。在熊市周期里，股市整体下跌，投资者想从股市的波段上涨中赚到钱也不太容易，持币观望恐怕成了最好的选择。这其实是很不自由的，无法用交易表达除了上涨之外的观点，更不方便把这些观点转化为收益。

有了期权，从此不一样！交易从未如此自由！为什么？因为期权工具可以给投资者提供非线性的损益特征，期权买方与卖方的权利和义务不对等，收益风险结构不对称，正是这种特征给予了投资者前所未有的交易自由。

期权受到投资者追捧的最重要原因在于其多样的交易策略。每个投资者都有对未来走势的预测，或看涨、或看跌、或认为宽幅震荡、或认为小幅波动。无论你是怎样的观点，都可以有自己私人定制的交易策略。除了方便表达投资观点外，期权工具还自带杠杆，杠杆里埋藏着可能性，埋藏着梦想的种子。

但问题来了，使用了期权工具就意味着自由吗？就意味着梦想实现吗？当然不是，这里面还差一点东西。大家常看到小马老师经常用熟练的期权头寸搭配来表达观点，进退有度、收放自如。在其自由搏击的背后是努力与自律，一遍又一遍地复盘思考，一篇又一篇地笔耕总结，能够这样坚持是很不简单的，不仅需要严格的自律精神，而且具有很强的执行力，他总是一想到就尽快去做到。想想身边又有多少人只有“临渊羡鱼”的闲情，而迟迟不见“退而结网”的行动呢？《小马白话期权 2——多品种交易机会与稳健盈利策略》凝结着小马老师的大量思考与总结，也闪耀着背后看不见的自律与行动，我愿再次郑重推荐给广大期权交易者朋友！

自律才有自由，行动才能致远！

王勇

期权交易者学会　理事长

期权红宝书系列　主编

成都融固资产管理有限公司　董事长

《期权交易——核心策略与技巧解析》作者

目 录

一、基础知识篇

1. 期权复杂，纯正小白如何入门
2. 两种玩法，各取所长信手拈来
3. 兼职散户，小米步枪风生水起
4. 区别期货，期权交易自己掌握
5. 拒绝零和，用好期权实现共赢
6. 加强纪律，韬光养晦及时出击
7. 找大牛股，期权怎达百倍收益
8. 认清大势，大行情时不“掉链子”
9. 临近到期，把握机遇规避风险
10. 岁月神偷，被时间偷走的价值
11. 高手过招，期权夜话十条总结
12. 应知应会，期权基础五个问答
13. 快速下单，熟悉功能赢得先机

1

期权复杂，纯正小白如何入门

师傅领进门，修行靠自身。

随着股市的起伏及国内期权品种的增加，越来越多的投资者开始关注期权这个无论是上涨、下跌还是横盘都可以赚钱的工具，甚至一些机构也在试图用期权工具进行突破。但是对于一个期权小白来说，做期权的难度是非常大的，那么，应该怎样入门，做哪些准备工作呢？可以从下面几个方面去着手。

1. 准备工作

（1）知识储备

首先，必须要阅读关于期权的书籍，浏览与期权相关的网站、视频，由浅入深。笔者推荐上海交易所投教频道系列教程和视频，书籍从简单的《三小时快学期权》《两周攻克期权策略》《简易期权》等读起，以了解期权是什么，然后阅读《期权交易——核心策略与技巧解析》《手把手教你学期权投资》《麦克米伦谈期权》，以及与波动率交易相关的书籍，以深入学习期权更深层次的知识。

如果做的是 50ETF 期权，则必须对相关成分股进行研究。如果做的是豆粕期权、白糖期权或铜期权，就需要对农产品、工业品和期货知识有一定的研究。

其次，要有一套判断和跟随行情的思维，不管是预测标的物的趋势，还是跟随行情走势，都应该有相应的思维和想法。对习惯于股票交易的投资者来说，更加需要具备多空思维，因为股票只能通过做多赚钱，但在既可以做多又可以做空的期权市场，他们往往在行情下跌时不会做空，只会根据股票思维来不断抄底，但往往在做空时获利的速度比做多时的速度快很多、空间也大很多。从事期货的投资者转做期权，就不会存在看多、看空方面的问题。

最后，还要掌握一些技术分析的方法，这一点也非常重要，因为这些方法能够成为你下单进行买卖操作的依据，包括常见的均线、MACD 线、KDJ 线等。

（2）资金准备

目前，国内期权市场有相对较高的门槛，要想投资 50ETF 期权，需要连续 20 个工作日账户净资产平均达到 50 万元以上，投资商品期权需要平均净资产达到 10 万元以上，在开通 50ETF 期权账户后，就可以拿交割单去开通商品期权账户了，所以投资者要做好相应的资金准备。

（3）相关经验

如果具备以下两个方面的经验再来做期权，就再好不过了。

① 投资股票的经验。股票做得好的人对指数、板块、个股、基本面会有比较详细、客观、全面的了解，盘感也比较好，再来操作 50ETF 期权会非常容易。

② 投资期货的经验。期货投资者在交易纪律、止盈/止损、资金管理、日内操作、多空观点、程序化交易方面有优势。

2. 期权试水

（1）模拟交易和开户

做好上述准备工作后，就可以联系证券公司或期货公司进行模拟交易和开户，模拟 50ETF 期权交易要有 6 笔不同方向的交易，模拟交易商品期权需要连续操作 10 个交易日，且包括行权操作。笔者建议多做几笔交易，以熟悉各种操作，找到亏损和盈利的感觉。

目前期权的开户手续比较烦琐，要先进行考试，通过考试后还有审核、录像等手续，所以可以趁行情清淡时开户。

（2）熟悉交易软件

期权交易的软件界面比股票软件界面复杂得多，以 50ETF 期权交易软件为例，如图 1-1 所示，在 T 型报价界面有 4 个行权月，至少 9 个行权价，还有认购、认沽两个交易方向，商品期权的交易软件界面更复杂。要熟悉交易软件，避免在实际操作时下错单子。

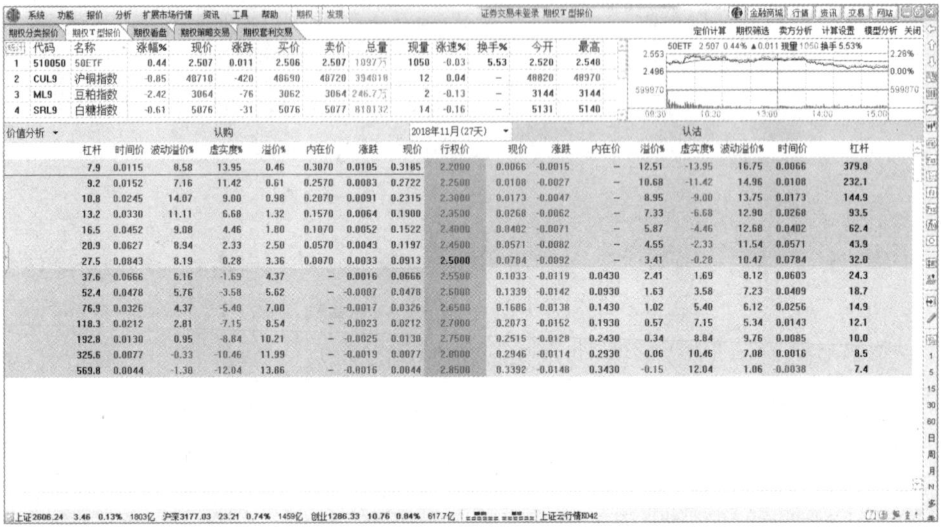

	代码	名称	涨幅%	现价	涨跌	买价	卖价	总量	现量	涨速%	换手%	今开	最高
1	510050	50ETF	0.44	2.507	0.011	2.506	2.507	1097万	1050	-0.03	5.53	2.520	2.548
2	CUL9	沪铜指数	-0.85	48710	-420	48690	48720	394818	12	0.04	–	48820	48970
3	ML9	豆粕指数	-2.42	3064	-76	3062	3064	246.7万	2	-0.13	–	3144	3144
4	SRL9	白糖指数	-0.61	5076	-31	5076	5077	818132	14	-0.16	–	5131	5140

认购								2018年11月(27天)	认沽								
杠杆	时间价	波动溢价%	虚实度%	溢价%	内在价	涨跌	现价	行权价	现价	涨跌	内在价	溢价%	虚实度%	波动溢价%	时间价	杠杆
7.9	0.0115	8.58	13.95	0.46	0.3070	0.0105	0.3185	2.2000	0.0066	-0.0015	–	12.51	-13.95	16.75	0.0066	379.8
9.2	0.0152	7.16	11.42	0.61	0.2570	0.0083	0.2722	2.2500	0.0108	-0.0027	–	10.68	-11.42	14.96	0.0108	232.1
10.8	0.0245	14.07	9.00	0.98	0.2070	0.0091	0.2315	2.3000	0.0173	-0.0047	–	8.95	-9.00	13.75	0.0173	144.9
13.2	0.0330	11.11	6.68	1.32	0.1570	0.0064	0.1900	2.3500	0.0268	-0.0062	–	7.33	-6.68	12.90	0.0268	93.5
16.5	0.0452	9.08	4.46	1.80	0.1070	0.0052	0.1522	2.4000	0.0402	-0.0071	–	5.87	-4.46	12.68	0.0402	62.4
20.9	0.0627	8.94	2.33	2.50	0.0570	0.0043	0.1197	2.4500	0.0571	-0.0082	–	4.55	-2.33	11.54	0.0571	43.9
27.5	0.0843	8.19	0.28	3.36	0.0070	0.0033	0.0913	2.5000	0.0784	-0.0092	–	3.41	-0.28	10.47	0.0784	32.0
37.6	0.0666	6.16	-1.69	4.37	–	0.0016	0.0666	2.5500	0.1033	-0.0119	0.0430	2.41	1.69	8.12	0.0603	24.3
52.4	0.0478	5.76	-3.58	5.62	–	-0.0007	0.0478	2.6000	0.1339	-0.0142	0.0930	1.63	3.58	7.23	0.0409	18.7
76.9	0.0326	4.37	-5.40	7.00	–	-0.0017	0.0326	2.6500	0.1686	-0.0138	0.1430	1.02	5.40	6.12	0.0256	14.9
118.3	0.0212	2.81	-7.15	8.54	–	-0.0023	0.0212	2.7000	0.2073	-0.0152	0.1930	0.57	7.15	5.34	0.0143	12.1
192.8	0.0130	0.95	-8.84	10.21	–	-0.0025	0.0130	2.7500	0.2515	-0.0128	0.2430	0.34	8.84	9.76	0.0085	10.0
325.6	0.0077	-0.33	-10.46	11.99	–	-0.0019	0.0077	2.8000	0.2946	-0.0114	0.2930	0.06	10.46	7.08	0.0016	8.5
569.8	0.0044	-1.30	-12.04	13.86	–	-0.0016	0.0044	2.8500	0.3392	-0.0148	0.3430	-0.15	12.04	1.06	-0.0038	7.4

图 1-1　通达信软件期权 T 型报价

（3）用小仓位练单子

一些新手朋友做期权交易不知道从哪里做起，一句话：从轻仓做起，从简单做起。

- 要有一笔单子来体会“做空也能赚钱”。
- 要有一笔盈利的单子来体会“原来杠杆这么大”。
- 要有一笔卖期权的单子来体会“原来卖方赚钱挺轻松的”。
- 要有一笔卖期权亏损的单子来体会“卖期权亏起来那么快！”。
- 要有一笔买入虚值期权的单子，一直持有到期，且归零，来体会“原来真的可以到期归零，幸好当初没满仓”。
- 要有一次“在波动率高位买期权，做对了方向却没有赚到钱”的经历。

以上单子，一定要轻仓，哪怕 1 手也可以。必要的痛一定要经历，在痛的时候问自己“如果这些单子是重仓会怎样”。

在初始投资时，可以根据自己对行情的判断，将远月合约与近月合约适当搭配，用近月合约感受期权对短期市场变化的敏感，用远月合约树立中线意识，且不会一个月就亏完本金，可以有时间在不断变化的行情中调整交易思路。

（4）有利润后适当加仓

在熟悉一些标的物的走势、了解期权的特点、赚得一定的利润且标的物的趋势能继续保持时，可以适当加仓，但不要一次加太多。

（5）常用的期权策略

常用的期权策略有：看涨-买入认购、看跌-买入认沽、看不涨-卖出认购、看不跌-卖出认沽、持有标的增厚收益-备兑开仓、看小涨慢涨-牛市价差、看小跌慢跌-熊市价差。

3. 新手误区

（1）爱买虚值。有些新手刚入场时，不分析市场行情，也不考虑实际情况，而是喜欢买虚值期权，甚至重仓买入，最后因虚值期权归零而蒙受巨大损失。

（2）喜欢重仓。一般来说，如果你手上资金不多，且刚开户，那么在开始试水期权权利仓时，最好只用 1 万元左右试水。在多次试水、验证你的策略是正确的以后，再适当增加资金投入。

（3）对抗趋势。有些人是从股票投资转为期权投资的，所以喜欢抄底、逆趋势而操作，这种方法或许用在股票投资时能够赚到钱，但如果用在期权投资里，最后的持仓很可能会变成虚值，甚至归零。应该及时调整策略，或者止损，再或者买入反向的期权做对冲，从而扭亏为盈。

（4）无限移仓。假设期权上涨或下跌时无限向上移仓，买入较多量的虚值期权，如果期权继续上涨，则会获得额外利润，但是在一段时间内，标的的上涨或下跌往往是有限的，如果不断向上移仓，碰到回调、反弹或波动率的急剧下降，就会被吞噬很多利润。

（5）长期持跨。买入跨式期权并不是在任何条件下都合适的，在短线交易中，盼望着在涨上去时认购止盈，在跌下来时认沽止盈，不管怎样都赚钱，但实际上这样来回震荡的行情并不会时时存在。而且，加上波动率的变化和时间价值的损耗，在不涨、不跌时两边的期权可能都会亏损。

（6）止盈止损。在一个波段趋势里，分批止盈是对的，但是不要过早全部止盈和过早反向，在趋势不改时守住持仓量才有大利润。止损做起来更容易，但要有止损后再跟随趋势追回来的勇气。

（7）依赖心强。天天盼望着有高手指点，恨不得买哪个合约、什么时候买、什么时候卖，都由高手指点，自己却不去钻研。即使亏损也不分行情，希望高手帮忙操盘，快速回本。但是在这样高杠杆的市场，哪有时刻都赚大钱的高手呢？高手更擅长行情判断、资金管理和控制回撤，而并不是不会浮亏。路要靠自己走，才会安心。

4. 心理修炼

在同一波行情里，有人赚大钱，有人赚小钱，甚至有人亏钱，不同的操作有不同的结果，在投资操作的过程中，心理因素非常重要。

（1）盈利后怎么办

如果在短期内有较大的利润，则一定要弄清楚，这利润是通过自己分析研究后投资赚得的，还是刚好适应了市场走势赚得的。如果是前者，则可以发挥自身的技术优势，利用好期权的超额收益、可重复、上涨/下跌/横盘都可以赚钱的特点，继续在市场中操作，如果是刚好适应了市场走势所赚得的，那就要冷静下来，思考这种操作是否可持续。

如果盈利丰厚，就要及时注意出金，大部分资金要转出，不能全部再买成期权，万一行情不利，前面的盈利就变成了“竹篮打水一场空”。

（2）亏损后怎么办

当面对浮亏时，人们内心都是不好受的，但如果能做好资金管理，做到“投入即亏损”的打算，那么偶尔的亏损是可以承受的。

如果亏损已发生，则应先判断是自己判断行情错误，还是期权合约选择错误，亦或是没止盈、止损造成的。再结合行情，继续做好资金管理，争取在今后的期权投资中赚回来。如果是卖方亏损，则应调整思路滚动操作，不急不躁地把亏损挽回。

（3）坦然面对波动

期权是波动非常大的品种，一天上涨或下跌 50%都非常正常。如何应对这巨大的过山车似的涨跌？做好下面几点就会相对坦然一些。

① 期权权利方控制好资金的投入，上涨或下跌 50%，对总资金来说所占比例不大，义务方则不要重仓卖出平值和实值期权。

② 优化持仓结构，如果判断标的方向比较困难，则可以用不同行权价的虚实期权构建一个进可攻、退可守的持仓组合。但对于短线操作和日内操作来说，不用那么麻烦，做好盯盘和止盈/止损就行。

③ 做好期权善后处理，当有巨大利润、害怕回撤又不想失去行情上行收益时，可以逐渐采取“收尾行动”，采用构建垂直价差或比率价差、买入反向合约做保护等方式。

④ 锻炼心脏，逐渐习惯期权账户的巨大波动，平稳心态，让心脏变得强大，需要长时间的修炼。

2

两种玩法，各取所长信手拈来

欲擒故纵无牌理，潮起潮落也随机。
经韬纬略备兵器，信手拈来可擒敌。

通过几年的期权实战，结合期权的基本策略，笔者认为期权有两种基本的玩法。

1. 精研一两个标的，在不同阶段用不同的策略

通过研究宏观形势、板块轮动、个股或农产品供需情况、品种特点等因素，根据标的的不同行情使用不同的策略，以赚取或多或少的利润，这种方法对技术要求比较高。如果只研究一两个标的，则可以快速精通且快速掌握到标的的特点，在操作时就会游刃有余。

精研标的，针对不同的行情使用不同的策略，这种方式的优点是对一个标的熟悉以后，能够把握好其运行规律，缺点是如果只熟悉一两个标的，那么在大多数的震荡行情里，获利的难度会比较大。

2. 精通一两种策略，寻找机会对不同的标的进行实践

有时候没有精力同时对两个标的进行深入研究，或者研究和分析的结果的正确度不高，这时，可以尝试去精通一两种策略，把各种期权的账户都开好，然后在不同的标的上去应用。

比如简单地使用买入认购/认沽策略在 50ETF、白糖、豆粕、铜、橡胶、玉米、棉花和美股期权上的应用。随着期权品种的增多，这种方法有了更大的发挥空间，在多品种上，类似于期货投资者，选择趋势最好的品种使用认购或认沽期权做方向性的跟随交易就很好。再加上期权买方有“投入有限、收益无限”的特点，如果投资某个趋势性品种，只要方向正确，那么即使投入少量金额，也能获取较大的收益。

这种方法需要关注比较多的标的，精力比较分散，但是这种方法不用熟悉太多的策略，只使用自己熟悉的一两种策略，并在适合自己策略的趋势品种上去下单即可。

3

兼职散户，小米步枪风生水起

无边落木萧萧下，顺势而为步步杀。

白话期权娓娓道，洛阳纸贵快快抄。

笔者作为一名期权散户，虽然偶尔有时间看盘，但不会像期权大户或机构那样有多个显示屏幕或者有分析员、交易员等各种人员配合，笔者仅使用一台电脑或者一部手机看盘，所以好多市场因素看不到。但“小米加步枪”也有其存在的意义：事先对行情做好预判和应对方案；盘中做好“提醒”，实施准备好的应对方案；盘后对当日的行情进行复盘，并对后面的行情进行推演，还是能发挥“船小好调头”的优势的。

1. 盘前归纳信息

早晨在上班途中，看一眼昨夜的欧美股市、新加坡富时 A50 的走势和收盘情况，欧美股市的大涨或大跌可能对 50ETF 开盘和盘后半小时有一些影响，对预测 A 股的高开或低开也是有参考作用的。

可浏览东方财富网、腾讯财经、同花顺等财经类 App 发布的新闻，有些新闻对重大的利好/利空行情有警示作用，还可以了解当前财经媒体的情绪和主流看法。

随后根据上述信息对前一天晚上的策略和应对做补充，或者修正之前预判的行情和应对措施，比如之前可能当日无操作，但由于实质性利好/利空消息的出现，得做一些对冲或反手操作。

2. 盘中观察与执行

（1）盘面观察

从交易日的 9:15 集合竞价开始盯盘，笔者盯盘的自选股如图 3-1 所示。在集合竞价时，如果在 9:20 中国平安等成分股高开或低开超过 0.5%，那么当天的行情就能够完美把握，而如果各成分股涨跌不一致，那么 50ETF 涨跌幅度就不会太大。

行情报价 | 资金驱动力 | 资金博弈

	代码	名称	涨幅%	现价	涨跌	买价	卖价	总量
1	999999	上证指数	-0.17	2720.73	-4.52	–	–	1.02亿
2	601318	中国平安	-0.40	62.73	-0.25	62.73	62.74	323791
3	600519	贵州茅台	1.06	666.21	7.02	666.20	666.21	30180
4	600036	招商银行	-0.53	28.14	-0.15	28.14	28.15	260701
5	600887	伊利股份	-1.90	23.74	-0.46	23.73	23.74	917033
6	601166	兴业银行	0.00	15.08	0.00	15.08	15.09	308592
7	600030	中信证券	0.69	16.09	0.11	16.08	16.09	387549
8	600276	恒瑞医药	-0.71	65.68	-0.47	65.67	65.68	129138
9	601688	华泰证券	-0.59	15.27	-0.09	15.26	15.27	247660
10	399975	证券公司	-0.42	544.48	-2.28	–	–	378.2万
11	399986	中证银行	-0.14	5799.85	-8.26	–	–	950.8万
12	600760	中航沈飞	4.56	37.62	1.64	37.62	37.63	106042
13	SR1901	白糖1901	-0.18	4963	-9	4962	4963	139738
14	M1901	豆粕1901	0.03	3122	1	3122	3123	256436
15	HSI	恒生指数	-0.63	27712.54	-176.01	–	–	7890万
16	IH1809	上证1809	-0.57	2461.0	-14.2	2461.0	2461.4	13978
17	000016	上证50	-0.35	2465.88	-8.60	–	–	1831万
18	510050	50ETF	-0.36	2.512	-0.009	2.511	2.512	350.0万
19	10001311	50ETF购9月2450	-4.95	0.0980	-0.0051	0.0979	0.0980	34118
20	10001281	50ETF购9月2500	-4.27	0.0695	-0.0031	0.0695	0.0696	103346
21	10001275	50ETF购9月2550	-8.89	0.0451	-0.0044	0.0450	0.0451	100042
22	10001241	50ETF购9月2600	-5.17	0.0275	-0.0015	0.0274	0.0275	72024
23	10001358	50ETF沽9月2400	7.33	0.0205	0.0014	0.0204	0.0205	70592
24	10001312	50ETF沽9月2450	4.89	0.0343	0.0016	0.0343	0.0344	79681
25	10001282	50ETF沽9月2500	2.51	0.0531	0.0013	0.0530	0.0531	115702
26	10001276	50ETF沽9月2550	6.03	0.0791	0.0045	0.0791	0.0792	73236

图 3-1　日常看盘的自选股

50ETF 的前 10 个主要成分股和银行、保险、券商、消费等板块是必须要看的，成分股和主要板块的起伏波动是影响 50ETF 的主要因素。把 IH 当月合约和 50ETF 的分时图叠加（如图 3-2 所示），由于股指期货上下挂单的数量较小，更加灵敏，经常在拐点或者快速拉升/跳水时会领先于 50ETF，所以可以作为短期下单的参考因素。

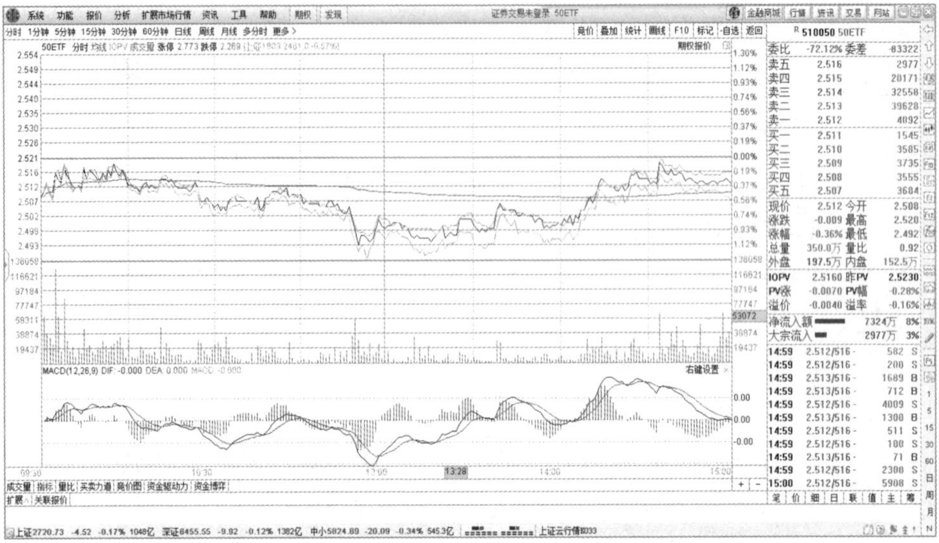

图 3-2　50ETF 与 IH 当月合约的叠加

当主要成分股和各板块出现齐涨或齐跌行情时，这天的行情往往会起伏比较大，比如上涨/下跌 2%以上，50ETF 的涨跌幅度也会比较大，如果行情在持续到 10∶00 或 10∶30 还没有冲高回落或探底回升，那么大概率单边行情就会持续，该追单的可以追了。

将主要的平值附近的两三档认购/认沽期权并列在一起观察，有以下好处：一是期权价格比 50ETF 多一位，50ETF 中的 0.001 元即一个单位，期权上有 10 个单位可以变动，标的波动 1 厘钱，期权波动可能不止 10 元/张，这也能反映市场的情绪。二是将认购与认沽并列观察，可以同时观察到一对平值期权或对角的虚值期权的价格变动、涨跌幅是否对称，如图 3-3 所示为 2018 年 8 月期权 T 型报价，从图中可以看出，前一日的平值期权 2550 认购涨幅接近 30%，认沽跌幅为 20%左右，但虚 2 档 50ETF 购 8 月 2650 涨幅为 63%，虚 2 档 50ETF 沽 8 月 2450 跌幅只有 19%，认购期权的涨幅普遍大于认沽期权，能反映出市场的做多情绪。

期权策略交易　期权套利交易　定价计算　期权

现价	涨跌	买价	卖价	总量	现量	涨速%	换手%	今开	最高
2.610	0.041	2.609	2.610	665.5万	2105	0.00	5.40	2.576	2.626
3108	-6	3108	3109	161.0万	2	0.06	–	3107	3121
4901	3	4900	4901	587664	2	0.08	–	4887	4904

认购　2018年08月(29天)　认沽

卖量	卖价	买量	买价	涨幅%	现价	行权价	现价	涨幅%	买价	买量	卖价
1	0.4093	1	0.4054	8.85	0.4059	2.2000	0.0031	-3.12	0.0031	7	0.0032
1	0.3604	2	0.3569	10.02	0.3567	2.2500	0.0041	-2.38	0.0040	12	0.0041
1	0.3108	2	0.3088	11.08	0.3087	2.3000	0.0065	-1.52	0.0063	161	0.0065
1	0.2633	1	0.2612	13.61	0.2613	2.3500	0.0088	-9.28	0.0087	1	0.0088
4	0.2177	6	0.2158	16.02	0.2158	2.4000	0.0132	-16.46	0.0132	48	0.0134
1	0.1737	3	0.1720	18.92	0.1722	2.4500	0.0189	-19.92	0.0189	53	0.0190
1	0.1343	116	0.1330	24.30	0.1330	2.5000	0.0292	-18.89	0.0292	50	0.0293
71	0.0980	18	0.0972	29.43	0.0972	2.5500	0.0439	-20.18	0.0436	33	0.0439
72	0.0694	8	0.0693	42.21	0.0694	2.6000	0.0647	-17.58	0.0647	58	0.0649
1	0.0488	79	0.0485	63.30	0.0485	2.6500	0.0913	-16.77	0.0912	1	0.0913
22	0.0324	12	0.0323	83.05	0.0324	2.7000	0.1256	-13.85	0.1256	497	0.1260
19	0.0201	172	0.0200	98.02	0.0200	2.7500	0.1641	-13.04	0.1641	5	0.1655

图 3-3　2018 年 8 月期权 T 型报价

如图 3-4 所示为 2018 年 7 月 17 日的 T 型报价，从图中可以看出，当天标的下跌，虚值认沽期权也在下跌，平值和实值认沽期权的涨幅远远大于认购期权的跌幅，如图 3-5 所示可以确定波动率在下降，低至 18%。

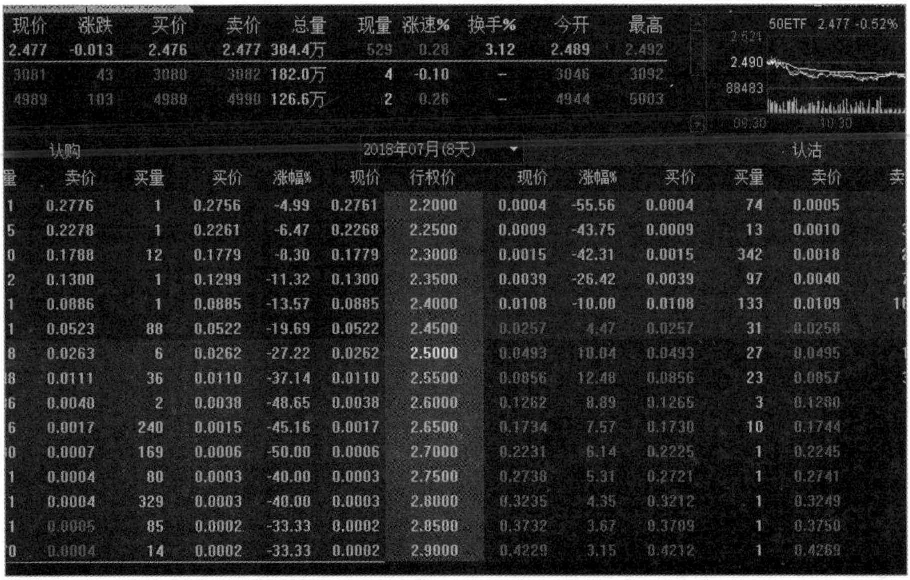

现价	涨跌	买价	卖价	总量	现量	涨速%	换手%	今开	最高
2.477	-0.013	2.476	2.477	384.4万	529	0.28	3.12	2.489	2.492
3081	43	3080	3082	182.0万	4	-0.10	–	3046	3092
4989	103	4988	4998	126.6万	2	0.26	–	4944	5003

认购　2018年07月(8天)　认沽

量	卖价	买量	买价	涨幅%	现价	行权价	现价	涨幅%	买价	买量	卖价
1	0.2776	1	0.2756	-4.99	0.2761	2.2000	0.0004	-55.56	0.0004	74	0.0005
5	0.2278	1	0.2261	-6.47	0.2268	2.2500	0.0009	-43.75	0.0009	13	0.0010
0	0.1788	12	0.1779	-8.30	0.1779	2.3000	0.0015	-42.31	0.0015	342	0.0018
2	0.1300	1	0.1299	-11.32	0.1300	2.3500	0.0039	-26.42	0.0039	97	0.0040
1	0.0886	1	0.0885	-13.57	0.0885	2.4000	0.0108	-10.00	0.0108	133	0.0109
1	0.0523	88	0.0522	-19.69	0.0522	2.4500	0.0257	4.47	0.0257	31	0.0258
8	0.0263	6	0.0262	-27.22	0.0262	2.5000	0.0493	10.04	0.0493	27	0.0495
8	0.0111	36	0.0110	-37.14	0.0110	2.5500	0.0856	12.48	0.0856	23	0.0857
6	0.0040	2	0.0038	-48.65	0.0038	2.6000	0.1262	8.89	0.1265	3	0.1280
6	0.0017	240	0.0015	-45.16	0.0017	2.6500	0.1734	7.57	0.1730	10	0.1744
0	0.0007	169	0.0006	-50.00	0.0006	2.7000	0.2231	6.14	0.2225	1	0.2245
1	0.0004	80	0.0003	-40.00	0.0003	2.7500	0.2738	5.31	0.2721	1	0.2741
1	0.0004	329	0.0003	-40.00	0.0003	2.8000	0.3235	4.35	0.3212	1	0.3249
1	0.0005	85	0.0002	-33.33	0.0002	2.8500	0.3732	3.67	0.3709	1	0.3750
0	0.0004	14	0.0002	-33.33	0.0002	2.9000	0.4229	3.15	0.4212	1	0.4269

图 3-4　2018 年 7 月合约 T 型报价

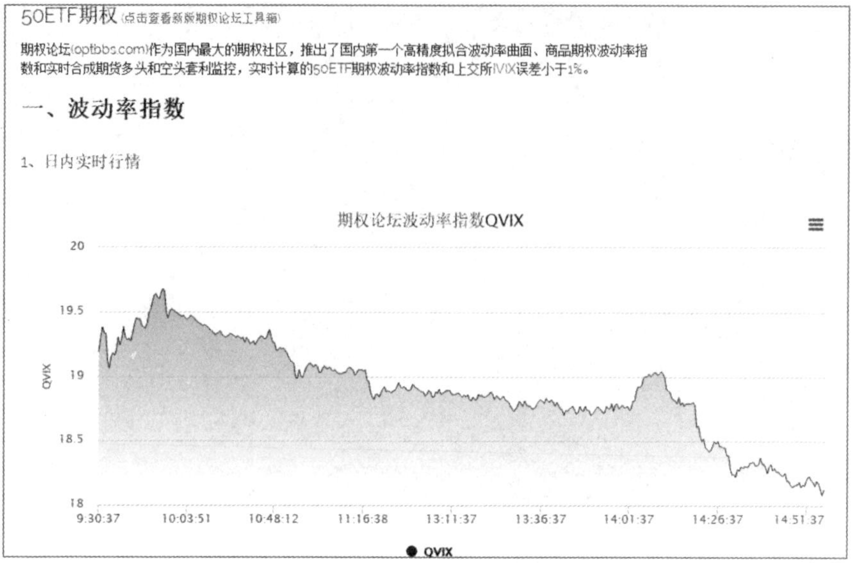

图 3-5　期权论坛波动率指数走势

（2）经常翻看各个时间周期的 50ETF 技术指标，比如金叉、死叉、背离等，从短周期到中周期，再从中周期到短周期。经常查看主力期权合约的持仓量、成交量、仓差、主动性买卖单、净仓量等情况。

3. 盘后总结与回顾

收盘后首先对当天的行情进行分析，比如，分析标的和主要成分股的走势，为什么会有这样的走势，以及领涨（跌）的主要成分股和板块有哪些等。

然后分析当天盘面，记录下自己对这种行情是怎么应对的，在期权上做了哪些操作，或者结合当前的行情做策略解读，并把这种应对策略纳入知识库，今后再遇到类似的行情就不会慌张了。

还可以对当天的行情进行复盘，并对自己当天应用的策略和操作方法进行总结。在晚上有空时还可以再看一下商品期权和美股市场。

对于散户期权投资者来说，把期权当作生活中的一部分即可，因为生活中还有其他更有意思的事情，要兼顾事业和家庭。不管是炒股还是做期权，本金不多的年轻人都不必专职去做，因为专职做只会增加交易频率，效果如何却不得而知。

4

区别期货，期权交易自己掌握

有些期权投资者是从股票投资者转化而来的，有些是从期货投资者转化而来的，且在交易转化的初期，大家对期货和期权的区别比较疑惑，有人认为期货和期权都是具有杠杆的交易工具，只是有时候杠杆率不同而已。其实，期货和期权的区别还是比较大的，期权的优点主要有以下几个方面。

（1）期权只做方向性交易。以方向性的买方来说，期权不会爆仓，也不存在被强行平仓的风险，而期货则会面临频繁止损的情况。如果方向做反，那么做期权的最大亏损就是投入的本金，而股指期货要追加保证金，损失不可预计，也就是说期权在下单时，就能知道自己的最大亏损是多少，而期货并不能预估。

（2）杠杆灵活。期权从实值到虚值，杠杆比例范围是 5 倍到上百倍，卖方的杠杆率也可以自己调整。

（3）精准化打击。一样的仓位，如果都做多股指期货，收益就会基本一致。而如果选择不同行权价的期权，收益就会有指数级的差别。在一轮大行情里，每个人对标的能到达的高度有不同的预测，获取的利润也会有较大的差别。

（3）技术更值钱。在期权市场中，懂技术、会判断趋势的投资者，对标的波动的时间、高度、速度能够判断准确，使用期权工具就可以用小资金撬动大杠杆，从而赚取更多利润。

（4）策略更多样。期权具有垂直价差、保险、保护性认沽等多种策略，比期货策略更复杂，很多投资想法都可以使用期权实现，真正把命运掌握在自己手中。

（5）期权有波动率。波动率是一把双刃剑，期权在标的价格变动的考量下，增加了波动率变化。波动率上升或下降带来的盈利或亏损情况也比较复杂，比如波动率上升，一周标的不变，或许期权还能盈利 30%，如果碰上横盘或者反弹，波动率下降，认购、认沽期权也都下跌，那么期权的买方怎么做都会亏钱。但波动率下降是卖方的福音。

（6）有时间价值。期权区别于期货的一个关键因素是期权具有时间价值，时间价值是对非线性杠杆和最大亏损有限的补偿，买方要获得超额收益并避免过大的亏损，而付出了时间价值，卖方反之。有的卖方做中性策略，就是在方向和波动率维度上进行了中性对冲，只为了获取时间流逝的利润。

当然，用期权也能组成多头和空头组合，同时用股指期货和期权也能构建一些基本不会亏损的组合。将现货、期货、期权三者结合，可以构建多维度、立体化的投资组合。

5

拒绝零和，用好期权实现共赢

曾经有投资者问，期权是零和游戏吗？上涨了谁赚钱、谁亏钱？下跌了谁赚钱、谁亏钱？笔者的回答是：期权单个合约属于零和游戏，但总的来说，期权并不是零和游戏。

从期权单个合约上看，有买方、卖方，若期权合约上涨，则买方盈利，卖方亏损，反之，若期权合约下跌，则买方亏损，卖方盈利。

但是从另一个角度来说，买方可以先买入期权，在上涨一波以后获利平仓，卖给下一个投资者，如果行情继续上涨则下一个投资者也能盈利。但是，在期权价格上涨的过程中，卖方一般不会一个人忍受浮亏扛到底，卖方有严格的风控线和强行平仓机制，亏损到一定程度就会平仓。

从期权的组合策略来说，可能在某个期权合约上有亏损，但总体的持仓未必会亏损，比如由于标的的上涨带来某个虚值认购上涨，卖方亏损，但那可能是垂直价差的卖出期权，总体上由于买入期权或现货大幅盈利，只是锁定收益而已。

再结合现货和股指期货来说，某个虚值认购期权亏损，可能是备兑策略的卖腿，某个认沽期权亏损，可能是为现货买的保险，造成的亏损完全在投资者预计的成本之内，还有些投资者用股指期货和期权进行套利，并不一定要求每个品种每时每刻都是盈利的状态，只要总体盈利就可以了。

所以，总的来说，期权不是零和游戏。

6 加强纪律，韬光养晦及时出击

投资者要有自己的交易纪律，才能尽可能地保全资金。因为期权具有非线性、多维度、高杠杆、大波动等特点，所以期权交易者与股票、期货的交易者有所不同，期权交易者的交易纪律更严格。

（1）顺势而为。不轻易抄底，不轻易摸顶。顺着中期趋势，在均线呈多头排列时只做多，在均线呈空头排列时就做空。

（2）品种选择。期权投资有两种做法，一种是精研一两个标的，并用不同的策略去适应；另一种是精通一两种策略，然后将策略用在不同的市场、不同的标的上。对买方而言，选择成交量大的、流动性好的标的；对卖方和策略性持仓而言，选择波动比较小、比较稳健或长期横盘的品种。

（3）时机选择。一般来说只在已经启动的市场上交易期权，等到趋势出现后再进场。但是，期权可以稍微左侧开仓（即在趋势拐头之前开仓），在左侧行情时标的的价格比较合理，期权的波动率也不高，那时候期权费比较便宜。

（4）资金管理。对买方来说，通常投入期权的资金不超过金融总资产的 5%～20%，首次下单资金应占总资产的 1%～5%。看对行情而没有盈利是常有的事，其中一个原因是仓位过重，心里压力大，经不起行情的震荡而被清洗出局，另一个原因是介入的时机点位不佳。

（5）及时止损。严格止损对于任何一项投资都是十分重要的，对于期权交易也不例外，所以止损是保全资金的一种有效手段，虽然对于期权买方来说投入即止损，但那是在做好了资金管理的情况下的左侧交易，而在明显看反趋势的情况下，及时进行对冲、止损和反手操作是很有必要的。对于日内交易或短线交易来说，笔者一般在权利金下跌20%左右时止损，而对于中线交易来说，在下跌50%时再进行止损也是可以的。

（6）顺势加仓。很多人通常在小有收获时就小富即安了，殊不知，在一拨期权大行情中，往往不是翻一倍就结束的，高了还有更高，这时顺势加仓是对的，当然，如果你已经盈利 5 倍以上，那么再增加初始本金那么多的资金就已经没什么意义了，这时要利用好期权的移仓功能。

（7）使用策略。单纯的买方会面临比较大的风险，但如果资金相对充裕，则使用垂直价差、比率价差、合成多（空）头等策略来组合持仓，能够让你不会因为一时看错而遭受较大的损失。并且，使用策略单持仓，后期的修改策略和变换就会非常灵活，随便加一条“腿（买入或卖出一个期权合约）”或者拆一条“腿”就能灵活变化策略，构成另一种持仓方式。

（8）买方与卖方结合。同时使用买入期权和卖出期权操作，可以通过看涨跌方向来增强收益，也可以使用垂直价差锁定最大收益和亏损，比较重要的是，卖方策略对总资金的的盈亏比例都会比较小，能够最大限度地保持本金，让你穿越震荡行情，等到有单边大机会时再获取高额利润。

（9）持仓结构。当采取金字塔形、橄榄形、买卖结合等方式持仓时，能够做到进可攻、退可守。

（10）完整收尾。在期权一段趋势的收尾阶段，并不是只有像股票卖出和期货平仓那么简单的收尾方式，而是有更多的收尾方式，比如使用等张数移仓虚值保留大多数本金、向实值期权移仓、买入认沽做保护、构筑比率价差等策略均可实现完整收尾。

（11）调节心态。同一段行情，不同的人操作会有不同的收益，很多时候差别在心态上。在连续亏损两次之后，要懂得休息，检查自己的操作是否有慌不择路的情况，切不可赌气进行报复式下单。在资金回撤比较大时要休息，在盈利较多时也要懂得休息。

（12）善于等待。不做临时起意的交易，那样做会损耗你的本金，消磨你的心智。做最看得懂、最容易搞清楚的行情。优秀的投机家总是在等待，等待着市场证实他们的判断。在市场本身的表现证实你的看法之前，不要完全相信你的判断。

总之，不要怕、不要悔。太阳每天都在升起，机会每天都会有。

7

找大牛股，期权怎达百倍收益

在 2018 年国庆节前夕，在某 QQ 群里征得的命题作文：如何找到下一个特斯拉、AMD 或者 TLRY 等能获取百倍收益的期权？笔者只想先说一句：“Why not we do Tesla, AMD or TLRY repeatedly? ”

在 2018 年国庆节前后，这三只期权的走势图，如图 7-1～图 7-3 所示。

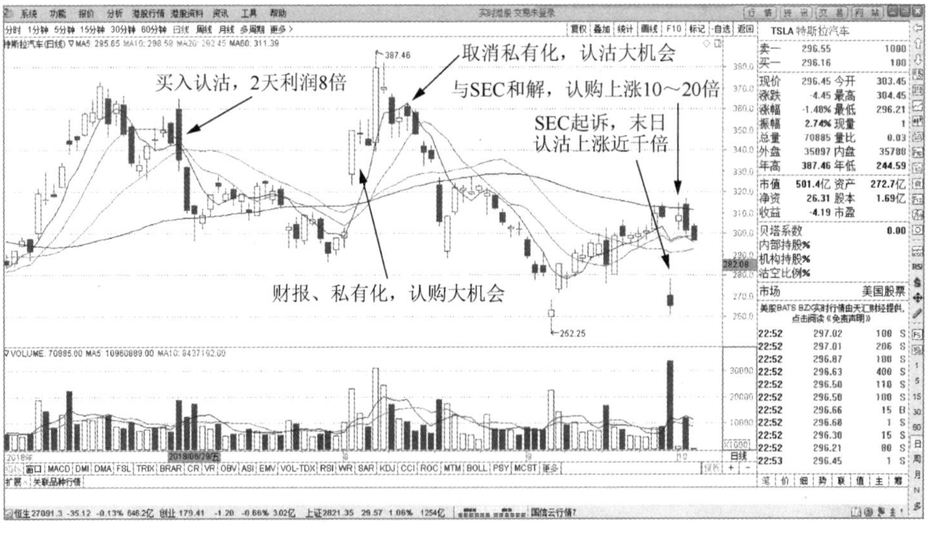

图 7-1　特斯拉走势及期权机会

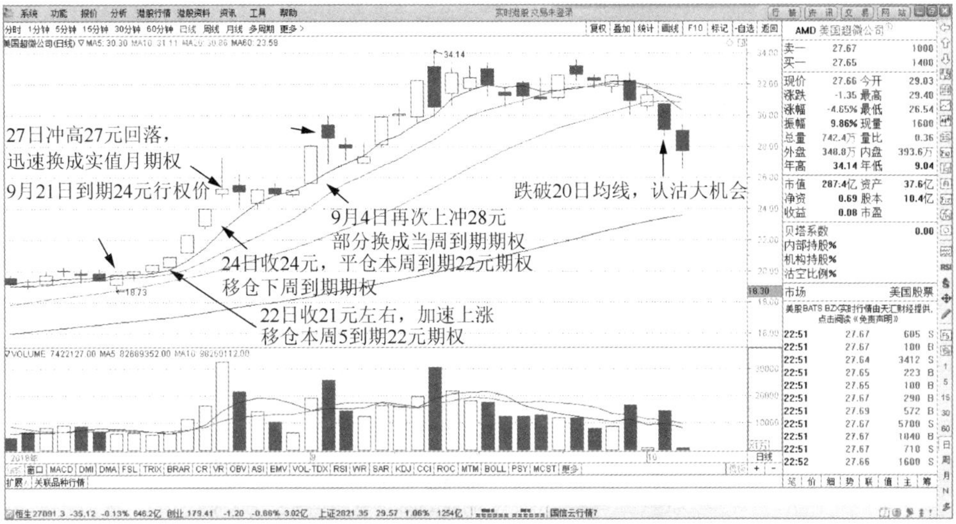

图 7-2　AMD 走势及期权机会

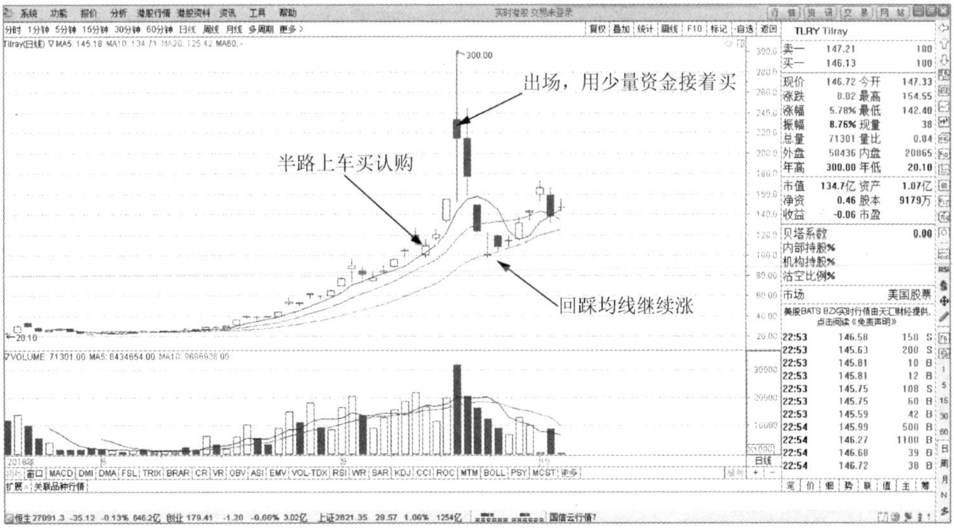

图 7-3　TLRY 走势及期权机会

从国庆节前后它们的走势及期权的大机会来看，有如下的特点。

（1）在短时间内有一拨很强的主升浪或单边趋势行情。特斯拉短期内快速上涨、快速下跌，AMD 和 TLRY 前期那拨主升浪非常完美，与 2018 年 1 月的 50 ETF

连续 18 阳的行情非常类似，即不管怎么买都会获利。从基本面和消息面来说，特斯拉经常出各种利好、利空消息；AMD 经常研发新产品，发布新产品消息；TLRY 则受药监局的政策影响。

（2）“暴利”产生的根源是允许顺势加码、移仓操作。经过测算，经过几次移仓操作，期权可以达到上千倍的收益，如表 7-1 所示。如果主升浪还在，就可以把实值期权移仓到虚值期权，不管是使用等张数享受等额收益，还是将两倍张数移仓到虚值期权，将其余资金取走回收利润，都能获得超额收益。

表 7-1　AMD 期权 20 天经过移仓操作的利润率

日期	操作	行权价	买价	卖价	市值	利润率
8月17日	买入	20	0.5		100	
8月22日	平仓	20		1.2	240	120%
8月22日	买入	22	0.2		240	
8月24日	平仓	22		2.2	2640	2540%
8月24日	买入	25	0.2			
8月27日	平仓	25		2	26400	26300%
8月27日	买入	24@21.sep	2.5			
9月4日	平仓	24@21.sep		2	21120	21010%
9月4日	买入	27	0.2			
9月5日	平仓	27		2.5	264000	263900%
9月5日	买入	29P	0.8	买入10%资金虚值认购 10%资金平值认沽 虚值认购归零 认沽翻倍，总体保本		
9月9日	平仓	29P		1.6	264000	263900%

（3）末日期权威力巨大。2018 年 9 月 28 日，特斯拉的期权由于正股大跌近 14%，其部分中度虚值末日认沽期权当晚涨幅近千倍（如图 7-4 所示）。特斯拉的股价大涨、大跌常常叠加消息面的影响。

（4）期权不怕半路上车。用期权来抄底、摸顶和半路上车都是非常好的，比如 AMD 和 TLRY，笔者都是半路上车，但是投入的不多，有盈利后再顺势移仓，回收本金，让利润奔跑，资金就会得到指数级的增长。而如果方向做反，由于投入的资金不多，对整体账户的影响也不会太大。

如果不能继续来回做这样的牛股，那么我们应该怎样才能抓到下一个这样的牛股来实现期权百倍、千倍的收益呢？牛股具有如下特点。

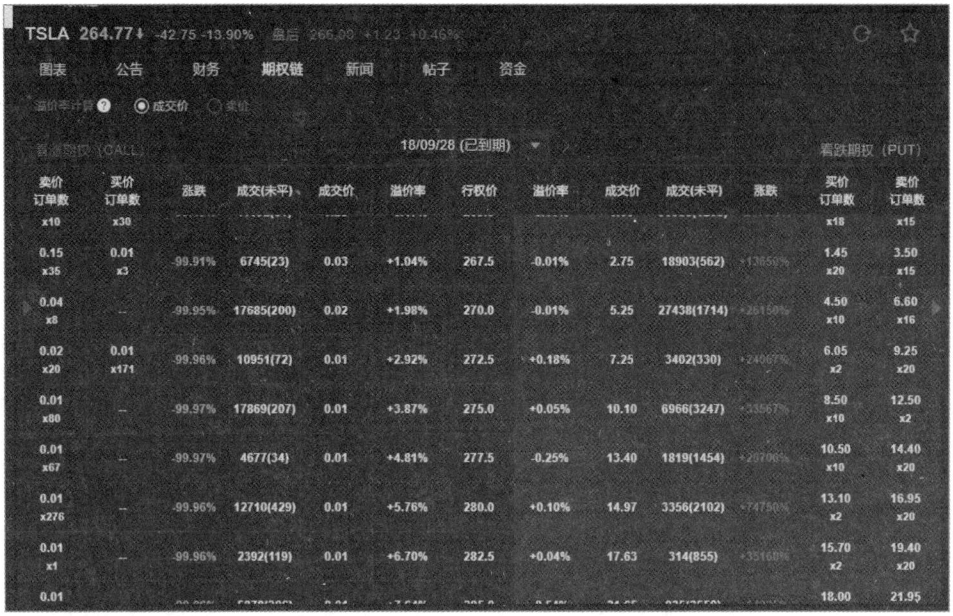

图 7-4　特斯拉 2018 年 9 月 28 日到期的期权涨跌幅

（1）走势流畅。震荡行情出不了牛股，也出不了期权的单边大行情，因为牛股必须要有流畅的走势，不管是上涨还是下跌。

（2）波动要大。指数类的 ETF 有时候走势很流畅，会有单边上涨或单边下跌的行情，但是常常波动很小，比如单日涨跌在 1%之内，那么它们的期权就不会有很大的利润，倒是适合用价差策略来操作。而个股期权，尤其是一些高价股，其波动幅度和金额都可能较大，期权会随着标的的大幅波动而获得超额利润。

（3）常常有支持股价上涨（下跌）的利好、利空消息。这些消息是催化剂，会导致股价大幅波动，股价大幅波动的股票都是市场上的热门股，做多最强者，做空最弱者。

（4）趋势不改不要随便下车。所谓抓得住，就是要在发现起涨点或半路上车后，用好期权工具并不随意下车。很多人从短周期上看到有小回调就下车。要想避免提前下车，一方面，要坚持交易纪律或技术指标，另一方面，可以用期权持仓结构来坚定持仓的信心，即虚实结合、长短周期结合。

8

认清大势，大行情时不“掉链子”

真正的期权大机会有三种情况：（1）做多波动率和方向的共振；（2）波动率创历史新低；（3）主升浪等千载难逢的机会。

所谓“掉链子”，主要体现在两方面：一方面是在行情刚启动时曾入场，但半路“下车”了，错过了大行情；另一方面是在大行情过半时才发觉，但不敢上车，结果行情越涨越高，最终踏空，这比被套牢还难受。

对于有少量利润就迫不及待止盈平仓的情况，原因和对策如下。

（1）开仓太早先浮亏

开仓太早，在趋势还不明朗时就买入期权，期间会忍受很长时间的浮亏，在亏损较大时持仓很安稳，而稍微有点利润就迫不及待地止盈。

对策：行情还不明朗，但是预期将会有较大的单边行情，这时首次建仓不要买太多期权，一般把资金分成三份或更多，分批次出入场。

（2）重仓虚值易归零

有的投资者被单个期权的百倍利润吸引，喜欢“一口吃成胖子”，重仓买入虚值和重度虚值的期权，当标的有大涨或大跌时，方向正确的期权上涨起来非常快，但如果有一段横盘走势，波动率下降得会很快，若标的走势和持仓方向相反，则虚值期权更容易归零，翻本的可能性也会降低。

对策：不要重仓买入虚值较多的期权合约。

（3）持仓结构不科学

如果持有单个期权合约，那么你的账户会有较大的波动风险，如果一天内资金翻倍或腰斩，给账户带来的震撼效果就会更加明显，一般人难以忍受这样大幅的波动。

对策：账户里别只持有一个期权合约，要把实值、平值、虚值合约按照一定的比例构建，构成橄榄形、金字塔形或倒金字塔形持仓结构，或者用合成多/空头、牛/熊市价差来构建，获取平均收益，进可攻、退可守。

（4）止盈/止损阈值低

如果止盈/止损阈值设得太低，只为每次赚点儿小钱，上涨或下跌 20 元/张就止盈或止损，那么是赚不到大钱的，要适当提高止盈/止损的阈值，才可以让利润奔跑。盈利 20 元/张很容易，但亏损 100～200 元/张更容易。

（5）注重短线难赚大钱

有些投资者觉得自己的短线技术很好，日内每一个分时图的波段都想盈利，结果忘记了大的趋势方向，迷失在短线里，最后发现还是没怎么盈利。因为习惯做短线，所以就算前面赚了小钱，在下一次下单时，也往往不会下很重的仓位，而错失赚大钱的机会。

（6）认清当前大形势

在一定的阶段，要对当前的行情有一个简单明确的认识，比如当前的行情是多头趋势、空头趋势还是震荡趋势。宏观环境、资金松紧、均线排列等都可以作为一定的参考。

（7）小仓位分批入场

期权是抄底、摸顶和“半路上车”的好工具，先用小资金去试单，就算有亏损，对总体资金的损失也不算大，如果操作对了，再顺势加码，而且未必再投入资金，而可以用期权移仓的方法，在保持或加大杠杆的同时，还可以把部分本金取走。

（8）用期权不惧追高

期权和股票相比还有一个好处是，对于价格爱好者来说，永远会有 300 元/张或者 500 元/张的期权不断被加挂出来，而不是像股票那样，涨高了就真的是高了。判断好大趋势，控制好投入，追高并非不可以。

9

临近到期，把握机遇规避风险

又近辞旧迎新日，却话风险机遇时。

50ETF 期权在每个月的第四个星期三到期，据说有人专门在这一天请假，以做这天的末日轮。在合约即将到期时，存在以下机会和风险。

（1）高 Gamma 值（表示 Delta 值对于标的物价格变动的敏感程度）的机会和风险

在合约即将到期的最后几天，时间价值损耗得差不多了，平值附近的期权的 Gamma 值会非常大，甚至标的变动一分钱，期权价格就会变动 100 元/张，这是一个丰厚利润与高风险并存的时机，对标的两三天内走势判断有把握的投资者可以充分利用高 Gamma 值，来博取短期内翻倍的利润。而如果最后两三天标的价格波动剧烈，那么可能会把几百元的合约归零，风险偏好较低的投资者还是早早移仓为宜。

（2）时间价值衰减

一些略虚的期权合约的时间价值衰减会特别快，甚至会归零，一些深度实值的期权合约的价格还可能低于内在价值，成为折价合约。也许你判断对了方向却没有赚到相应的利润，而且在行权日，经常出现杀实值一档合约的现象，常常有内在价值为 300 元/张的期权合约跌到 100 元/张以下，让权利仓一个月的利润在半天内就化为乌有。

（3）有“烟头”可以捡

一些深度虚值的期权合约，当在到期日前标的涨不到/跌不到这个合约的行权价时，则可以做其卖出方，赚取最后的利润，不过最好是同向（和手上权利仓的方向相同）的，以免出现极端风险。

（4）勇敢者游戏的“彩票”

当行权日将近时，有人喜欢用小仓位买入一些价格便宜、但可能会随着标的的波动上涨的期权合约（俗称“彩票”），在小仓位投入并做好止盈，也是锻炼心脏的一个好办法。

（5）持仓合约注意平仓

对于权利仓，如果没有在行权日之前平仓，那么哪怕有百万元浮盈，最终也会变成“纸上富贵”。当然，如果平仓手续费比期权合约价格高，那么还是选择放弃或者用义务仓来对冲。

假设持有实值认购期权合约，如果不平仓能否自动行权买入相应的标的？50ETF 期权的规则是和券商有代理行权协议，券商可以代理行权，但需要较多的资金，如果没有代理行权协议，那么到期不行权或平仓就作废了，权利金也会归零，而商品期权的规则是实值期权会自动行权，买入相应的期货合约，虚值期权不会自动行权。

（6）获利了结

盈利丰厚的投资者，要提取出来大部分利润，存进自己的银行卡，千万别全部又投进去，因为行情变化太快，赚到的钱进了口袋才是自己的。

10

岁月神偷，被时间偷走的价值

岁月神偷不着痕，时间价值欲断魂。

2018 年 9 月 12 日，从上证 50ETF 来看，认购期权的跌幅较大，但认沽期权的涨幅不大，这就是“阴跌”，下跌得多，上涨得少，需要“速度”与“激情”才能引起大的行情波动。

从上午 50ETF 的低点 2.426 元，到下午的收盘价 2.432 元，中间有 3 次上拉的动作，但均未能持续，反而是逢高做空（买沽、卖购）的时机，从图 10-1 可以看出收盘价并不是当天的最低点。

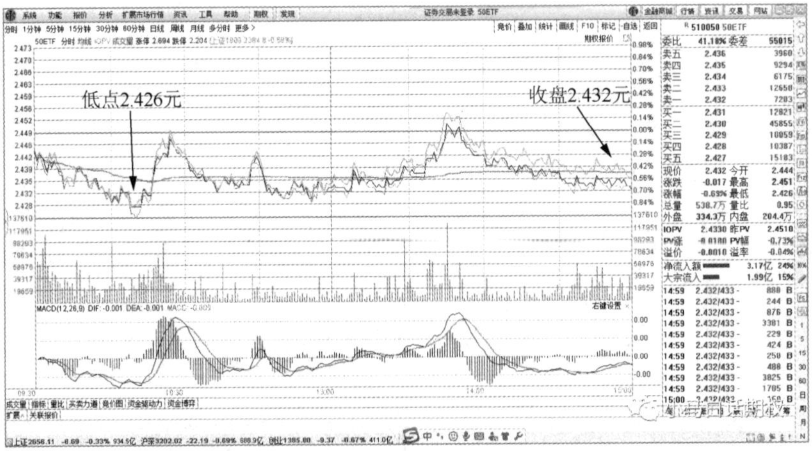

图 10-1　2018 年 9 月 12 日 50ETF 走势

但从图 10-2 可以看出，上午的 50ETF 在低点时并不是 50ETF 购 9 月 2600（时价 84 元/张）的低点，其低点出现在下午收盘时（74 元/张），这就是距离行权日的时间已经不多，标的的波动不大，时间价值加速衰减，波动率也有所下降而导致的期权的价格快速下降。

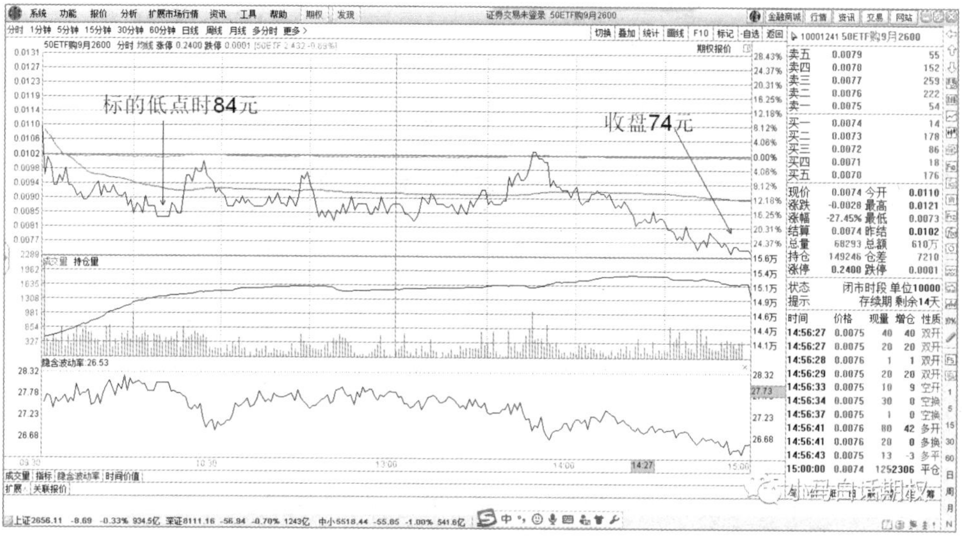

图 10-2　50ETF 购 9 月 2600 走势

同样的事情发生在美股期权 SPY（标普 500ETF）上，如图 10-3 和图 10-4 所示，到期的期权合约价格还比较高，而距离行权日时间非常短，在行权日前一天均出现沽购双杀的现象，SPY 和 QQQ（纳斯达克 100ETF）的隐含波动率已经大幅高于历史波动率，如果标普 500ETF 没有大幅波动，那么随着时间的推移，轻度虚值的期权买方要获利的难度也会增加。

波动率变动和时间价值快速衰减是快到期期权价格下跌的重要因素。如果只是简单地想获得时间价值，那么其实可以使用垂直价差、比率价差和卖近买远的日历或对角价差来做期权。

众所周知，期权交易有三个最主要的因素：方向、时间、波动率。方向是最难判断的，尤其是短期方向；波动率判断难度中等，在一定的时间或特定时间发生前后，波动率的上升和下降能够猜到；唯有时间的流逝，对于任何一笔期权交易都是一定的。

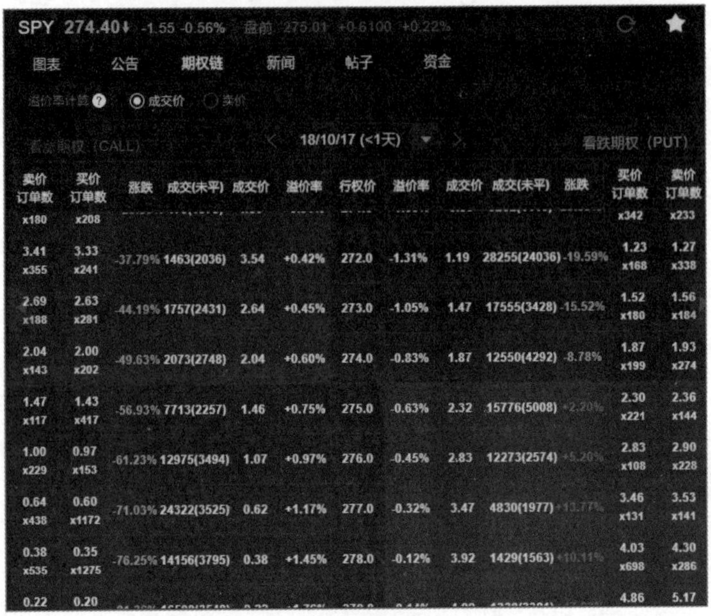

卖价 订单数	买价 订单数	涨跌	成交(未平)	成交价	溢价率	行权价	溢价率	成交价	成交(未平)	涨跌	买价 订单数	卖价 订单数
x180	x208										x342	x233
3.41 x355	3.33 x241	-37.79%	1463(2036)	3.54	+0.42%	272.0	-1.31%	1.19	28255(24036)	-19.59%	1.23 x168	1.27 x338
2.69 x188	2.63 x281	-44.19%	1757(2431)	2.64	+0.45%	273.0	-1.05%	1.47	17555(3428)	-15.52%	1.52 x180	1.56 x184
2.04 x143	2.00 x202	-49.63%	2073(2748)	2.04	+0.60%	274.0	-0.83%	1.87	12550(4292)	-8.78%	1.87 x199	1.93 x274
1.47 x117	1.43 x417	-56.93%	7713(2257)	1.46	+0.75%	275.0	-0.63%	2.32	15776(5008)	+2.20%	2.30 x221	2.36 x144
1.00 x229	0.97 x153	-61.23%	12975(3494)	1.07	+0.97%	276.0	-0.45%	2.83	12273(2574)	+5.20%	2.83 x108	2.90 x228
0.64 x438	0.60 x1172	-71.03%	24322(3525)	0.62	+1.17%	277.0	-0.32%	3.47	4830(1977)	+13.77%	3.46 x131	3.53 x141
0.38 x535	0.35 x1275	-76.25%	14156(3795)	0.38	+1.45%	278.0	-0.12%	3.92	1429(1563)	+10.11%	4.03 x698	4.30 x286
0.22	0.20										4.86	5.17

图 10-3 到期的 SPY 期权 T 型报价（1）

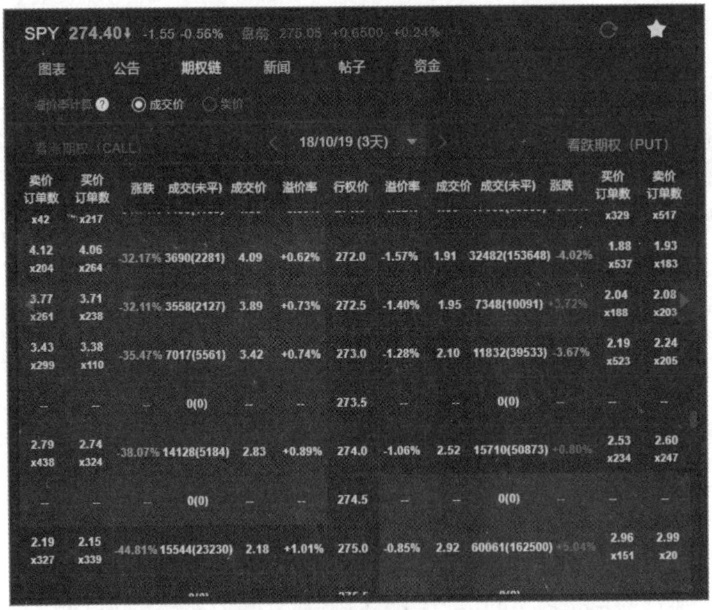

卖价 订单数	买价 订单数	涨跌	成交(未平)	成交价	溢价率	行权价	溢价率	成交价	成交(未平)	涨跌	买价 订单数	卖价 订单数
x42	x217										x329	x517
4.12 x204	4.06 x264	-32.17%	3690(2281)	4.09	+0.62%	272.0	-1.57%	1.91	32482(153648)	-4.02%	1.88 x537	1.93 x183
3.77 x261	3.71 x238	-32.11%	3558(2127)	3.89	+0.73%	272.5	-1.40%	1.95	7348(10091)	+3.72%	2.04 x188	2.08 x203
3.43 x299	3.38 x110	-35.47%	7017(5561)	3.42	+0.74%	273.0	-1.28%	2.10	11832(39533)	-3.67%	2.19 x523	2.24 x205
--	--	--	0(0)	--	--	273.5	--	--	0(0)	--	--	--
2.79 x438	2.74 x324	-38.07%	14128(5184)	2.83	+0.89%	274.0	-1.06%	2.52	15710(50873)	+0.80%	2.53 x234	2.60 x247
--	--	--	0(0)	--	--	274.5	--	--	0(0)	--	--	--
2.19 x327	2.15 x339	-44.81%	15544(23230)	2.18	+1.01%	275.0	-0.85%	2.92	60061(162500)	+5.04%	2.96 x151	2.99 x20

图 10-4 到期的 SPY 期权 T 型报价（2）

11

高手过招，期权夜话十条总结

高手过招真灼见，各显神通值镕鉴。

在 2018 年 6 月的某天，笔者在上海与三位期权投资风格迥异的朋友就期权这个话题进行了畅谈，梳理了以下内容，供新手参考。

三位高水平的期权投资朋友的风格如下。

A：之前是坚定的看空者，经常买深度虚值认沽期权的“彩票”，一买就是上千张，投入资金在 10 万元到 30 万元之间，有过十几万元在半小时内归零的经历，想尝试卖方策略。

B：师从某券商客户经理，做期权卖方定势，有好处也有局限性，2016 年做卖方盈利 100%，2017 年继续做卖跨期权，2018 年依然盈利颇丰。

C：期权短线爱好者，操作手法很快，在操作时执行严格的止盈/止损规则，在震荡行情中胜率较高。

（1）做适合自己的交易策略

每个人的资金量、预期收益、风险承受能力和看盘时间不同，要根据这些来选择适合自己的交易策略。

（2）期权投入资金量

一般来说，投入期权权利仓的资金，不要超过自己权益类金融资产的 5%。在多空双方都没有大机会的情况下，应该投入更少的资金，耐心等待大机会。多余的资金可以买入固定收益类产品或者卖出虚值期权，以赚取相对稳定的收益。

（3）买方与卖方账户分开

建议将期权买方与卖方分布在不同账户里，当使用一个策略买入某个期权合约时，另一个策略就卖出同一个期权合约。若在同一个账户里，在日终就容易被对冲掉，将买方与卖方账户分开可避免这种现象。另外，在卖出期权比较多时，若碰到日内反向极端波动会导致保证金占用较多，也会因风险度过高而无法买入期权对冲，但如果买方与卖方账户分开就不存在这种现象。

（4）设置账户全平仓的情况

在止盈/止损的时候，会出现一些可能让你手忙脚乱的情况，若市场行情不明朗，则可以提前在期权软件里设置当权益高于或低于某一数值时全部平仓，等行情稳定或心态稳定再进行其他操作。

（5）末日轮虽刺激但未必能赚大钱

有时候末日期权会有比较大的涨幅，上涨几倍、几十倍的情况都有。但是因为末日期权的波动非常大，也具有损失全部本金的风险和资金流动性风险，会导致因持仓的期权张数太多而无法及时平仓的情况，一般情况下会分批卖出，但卖不到最高点。不建议使用大仓位去买入末日期权，因为末日轮虽然很刺激，但是未必能赚到大钱。

在到期日，出现过几次某方向权利仓不看好后市向其持仓方向运行，卖方顺势加大力度卖出，最后把一档实值合约价格打得很低，接近于归零的情况。这种情况要注意，卖方可以顺势打压期权价格，而手里有现货和资金的投资者则可以考虑，在最后集合竞价时买入深度“贴水”（价格低于现价）的期权再行权，以获取差价，但要做好对冲，因为认购期权在周三行权，到周五才能把行权来的标的卖出，在此期间可能会有标的波动带来的风险。

如果在到期日下午 2 点左右，标的还在朝某一方向运动，那么该方向的平值期权合约会面临“大头针”风险，往往会有义务仓自行平仓或被券商强行平仓，而价格大幅拉高的情况。那时候，义务仓平仓的需求大于买方投机，但也正是短线投机权利仓的机会。

以上纯为投机情况，投资者一定要控制好资金投入，做好止盈、止损，提防熔断带来的资金流动性风险。

（6）卖方需要择时

当月期权合约一般在开始成为当月期权的那一周时间价值衰减得很慢，这时候做买方波段一般不会吃亏，如果做卖方但不做方向性判断的话，利润就不会很高。每个月 10 号左右，时间价值衰减得比较快，对卖方比较有利，这时候可以根据情况建仓。

在每月最后一周，卖出的期权合约盈利价格已经很低，如果遇到反向波动，卖方就会很难受，比如期权合约以 500 元/张的价格卖了三周，最后一周价格变成了 70 元/张，结果行情突然来个反向波动，合约价格上涨到 300 元/张，这时卖方就会很难受，因为要面临被追缴保证金的情况，好不容易获得的利润也要回吐。

另外，做商品期权的卖方机会也很多，保证金更便宜。

（7）适当做商品期权

商品期权（不考虑波段交易商品期权）手续费低（1～2 元/张），一个跳点是 5 元，买入一些深度虚值的商品期权，当标的稍微朝着买入的方向波动时，盈利翻倍就会很容易。

在豆粕、白糖的一些极端行情中，买卖档差价过大，或者无人报价，可以适当挂比买价高一点或比卖家低一点的价格，以套取利润。

（8）守住大波段才有大利润

真正守住大波段赚大钱的人是不多的，如何守住一段超级大波段是个难题，设置的止损位不要高于止盈位，保持盈亏比才是盈利的方法。

（9）关于止损的分歧

关于止损问题，大家产生了分歧，有人认为期权需要止损，也有人从未设置过止损，因为投入即止损。

如果是短线和日内操作，则一定要按照交易纪律严格止损，因为短线交易赚得本来就不多。

如果是中长线操作，则可以认为投入即止损，以分批投入少量资金为限。

在 50ETF 期权上，如果回天无力，那么还是进行止损比较好，但在商品期权上，则存在无限可能，“投入即止损”的方法也有可取之处。

12

应知应会，期权基础五个问答

（1）除 4 个基本策略外，还有什么策略盈利性高？

4 个基本策略指的是买入认购、买入认沽、卖出认购和卖出认沽。

应该从两个方面来评判策略，即盈利概率和利润率，但这两者通常不会同时获得。

盈利概率较高的策略有卖出虚值认购/认沽策略，组合策略有垂直价差策略、比率价差策略、复杂的蝶式策略、铁鹰策略等，风险收益都锁定在一个较小的区间里，若不考虑现货端的盈亏，那么备兑开仓的盈利概率也较高。

利润率较高的策略，除了买入认购、买入认沽策略之外，还有资金容纳相对较大的看对方向的合成空（多）头策略，类似于股指期货的杠杆，同时受高波动率和高时间价值的影响较小，但是如果做错方向，那么风险也会比较大。

（2）义务方的保证金如何计算？

期权义务方的保证金按交易所的规则来计算。

开仓保证金最低标准：

认购期权义务仓开仓保证金=[合约前结算价+Max（12%×合约标的前收盘价-认购期权虚值，7%×合约标的前收盘价）]×合约单位

认沽期权义务仓开仓保证金=Min[合约前结算价+Max（12%×合约标的前收盘价-认沽期权虚值，7%×行权价格），行权价格] ×合约单位

维持保证金最低标准：

认购期权义务仓维持保证金=[合约结算价+Max（12%×合约标的收盘价-认购期权虚值，7%×合约标的收盘价）]×合约单位

认沽期权义务仓维持保证金=Min[合约结算价+Max（12%×合标的收盘价-认沽期权虚值，7%×行权价格），行权价格]×合约单位

简单地说，当月价格在 300 元/张以下的合约，保证金在 3000 元左右，当月价格在 500 元/张左右的合约，保证金在 4000 元左右。

（3）期权的时间价值和内在价值是否是固定的？

期权的时间价值和内在价值当然不是固定的，对实值期权和平值期权（如图 12-1 所示）来说，内在价值会随着标的的波动而进行增减变化，是期权价格与行权价之间的差额，而虚值期权在变成平值期权之前，内在价值都是 0。时间价值是通出计算期权价格与内在价值的差得出的，在日内随着期权交易价格的不同，时间价值也会有波动（如图 12-2 所示）。中期来看，在期权合约刚出来时时间价值较高，随后时间价值会随着时间的推移逐渐降低，到期时一般会归零甚至“贴水”。

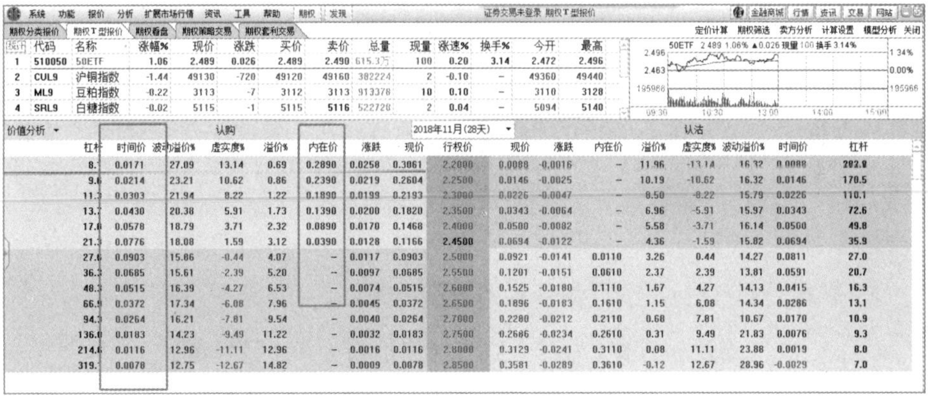

图 12-1　期权 T 型报价上的内在价值与时间价值

（4）领口策略是否只能卖出？能否做卖出认沽期权？

领口策略指的是买入正股，卖出上方虚值认购期权以获取它的时间价值，为了防止行情大跌带来的损失，同时买入下方虚值认沽期权作为保护。在获取卖出虚值认购权利金的同时，也花费部分资金买入虚值认沽期权作为保护，降低了收益率，若波动率和时间价值都很高，则收益率和风险就都会降低。

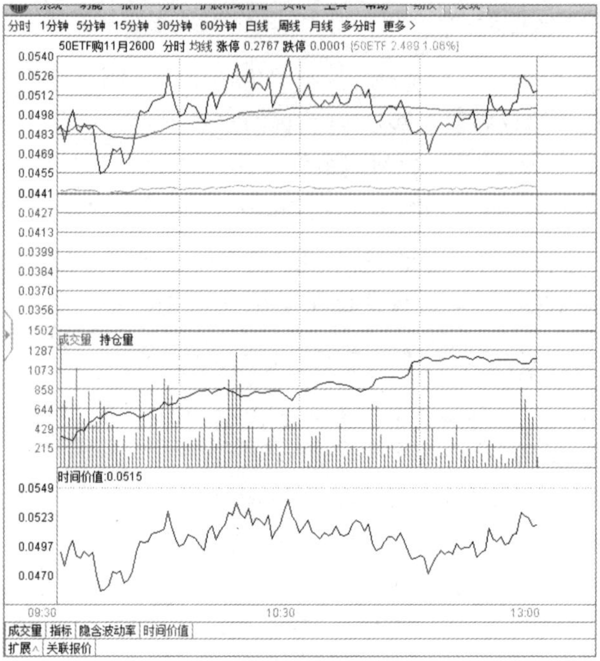

图 12-2　分时图上的时间价值显示

也可以在持有正股的同时卖出虚值认购和虚值认沽期权，使用这种策略的前提是预期标的会慢涨到某个区间并盘整，这种策略在期权交易软件里叫“备勒”，损益图如图 12-3 所示。

（5）期权合约的日涨跌停价格是怎么算的？

期权合约涨跌停价格的计算公式如下：

合约涨跌停价格=合约前结算价格±最大涨跌幅

认购期权最大涨幅=Max｛合约标的前收盘价×0.5%，Min [（2×合约标的前收盘价-行权价格），合约标的前收盘价]×10%｝

认购期权最大跌幅=合约标的前收盘价×10%

认沽期权最大涨幅=Max｛行权价格×0.5%，Min [（2×行权价格-合约标的前收盘价），合约标的前收盘价]×10%｝

认沽期权最大跌幅=合约标的前收盘价×10%

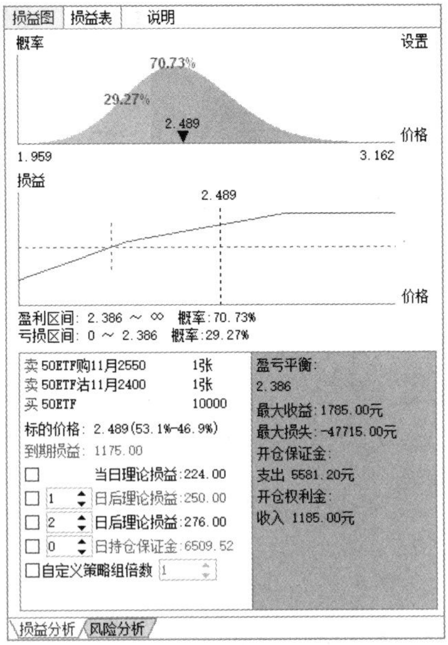

图 12-3　领口策略的到期损益图

通俗地说，期权的跌停价最多跌到 1 元/张，在合约未到期前，这种情况一般不会发生，而涨停价基本就是标的涨停的价格，比如当前 50ETF 是 2.5 元，标的的涨停价是 0.25 元，那么期权上涨 2500 元/张（如图 12-4 所示）。

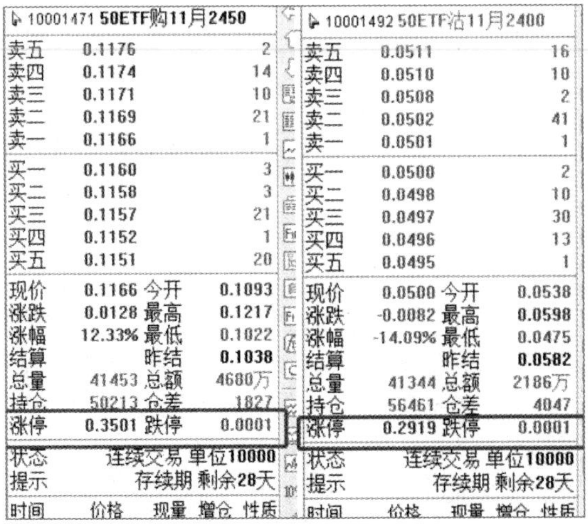

图 12-4　50ETF 期权的涨跌停价格

13

快速下单，熟悉功能赢得先机

工欲善“权”事，必先利“权”器。

在波动巨大的期权行情中，有的趋势跟踪爱好者喜欢跟随趋势快速下单，以追涨买入或杀跌卖出期权，短线爱好者希望抓住每分、每秒的机会，但是在下单时，需要输入期权代码或从下拉框中选取期权名称，然后输入价格、数量，这时几秒钟就过去了，而在几秒钟的时间里就会有几个甚至几十个价位的差价了，所以需要有快速下单的方法。

（1）设置好拆单功能

现在大多数的期权软件都有拆单功能，上证 50ETF 期权交易所规定的每笔下单的张数不超过 30 张，如果想一次下单超过 30 张，则可以通过拆单的方式来完成交易指令，且多数软件都有拆单功能（如图 13-1 所示）。

（2）通达信软件里的快速下单功能

在通达信软件中，快速下单期权的方式有两种，即键盘下单和鼠标右键下单。

键盘下单比较复杂（如图 13-2 所示），一共需要在键盘上依次按 5 个键，并且要清楚地记得每一个按键的含义，一般在买入当前合约时使用。

比如按超价 4 档买入 3 倍基准数量的当前合约，则需要通过键盘输入“01043”，如图 13-3 所示。

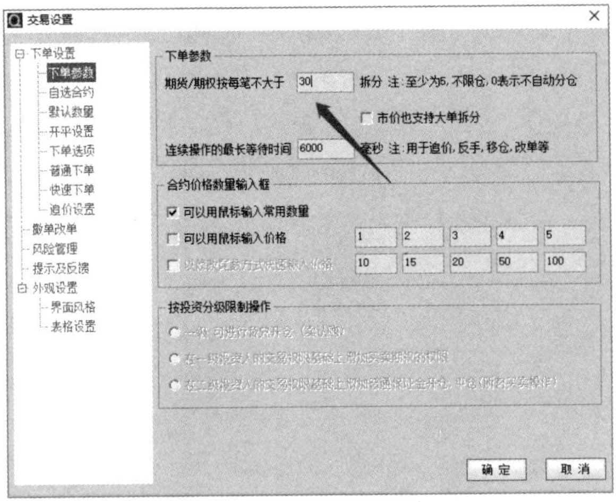

图 13-1 软件里的期权拆单功能

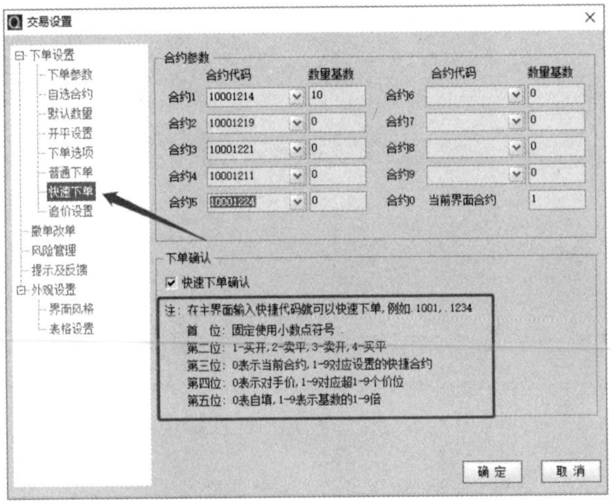

图 13-2 通达信版快捷下单设置

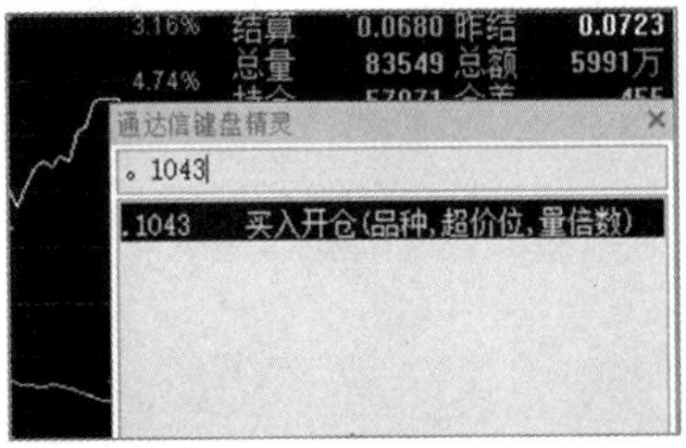

图 13-3 通达信版键盘下单提示

通过鼠标右键下单相对简单，登录账户后在界面任意处点击鼠标右键，在弹出的快捷菜单中选择“闪电下单”，如图 13-4 所示，然后弹出“闪电下单”界面，选择方向：买入、卖出、开仓、平仓，输入价格、数量，或者选择“自动跟盘取价”就可以了，如图 13-5 所示。这样操作就能实现快速下单的目的。

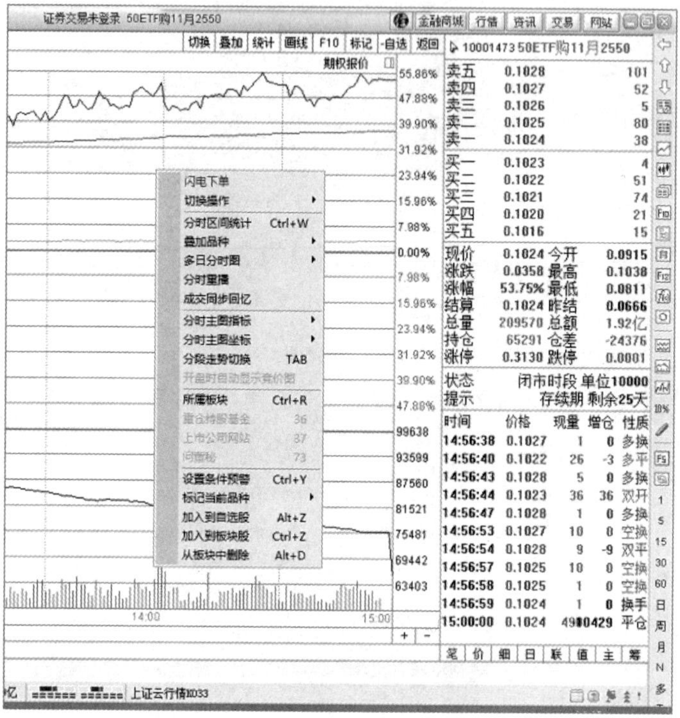

图 13-4　在主界面点击右键，在弹出的快捷菜单中选择闪电下单

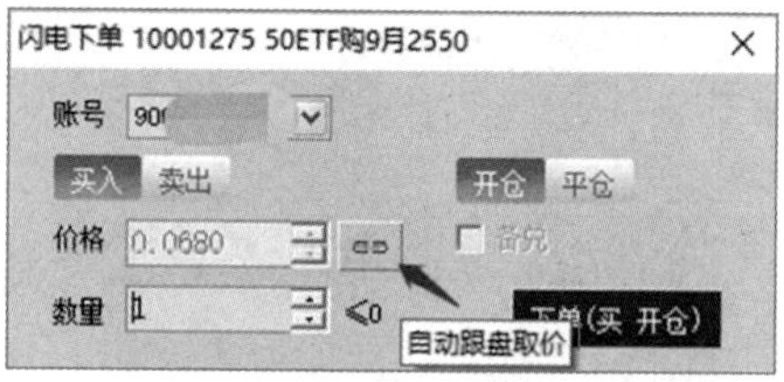

图 13-5　闪电下单界面

（3）汇点软件的键盘下单

汇点软件的键盘下单操作方法更为简单。

打开汇点软件，登录账号后，在左侧“参数设置”里找到“期权”—“键盘下单”，弹出如图 13-6 所示的参数设置界面，然后将自己熟悉的字母设置成快捷键，比如将买设置为 B，将卖设置为 S 等。

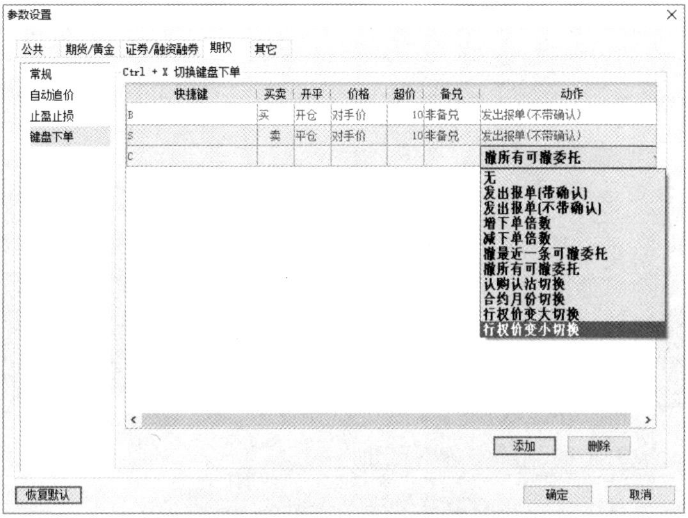

图 13-6　汇点键盘下单功能

在设置好快捷键之后，在期权行情界面直接按“Crtl+X”组合键（如图 13-7 所示）就可以唤醒键盘下单功能。

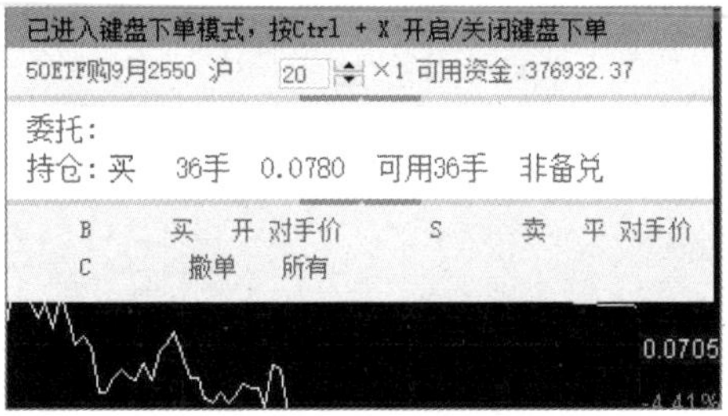

图 13-7　键盘下单界面

键盘下单用得好会先人一步抢占先机，也是追涨、杀跌的助手，所以基于对今后行情的判断，要好好利用。

二、商品期权篇

14. 商品期权，品种丰富选择更多
15. 多此一招，白糖期权增利 7 倍
16. 应对跳空，铜期权常盈利之法
17. 涨幅百倍，豆粕期权神奇半月
18. 标的跌停，认沽期权继续翻倍

14

商品期权，品种丰富选择更多

东边日出西边雨，大珠小珠好盘玉。

截至 2019 年 1 月底，在国内上市的期权品种有 7 个：上证 50ETF、豆粕、白糖、沪铜、玉米、棉花和天然橡胶，以后还会上市沪深 300、深圳 100 股指或 ETF 期权及个股期权，在中国香港市场也有期权和涡轮，美国有指数期权和个股期权。

如果你只喜欢做趋势性行情投资，喜欢做买方，那么在条件允许的情况下，就可以适当多关注几个品种，哪个品种有行情且单边行情流畅就做哪个品种。

从 2017 年 5 月到 2018 年 1 月，50ETF 的趋势主要是上涨，做多是一个比较好的选择，但在 2018 年 2 月之后，50ETF 的趋势缓慢下跌，如图 14-1 所示，而豆粕期权一直在横盘震荡，在这一阶段有的豆粕期权收益高达 20 倍，后来从 3 月初到 4 月初，受美国农业部公布的大豆预期种植面积和国际经济环境影响，豆粕期权最高涨幅达百倍，如图 14-2 所示。白糖期权从 2017 年到 2018 年上半年的主要走势是震荡下跌，如图 14-3 所示。中国香港市场和美国市场主要是看指数和个股，做多、做空都有道理。

图 14-1　2018 年 1～6 月 50ETF 走势

图 14-2　2018 年 1～6 月豆粕指数走势

不同品种的周期也不一致（如图 14-4 所示），但在大多数时候，总有品种存在较强的趋势性机会，只要保持对市场的敏锐度，做好技术准备、资金准备、账户准备、规则准备，就能抓住机会。

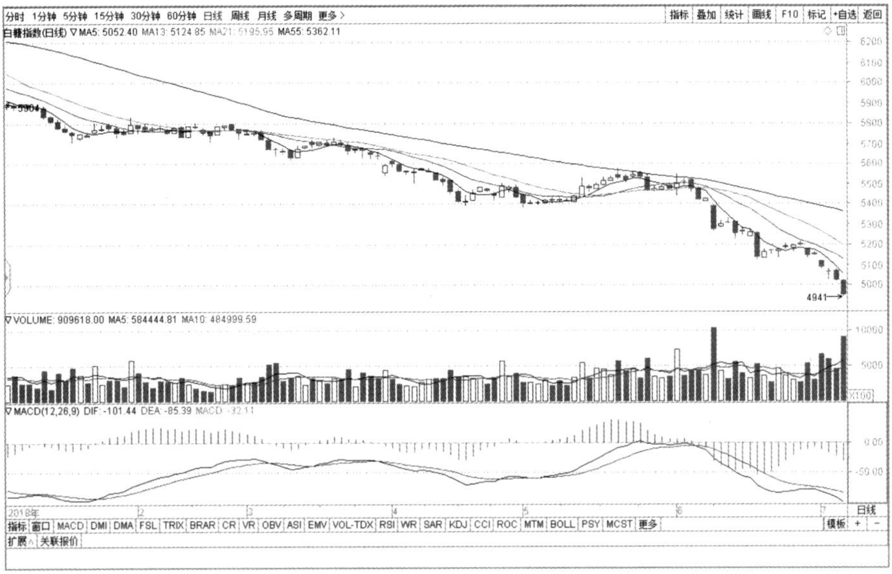

图 14-3　2018 年 1～6 月白糖指数走势

图 14-4　不同品种的周期

在同一阶段总会有一个品种有较强的趋势，对于趋势跟踪型和趋势发现型交易者来说，准确把握住跨品种的机会，也能收益良多。

15

多此一招，白糖期权增利 7 倍

得寸进尺版图扩，步步为营战果硕。

2018 年 6～7 月，白糖期货终于摆脱了横盘，开始向下寻找突破，如图 15-1 所示，6 月底笔者买空白糖期权、买多豆粕期权，并且买入了部分白糖认沽期权（如图 15-2 所示），完整地赚到了 6～7 月的下跌行情里认沽期权大涨的利润。

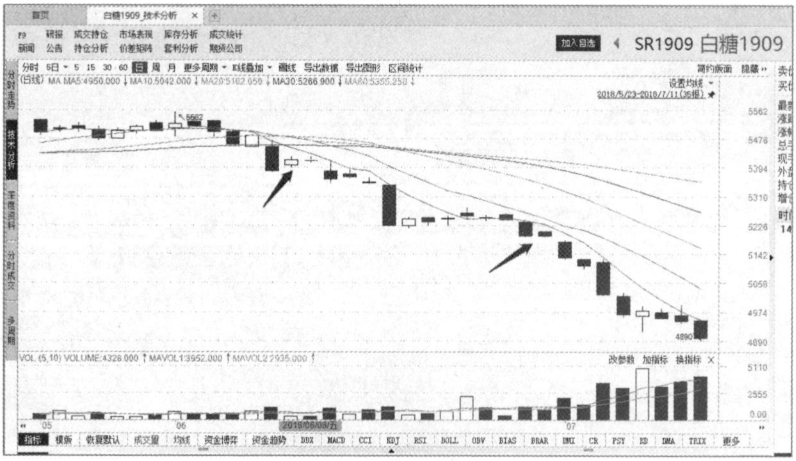

图 15-1　白糖 1909 期货合约走势和认沽期权买点

如果遇到单边行情，那么投资者买入期权后暂时就不用管了，从起点到终点，如图 15-2 所示，买入 50 元/张的白糖认沽 9 月 5200 合约，曾经跌到了 12.5

元/张，随后大幅上涨，最高价达到 407 元/张，能获取 7 倍的利润。

但笔者将 50ETF 上单边趋势时期权移仓的技能在白糖期权上发挥出来，如图 15-3 所示，在白糖认沽 9 月 5200 合约涨到 160 元/张时将其平仓，换成了 47.5 元/张的白糖认沽 9 月 5000 合约，随后它涨到了 211 元/张，笔者在该合约上再次获得 3 倍收益，所以总共获取了 14 倍多的利润，如图 15-4 所示。

图 15-2　白糖认沽 9 月 5200 合约走势及买卖记录

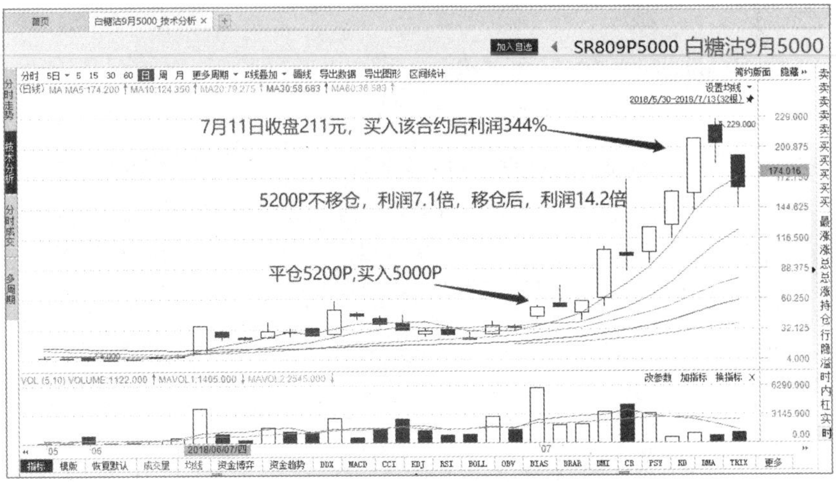

图 15-3　白糖认沽 9 月 5000 合约走势及买卖记录

图 15-4 账户持仓

在一段单边的趋势行情里，通过期权移仓，可以在不增加本金投入的情况下增加杠杆，或者在保持杠杆的前提下还能取走部分本金，以控制最大亏损的金额。期权移仓时机通常有如下几个方面的特点和操作规则（以单边上涨时认购期权为例）。

（1）行情是单边的趋势，而不是震荡市，如果是震荡市，向虚值期权移仓，可能会造成较大的亏损。

（2）在较低行权价的期权合约上有较大的浮盈，比如赚了两三倍，或者十万元以上。

（3）将金额控制在资金总额的三分之一，不要一次全部移仓过去，以避免过大的回撤。

（4）以 50ETF 期权来说，在单边趋势里，可以将 500 元/张的期权移仓到 200 多元/张的期权上，而在商品期权上，主要还是看标的的趋势。

（5）期权从实值往虚值移仓的时机通常有三个时点，第一个在横盘时，两个期权合约的涨跌幅度差不多；第二个在两者都在随着标的的波动开始上涨，它们的涨幅即将拉开差距时；第三个是标的大幅上涨，两个期权合约的涨幅差别比较大，但认为行情是一段单边行情的持续时，这时候不要害怕追高，可勇敢地移仓。

（6）不要一口吃成胖子，把持仓的所有的实值期权都换成虚值期权，因为如果刚好碰上回调，就会有较大的损失。

16

应对跳空，铜期权常盈利之法

宽跨妙策默无声，信手拈铜俱天成。

千门万户铜铜日，权把才情铸新章。

2018 年 9 月 21 日，投资者期待已久的铜期权在中国期权市场上市。

铜期权是中国首个工业品期权，有连续的上市合约月份，与 50ETF 期权类似，一次推出多个连续月份的合约。

铜期权的平值期权的单价是 1800 多元，合约乘数为 5，即每张期权需要 9000 多元，从上市首日的行情来看，成交量还可以，点差不算大，也没有“钓鱼单”和偏离价格很大的合约。

在当月期权时间剩余不多时，由于标的变动的绝对数额比较大，会对当月期权合约价格产生较大的影响，使得买方获取高倍利润成为可能，卖方也会因时间价值比较多而增加优势。

铜期货和外盘联动明显，与“伦敦铜”“美国铜”的交易时间有一些时间差，就派生出一种可能大概率盈利的玩法，那就是买入跨式期权！

（1）策略原理

期权相对于股票和期货来说，有很明显的特点——非线性杠杆，也就是收益和亏损具有不对称性，假设买方投入 1 万元买入期权，其最多亏损 1 万元，但是如果行情大幅波动上涨，那么利润可能不止 5 万元、10 万元……从而派生出一种非常有优势的玩法——买入跨式（宽跨式）期权。

应用原理：期权具有非线性杠杆，买方的最多亏损为付出的权利金，理论上的盈利为无限多。如果短期内市场有大幅波动，那么买方的盈利可能为数倍至数十倍，亏损最多为双方的权利金（持有到期），如提前平仓，一般不会亏掉双向权利金。操作方式为同时买入相同月份、相同数量的行权价相同（不同）的平值（虚值）认购和认沽期权，即为买入跨式（宽跨式）期权，其中宽跨式期权的成本更低，但需要行情有更大的波动才会有更多盈利。

买入跨式和宽跨式期权盈亏图如图 16-1 所示（左为跨式期权，右为宽跨式期权）。

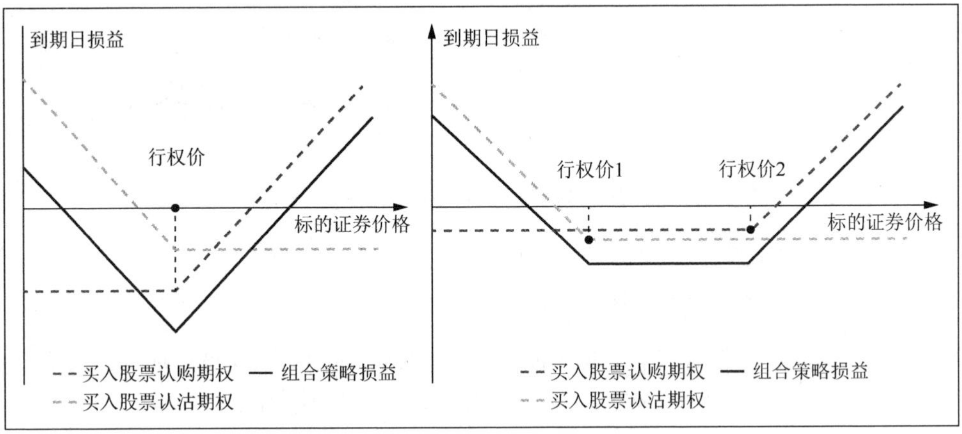

图 16-1 买入跨式和宽跨式的盈亏图

应用场景：

① 市场长时间窄幅震荡，预期将选择上涨或下跌方向，既可选择当月合约，也可选择远月合约。

② 有重大事件即将发生，但是不知道是重大利好还是重大利空事件。

③ 与外盘联动密切的品种，常常受外盘影响，开盘时有较大的跳空。

④ 当期权接近行权日时，预期标的会有大幅波动，但标的会往哪个方向波动并不清楚，此时可以买入跨式（宽跨式）期权以博取大利润。

应用前提：

① 预期行情有大幅波动。

② 隐含波动率不大、时间价值不高。

在上述应用场景中，应当特别注意的情况如下。

① 如果在买入跨式期权后市场仍然未有大幅波动，则应当考虑时间价值的衰减。

② 若在重大事件结果出来后，市场表现平稳，则应当平掉双向合约，如此基本只损失一天的时间价值和波动率的升降。

③ 在买入末日跨式期权后，如果标的单边上涨或下跌，则亏损一方可以不管，让赚钱方向的期权合约保持利润奔跑，但要注意末日行情上下波动带来的巨大的期权波动。

（2）数据统计

笔者统计了沪铜指数 2017 年 1 月 3 日至 2018 年 9 月 21 日的分时图跳空 0.5%（含开盘后 5 分钟内涨跌幅度达到 0.5%的情况）以上的情况，具体如表 16-1 所示。

表 16-1 “沪铜”指数跳空统计

指　　标	天　　数	占　　比
总交易日数	421	100%
跳空超过 0.5%天数	76	18.05%
夜盘跳空	50	11.88%
早盘跳空	26	6.18%
跳空超过 1%	31	7.36%
夜盘	10	2.38%
早盘	21	4.99%
节假日后	7	1.66%

可见，跳空幅度较大的天数占比还是比较大的，跳空超过 1%的天数占比为 7.36%，跳空最大的两次为 2018 年 7 月 11 日早盘跳空 2.7%和 2017 年 7 月 26 日早盘跳空 2.6%。春节、端午节、国庆节等节日后跳空次数和幅度更加明显。而夜

盘跳空的次数多于早盘跳空的次数，因为在下午 3 点收盘后到晚上 9 点开盘期间，“伦敦铜”开市，可能“伦敦铜”的行情走势影响了“沪铜”夜盘开盘的跳空区间。之后“美铜”的交易不太活跃，价格波动不大，所以早盘跳空的次数并不多。

（3）操作方法

在下午 3 点收盘前，或在夜盘收盘前，亦或者在节假日放假前收盘前，买入平值认购和认沽期权，或者虚 1 档的认购/认沽期权，亦或者虚 2 档的认购/认沽期权，可以做中性策略，也可以根据自己的一些预期做偏多或偏空策略，只求如果趋势方向不符合自己的预期，那么盈利的一方能保住亏损部分的金额，而如果刚好朝着自己预期的方向发展，那么获利会更多，损失会更少，也降低了投入的成本。

比如，从图 16-2 可以看出，可以买入平值认购和认沽 49000 期权，也可以买入对应的虚值 50000 认购/48000 认沽期权，如果到期时间还长，则可以使用 51000 认购/47000 沽构成宽跨组合期权。

如果在下午 3 点前开仓，则第二天早盘时就双向平掉，如果跳空后看趋势还在，则先平掉亏损的一方，盈利的那方可以“让子弹飞一会儿”，或者顺势再追一单。

认购								2019年01月(93天)	认沽							
成交量	持仓量	卖量	卖价	买量	买价	涨幅%	现价	行权价	现价	涨幅%	买价	买量	卖价	卖量	持仓量	成交量
1470	182	2	3805	2	3772	4.29	3792	46000	564	13.25	564	6	565	2	408	2264
1500	122	4	3082	2	3058	5.57	3072	47000	832	8.33	828	2	835	2	208	1938
1464	102	2	2439	2	2425	7.04	2432	48000	1185	5.24	1179	2	1191	2	174	1854
1926	392	3	1896	2	1882	9.20	1887	49000	1640	3.86	1631	2	1636	1	184	1752
2252	464	2	1450	2	1435	12.50	1440	50000	2187	2.82	2172	2	2184	2	102	1234
2592	546	2	1090	2	1079	17.35	1082	51000	2814	1.77	2805	2	2821	4	120	1558
6136	908	2	821	4	806	25.04	809	52000	3532	1.35	3509	2	3539	2	240	1748

图 16-2　2018 年 9 月 21 日上市首日 1901 合约 T 型报价

（4）预期损益

如果跳空幅度较大，盈利大于亏损，则会产生正收益；如果跳空幅度很小或平开，而且到期时间还早的话，那么损失的时间价值也不会太多，当然也要注意波动率的升降；如果很多人都在收盘前买入跨式期权，那么波动率会上升较多。

17

涨幅百倍，豆粕期权神奇半月

2018 年 9 月，期权盈利百倍的机会出现在商品期权豆粕上。

从图 17-1 和图 17-2 中可以看出，2018 年 8～9 月豆粕 1811、1901 期货合约都明显走出一个主升浪，涨幅接近 20%。

图 17-1　2018 年 8～9 月豆粕 1811 合约走势

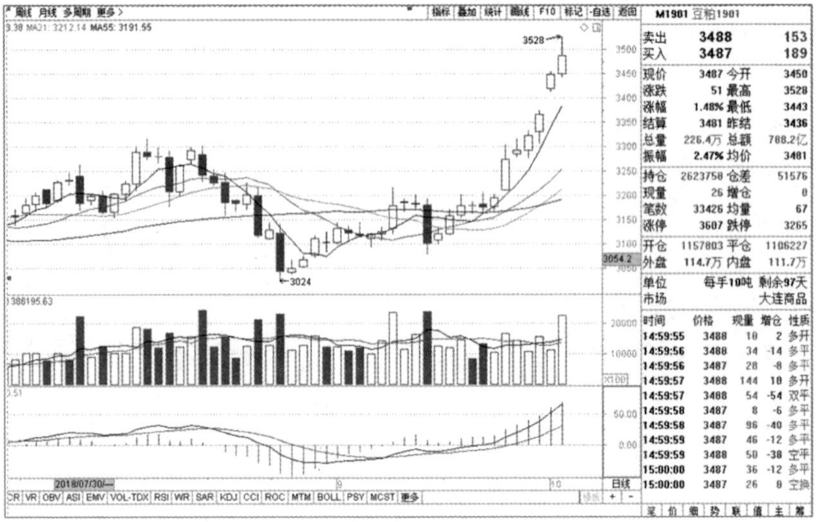

图 17-2　2018 年 8～9 月主力合约豆粕 1901 走势

从豆粕期权的表现来看（如图 17-3 所示），有不少涨幅达百倍的期权合约。

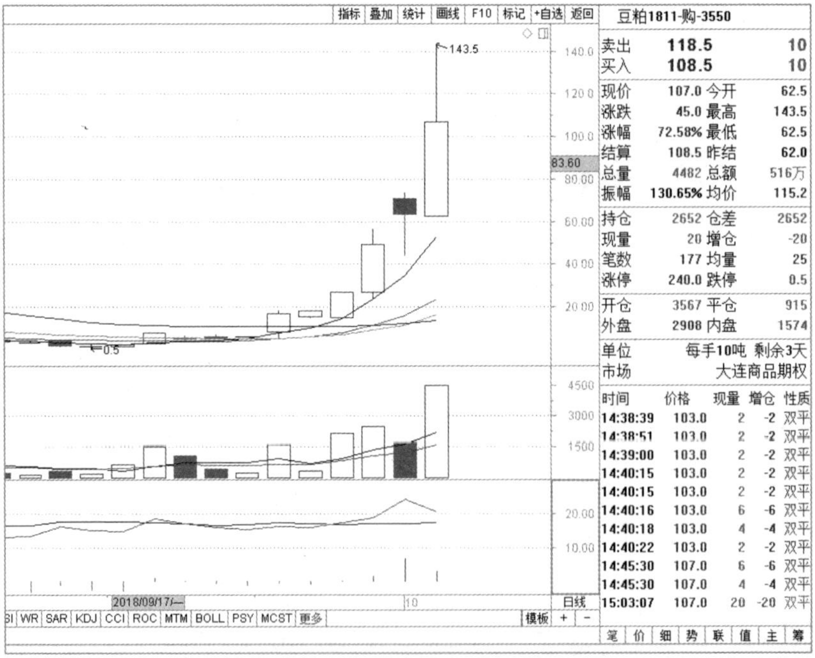

图 17-3　最大涨幅达 280 多倍的豆粕 1811-购-3550

豆粕期权和 50ETF 期权相比，其主要特点有以下几点。

（1）豆粕期权主力合约少，在一年中只有 1 月、5 月、9 月三个月为主力月份，其他月份都不是主力月份，成交量和持仓量很差，不像 50ETF 每个月都有到期合约，因为豆粕期权持续时间长，所以不会每个月都能赚大钱。

（2）商品期权的波动比股票指数大，使投资者可以得到更多“彩票”的机会，可能会有每次盈利几十倍甚至上百倍的机会。

（3）商品期货波动大、时间长，在顺势时，哪怕手头的期权合约接近归零都有机会翻倍盈利。

（4）即使期权合约快到期了，虚值合约的时间价值也不像 50ETF 合约的时间价值那样衰减很快。

（5）豆粕期权的流动性不好，点差特别大。

（6）豆粕期货/期权的结算价和前收盘价不同，实际涨跌幅要自己计算才准确。

18

标的跌停，认沽期权继续翻倍

2018 年 11 月 1 日晚上 22:20，豆粕 1901 合约开始“跳水”，直奔跌停，并在 23:20 达到跌停价（如图 18-1 所示），认购期权大跌（如图 18-2 所示），认沽期权大涨（如图 18-3 所示），部分实值认购期权与标的一样封死跌停，跌至 163 元/张（如图 18-4 所示）。

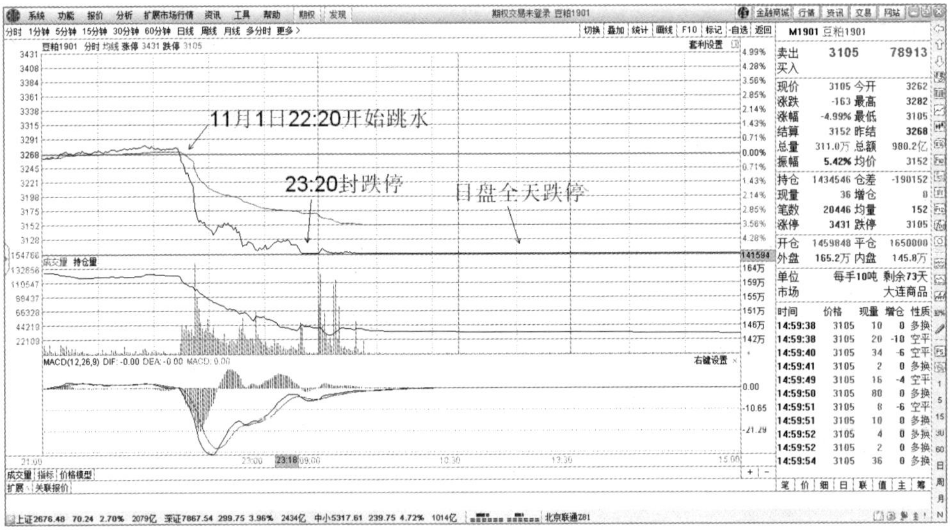

图 18-1　2018 年 11 月 2 日豆粕 1901 走势

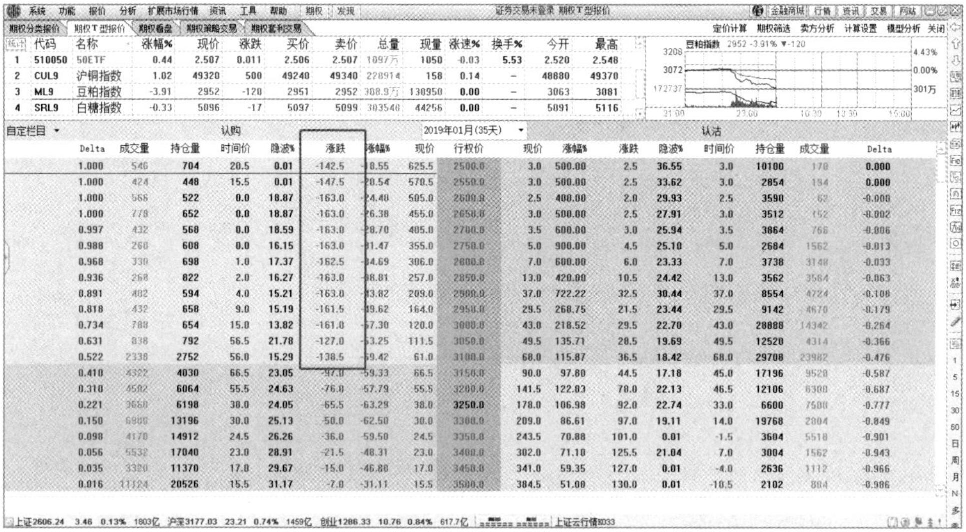

统计	代码	名称	涨幅%	现价	涨跌	买价	卖价	总量	现量	涨速%	换手%	今开	最高
1	510050	50ETF	0.44	2.507	0.011	2.506	2.507	1097万	1050	-0.03	5.53	2.520	2.548
2	CUL9	沪铜指数	1.02	49320	500	49240	49340	228914	158	0.14	–	48880	49370
3	ML9	豆粕指数	-3.91	2952	-120	2951	2952	308.9万	130950	0.00	–	3063	3081
4	SRL9	白糖指数	-0.33	5096	-17	5097	5099	303548	44256	0.00	–	5091	5116

自定栏目 认购 2019年01月(35天) 认沽

Delta	成交量	持仓量	时间价	隐波%	涨跌	涨幅%	现价	行权价	现价	涨幅%	涨跌	隐波%	时间价	持仓量	成交量	Delta
1.000	546	704	20.5	0.01	-142.5	-[illegible]8.55	625.5	2500.0	3.0	500.00	2.5	36.55	3.0	10100	178	0.000
1.000	424	448	15.5	0.01	-147.5	-[illegible]0.54	570.5	2550.0	3.0	500.00	2.5	33.62	3.0	2854	194	0.000
1.000	566	522	0.0	18.87	-163.0	-[illegible]4.40	505.0	2600.0	2.5	400.00	2.0	29.93	2.5	3590	62	-0.000
1.000	778	652	0.0	18.87	-163.0	-[illegible]6.38	455.0	2650.0	3.0	500.00	2.5	27.91	3.0	3512	152	-0.002
0.997	432	568	0.0	18.59	-163.0	-[illegible]8.70	405.0	2700.0	3.5	600.00	3.0	25.94	3.5	3864	766	-0.006
0.988	260	608	0.0	16.15	-163.0	-[illegible]1.47	355.0	2750.0	5.0	900.00	4.5	25.10	5.0	2684	1562	-0.013
0.968	330	698	1.0	17.37	-162.5	-[illegible]4.69	306.0	2800.0	7.0	600.00	6.0	23.33	7.0	3738	3148	-0.033
0.936	268	822	2.0	16.27	-163.0	-[illegible]8.81	257.0	2850.0	13.0	420.00	10.5	24.42	13.0	3562	3584	-0.063
0.891	402	594	4.0	15.21	-163.0	-[illegible]3.82	209.0	2900.0	37.0	722.22	32.5	30.44	37.0	8554	4724	-0.108
0.818	432	658	9.0	15.19	-161.5	-[illegible]9.62	164.0	2950.0	29.5	268.75	21.5	23.44	29.5	9142	4670	-0.179
0.734	788	654	15.0	13.82	-161.0	-[illegible]7.30	120.0	3000.0	43.0	218.52	29.5	22.70	43.0	28888	14342	-0.264
0.631	838	792	56.5	21.78	-127.0	-[illegible]3.25	111.5	3050.0	49.5	135.71	28.5	19.69	49.5	12520	4314	-0.366
0.522	2338	2752	56.0	15.29	-138.5	-[illegible]9.42	61.0	3100.0	68.0	115.87	36.5	18.42	68.0	29708	23982	-0.476
0.410	4322	4030	66.5	23.05	-97.0	-59.33	66.5	3150.0	90.0	97.80	44.5	17.18	45.0	17196	9528	-0.587
0.310	4502	6064	55.5	24.63	-76.0	-57.79	55.5	3200.0	141.5	122.83	78.0	22.13	46.5	12106	6300	-0.687
0.221	3660	6198	38.0	24.05	-65.5	-63.29	38.0	3250.0	178.0	106.98	92.0	22.74	33.0	6600	7500	-0.777
0.150	6900	13196	30.0	25.13	-50.0	-62.50	30.0	3300.0	209.0	86.61	97.0	19.11	14.0	19768	2804	-0.849
0.098	4170	14912	24.5	26.26	-36.0	-59.50	24.5	3350.0	243.5	70.88	101.0	0.01	-1.5	3604	5518	-0.901
0.056	5532	17040	23.0	28.91	-21.5	-48.31	23.0	3400.0	302.0	71.10	125.5	21.04	7.0	3004	1562	-0.943
0.035	3320	11370	17.0	29.67	-15.0	-46.88	17.0	3450.0	341.0	59.35	127.0	0.01	-4.0	2636	1112	-0.966
0.016	11124	20526	15.5	31.17	-7.0	-31.11	15.5	3500.0	384.5	51.08	130.0	0.01	-10.5	2102	884	-0.986

图 18-2 期权 T 型报价

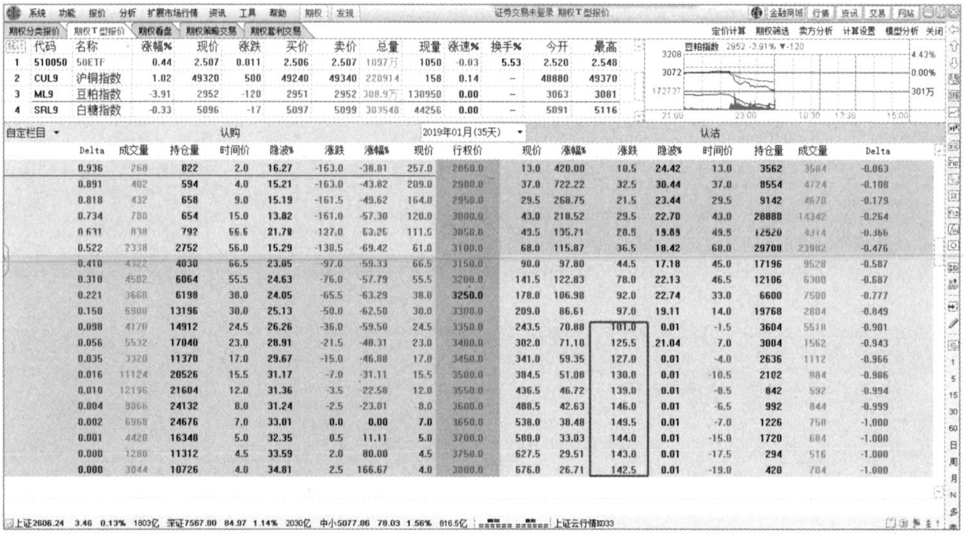

统计	代码	名称	涨幅%	现价	涨跌	买价	卖价	总量	现量	涨速%	换手%	今开	最高
1	510050	50ETF	0.44	2.507	0.011	2.506	2.507	1097万	1050	-0.03	5.53	2.520	2.548
2	CUL9	沪铜指数	1.02	49320	500	49240	49340	228914	158	0.14	–	48880	49370
3	ML9	豆粕指数	-3.91	2952	-120	2951	2952	308.9万	130950	0.00	–	3063	3081
4	SRL9	白糖指数	-0.33	5096	-17	5097	5099	303548	44256	0.00	–	5091	5116

自定栏目 认购 2019年01月(35天) 认沽

Delta	成交量	持仓量	时间价	隐波%	涨跌	涨幅%	现价	行权价	现价	涨幅%	涨跌	隐波%	时间价	持仓量	成交量	Delta
0.936	268	822	2.0	16.27	-163.0	-38.81	257.0	2850.0	13.0	420.00	10.5	24.42	13.0	3562	3584	-0.063
0.891	402	594	4.0	15.21	-163.0	-43.82	209.0	2900.0	37.0	722.22	32.5	30.44	37.0	8554	4724	-0.108
0.818	432	658	9.0	15.19	-161.5	-49.62	164.0	2950.0	29.5	268.75	21.5	23.44	29.5	9142	4670	-0.179
0.734	788	654	15.0	13.82	-161.0	-57.30	120.0	3000.0	43.0	218.52	29.5	22.70	43.0	28888	14342	-0.264
0.631	838	792	56.5	21.78	-127.0	-53.25	111.5	3050.0	49.5	135.71	28.5	19.69	49.5	12520	4314	-0.366
0.522	2338	2752	56.0	15.29	-138.5	-69.42	61.0	3100.0	68.0	115.87	36.5	18.42	68.0	29708	23982	-0.476
0.410	4322	4030	66.5	23.05	-97.0	-59.33	66.5	3150.0	90.0	97.80	44.5	17.18	45.0	17196	9528	-0.587
0.310	4502	6064	55.5	24.63	-76.0	-57.79	55.5	3200.0	141.5	122.83	78.0	22.13	46.5	12106	6300	-0.687
0.221	3660	6198	38.0	24.05	-65.5	-63.29	38.0	3250.0	178.0	106.98	92.0	22.74	33.0	6600	7500	-0.777
0.150	6900	13196	30.0	25.13	-50.0	-62.50	30.0	3300.0	209.0	86.61	97.0	19.11	14.0	19768	2804	-0.849
0.098	4170	14912	24.5	26.26	-36.0	-59.50	24.5	3350.0	243.5	70.88	101.0	0.01	-1.5	3604	5518	-0.901
0.056	5532	17040	23.0	28.91	-21.5	-48.31	23.0	3400.0	302.0	71.10	125.5	21.04	7.0	3004	1562	-0.943
0.035	3320	11370	17.0	29.67	-15.0	-46.88	17.0	3450.0	341.0	59.35	127.0	0.01	-4.0	2636	1112	-0.966
0.016	11124	20526	15.5	31.17	-7.0	-31.11	15.5	3500.0	384.5	51.08	130.0	0.01	-10.5	2102	884	-0.986
0.010	12196	21604	12.0	31.36	-3.5	-22.58	12.0	3550.0	436.5	46.72	139.0	0.01	-8.5	842	592	-0.994
0.004	9866	24132	8.0	31.24	-2.5	-23.81	8.0	3600.0	488.5	42.63	146.0	0.01	-6.5	992	844	-0.999
0.002	6968	24676	7.0	33.01	0.0	0.00	7.0	3650.0	538.0	38.48	149.5	0.01	-7.0	1226	758	-1.000
0.001	4420	16348	5.0	32.35	0.5	11.11	5.0	3700.0	580.0	33.03	144.0	0.01	-15.0	1720	684	-1.000
0.000	1280	11312	4.5	33.59	2.0	80.00	4.5	3750.0	627.5	29.51	143.0	0.01	-17.5	294	516	-1.000
0.000	3044	10726	4.0	34.81	2.5	166.67	4.0	3800.0	676.0	26.71	142.5	0.01	-19.0	420	704	-1.000

图 18-3 部分实值认沽期权上涨

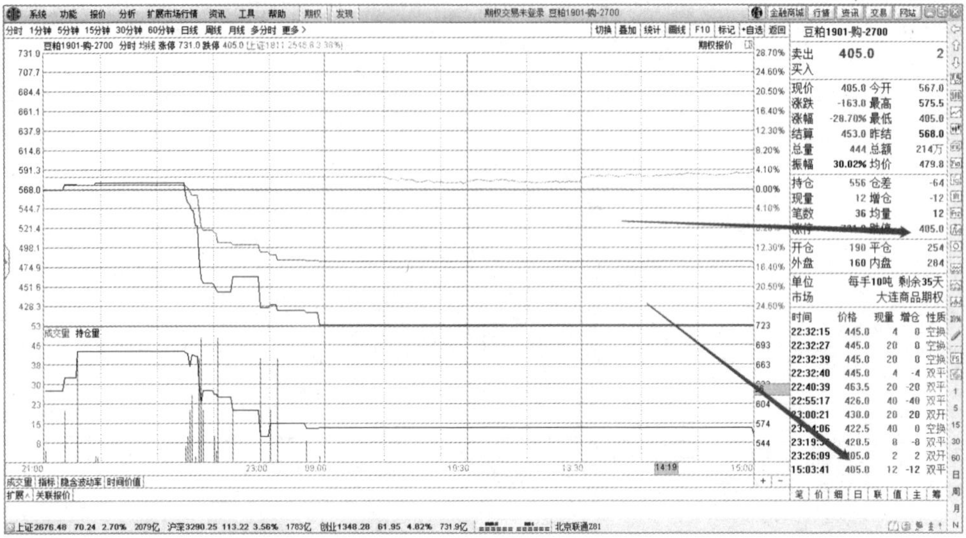

图 18-4　豆粕 1901-购-2700 等部分认购期权跌停

那么，标的封死跌停，是否可以关机睡觉了呢？不可以！如果是做期货，那么多头解套是无望的，但是对于做期权来说，认沽期权并没有涨停，距离期权的涨停价还很有差距（如图 18-5～图 18-6 所示）。

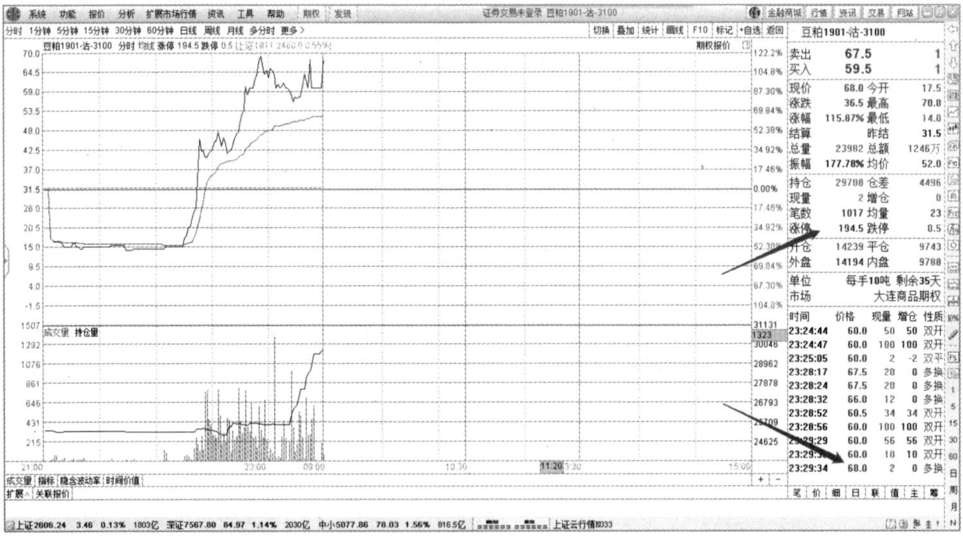

图 18-5　豆粕 1901-沽-3100 走势

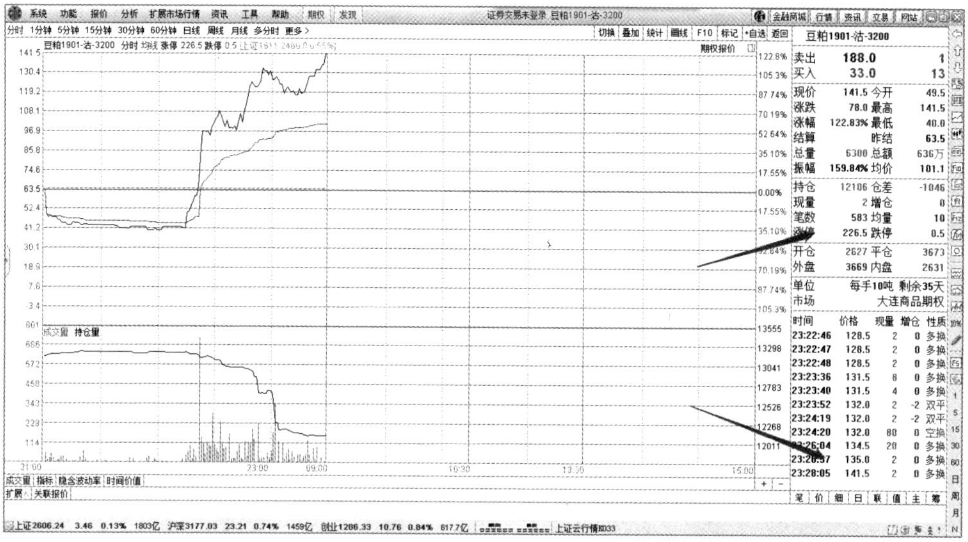

图 18-6　豆粕 1901-沽-3200 走势

下午部分实值认沽期权直奔涨停，如图 18-7～图 18-9 所示。

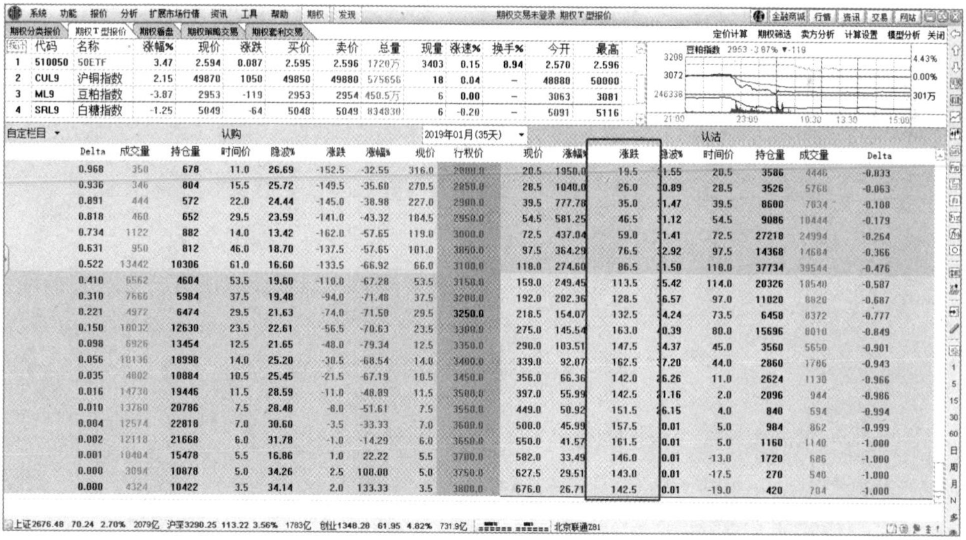

图 18-7　下午收盘时的认沽价格明显比上午高

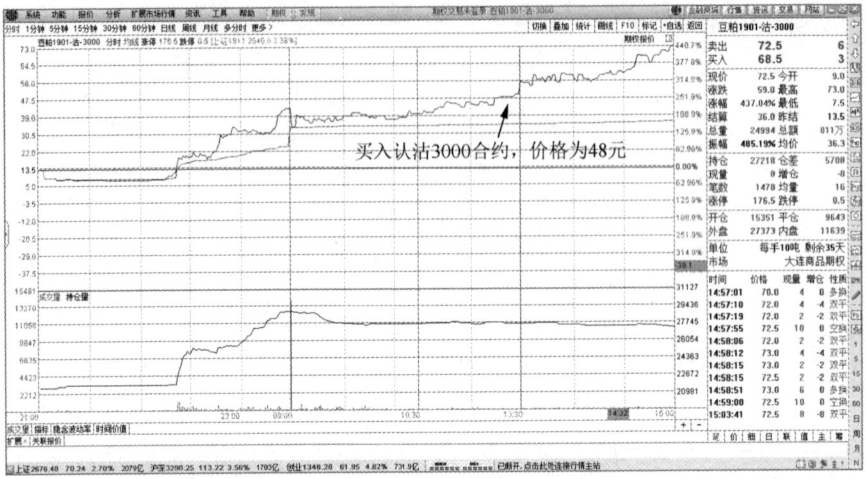

图 18-8　豆粕 1901-沽-3000 接近翻倍

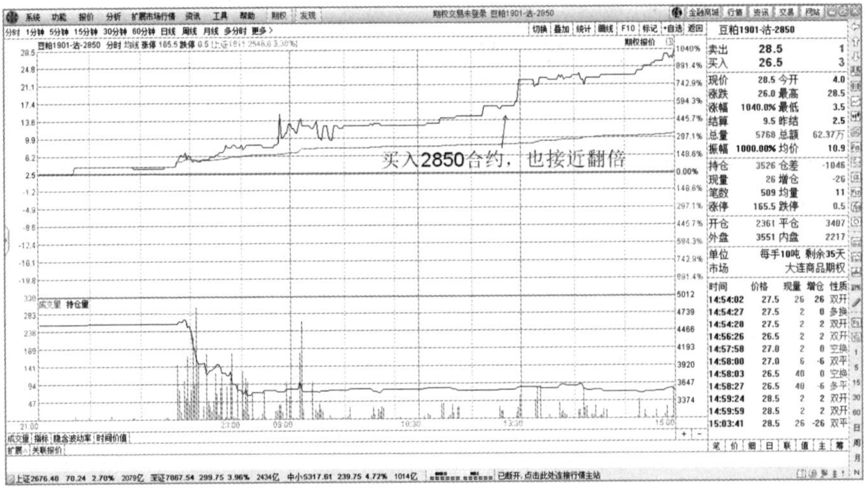

图 18-9　豆粕 1901-沽-2850 接近翻倍

为什么会这样呢？可能有以下几个方面的原因。

① 期货虽然跌停，当日价格不能动弹，但是认沽期权还没有涨停，当日还可以交易，价格可以继续变动。

② 基于跌停大额封单，不少人预期期货还会继续下探，所以买入期权期望获利。

③ 有精明的跨品种交易者，或者是被套牢的期货多头寻求用期权做对冲，再或者有获利的期货空头期待获取更大的收益。

在 11 月 2 日的夜盘，豆粕期权没有延续白天的跌停，而是低开高走逐渐回升，远远低于买入认沽期权者的预期，导致白天在标的跌停后依然获得翻倍利润的期权迅速回落，波动率也大幅回落，虚值期权甚至回吐了前一日一半的涨幅（如图 18-10～图 18-12 所示），同时隐含波动率也大幅下降。

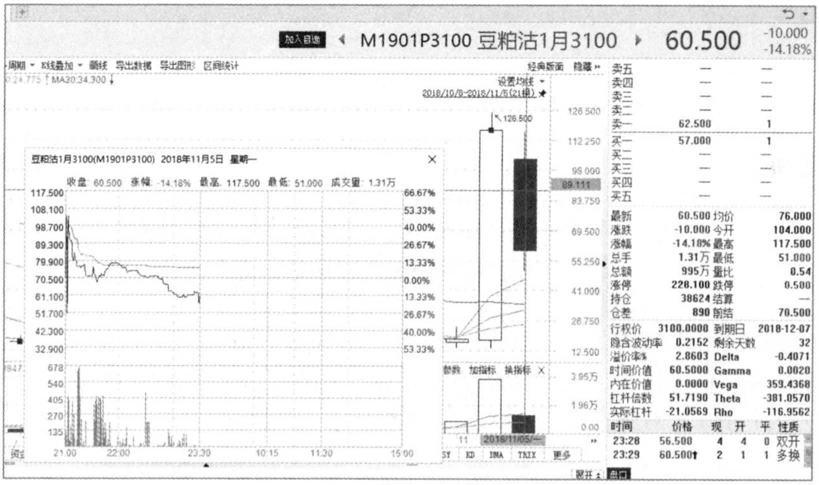

图 18-10　豆粕 1901-沽-3100 走势

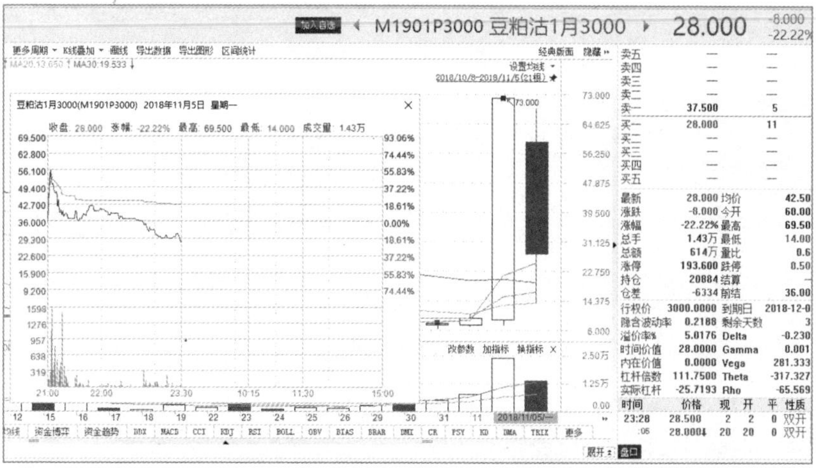

图 18-11　豆粕 1901-沽-3000 走势

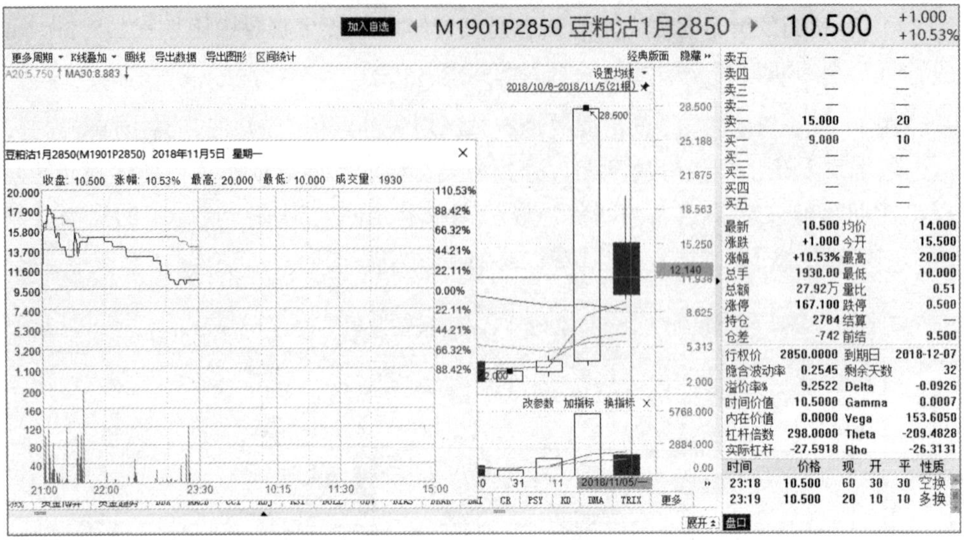

图 18-12　豆粕 1901-沽-2850 走势

在短时间的极端行情里，大众的情绪对期权的价格有很大的影响，如果标的的运动方向没有符合大家所预想的方向，那么抓住机会盈利并见好就收则非常重要，或者，可以在波动率回落时及时做卖方。

三、美股期权篇

19

美股期权，可“薅资本主义羊毛”

满满干货指方向，撸起袖子大胆干。

自 2018 年 3 月以来，A 股走势扑朔迷离，上涨了 10 年的美股指数、美国科技股和中概股屡创新高。我们在 50ETF 期权上已经无法用 2017 年的单边买购来获得大利润，只有使用各种复杂的策略才能获取一些微薄的利润，而在美股指数、个股期权上却蕴含了大机会。笔者根据对美股期权和 50ETF 期权的实际操作做了以下总结。

（1）美股期权和 50ETF 期权的行情对比

从上证指数（如图 19-1 所示）、道琼斯指数（如图 19-2 所示）、纳斯达克指数（如图 19-3 所示）和标普 500 指数（如图 19-4 所示）的对比可以看出，自 2018 年以来，美国三大指数、美国科技股和中概股走出了一轮非常好看的单边走势。那么它们的期权行情如何呢？

图 19-1　上证指数走势

图 19-2　道琼斯指数走势

图 19-3　纳斯达克指数走势

图 19-4　标普 500 指数走势

以京东为例，2018 年 5 月 30 日，京东价格是 35 元左右，看看当时的平值、轻度虚值、深度虚值期权（如图 19-5～图 19-6 所示）的表现如何？

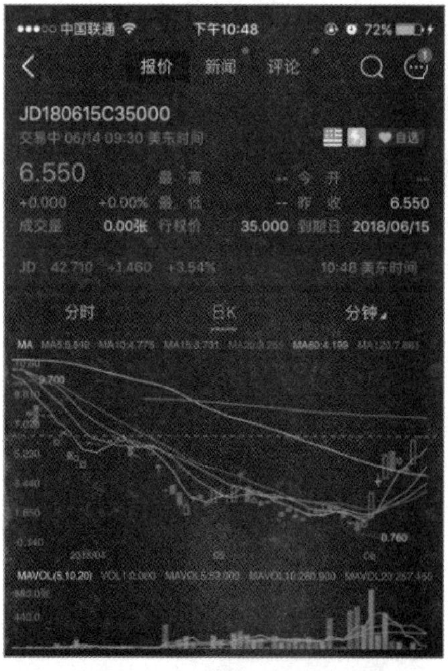

图 19-5　JD180615C35000 走势

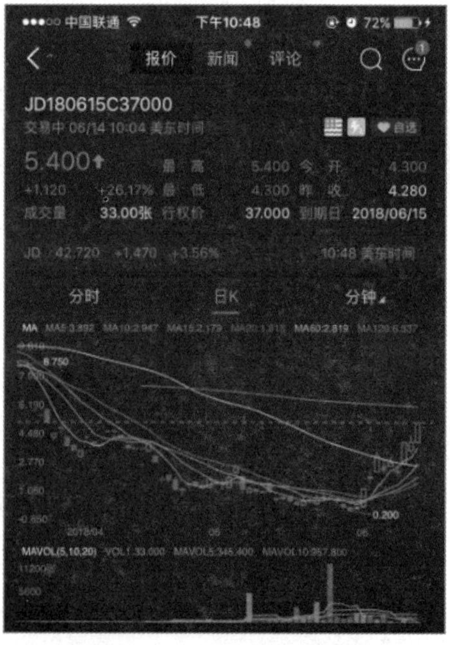

图 19-6　JD180615C37000 走势

因为个股波动比指数波动要大，导致个股期权的波动比国内的50ETF期权的波动更大，盈亏变化很大，应该分散投资在不同的个股上，用期权买方做好标的的趋势跟踪。

（2）美股期权的优势

美股指数期权和个股期权相比国内的50ETF期权，有以下几个优势。

① 趋势性更好。自2018年1月后，美国三大指数屡创新高，走出了一段很好的上升趋势，很多科技股、中概股趋势非常好。

② 标的更多样。不管在什么时候，美股指数期权和个股期权的趋势性都很好，可以做单边标的，且标的更多样。

③ 可实现“一招鲜”。有人说，精力有限，看不过来那么多标的，但这刚好是技术派的一个优点，只选择符合自己开仓条件的股票来做期权，单边做多或者单边做空就好，实现“一招鲜吃遍天”。

④ 利润更高。大家知道，个股涨跌起来的幅度比指数波动的幅度更大，也就有了期权能赚取更高利润的可能性。近两年50ETF期权，单边10倍以上的期权合约比较少，但在个股期权里，赚取虚值的几倍、几十倍甚至几百倍利润都很常见。

（3）美股期权的开户及看盘

目前在国内，能够开美股期权账户的互联网券商有富途牛牛、盈透证券、雪盈证券、老虎证券等，一定要选择正规的平台，且在做美股期权时不要投入太多资金。

美股看盘的工具有很多，QQ股票、东方财富、金色香江等软件都可以提供实时的行情服务。笔者看期权行情使用富途牛牛、老虎证券、Thinkorswim、TDAmeiritrade等软件，部分软件需要开户才提供期权行情服务，读者可自行选择。

（4）美股交易基本规则

① 交易时间。美股的交易时间，盘前：04:00-9:30；盘中：09:30-16:00；盘后：16:00-20:00。

② 交易单位及涨跌幅。美股没有“手”的概念，最小交易单位是1股。A股

每手为 100 股，港股每手数量为 100～2000 股不等。美股没有单日涨跌幅限制。

③ 日内交易。美股名义上是 T+0 交易，实际上是：美国证券交易委员会规定，若现金账户总值低于 2000 美元，那么只有在资金已经交割的情况下才可以进行 T+0 交易，否则将被禁止交易 90 天。比如，你的资金已经交割，当天买进的股票，当天就可以卖出。如果你再用这笔资金继续买进，则需要等 3 个交易日，在资金交割之后方可卖出。在 3 个交易日之内，无论股票涨跌，都不可以交易。

如果账户净资产不足 25000 美元，账户在连续 5 个交易日内，达到 4 次 T+0 交易，则该账户将被禁止开仓交易。为了避免触发交易限制的规则，保护客户交易权限，部分券商的账户最多允许 3 次 T+0 交易，美股的 T+0 交易次数与港股的 T+0 交易次数是累计的，达到 3 次后系统会限制新的开仓。

当账户净资产大于 25000 美元时，才可以进行无限次的日内交易。

④ 资金门槛。有的美股很贵，比如苹果、阿里巴巴是几百美元一股，亚马逊是 1600 美元一股，巴菲特公司的股票伯克希尔-哈撒韦 28 万美元一股，但最小交易单位为 1 股。

⑤ 做空机制。大多数美股的股价高于 5 美元，流通性良好的股票都有做空机制，即先卖后买。

（5）标的选择

对于国内的散户来说，没有精力和渠道去了解数千只美股的情况，然而可以避繁就简，做好跟踪，看对趋势，选择 3（三大指数）+10（十大知名股，10 为概数，即一些知名股票）+10（十大知名中概股，10 为概数，即一些知名中概股）的标的就可以了。

① 三大指数。即道琼斯指数、纳斯达克指数、标普 500 指数和相应的 ETF 及其对应的期权。

② 一些知名美股。可在如图 19-7 所示的知名美股里选择自己熟悉的股票，这些股票业绩好，流通性好，股价趋势稳定。

③ 一些知名中概股。这些股票的企业注册地、经营地、产品、用户都在我们国内，很多方面大家都很熟悉（如图 19-8 所示）。

知名美股　美股涨跌榜

名称	最新价	涨跌额	涨跌幅
苹果	188.84	-1.96	-1.03%
谷歌	1152.26	+0.14	+0.01%
埃克森美	80.66	-1.23	-1.50%
微软	100.13	-1.29	-1.27%
Faceboo	195.85	-0.96	-0.49%
推特	45.80	-0.96	-2.05%
Snap	14.02	+0.15	+1.08%
通用电气	13.30	-0.22	-1.63%
eBay	38.89	-0.11	-0.28%
甲骨文	46.28	+0.38	+0.83%
亚马逊	1715.97	-7.89	-0.46%
沃尔玛	83.70	-0.09	-0.11%
富国银行	54.98	+0.24	+0.44%
高通	59.86	+0.40	+0.67%
英特尔	55.11	-0.43	-0.77%
高盛	231.92	-1.73	-0.74%
花旗	66.34	+0.18	+0.27%
美国银行	29.28	-0.22	-0.75%
摩根大通	107.90	-0.13	-0.12%
GPRO	6.23	+0.01	+0.16%

图 19-7　知名美股

互联网中国　中概股涨跌榜

名称	最新价	涨跌额	涨跌幅
新浪	94.58	-1.68	-1.75%
阿里巴巴	208.00	-2.86	-1.36%
百度	272.97	+2.33	+0.86%
京东	43.59	-0.16	-0.37%
唯品会	11.23	+0.12	+1.08%
网易	254.88	-0.16	-0.06%
哔哩哔哩	19.65	-0.85	-4.15%
携程网	51.72	+0.58	+1.13%
汽车之家	118.91	+1.79	+1.53%
欢聚时代	114.78	-4.01	-3.38%
微博	109.68	-1.63	-1.46%
搜房网	4.52	-0.06	-1.31%
聚美优品	2.80	+0.03	+1.08%
爱奇艺	40.16	-0.35	-0.86%

图 19-8　知名中概股

（6）期权策略

投资者在做美股期权之前，最好在国内有丰富的股票交易经验和期权交易经验，熟悉了 50ETF 期权的各种策略，再进入美股市场。美股期权的策略玩法可以分为如下几种。

① 顺趋势，做买方。不做短线，做好大波段操作，从平值期权做起，如果做对方向，就会有几倍甚至几十倍的收益，但每个合约的投入资金不可太多。

② 寻突破，买跨式。若研究某标的已有较长时间，那么在重要事件、重要财报公布前，就可以买入跨式期权。美股期权的到期日非常多，行权价的选择非常多，跨式、宽跨式的选择也非常多。当标的朝某方向突破后，再双向获利了结或追随趋势获取更大收益。在美股的财报季，许多公司都会出财报，这些财报有利好，也有利空，关注财报时间表，可以提前进行布局，如图 19-9～图 19-10 所示。

当然，对于不同的股票，要考虑买入跨式期权时的虚实程度，科技股和中概股波动大，隐含波动率高，买入跨式期权可以稍微虚一些；传统行业的股票波动小，买入跨式期权不可以太虚。

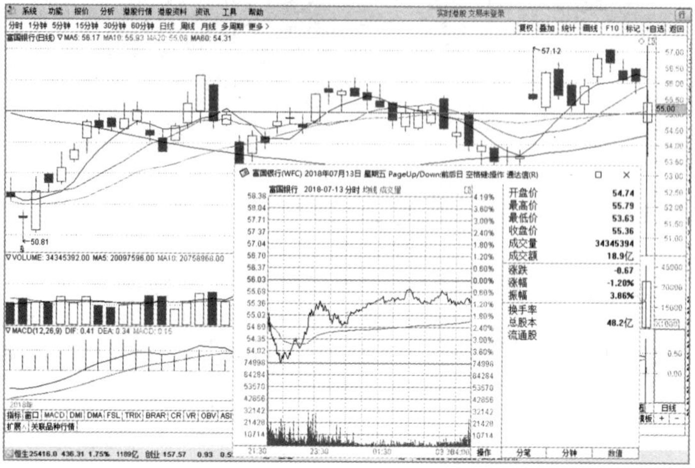

图 19-9　富国银行公布财报时暴跌

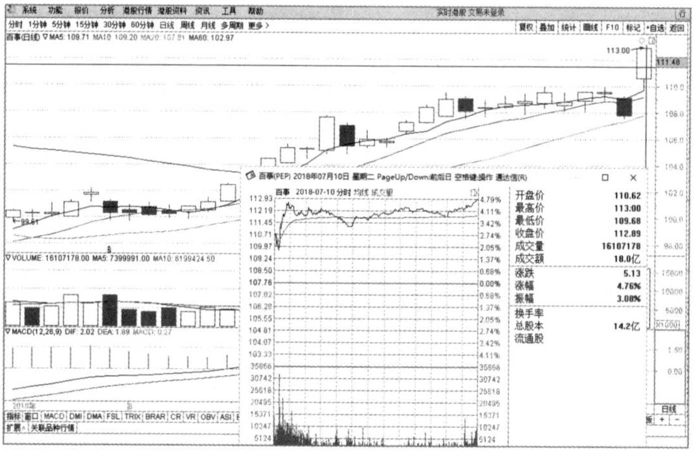

图 19-10　百事公布财报时暴涨

③ 找拐点，常布局。当某标的涨了很久或跌了很久时，若觉得会反转，那么用期权来抄底或摸顶是非常不错的选择，对指数和 ETF 都可以这样操作，前提是要将资金分成许多份，因为前几次的猜拐点资金可能都会打水漂，但猜对一次，就能获利丰厚。

④ 广撒网，来秋收。对于几个熟悉的标的，分配好资金分别投入，选择不同的到期日、行权价，买了就放着先不管，等快到行权日时再来收取，只要有一部分股票能够突破，期权就能收回成本，或许还能获得较大盈利。

⑤ 末日轮，中大奖。美股期权每周都有最后到期日，标普 500ETF（SPY）每周一、周三、周五都是到期日，这使得到期日前几天的期权非常便宜。股价在短期内突破，布局一周左右到期的期权，可以买一个方向，也可以做跨式期权，“十网撒网九网空，一网收货就翻身”，当然还要做好严格的资金管理。

⑥ 做卖方，赚稳钱。一些市值比较大的股票常常喜欢碎步小阳，若用虚值认购期权来做，则往往收益不太好，但若用认沽义务仓来做，收入就会比较稳定，但这需要比较多的资金。

⑦ 小投入，来做空。有些投资者喜欢做拐点交易，认为牛市太久后总会暴跌，或者大幅下跌后会反弹，于是投入少量的资金来期待黑天鹅的出现，比如有人买了几个月的认沽期权，终于等到 2018 年 10 月份美股大回调。

（7）合约选择

做惯了上证 50ETF 期权的朋友，对于每年 4 个到期月份，每个月至少有 9 个行权价的期权合约应该非常熟悉了，但对于每周都有到期日的美股期权来说，该如何选择呢？

首先根据自己的风险偏好来选择具有不同风险的期权，然后最重要的是资金管理，分开撒网。

从图 19-11 可以看出，当前股票价格在 43 元，期权行权价在 29～50 元之间，0.5 元一档行权价。而对于标的亚马逊来说，期权行权价为 1200 美元到 2500 美元，跨度非常大。周期权一般提前一个半月上市，月度期权上市的时间一般是 3 个月左右，面对非常多的行权月和行权价，确实让人迷茫，其实把握以下几个原则，再选择合约就比较容易了。

① 立足标的。投资美股期权的目的，从根本上来说还是想赚取标的波动的利润，而我们一般选择比较好的标的，标的的运行趋势（涨跌）、波动率的涨跌等都会影响对期权合约的选择。

② 时间选择。美股期权在期权合约到期时间的选择上很有讲究，如果要博取短期标的波动的利润，就买入下周或者下下周到期的期权，因为到期时间近，时间价值少，期权价格比较便宜。如果标的短期大幅波动，则涨跌非常有优势，会获得很大的利润。而如果短期内标的的涨跌不能确定，但看好未来一段时间内会有比较大的涨跌幅度，一般选择一个月或两个月后到期的月度期权，也不用辛苦晚上盯盘。

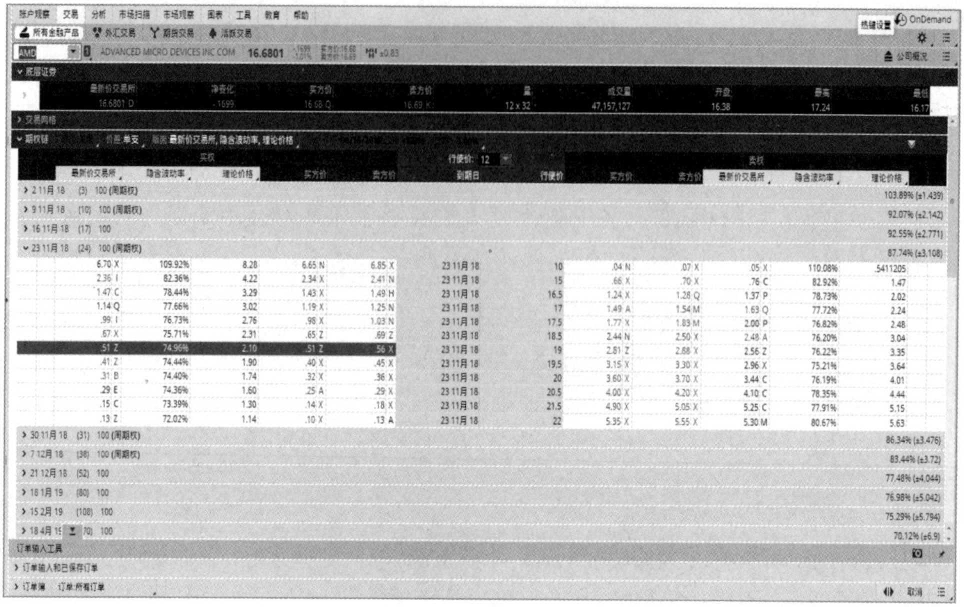

图 19-11　挂牌的期权合约到期日

③ 虚实选择。一些上涨较慢的标的，应该选择实值的期权，或许可以获取几倍的利润，如图 19-12 所示。

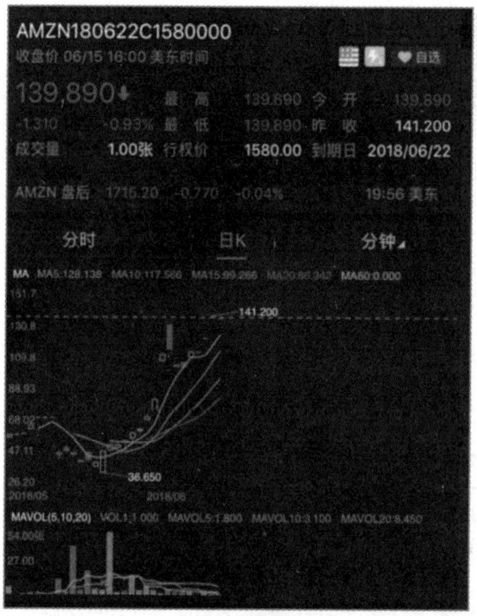

图 19-12　AMZN 180622 1580 CALL 走势

对于一些爆发力很强、股性比较活跃，又喜欢暴涨、暴跌的股票，短期内会有大的波动，则应当以小资金布局虚值期权，获得较大利润。

在行权价的选择上，如果买入的期权合约个数不太多，则一般选择整数价位，因为非整数价位的持仓量和流动性会较差。

④ 量很重要。由于美股期权合约众多，在一个标的股上就有上百甚至上千的合约，如果你把大量资金堆积在一个不活跃、未平仓合约数量、成交量很小的合约上，那么买入和卖出的流动性就是个问题，买卖的点差也会很大。而月度期权的成交量、未平仓合约数量很多，能够有较低的冲击成本和较大的资金容纳量，这就是做一个月左右的月度期权的原因。

⑤ 看波动率。美股个股期权的波动率比 50ETF 期权的波动率高，标的的实际波动率也高很多。如图 19-13 所示的特斯拉期权的隐含波动率高达 70%左右，这就要和历史波动率进行比较，在波动率特别高时，做买方不太合适。

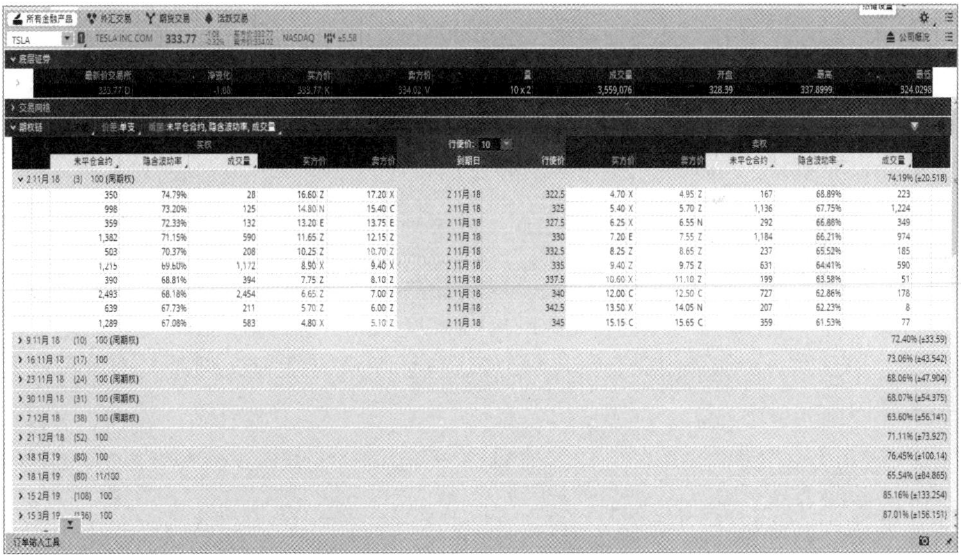

图 19-13　特斯拉期权的隐含波动率

（8）移仓操作

大多数投资者在一开始进行期权交易时没有非常充足的信心，只敢买入平值和轻度虚值期权，当有了较多的利润后，可将所持有的期权变成实值和深度实值期权，那么杠杆就会变小，这时为了获得较大利润就要进行移仓操作。若该股票的趋势并未改变，则可以将部分资金从实值期权换到虚值期权，或者换成推后到期日的虚值或实值合约，以获取更多利润，但移仓操作也要有度，不要全部移到近月虚值期权，以免最后一笔将利润归零。

在一波上涨行情里，使用移仓有四个优势：

① 上涨可以获取更多利润。

② 能在横盘和小跌时躲避风险。

③ 能在大幅下跌时移仓对冲。

④ 在不同行权周期移仓，用时间换空间。

（9）获利了结

当在某一合约或者某只股票的期权上有了较多利润时，该合约也即将到期，此时要获利了结，落袋为安。

在落袋为安前，最需要考虑的因素是“这只股票的趋势改变了吗”，如果没改变，则还可以通过在虚实之间移仓、往更远到期日期权移仓来让利润奔跑。

期权的获利了结一般分为以下四种方式。

① 虚值向实值期权移仓。当出现反向波动时，实值期权的跌幅会相对较小，损失较少，再行平仓落袋为安。这种方式适用于后期涨幅较小的情况。

② 实值向虚值期权移仓。实值期权按照等张数移仓到虚值期权，既保留上行收益，又回收了大部分的资金。这种方式适合于预期还上涨，但是又怕下跌有大幅回撤的情况。

③ 买入反向期权做保险。用前面利润的 5%～10%买入反向期权合约做保险，同时前面的合约不要动。这种方式适合于上涨（下跌）厉害的情况。

④ 构建垂直价差。保持平值期权不动，卖出上方虚值期权，构成垂直价差，在美股里做垂直价差的卖方不需要手续费，如果刚好没上涨到卖方合约的行权价，则可以将该权利金收入囊中，而如果超出了该行权价，则锁定了收益。

（10）几点建议

① 大多数人对美股都比较陌生，最好在对其熟悉后再进行投资。

② 如果具有国内 50ETF 期权、商品期权的操作经验，且熟悉各种期权策略，那么再投资美股会更有把握。

③ 从风险控制和外汇管理的角度来说，投入美股期权的资金不要太多。

④ 做好资金管理，稳扎稳打，拒绝孤注一掷的赌徒行为。

⑤ 保证合法合规，一定要在合法、合规的平台上操作。

⑥ 多学习英语，虽然你用的软件可能是中文版的，但若炒美股的话，那么好好学习英语还是有用的。

⑦ 分散投资，不要在一个标的上纠缠，需要很高超的技术才能获利的标的都不是好标的。

⑧ 赚了钱要转回国花，祖国才是我们的依靠。

20

顺势加码，期权获取更大利润

苦练内功度重洋，乘风破浪济沧海。

笔者经过一段时间的美股期权实践，针对如何抓住期权趋势总结了一些新的方法，具体如下。

（1）中期趋势做法

美股牛市持续了很多年了，很多股票走势非常好，选择其中一些相对熟悉的股票只做中期趋势，大多采取买入认购、买入认沽的方法，通过简单的看 K 线图走势（2018 年 6～7 月）的方法，笔者将谷歌、QQQ（纳斯达克 100ETF）、亚马逊等股票和 ETF 加入关注，并买入、持有部分股票的期权。

（2）短期趋势做法

从基本面、短期技术面来选择一些突破了行情的股票，使用期权工具来操作，将获利非常大，但要做好资金管理，分散投资。

（3）日内和更短线的玩法

在美股里，高开高走、高开低走、低开高走、低开低走的情况很普遍，应做好日内的趋势跟踪，在指数情况还可以的情况下，低开高走、高开高走也很普遍，追进去往往还能获得丰厚的利润，但要在日内趋势走完或反转时平掉。

如图 20-1 所示，QQQ 在 2018 年 7 月 12 日高开高走，早点追进去买入认购期权，也能获得不错的利润。

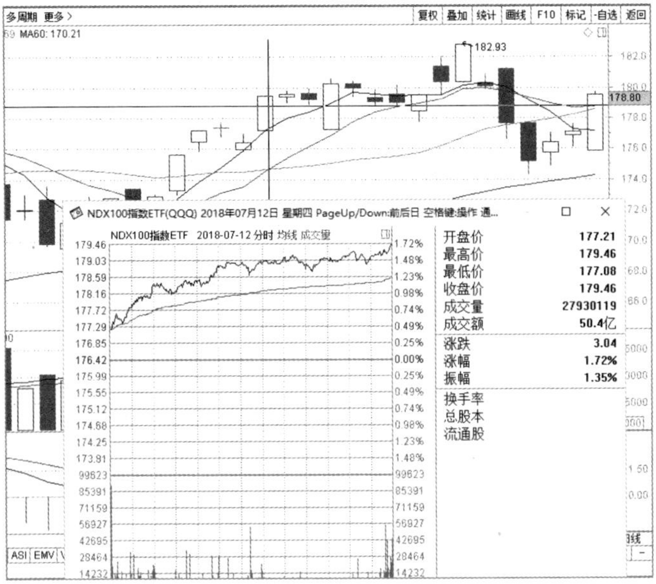

图 20-1 2018 年 7 月 12 日 QQQ 走势

对于资金没达到 25000 美元的小户来说，虽然如果做对方向利润将非常丰厚，但有每 5 天只能操作 3 次 T+0 的限制，对此一般有以下几种解决办法。

① 增加资金，将资金保持在 25000 美元以上。

② 减少下单的次数，不做不确定的交易，不做下单后马上后悔的交易。

③ 如果在买入认购期权后发现做反了方向，但已经没有 T+0 操作的次数了，那么可以买入认沽期权进行对冲。

④ 不要选很快到期的期权或者末日期权，至少选择隔天还可以有交易时间的期权。

真正赚钱的秘诀不在于“对转折点的预测”，而在于“顺势加码”。会运用加码策略的人，可以将利润率大幅提高！只要利润显现，趋势浮现，就可以加码。

21

逢高做空，特斯拉的经典案例

2018 年 7 月 2 日晚上，特斯拉公布业绩，股票高开 6%，很多持有股票的投资者认为股价要上 400 美元，但有机构不看好，随即行情展开“跳水”（如图 21-1 所示），于是笔者逢高点买入了认沽期权。

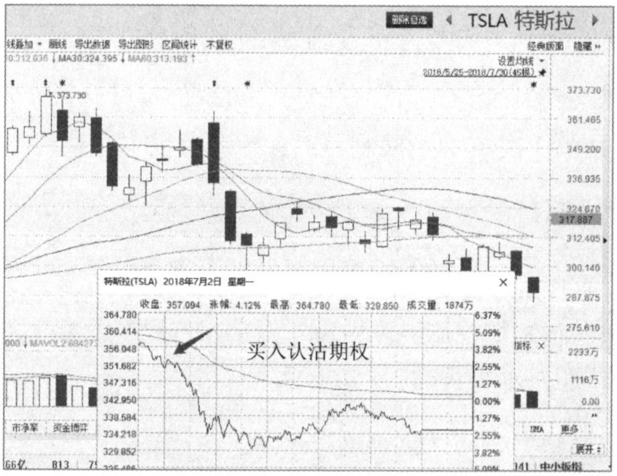

图 21-1　高开低走站不上均线，即买入认沽期权

如图 21-2 所示，笔者于 2018 年 7 月 2 日买入 7 月 20 日到期平值行权价为 355 美元的认沽期权，7 月 3 日大跌继续移仓，换不同到期时间和更低行权价的认沽期权（如图 21-3 所示），获取更大杠杆。

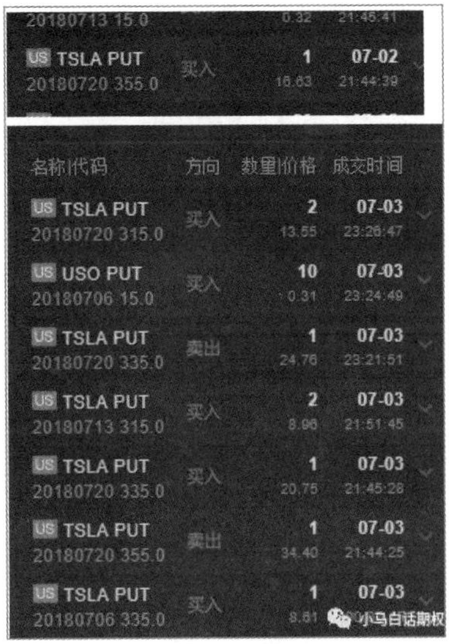

图 21-2　认沽期权持仓

图 21-3　更低行权价的认沽期权

小经验：

如果比较看好或看淡某只股票，但又想买当周或下周期权，则不要买深度虚值期权，而是买中等虚值期权就好，等其变成中度实值期权，就能获得非常多利润，而不会因为最后标的没到行权价而归零。如果投入资金比较多，那么可以阶梯式配置不同到期日和不同行权价的虚实值期权。

22

出海浪拍，犯了一些常见错误

此市彼市一样市，这错那错一再错。

风动幡动一心动，见道修道一简道。

看人挑担不吃力，自己挑担步步歇。

2017 年年底笔者做了一拨京东的期权盈利近十倍，随后被打回原形，2018 年上半年将美股期权暂时搁置，在 6 月时 50ETF、豆粕期权、白糖期权都很难做，才重新做起美股期权，但经过几番扑腾后，被浪花拍到呛了水。以下是笔者所总结的在美股期权中所犯的错误。

（1）仓位有些重

笔者在觉得行情能够持续的时候，买入某只股票的期权，很快就把仓位加上了，不管是盈利后移仓，还是买入不同期限的仓位，所占资金的比例都过大。

从图 22-1 可以看出，笔者在 7 月初资金总资产为 1.8 万多美元，而持有的特斯拉期权市值超过 1.3 万美元，当然这时赚了很多，但是若同一只股票的同方向期权持有的太多，如果有反向波动，损失就会比较大。

图 22-1　美股期权账户持仓

期权持仓占总资金的比例太高，从图 22-1 看出，1.8 万多美元的总资产，只有 2000 美元是现金，其他都是已持有的期权，如果有反向波动而遭遇惨重损失，那么将没有足够的资金东山再起。

同股票的同向期权买入太多，如果遇到大盘调整或横盘，损失就会比较大。

（2）喜欢买虚值

笔者喜欢买入虚值期权，而如果在阶段性高点买入认购期权，后期刚好遇到调整，就会损失惨重。

对于一些“慢牛”股票来说，做短期虚值期权并不是最好的选择，如果一两周涨幅不大，那么标的上涨的金额与虚值期权的时间价值损耗相比，并不划算。

从图 22-2 和图 22-3 可以看出，一周后到期的行权价为 1905 美元的亚马逊平值认购期权价格接近 20 美元/张，平值认沽期权价格为 17.7 美元/张。一周共 5 个交易日，如持有到期，那么亚马逊股价至少涨跌 20 美元，平值认购（认沽）期权才保本，涨跌超过 40 美元才能翻一倍，超过 60 美元才能翻两倍，获利难度很大。

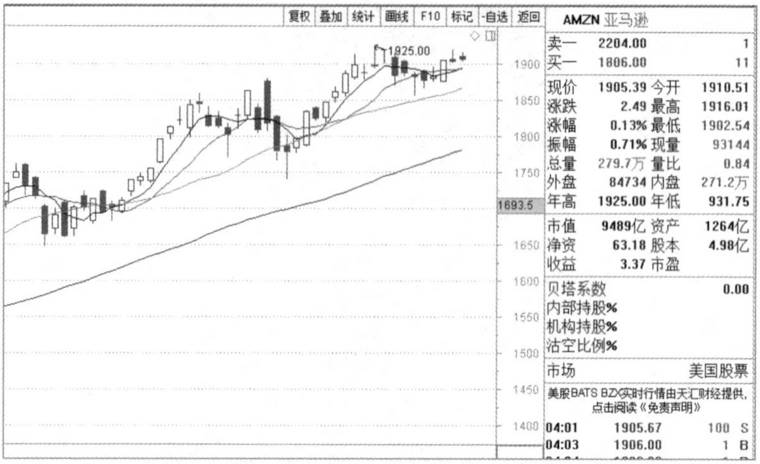

图 22-2　2018 年 7～8 月亚马逊走势

卖价 订单数	买价 订单数	涨跌	成交(未平)	成交价	溢价率	行权价	溢价率	成交价	成交(未平)	涨跌	买价 订单数	卖价 订单数
x1	x2	-7.45%	210(355)	23.60	+0.82%	1897.5	-1.17%	14.43	253(377)	-25.92%	x1	x12
22.30 x9	21.40 x2	-7.14%	989(1656)	22.10	+0.88%	1900.0	-1.09%	15.30	2081(1286)	-24.07%	15.15 x1	15.30 x2
20.90 x1	20.30 x7	-9.29%	152(171)	20.50	+0.92%	1902.5	-1.02%	16.50	284(80)	-21.43%	16.20 x1	16.60 x12
19.50 x2	18.80 x1	-8.57%	1002(624)	19.20	+0.99%	1905.0	-0.95%	17.70	698(339)	-23.38%	17.25 x1	17.85 x1
18.25 x1	17.60 x1	-11.42%	424(196)	17.76	+1.04%	1907.5	-0.85%	18.35	402(71)	-23.70%	18.40 x1	19.10 x1
16.80 x1	16.45 x1	-11.11%	1700(686)	16.80	+1.12%	1910.0	-0.81%	19.95	1682(337)	-20.20%	19.60 x1	20.40 x1
15.65 x11	15.20 x3	-12.00%	599(105)	15.40	+1.18%	1912.5	-0.76%	21.60	297(63)	-4.00%	20.80 x1	21.65 x1

图 22-3　一周后到期的亚马逊期权 T 型报价

（3）不止盈也不止损

在期权里，如果有快速上涨或下跌的大行情，就应该快速做出反应，买入期权后快速拉升或快速跳水的时候获利最快、最多。如果持仓期权与标的走势方向相同，那么等到行情疲软横盘时，期权价格就会降低，而前面靠快速操作赚到的钱，可能也会退回去很多，这时候止盈非常重要。如果发现持仓期权与标的走势相反，就应当及时止损，因为不知道后面是什么趋势。

从图 22-4 和图 22-5 可以看出，2018 年 8 月 24 日英伟达早盘上涨，午盘后横盘。上午的轻度虚值认购期权有较大的涨幅，最大涨幅达 260%，但午后横盘后“速度与激情”不再，轻度虚值期权也慢慢归零。

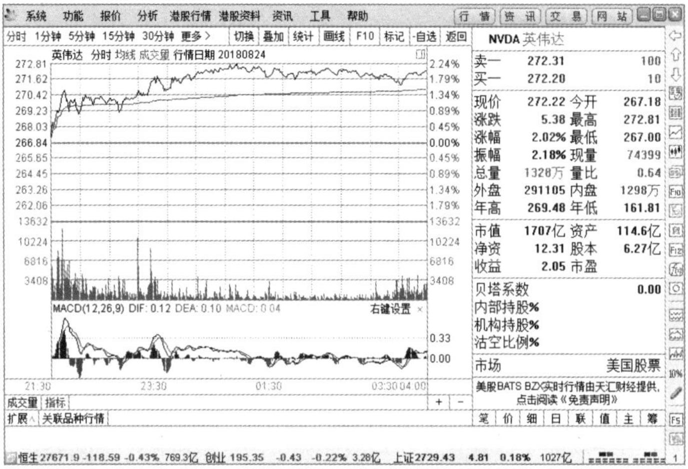

图 22-4　2018 年 8 月 24 日英伟达走势

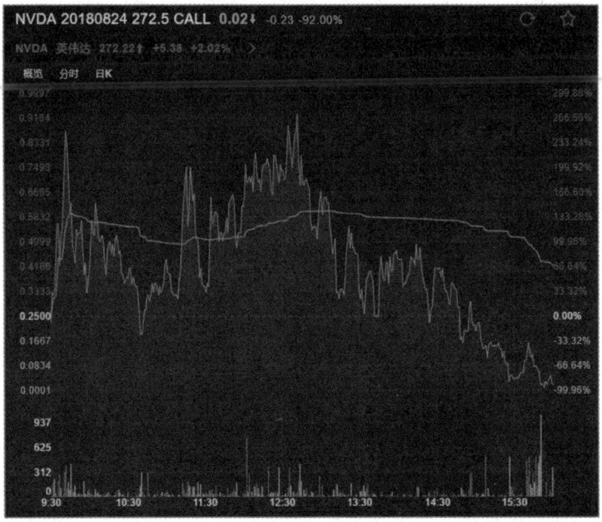

图 22-5　2018 年 8 月 24 日轻度虚值 272.5 购走势

如图 22-6 所示，这样的期权浮盈单有很多，但最后都亏掉了，主要原因就是没有及时止盈。

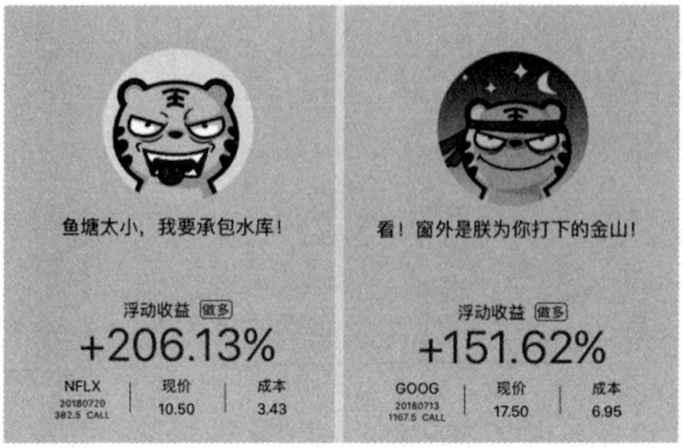

图 22-6　曾经的期权浮盈

（4）快到期期权

因为当周到期期权波动大、涨跌幅大、杠杆大、看着刺激，所以大部分投资者常常买入快到期的当周期权，而如果刚好这周为调整期或横盘走势，那么快到期期权尤其是虚值期权，就会倒在黎明前，错失后面的行情。

（5）做逆向波

在股票的趋势运行中，也常常有一些逆向波动，而出现逆向波，有时候为了贪这些小便宜，投入仓位去买入，也曾获得过浮盈，但毕竟是逆向波动，若不及时止盈，最后可能还会亏回去。

从图 22-7 可以看出，苹果股价在缓慢上涨，但中间出现过几根阴线，其实对于牛股来说，应该是逢低做多，而不是做空。

（6）频繁下单

刚开始操作美股期权时，晚上天天看盘，只要账户里有钱就闲不住，看上哪只股票就买一点期权，像开杂货铺一样，到头来有的期权盈利，有的期权亏损，总体是赚还是亏就不好说了，不仅分散了精力和资金，而且只看到了那些股票开盘后的一个方向波动，却看不到当前的大趋势。

其实，期权买方不必时时在场，只需静待时机，寻找确定性机会。美股期权和 50ETF 期权不同，其可选的标的有很多，机会也有很多。

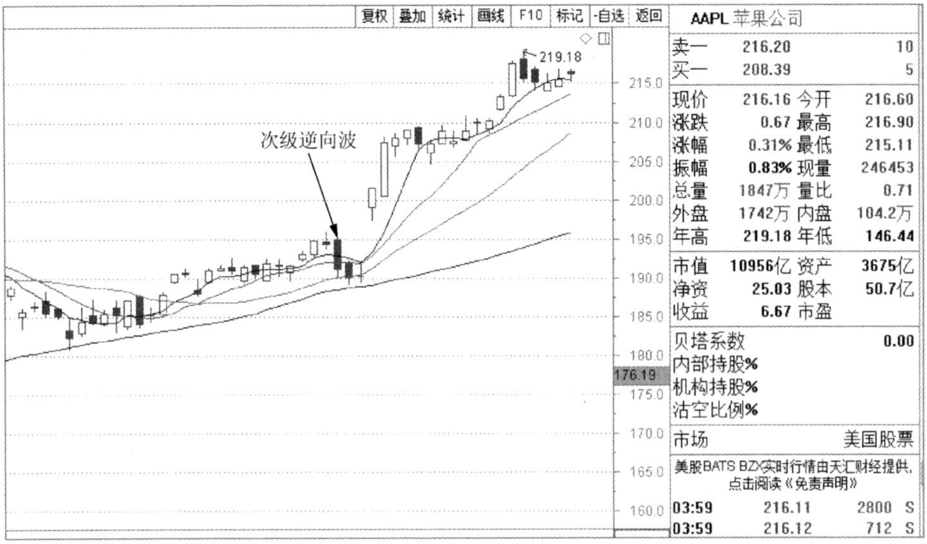

图 22-7　2018 年 6～8 月苹果公司走势

（7）横盘时纠缠

在买入期权后，因为时间价值的存在，如果标的没有波动，那么期权的价格会慢慢下跌；如果期权很快到期，而标的刚好横盘，则可以不管盈亏；如果投入资金较多的话，则应该减仓躲避风险。

如图 22-8 所示，2018 年 7 月中旬，英伟达在 245～255 美元之间横盘半个月之久，而笔者在这之前买入了行权价为 260 美元的 8 月 17 日到期认购期权，常常在成本价附近晃荡，这时不管盈亏，都应该减仓，期权的择时和行权价选择非常重要。

（8）不看波动率

在美股期权里不同标的的波动率差别非常大，造成了不同股票的期权价格差别很大。而在财报公布期间常有高于 100%的波动率，权利仓持有的时间长一些，如果遇到波动率崩塌，则获利非常困难。

波动率是仅次于标的价格波动的重要因素，如果在标的快速上涨（或下跌）过程中恰逢波动率上升，且在买入认购（认沽）期权后又碰上标的横盘和反向，那么就会遭遇标的和波动率的双方面亏损。

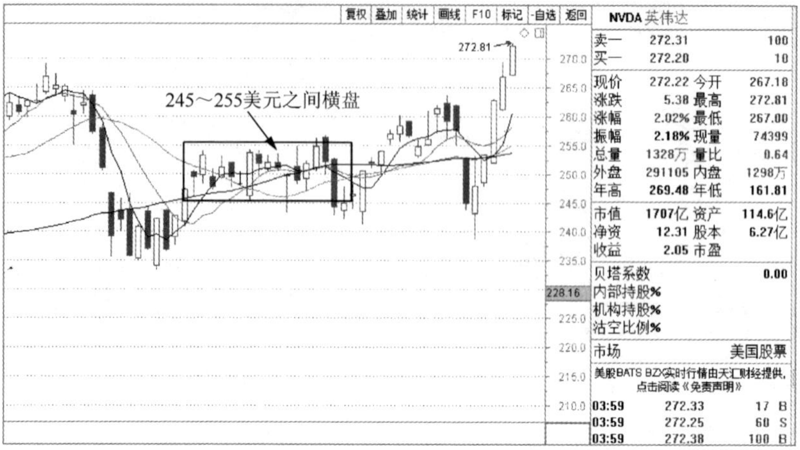

图 22-8　2018 年 7～8 月英伟达走势

（9）财报行情坑

美股在每个季度公布一次财报，这对于个股来说是机会也是风险。公布的公司盈利状况和股票后期走势没有必然的联系，有的股票业绩很好，但是若现金流和预期值相差哪怕只有 0.5%，也会导致股票大跌十几个点（如图 22-9 和图 22-10 所示）。

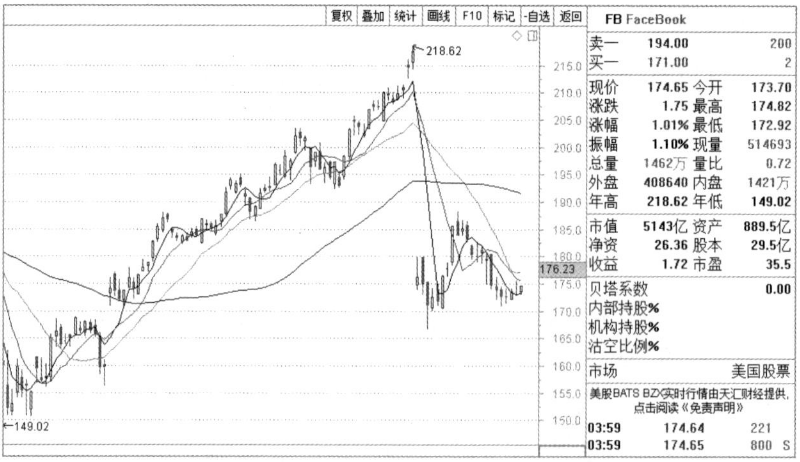

图 22-9　FaceBook 在财报公布后一改之前的慢牛走势

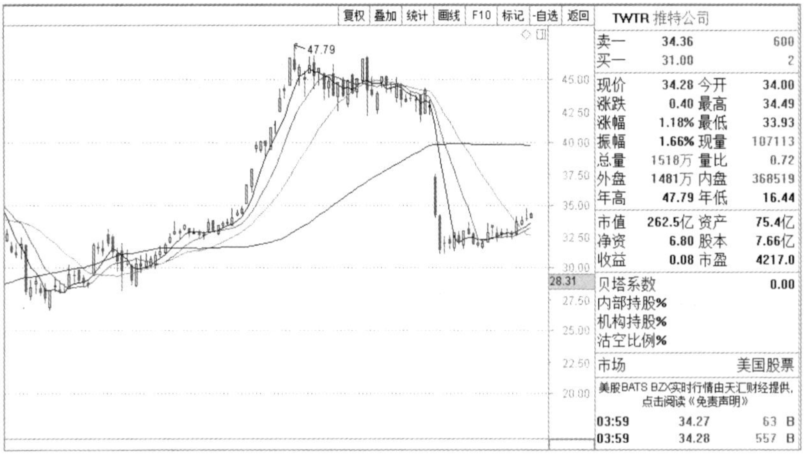

图 22-10　推特公司在财报公布后暴跌随后横盘

财报行情会改变股票原来的运行轨迹和趋势，在跳空的财报行情里，技术指标和技术分析都会失效。

期权波动率在财报公布前一两天飙升，随着财报的公布，波动率快速崩塌，“沽购双杀”的现象屡见不鲜，期权买方苦不堪言，卖方也怕超出边界而控制不了亏损。

（10）没及时“续杯”

如果在坚持一个方向后遇到了横盘调整行情，或者因为虚值期权归零，而没有坚持自己的看法，没有投入资金继续买入，那么很容易导致错失后期翻本与盈利的机会。

所以，不一定要等到最后一刻，而应及时移仓展期、及时投入资金，然后再坚持自己的看法。

（11）未持续关注

在经历一段艰难的操作后，觉得当前没行情就没有持续关注，结果就在这段没持续关注的日子里某些股票又有了行情。

未必时时买入在场，但要保持必要的关注，那样才能感觉出市场的冷暖，在机会出现的时候能及时进场，抓住机会。

（12）方向错时没反买

如果发现买错了方向，那么利用对冲的思维可以反向再开仓，这时如果行情持续，即使前面买错的归零，后面对冲的账户或许也能获得更多的利润（也可以在归零前止损）。

如图 22-11 所示，京东在 2018 年 6 月 18 日达到高点后，一路下跌，当时笔者买入了虚值认购期权，当发现方向做反时并未买入认沽期权去做对冲或反手，而如果当时买入了认沽期权，就会有很大收益。

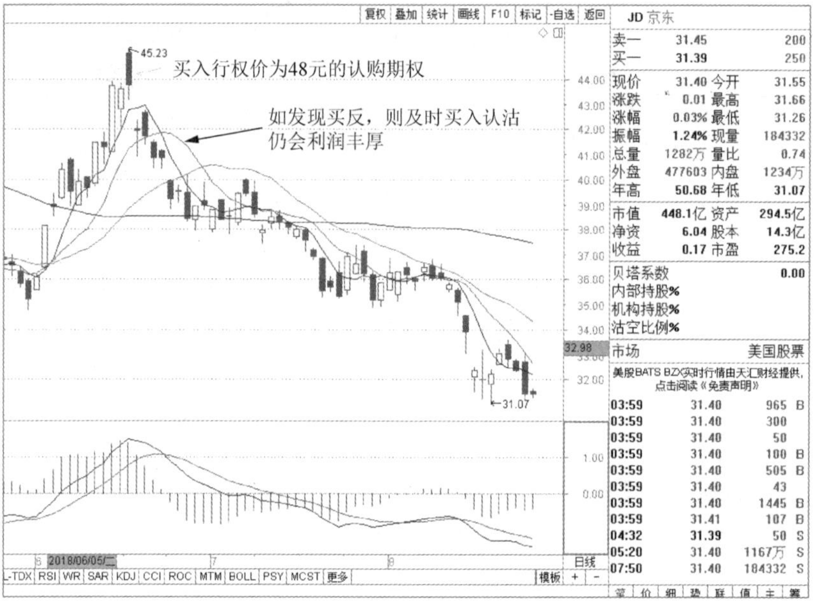

图 22-11　2018 年 6～9 月京东走势

23

一招致胜，轻松增加丰厚收益

一钱欲化万万千，一招致胜买买权。

自从我们了解了期权这个非线性、非对称杠杆工具后，就仿佛打开了一个新的世界，在这里不仅有无数的策略可以表达你对行情不同情况的猜想，而且使用同样的起步资金获得的利润，在股票的一段行情中差别不超过20%，在期货里有人浮盈加仓可以将差距拉开50%～100%，但在期权的世界里，能达到上百倍的差别。具体是怎么做到的呢？答案是适时移仓，可以一招致胜，大幅领跑。

（1）策略举例

美股AMD从2018年8月17日的19美元到9月5日的29.94美元，短短13个交易日上涨47.5%（如图23-1所示），像极了国内的一些短线牛股。如果期权操作得好，又能把握好节奏，收益将非常惊人。

可以将这一波交易的操作分成以下6步执行。

① 2018年8月17日启动时买入下周到期轻度虚值期权，随后AMD股票连续上涨，如图23-2所示。

原因：期权处于上涨初期阶段，当周到期的时间太近，波动率没动起来，如果股票涨速比较慢，那么当周虚值会吃亏。

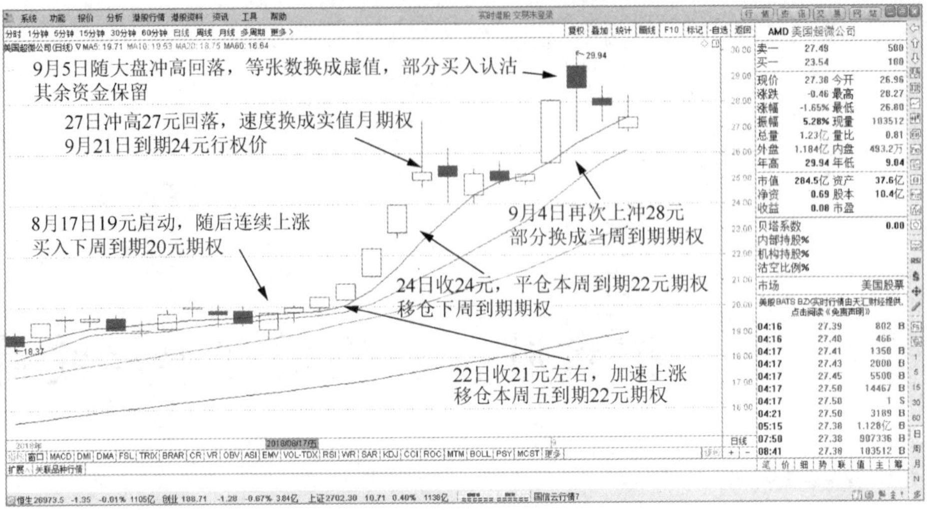

图 23-1　2018 年 8 月～9 月 AMD 走势

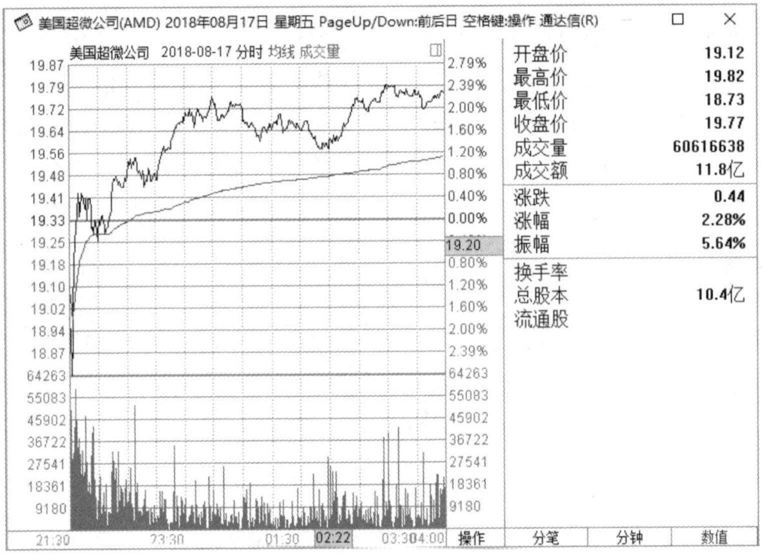

图 23-2　2018 年 8 月 17 日 AMD 分时图

② 8 月 22 日左右开始大涨（如图 23-3 所示），均线快速发散，移仓买入本周五到期的 22 美元期权，周五 AMD 股票收于 24 美元，期权价格收于 2 美元，也可以提前再移仓。

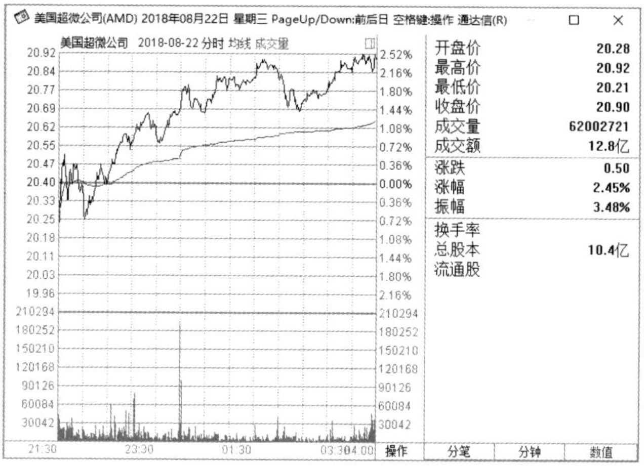

图 23-3　2018 年 8 月 22 日 AMD 分时图

为什么不买更虚值的期权呢？因为更虚值的期权，比如 24 美元行权价，刚好在到期日收于美 24 元，期权会归零。其实如果期权持有到期，那么最肥美的利润不是来自于你的行权价有多虚，而是行权价刚好是你买入的起点价格和到期标的价格中间的位置，使之变成中度实值，有价格优势，流动性也还可以，比深度实值流动性好很多。

③ 股票继续上涨（如图 23-4 所示），在 8 月 24 日到期前，平仓本周到期的 22 美元期权，移仓下周到期的轻度虚值期权。

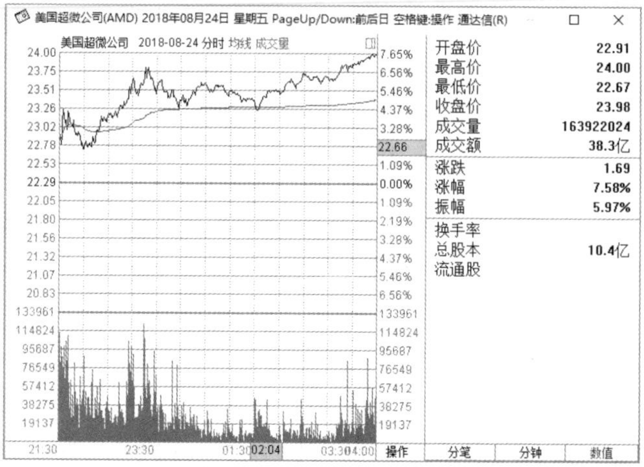

图 23-4　2018 年 8 月 24 日 AMD 分时图

④ 8 月 27 日冲高 27 元回落（如图 23-5 所示），换成 9 月 21 日到期的月度实值期权，行权价 24 美元，或者顺便卖点当周虚值认购，构成牛市价差。

原因：月度期权时间还有很多，时间价值衰减慢，实值期权不会受到波动率下降和标的横盘的影响，能有效地避免横盘带来的损失。

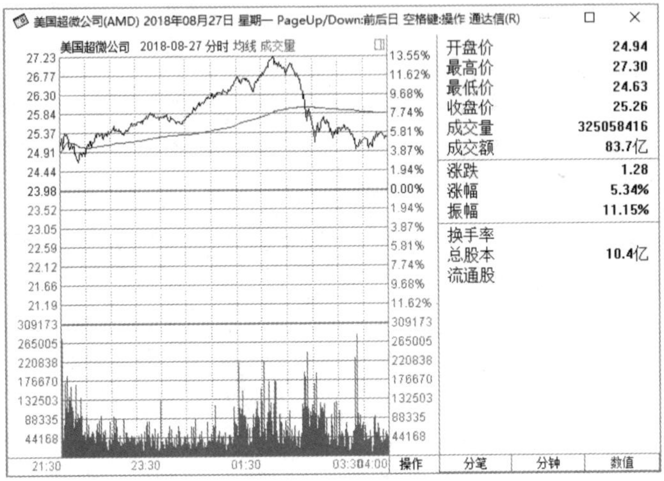

图 23-5　2018 年 8 月 27 日 AMD 分时图

⑤ 9 月 4 日再次大阳线上冲（如图 23-6 所示），及时将早盘换成周期权，行权价为 26 美元。

原因：期权买方需要迅速做出反应，快速的波动会带来超额的利润。到期时间越短的期权，波动越大。

⑥ 9 月 5 日，期权高开低走，后又走高（如图 23-7 所示），可在开盘时平仓一部分，也可以等再度冲高时换成等张数的虚值，但此时大盘已不好，可以买入部分认沽期权做保护，或者构成牛市价差策略，再或者往远期移仓，保留胜利果实。

原因：看大盘炒个股，强者恒强，也要注意系统走弱的风险。

（2）收益分析

① 买入正股。

从 8 月 17 日启动到 9 月 5 日最高点冲高回落，区间涨幅为 47.49%，区间振幅为 59.85%（主要是涨幅）。

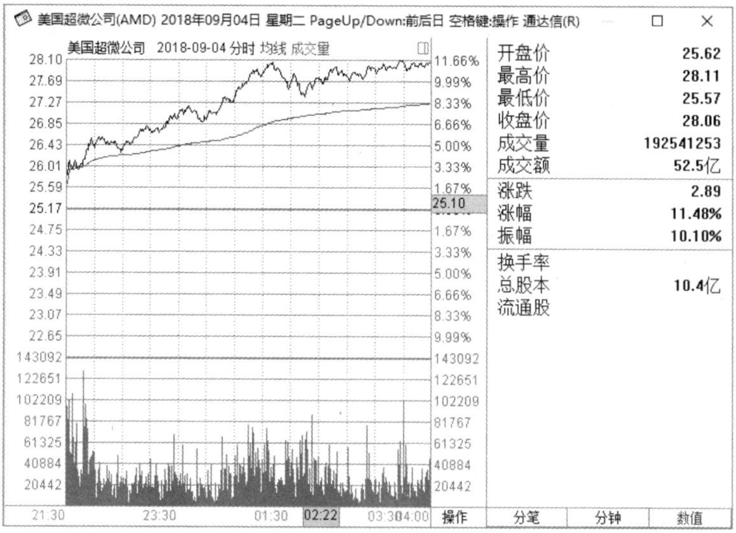

图 23-6　2018 年 9 月 4 日 AMD 分时图

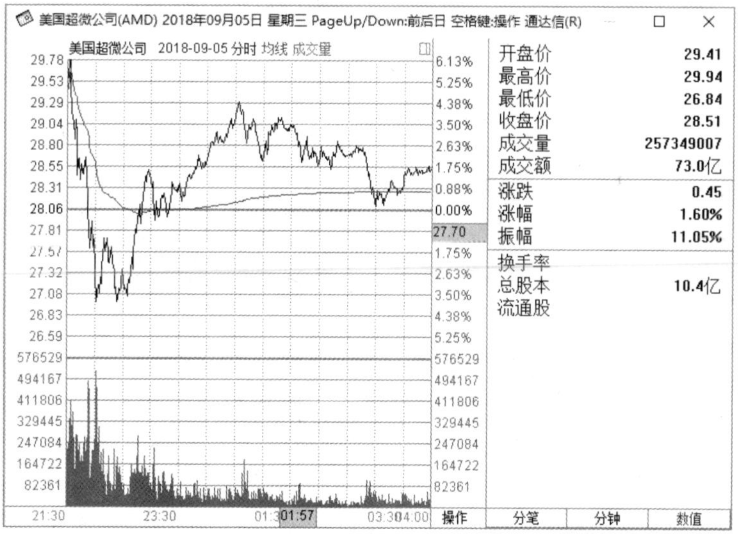

图 23-7　2018 年 9 月 5 日 AMD 分时图

② 一次买入期权并持有到期。

买入 9 月 7 日到期的周期权和 9 月 21 日到期的月度期权持有到 9 月 7 日之前（如图 23-8～图 23-11 所示），收益在 20～140 倍之间。

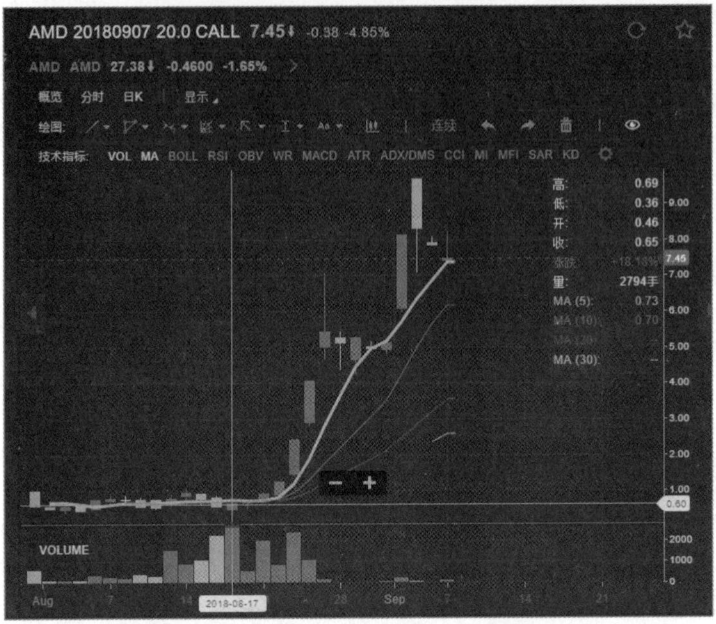

图 23-8　买入行权价为 20 元的认购期权

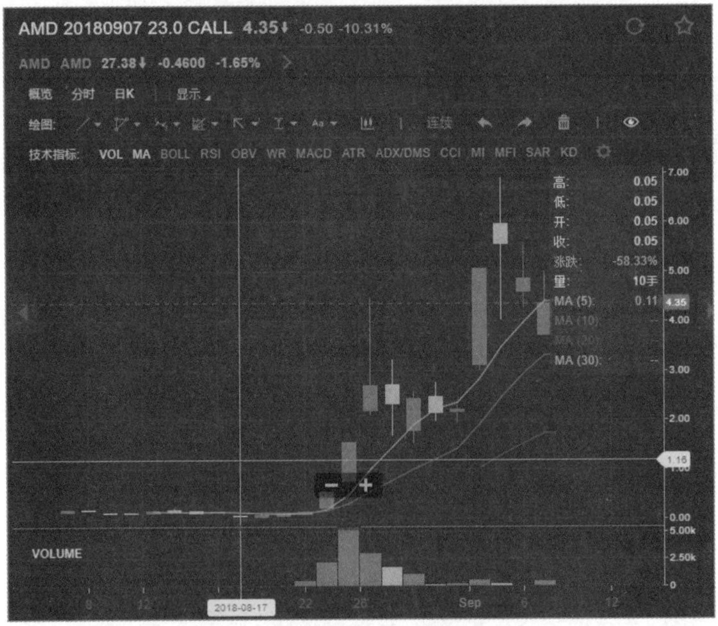

图 23-9　买入行权价为 23 元的认购期权

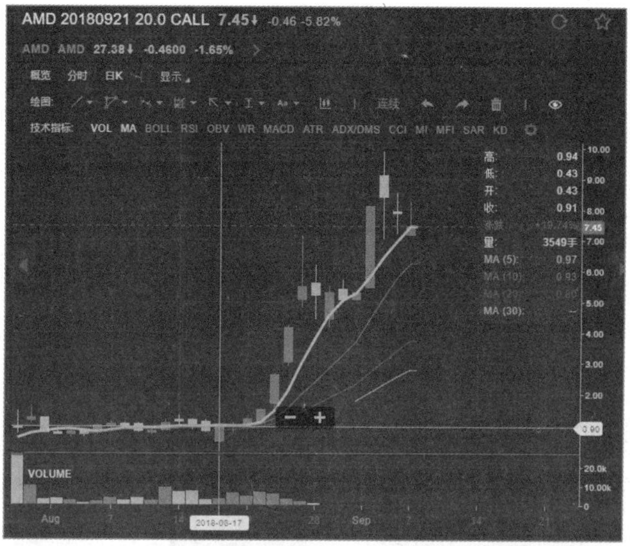

图 23-10 买入行权价为 20 元的月度认购期权

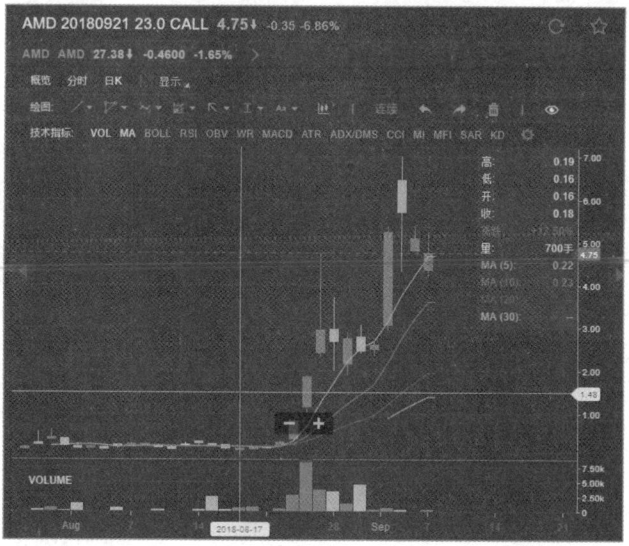

图 23-11 买入行权价为 23 元的月度认购期权

（3）移仓操作

以 9 月 7 日到期的期权和 9 月 21 日月度期权为例，买入当时的当周期权并进行一些移仓操作，涨幅更加惊人，操作步骤如下。

① 8 月 17 日买入行权价为 20 美元的认购期权（如图 23-12 所示），22 日平仓。

图 23-12　行权价为 20 美元的认购期权走势

② 8 月 22 日买入行权价为 22 美元的认购期权（如图 23-13 所示），24 日平仓。

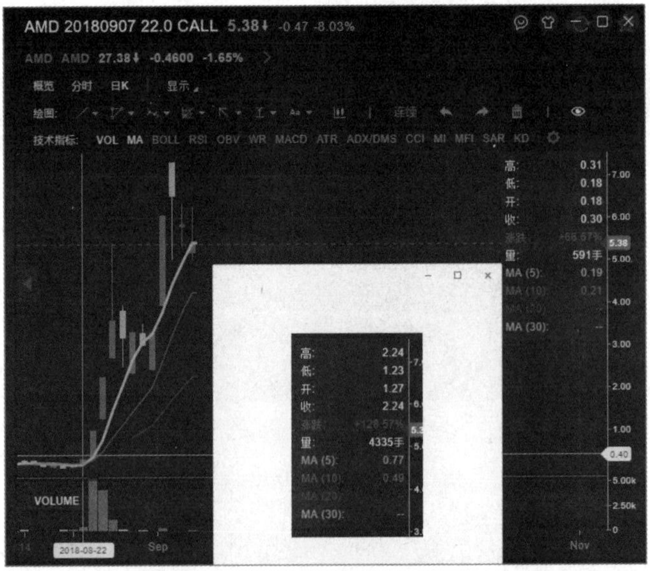

图 23-13　行权价为 22 美元的认购期权走势

③ 24 日买入行权价为 25 美元的认购期权（如图 23-14 所示），在 27 日冲高回落过程中平仓。

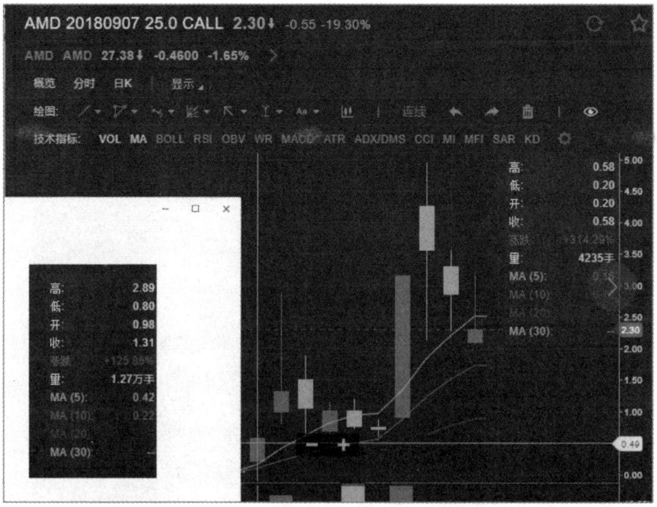

图 23-14　行权价为 25 美元的认购期权走势

④ 在 8 月 27 日冲高回落过程中，买入 9 月 21 日到期、行权价为 24 美元的月度实值期权（如图 23-15 所示），9 月 4 日平仓，损失不大，基本保本。

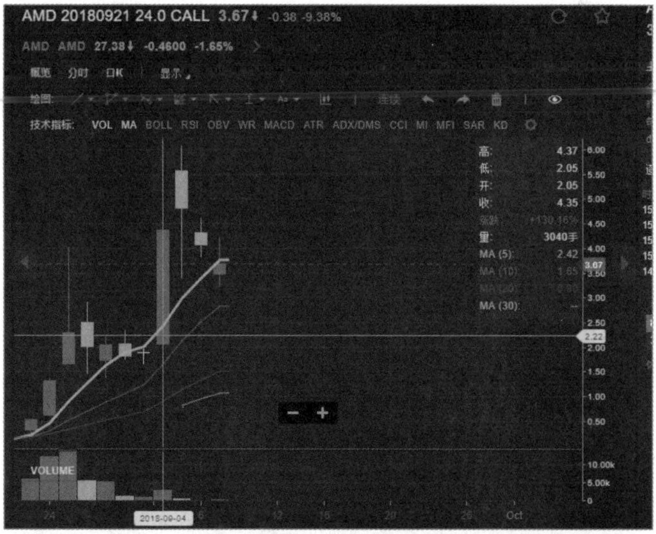

图 23-15　行权价为 24 美元的认购期权走势

⑤ 9 月 4 日买入当周到期、行权价为 27 美元的认购期权（如图 23-16 所示），9 月 5 日上冲回落，应将大部分平仓，换虚值认购期权和部分认沽期权。

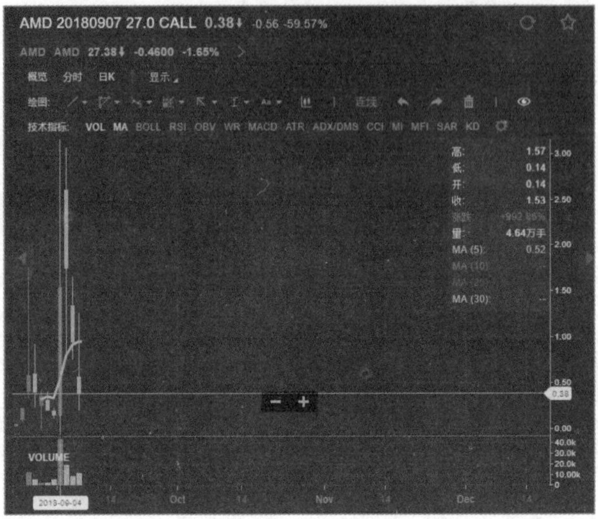

图 23-16　行权价为 27 美元的认购期权走势

⑥ 9 月 5 日平仓大部分认购期权，用 20%资金买入认沽期权（如图 23-17 所示）。

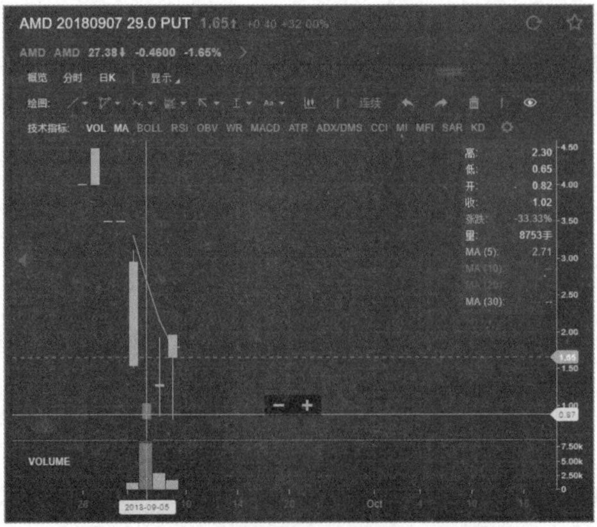

图 23-17　行权价为 29 美元的认沽期权走势

以 100 美元成本为例，截止到 2018 年 9 月 9 日，利润率如图 23-18 所示。

日期	操作	行权价	买价	卖价	市值	利润率
8月17日	买入	20	0.5		100	
8月22日	平仓	20		1.2	240	120%
8月22日	买入	22	0.2		240	
8月24日	平仓	22		2.2	2640	2540%
8月24日	买入	25	0.2			
8月27日	平仓	25		2	26400	26300%
8月27日	买入	24@21.sep	2.5			
9月4日	平仓	24@21.sep		2	21120	21010%
9月4日	买入	27	0.2			
9月5日	平仓	27		2.5	264000	263900%
9月5日	买入	29P	0.8	买入10%资金虚值认购 10%资金平值认沽 虚值认购归零 认沽翻倍，总体保本		
9月9日	平仓	29P		1.6	264000	263900%

图 23-18　通过移仓操作获得的利润率

不到 20 天，可获取 2600 多倍利润，100 美元变成 26 万多美元！如果有人能这样操作，那真是神了！当然这只是一种假设的非常完美、非常精准的操作，就算有人在实战中用上移仓，也不会每次都全部仓移，一般至少会丢掉一半的筹码才会心安。

期权是用来投资的好工具，合理移仓可以让你在不增加资金投入甚至减少资金投入的情况下，让资金的杠杆不减反增，跟随趋势还能获取更多利润。

24

同样操作，目标不同皆大欢喜

长驱直入无阻挡，顺势加码任翱翔。

2018 年 9 月，美股市场指数和部分个股也新高迭出，有两只非常好的股票，笔者在上涨的中间价位买入了这两只股票的期权，获利不少，其实在个股的强烈主升浪里，中途买入期权做买方，控制好资金投入，后面就不用担心了。

针对两个不同的标的，为了实现不同的目标而进行了期权的移仓操作，且均达到了预期的目标。

在图 24-1 中，AMD 在经历连续大涨后有所回落，但还没有跌破 5 日均线，如果能继续上涨，则还能再盈利一回，但也怕跌破 5 日均线而转变趋势。于是，笔者将之前买入的 AMD 20180921 27 CALL 平仓，价格为 4.3 美元，然后买入稍微多一点张数的 AMD 20180921 32.5 CALL，价格为 0.61 美元（如图 24-2 所示）。这样就可以腾出大部分本金，如果趋势继续上涨，则享受的收益金额基本与之前买入 AMD 20180921 27 CALL 获得的收益一致，而如果跌破 5 日均线，那么最大亏损也可控，最多就是失去后买入的期权的权利金，而大部分利润和本金已经落袋为安，这是守住利润的做法。

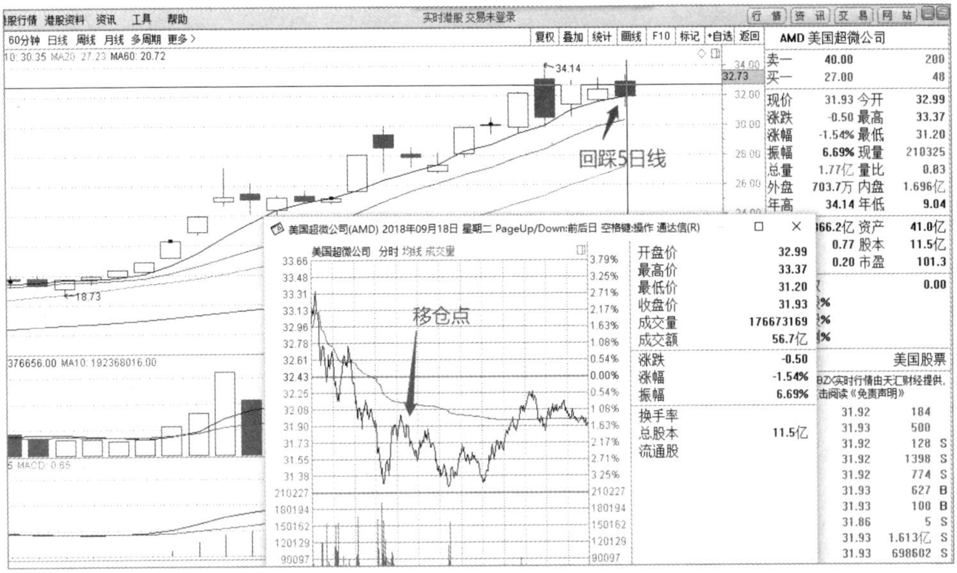

图 24-1　2018 年 8～9 月 AMD 走势和移仓时点

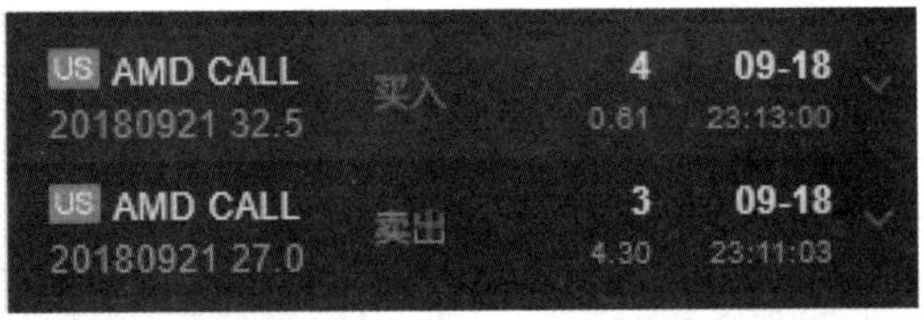

图 24-2　AMD 的移仓操作

TLRY（如图 24-3 所示）2018 年 8～9 月走势非常好，是一只超级大牛股。笔者进场比较晚，9 月 14 日适逢下跌才买入 TLRY 20180914 128 CALL，但当时也买在了高点。认购期权买入才 3 天，就从 3.2 美元上涨到 20 美元（如图 24-4 所示），涨幅接近 6 倍，这时已经成为深度实值期权，Gamma 值在走下坡路，如果标的继续上涨，那么该期权合约的涨幅也会比较小。于是笔者将其平仓并将部分资金移仓买入虚值及到期时间更长的认购期权 TLRY 20180928 175 CALL（如图 24-5 所示），收回了本金，用部分利润去博取更多的利润。笔者购买的张数是双数，这样赚钱后可以先平仓一半，剩下的一半就让利润奔跑，即使后续有亏损，就总资金来说也不会亏损太大，这是扩大战果的玩法。

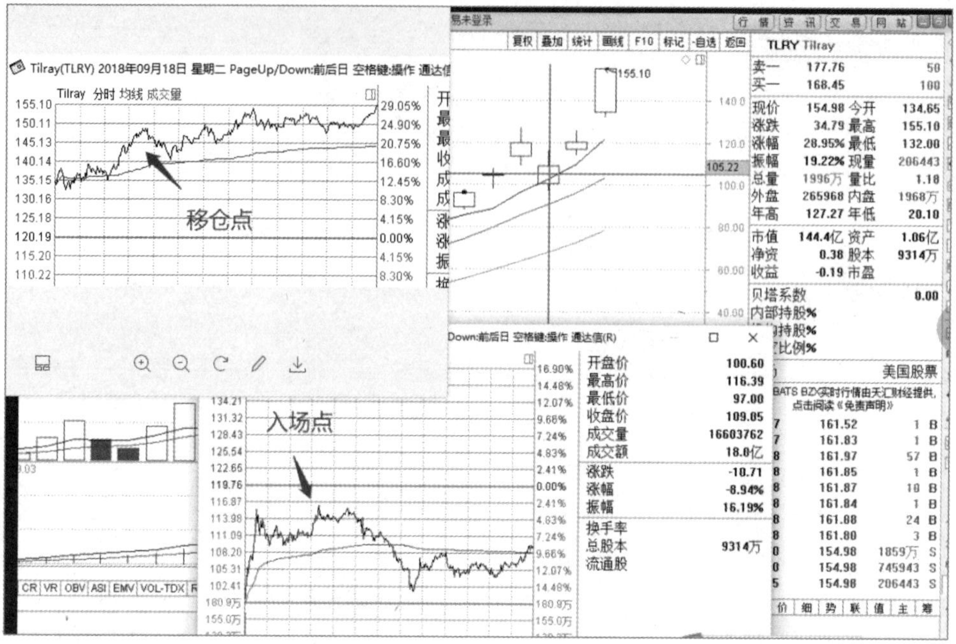

图 24-3　2018 年 8～9 月 TLRY 走势

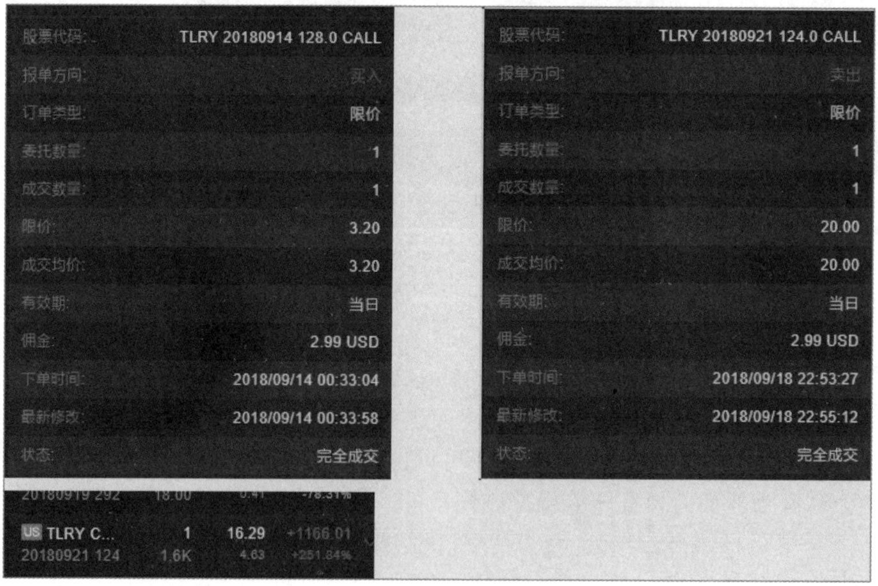

图 24-4　TLRY 的期权盈利部分

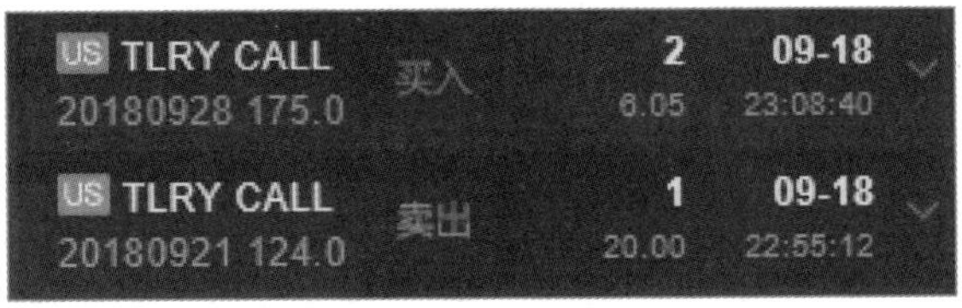

图 24-5　TLRY 的移仓操作

有人说，盈利的根本不在于发现趋势的起点，也不在于发现趋势，而在于当趋势还存在时能顺势加码。对股票来说，顺势加码只能加钱，对期货来说，顺势加码是浮盈加仓，而对于期权来说，顺势加码不需要增加资金，甚至可以在回收部分资金的情况下，还能顺势加码！

25

半路上车，两日喜提十倍期权

左右逢源喜事连，春华秋实硕果结。

2018 年 9 月 19 日晚上，美股期权真是精彩纷呈。

笔者在 2018 年 9 月 14 日买入的 TLRY 期权，在标的 150 美元时，移仓到下周到期的虚 10%左右、行权价为 175 美元的认购期权，那时候很便宜，才 6.05 美元/张（如图 25-1 所示）。

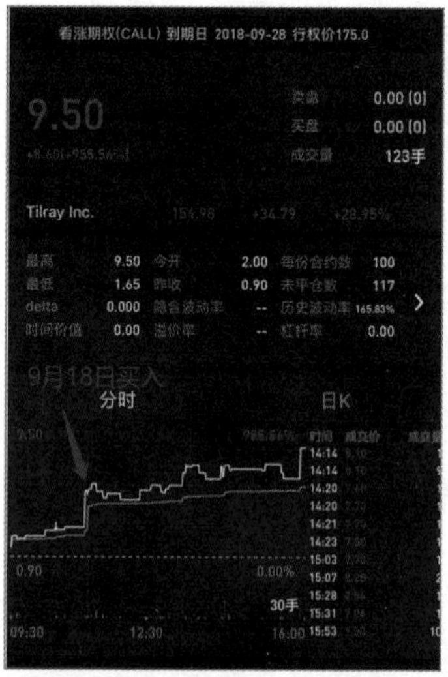

图 25-1　买入 TLRY 20180928 175 CALL

结果这只股票因为一些外部消息的刺激，当天上涨非常多，且于 9 月 19 日直接高开，上涨金额为 70 美元/股，短暂下行后又冲高上涨 80 美元/股。按照实值期权 Delta 接近于 1 来计算，大约可以收获 70 美元/张，笔者在走势平稳后平仓了。谁知疯狂发生在下半夜，股票涨幅接近 100%（如图 25-2 所示），期权涨幅更加惊人，上涨到 96.5 美元/张，笔者以 6.05 美元/张买入，留到最高点可以赚接近 1 万美元/张，但是笔者已经在最高点之前平仓，没有机会了。

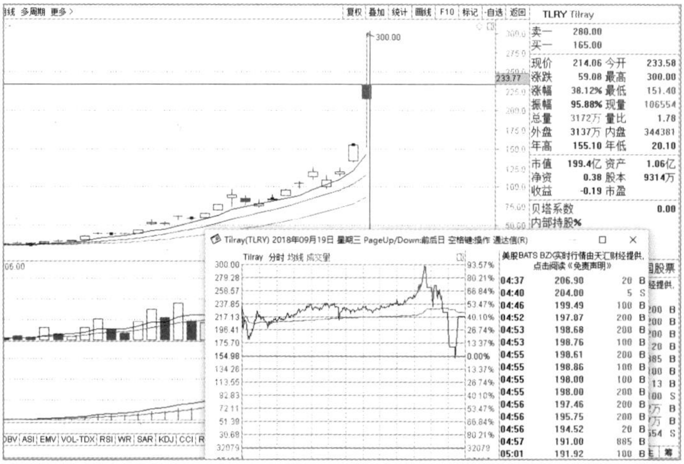

图 25-2　2018 年 9 月份 TLRY 走势

TRLY 波动率极高，9 月 19 日晚，笔者在平仓后，翻遍了近期合约和 10 月份合约，发现因为当天涨幅过大，许多虚值合约都没有报价，甚至报价差异极大，非常不合理，比如某些高行权价的虚值期权价格比低行权价的价格还要高，远期的期权价格比同行权价的近期期权的价格还要低，所以没有市价委托下单，挂一张虚值期权的单子就能成交，相当于取走大部分资金，又移仓了。

这只股票的涨幅已经很大，用期权来做，就不怕追高后会有大幅亏损，因为最大亏损就是投入的本金。当初笔者仅投入 463 美元买入了一张期权，跌到 200 多美元没有理会，随后上涨到 2000 多美元/张，然后平仓，盈利 1600 多美元，随后使用 1200 多美元买入两张当时的虚值期权，又盈利 10000 美元左右，相当于用 463 美元盈利 10000 多美元，四个交易日盈利 25 倍左右！如果投入多一点，结果会怎么样呢？

期权的世界就是这么神奇，在一些神奇的标的里可以用小资金撬动大收益，充分发挥期权的非线性杠杆作用，其是知识变现最快的工具，但是一定要做好资金管理。

26

踏浪而行，抓住大势择时入场

在美股市场，经过一段时间的实战练习，笔者对美股期权交易又有了更深刻的认识。

（1）抓住大趋势。在美股三大指数不是单边行情的情况下，好多股票趋势都杂乱无章，走出单边趋势的股票并不多，这对于买方来说应该等待，或者抓住具有单边行情的股票。

（2）下单要精准。笔者经过一段时间的期权实战操作，发现亏损的大部分金额都发生在一些“临时起意”的单子上，比如刚好是个高开高走或低开低走的开头，就追进去买入期权，虽然买入后一个小时就翻倍的有之，但往往因日内没及时平仓，想盈利更多或再等待一下，最后却变成了亏损。要珍惜宝贵的美元，不要将资金浪费在一些计划外的交易上。

（3）踏浪而行。期权是用来投资的好工具，可以投入少量的资金买入，最大亏损也看得见。有时候，不要怕股票价格上涨过高，也不要怕波动率高于 100%，抓住了一拨主升浪，就可以获得超额收益，扭转前面的亏损。这种投资方式适合喜欢用期权买方去博取大收益的投资者。

（4）不轻易下车。笔者在中途上车也能获得较大的收益，最简单的判断，就是看有没有跌破 5 日均线，不被日内和短期的杂波所影响，没跌破 5 日均线就不出场。有很多人看到小回调就下车止盈，待趋势上涨又没有跟上车。其实做期权，如果不小心下车了，要想再上车很容易，而且能够在减少资金投入的情况下增加杠杆。

（5）买中线期权，若买错了方向也会亏损很多。如图 26-1 所示，QQQ 在 2018 年 8 月底达到高点，当时笔者买了 9 月 21 日才到期的 188 美元行权价的认购期权，投入的金额比较多，结果刚好买在顶点。随后 QQQ 开始下跌，当时想着距离到期时间还早得很，等到期权反弹可能还能盈利，结果标的一直未能反弹回到当时的高点。所以，对于指数类的期权，应该先止损或者买入认沽期权对冲。

有一些亏损就是因为合约到期时间还早，未能及时处理而最终浮亏变成实际亏损，当然，也存在到期前反转的情况，所以是否止损与投入资金的大小有关系，与对行情的判断和标的走势也有关系。

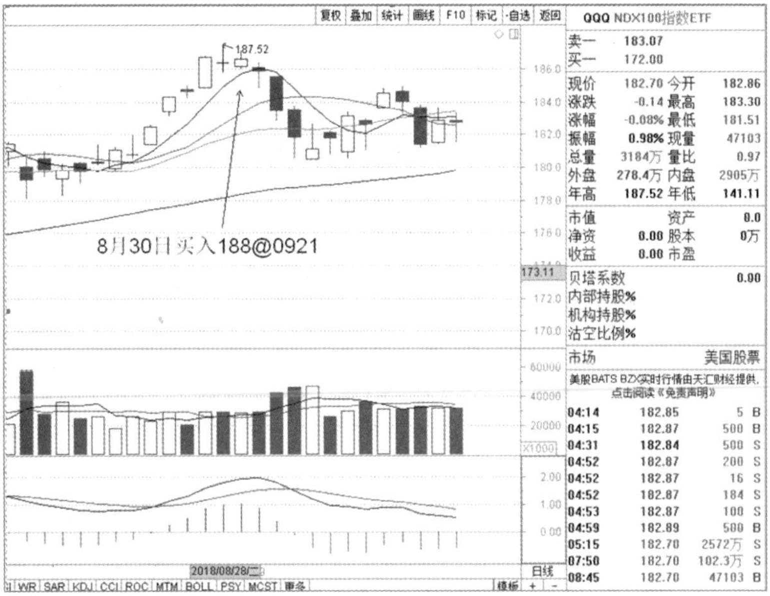

图 26-1　2018 年 8～9 月 QQQ 走势

（6）期权入场也要择时。笔者通过最简单的技术指标，发现很多均线的支撑和压制作用还是比较明显的。再结合其他简单的技术分析，发现很多股票或者 ETF 有很明显的买点/卖点，如图 26-2 和图 26-3 所示，均线支撑作用很明显，可作为入场条件。

图 26-2　SPY 的均线支撑作用

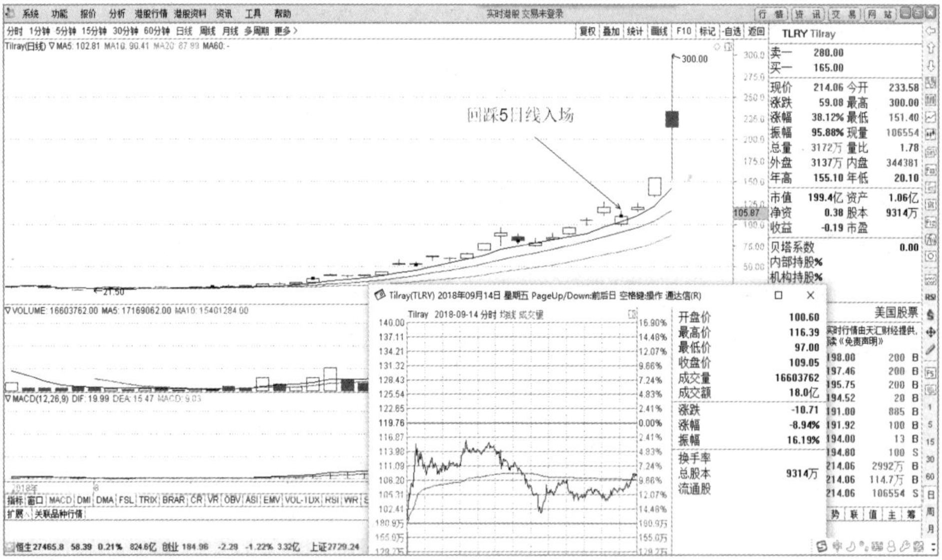

图 26-3　TLRY 回踩 5 日均线可入场

（7）多用策略单。在美股期权里有个很好的制度，比如在认购期权中，如果你买入低行权价的期权，再卖出高行权价的期权，则不收保证金，这就可以充分发挥策略单的优势。对于一些慢牛股、指数 ETF 等，虽然上涨节奏不停止，但是上涨速度很慢，比如 SPY 一周有三个到期日，可以买入远期实值，卖出近期虚值（如图 26-4 所示），只要不大涨，每周都有利润，最后买期权的成本可以完全覆盖，还有盈利。对正股短期的顶或底有个大概的区间，到支撑位卖出认沽，到上方压力位卖出认购，或者两头卖出，都是胜率比较高的交易。如图 26-5 所示，亚马逊运行区间在 1900～2050 美元，卖出两头虚值，收益率会很高。

图 26-4　SPY 的认购类似反对角策略

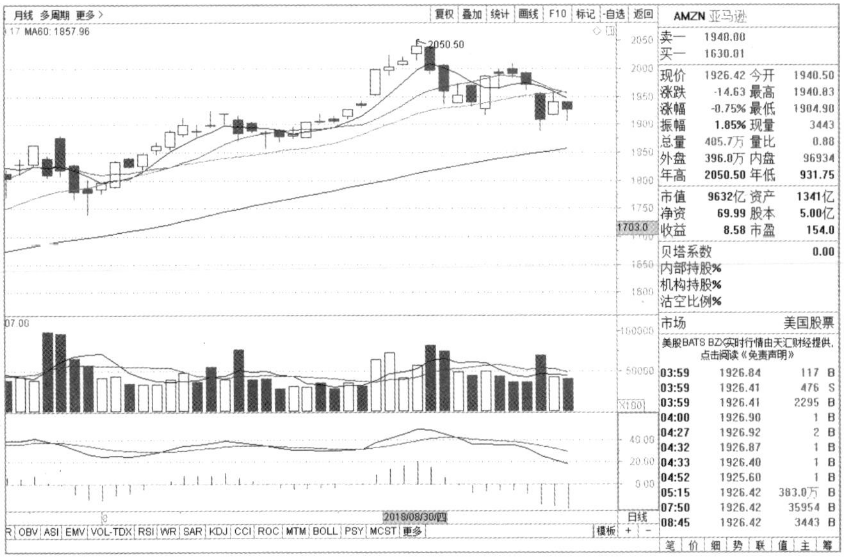

图 26-5　2018 年 8～9 月亚马逊走势

（8）做空还是难。美股行情上涨了十年，期间也有一些调整，标普 500 和纳斯达克也有调整，但是如果买入认沽期权做空（在 2018 年 9 月底之前），那么从一段时间来看，还真是要跑得快，及时止盈才行，因为快速下跌两三天后又上涨的股票太多了。而对于一些中期下跌的股票来说，用买入深度虚值认沽期权来做空，效果也不一定好，可能结合一些垂直价差、比率价差、合成多（空）头策略来做比较好。

（9）可以买入股票做资金管理。笔者购买 AMD 和 TRLY 赚了钱，将大部分利润买入亚马逊股票，为什么买入亚马逊股票呢？原因有两个，一是因为亚马逊股票比较稳定，不会大涨、大跌，相当于现金等价物；二是亚马逊股票单价高，如果要买期权，则必须至少卖掉一股亚马逊股票，那就是 2000 美元左右。所以买入亚马逊股票能起到很好的资金管理的作用。

美股里的标的非常多，股性不同，波动率不同，趋势不同，可以针对不同的标的运用不同的策略。

27

一夜千倍，来龙去脉有迹可寻

往者不谏千倍情，来者可追一网尽。

2018 年 9 月 28 日，国庆节前股市和期货夜盘休市，但是对于炒美股和期权的投资者来说，可以彻夜狂欢刷爆朋友圈，因为大洋彼岸发生了一件大事——特斯拉暴跌近 14%！

特斯拉于 2018 年 9 月 28 日到期的认沽期权，最大涨幅为 950 多倍，假设投入 100 美元，结果会怎样？

如图 27-1 所示，特斯拉 9 月 28 日到期行权价为 280 美元的认沽期权在前一日收 0.02 美元/张，当天最高 19 美元/张，涨幅为 950 倍。

不用羡慕别人，遇到这种大涨的行情咱们也能抓住机会。其实细细想来，这并不是某些人的意外横财，只要自己多思考，在理论上这种机会就有可能抓住。

从图 27-2 的时间节点来看，一切都那么清晰。

（1）8 月初，特斯拉公布财报，业绩大好，当天大涨 16%。

（2）几天后特斯拉的 CEO 马斯克盘中发推特称找到了“沙特金主”，“沙特金主”计划以 420 美元/股的价格私有化特斯拉，特斯拉股价当天暴涨 13%，触发了两次熔断。

（3）又过了几天，马斯克又觉得私有化成本太高，不想私有化了。

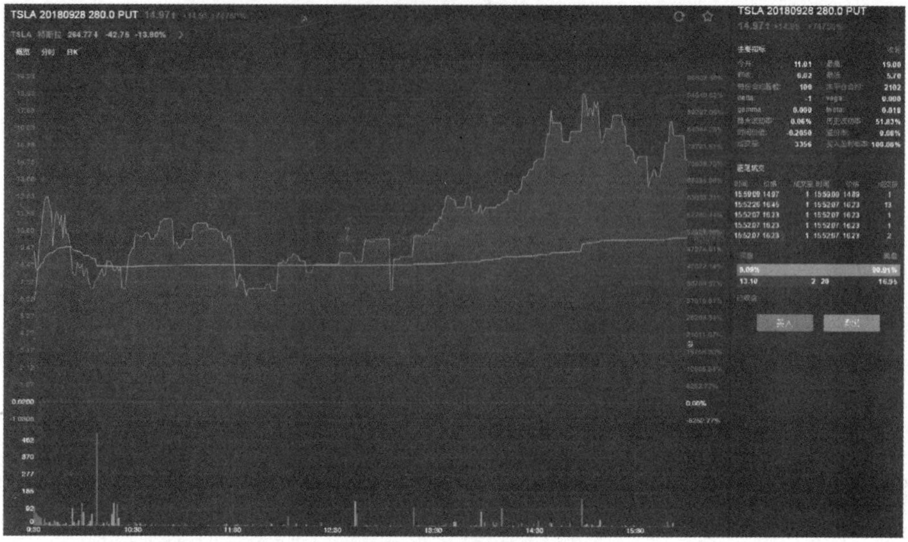

图 27-1　特斯拉末日走势

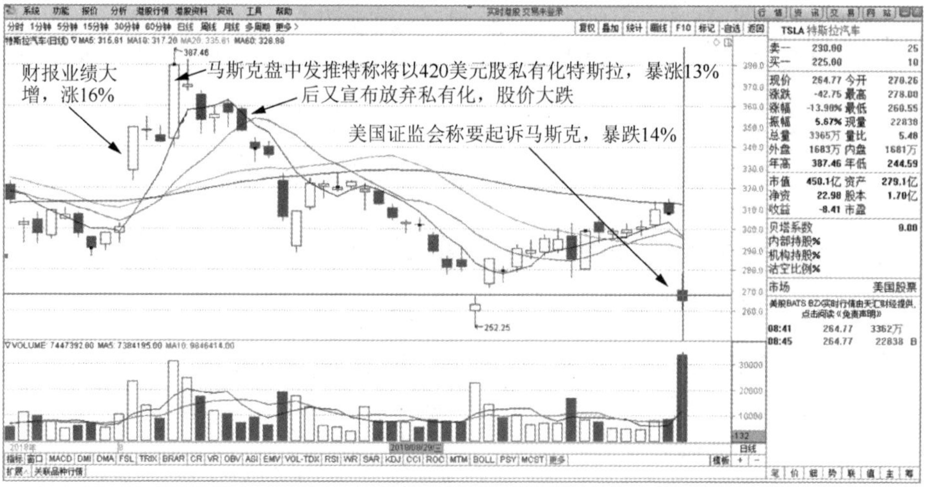

图 27-2　特斯拉 2018 年 9 月走势

（4）9 月 28 日，美国证监会（SEC）要起诉马斯克，特斯拉暴跌近 14%，末日认沽期权获利近千倍。

特斯拉于 9 月 27 日收盘时下跌 0.67%，报 307.52 美元。消息传出后，特斯拉盘后股价大跌，一度跌超 10%，跌破 277 美元，跌至两周以来最低点。

如图 27-3 和图 27-4 所示是 9 月 28 日特斯拉当天到期的期权 T 型报价，部分认沽期权涨幅惊人。

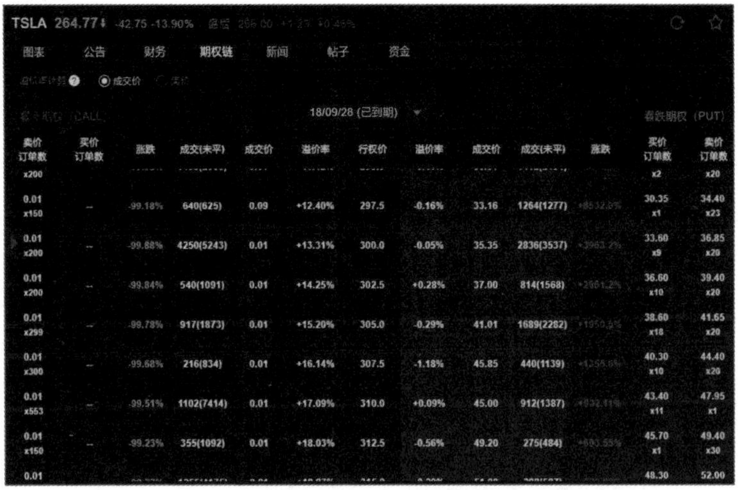

TSLA 264.77 -42.75 -13.90%

图表 公告 财务 期权链 新闻 帖子 资金

成交价

18/09/28 (已到期)

看跌期权（PUT）

卖价 订单数	买价 订单数	涨跌	成交(未平)	成交价	溢价率	行权价	溢价率	成交价	成交(未平)	涨跌	买价 订单数	卖价 订单数
x200											x2	x20
0.01 x150	--	-99.18%	640(625)	0.09	+12.40%	297.5	-0.16%	33.16	1264(1277)	[illegible]	30.35 x1	34.40 x23
0.01 x200	--	-99.88%	4250(5243)	0.01	+13.31%	300.0	-0.05%	35.35	2836(3537)	[illegible]	33.60 x9	36.85 x20
0.01 x200	--	-99.84%	540(1091)	0.01	+14.25%	302.5	+0.28%	37.00	814(1568)	[illegible]	36.60 x10	39.40 x20
0.01 x299	--	-99.78%	917(1873)	0.01	+15.20%	305.0	-0.29%	41.01	1689(2282)	[illegible]	38.60 x18	41.65 x20
0.01 x300	--	-99.68%	216(834)	0.01	+16.14%	307.5	-1.18%	45.85	440(1139)	[illegible]	40.30 x10	44.40 x20
0.01 x553	--	-99.51%	1102(7414)	0.01	+17.09%	310.0	+0.09%	45.00	912(1387)	[illegible]	43.40 x11	47.95 x1
0.01 x150	--	-99.23%	355(1092)	0.01	+18.03%	312.5	-0.56%	49.20	275(484)	[illegible]	45.70 x1	49.40 x30
0.01											48.30	52.00

图 27-3　前一天的平值附近认沽期权

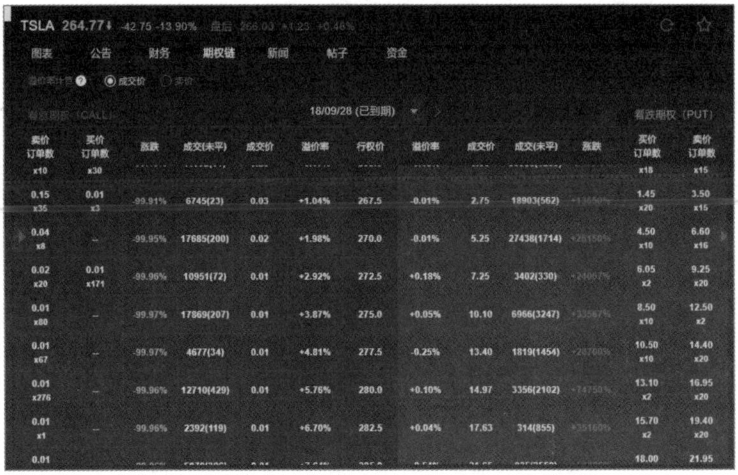

TSLA 264.77 -42.75 -13.90%

图表 公告 财务 期权链 新闻 帖子 资金

成交价

18/09/28 (已到期)

看跌期权（PUT）

卖价 订单数	买价 订单数	涨跌	成交(未平)	成交价	溢价率	行权价	溢价率	成交价	成交(未平)	涨跌	买价 订单数	卖价 订单数
x10	x30										x18	x15
0.15 x35	0.01 x3	-99.91%	6745(23)	0.03	+1.04%	267.5	-0.01%	2.75	18903(562)	[illegible]	1.45 x20	3.50 x15
0.04 x8	--	-99.95%	17685(200)	0.02	+1.98%	270.0	-0.01%	5.25	27438(1714)	[illegible]	4.50 x10	6.60 x16
0.02 x20	0.01 x171	-99.96%	10951(72)	0.01	+2.92%	272.5	+0.18%	7.25	3402(330)	[illegible]	6.05 x2	9.25 x20
0.01 x80	--	-99.97%	17869(207)	0.01	+3.87%	275.0	+0.05%	10.10	6966(3247)	[illegible]	8.50 x10	12.50 x2
0.01 x67	--	-99.97%	4677(34)	0.01	+4.81%	277.5	-0.25%	13.40	1819(1454)	[illegible]	10.50 x10	14.40 x20
0.01 x276	--	-99.96%	12710(429)	0.01	+5.76%	280.0	+0.10%	14.97	3356(2102)	[illegible]	13.10 x2	16.95 x20
0.01 x1	--	-99.96%	2392(119)	0.01	+6.70%	282.5	+0.04%	17.63	314(855)	[illegible]	15.70 x2	19.40 x20
0.01											18.00	21.95

图 27-4　涨幅最大期权是当天成为实值的 280 元行权价的期权

从这个案例中，我们可以得出以下结论。

（1）个股期权不要裸卖。指数类的期权还稍微好一些，因为涨跌不会很大，但如果将个股期权裸卖，亏损就会非常厉害。

（2）期权的保险作用凸显。没有人会重仓买入如此虚值的认沽期权，并且没有人在末日之前利润要消失了还不平仓，只有那些持有正股、买入虚值认沽做保险的人才会在买入之后不管盈亏。

（3）在末日前夕才有“大奖”。这次能开 950 倍的“大奖”，根本原因还是因为“末日”，因为临近末日，虚值和深度虚值期权在 9 月 27 日都接近归零，但突然遇到暴跌，所以才收获这么多。

（4）技术派歪打正着。9 月 27 日特斯拉刚好被 60 日均线压制，如果有技术派在那个位置做空，就真是歪打正着了，也算是“国庆大礼包”。

（5）行权价的选择很重要。从图 27-3 和图 27-4 可以看出，涨幅最大的并不是接近平值的期权，也不是越虚越好，因为在 28 日到期时，时间价值全部会蒸发掉，低于收盘价的虚值期权全部归零。可以发现最肥美的是前一日处于虚值，而到期日或暴跌日处于中度实值的期权。当然，一般人无法把握，或者理性的投资者只会买入轻度虚值期权，或者根据这只股票的股性选择中度虚值期权。

（6）个股期权充满想象力。其实每天都有个股期权盈利翻上百倍，要抓住自己感兴趣的股票的相对确定性的机会。当然指数有指数的稳妥，指数波动大，期权的利润也不会低，前提是控制好仓位、分批投入，不可有赌徒心理而重仓一只股票期权。

（7）事件驱动和消息影响。往往一些突发的事件和消息会影响股价大幅波动，这时就是使用期权的良机，哪怕买入宽跨式期权，都能收获满满。

往事不可追，来者尤可期。心怀梦想、练好本领、抓住机会，什么奇妙的事情都可能发生。

28

趋势跟踪，及时续杯续写神奇

做期权，尤其是做期权的买方，要跟随趋势，感受趋势的力量。

一位睿智的趋势跟踪交易者曾讲过一个故事。当时他在百慕大群岛，有个交易新手想学习期权交易秘诀。“你就告诉我简单明了的方法吧。”新手说。经验丰富的老手把这个新手带到海滩上。他们站在那里，看着海浪冲击着海岸线。新手问：“你这是什么意思？”老手回答：“咱们走到海浪冲击海岸线的地方。现在开始保持节拍，当海浪后退时，你就往前跑；当海浪过来时，你就往回跑。你知道怎样才能跟随海浪进进退退并遵从它们的引导，与海浪保持同一节奏吗？”

对于现在的美股来说，之前是碎步小阳，波动率很低，逢低做多就好，2018年10月份以后画风完全变了，波动率变高，如图28-1和图28-2所示。

在下跌途中的美股期权主要有三种操作方式：

- 逢高做空
- 平开做空
- 低开追空

不做反向次级波，不贪图小利润，坚定信念，做好资金分批投入管理，将短期期权与中期期权结合、博取短期的利润或者长期的利润都是非常不错的。

期权利润最高的起点就是标的顶（底）部和波动率的最低值的协同共振，比如前面都是碎步小阳，及时入手每天波动率不超过1%的指数和股票，在最近的大波动里才会有非常多的利润。

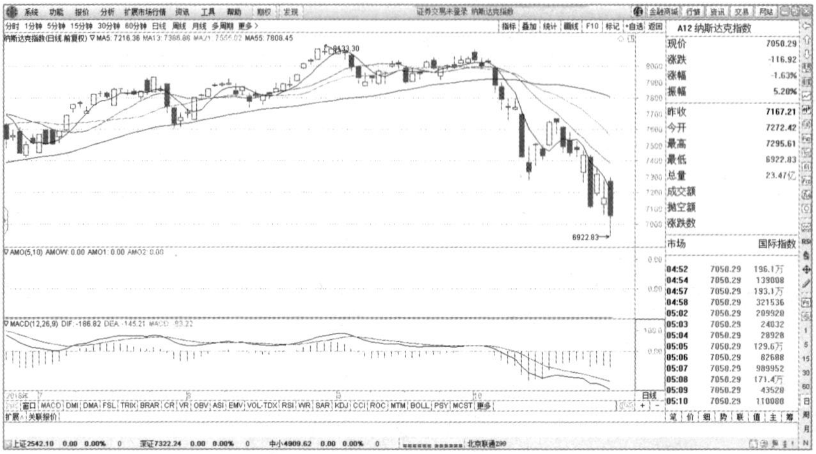

图 28-1　2018 年 7～10 月纳斯达克指数走势

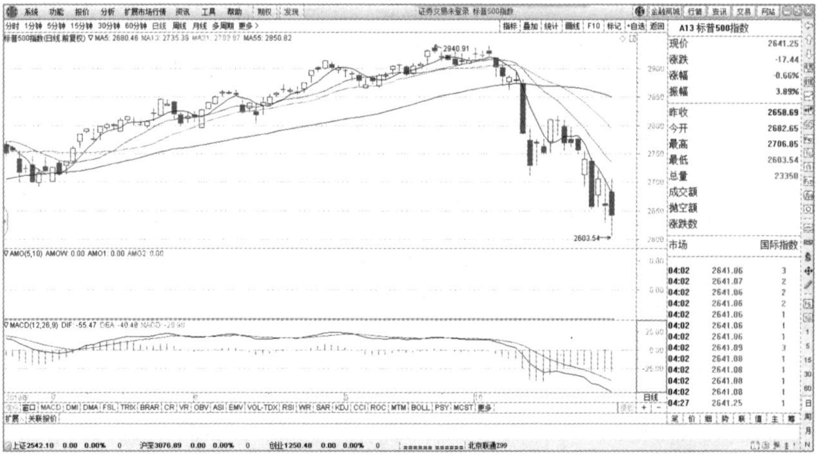

图 28-2　2018 年 7～10 月标普 500 指数走势

2018 年 10 月份笔者的一个移仓、续杯操作如下。

10 月 24 日左右买入英伟达轻度虚值行权价为 210 美元的认沽期权，随后大跌获取两倍利润，然后按照相同的张数移仓到 195P，将本金和部分利润先提出来。

随后英伟达反弹到 200 美元以上，收十字星，在 195P 还有价值的时候平仓，续杯继续买入下一个行权周的 195P。

10 月 29 日英伟达继续下跌到 185 美元，购买的 195P 再次获利，如图 28-3 和图 28-4 所示。

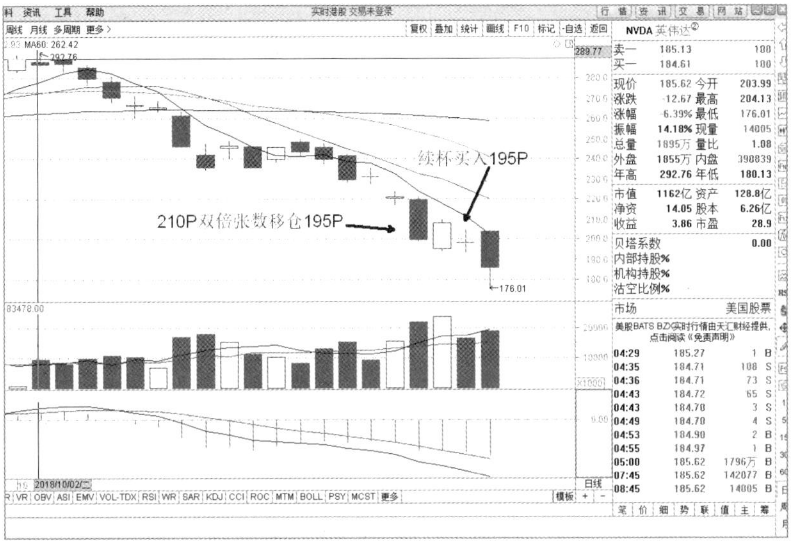

图 28-3　英伟达的移仓和续杯

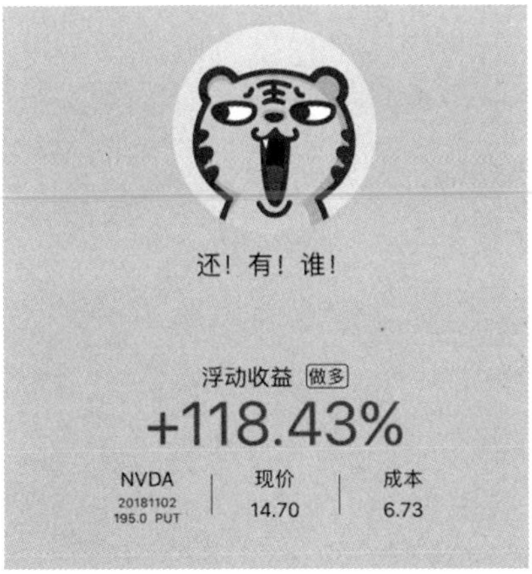

图 28-4　某软件显示的英伟达认沽期权的利润率

四、期权看盘篇

29. 大幅波动，三个标的都是机会
30. 集合竞价，套利机会捡个小钱
31. 恐慌退时，降波导致虚沽大跌
32. 久违大阳，期权顺势操作策略
33. 速度激情，平稳之后注意落袋
34. 月初现象，多看少动高抛低吸
35. 备工具箱，面对抉择不会慌乱
36. 大单支撑，高开低走 V 形上扬
37. 着急做多，没上均线小心被套

29

大幅波动，三个标的都是机会

此消彼长风云变，顺势而为盆钵满。

A 股三大股指 2018 年 6 月 19 日全线遭受重挫，沪指收盘下跌 3.78%（如图 29-1 所示），50ETF 下跌 2.46%（如图 29-2 所示），深圳成指与创业板指数跌幅都超过 5%（如图 29-3 所示），分别为 5.31%、5.76%。沪深两市合计成交 4737 亿元，行业板块全线下跌，再现“千股跌停”的惨状。

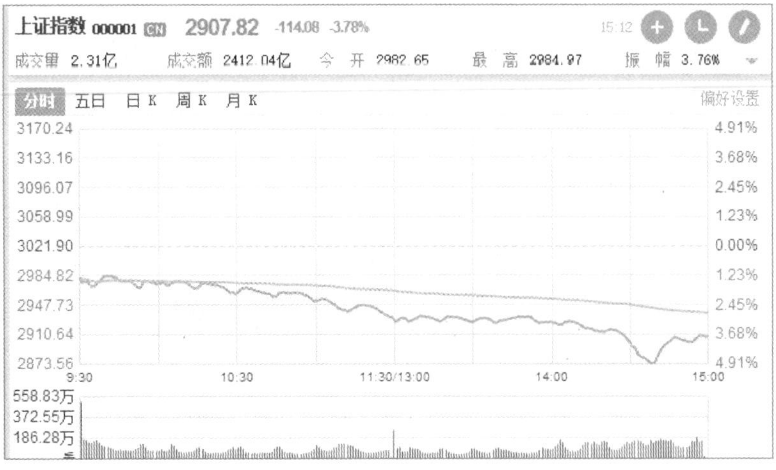

图 29-1　上证指数走势

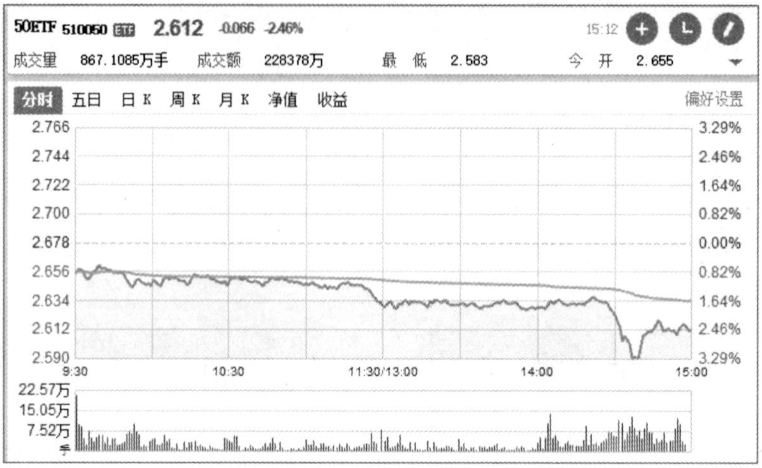

图 29-2　上证 50ETF 走势

图 29-3　创业板指走势

50ETF 认购期权纷纷腰斩，平值认沽期权翻倍（如图 29-4 所示），期权的现货保险的功能得到充分发挥。

2018 年 6 月 19 日笔者的操作：上午 50ETF 低开，认沽期权高开，随后保持平稳，但消息面利空频出，下午 13：40 左右把卖认沽期权全部平仓，反手买入部分 50ETF 沽 6 月 2600（如图 29-5 所示），与手上亏损较大的 50ETF 购 2700 构成宽跨式期权，结果尾盘认沽迅速拉升，顺手平掉部分认沽，认沽回落。

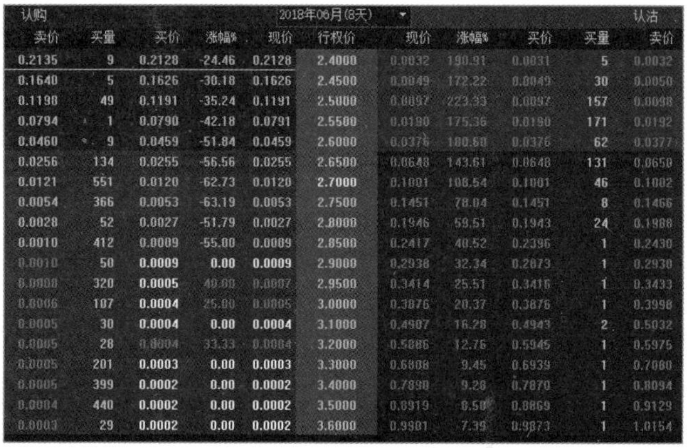

认购　　2018年06月(8天)　　认沽

卖价	买量	买价	涨幅%	现价	行权价	现价	涨幅%	买价	买量	卖价
0.2135	9	0.2128	-24.46	0.2128	2.4000	0.0032	190.91	0.0031	5	0.0032
0.1640	5	0.1626	-30.18	0.1626	2.4500	0.0049	172.22	0.0049	30	0.0050
0.1198	49	0.1191	-35.24	0.1191	2.5000	0.0097	223.33	0.0097	157	0.0098
0.0794	1	0.0790	-42.18	0.0791	2.5500	0.0190	175.36	0.0190	171	0.0192
0.0460	9	0.0459	-51.84	0.0459	2.6000	0.0376	180.60	0.0376	62	0.0377
0.0256	134	0.0255	-56.56	0.0255	2.6500	0.0648	143.61	0.0648	131	0.0650
0.0121	551	0.0120	-62.73	0.0120	2.7000	0.1001	108.54	0.1001	46	0.1002
0.0054	366	0.0053	-63.19	0.0053	2.7500	0.1451	78.04	0.1451	8	0.1466
0.0028	52	0.0027	-51.79	0.0027	2.8000	0.1946	59.51	0.1943	24	0.1988
0.0010	412	0.0009	-55.00	0.0009	2.8500	0.2417	40.52	0.2396	1	0.2430
0.0010	50	0.0009	0.00	0.0009	2.9000	0.2938	32.34	0.2873	1	0.2930
0.0008	320	0.0005	40.00	0.0007	2.9500	0.3414	25.51	0.3416	1	0.3433
0.0006	107	0.0004	25.00	0.0005	3.0000	0.3876	20.37	0.3876	1	0.3998
0.0005	30	0.0004	0.00	0.0004	3.1000	0.4907	16.28	0.4943	2	0.5032
0.0005	28	0.0004	33.33	0.0004	3.2000	0.5886	12.76	0.5945	1	0.5975
0.0005	201	0.0003	0.00	0.0003	3.3000	0.6808	9.45	0.6939	1	0.7080
0.0005	399	0.0002	0.00	0.0002	3.4000	0.7890	9.28	0.7870	1	0.8094
0.0004	440	0.0002	0.00	0.0002	3.5000	0.8919	8.50	0.8869	1	0.9129
0.0003	29	0.0002	0.00	0.0002	3.6000	0.9901	7.39	0.9873	1	1.0154

图 29-4　50ETF 期权 T 型报价

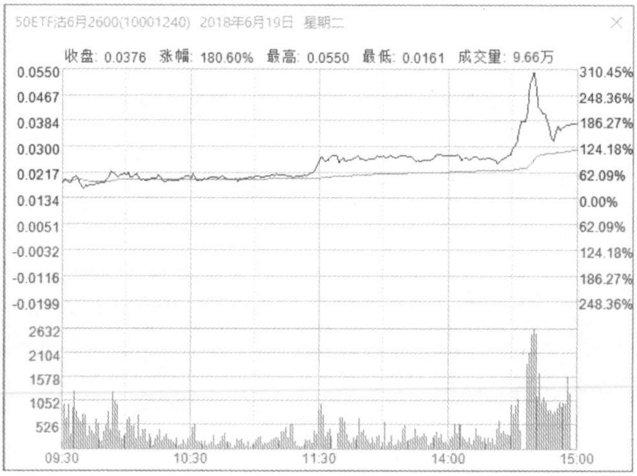

图 29-5　50ETF 沽 6 月 2600 走势

观点：上午 50ETF 低开，然后观察等待指数下午是否拉回，结果波澜不惊，就只好将卖认沽平仓，反手买入认沽合约，再观察夜间美股情况如何。

认沽期权的保险功能又一次得到体现。

豆粕期权受 2018 年端午节期间中美贸易战影响，6 月 19 日早盘豆粕 1809 从涨停价开出（如图 29-6 所示），随后回落，然后又拉起、又回落。6 月 14 日为对冲贸易战而买入的豆粕 1809-购-3150 合约于 19 日有接近翻倍的利润，但部分合约买卖差价非常大，综合各方面的因素，笔者并没有平仓，尾盘回落。

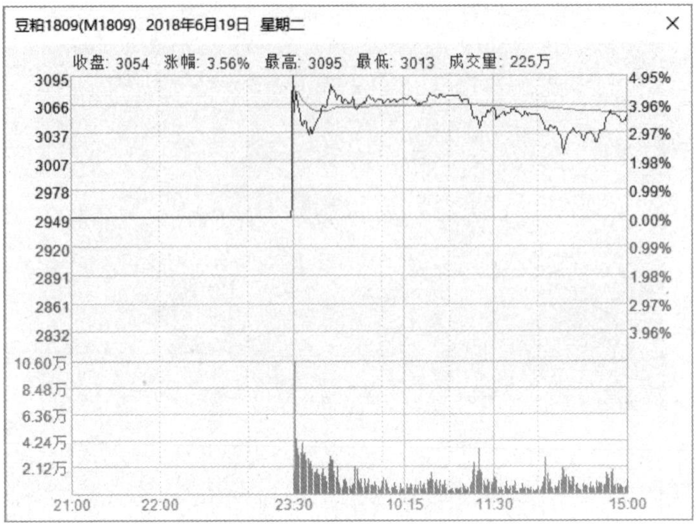

图 29-6　豆粕 1809 合约走势

白糖期权的行情是个单边趋势（如图 29-7 所示），一直在下跌，认沽期权有较大的涨幅（如图 29-8 所示），早期持有的白糖沽 9 月 5200 合约（如图 29-9 所示），曾经从 50 元/张下跌到 12.5 元/张，随后又上涨到 150 元/张，最大涨幅 12 倍，在商品期权里真是奇迹频发。

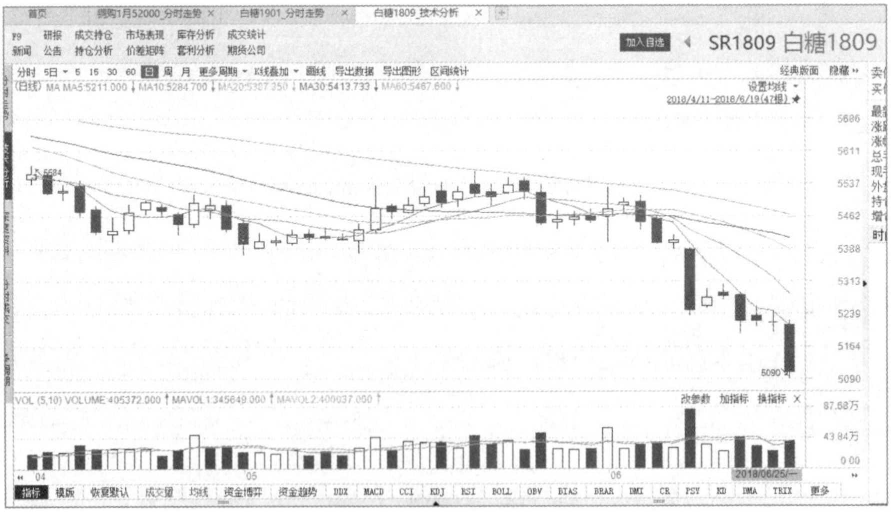

图 29-7　白糖 1809 日 K 线

认购					2018年09月(36天)					认沽
卖价	买量	买价	涨幅%	现价	行权价	现价	涨幅%	买价	买量	卖价
743.5	1	379.0	-18.26	436.5	4700.0	11.0	46.67	10.0	12	12.0
646.5	1	281.5	-22.65	338.0	4800.0	19.0	80.95	17.0	12	19.0
239.5	10	234.0	-30.76	237.5	4900.0	29.0	81.25	28.5	17	29.0
160.5	12	155.5	-38.24	157.5	5000.0	51.0	85.45	50.0	24	52.0
97.5	10	94.0	-45.33	96.5	5100.0	89.0	81.63	87.5	10	90.0
55.5	12	52.5	-52.00	54.0	5200.0	147.5	73.53	145.0	12	148.5
32.5	1	32.0	-51.88	32.0	5300.0	221.5	59.93	222.0	12	225.5
20.0	2	18.5	-48.00	19.5	5400.0	305.5	46.17	310.0	1	313.5
13.0	14	12.5	-36.59	13.0	5500.0	408.0	39.73	403.0	10	407.5
9.5	1	9.0	-20.83	9.5	5600.0	499.0	30.29	489.5	2	504.0
7.5	113	6.0	-13.33	6.5	5700.0	600.0	25.39	588.0	2	604.5
5.5	60	4.0	-18.18	4.5	5800.0	675.0	17.19	675.0	1	728.5
3.5	44	2.5	-25.00	3.0	5900.0	791.5	17.26	–	0	832.0
5.0	102	2.0	-28.57	2.5	6000.0	875.0	13.05	–	0	923.5
3.0	11	2.0	-42.86	2.0	6100.0	975.5	11.61	–	0	1037.0
2.5	27	2.0	0.00	2.0	6200.0	1010.5	3.91	–	0	1135.5
3.5	7	1.5	50.00	1.5	6300.0	1191.5	11.15	1166.5	1	1231.0
4.0	50	1.5	–	–	6400.0	1287.5	9.85	1266.5	1	1336.0
4.0	120	1.0	0.00	0.5	6500.0	1387.5	9.08	1366.5	1	–
2.0	61	1.0	500.00	3.0	6600.0	1491.0	8.67	1466.0	1	–
2.5	0	–	300.00	2.0	6700.0	1587.0	7.81	1565.5	1	1630.0
3.0	9	1.0	100.00	1.0	6800.0	1672.5	6.39	1665.0	1	1730.5

图 29-8 白糖期权早盘收盘 T 型报价

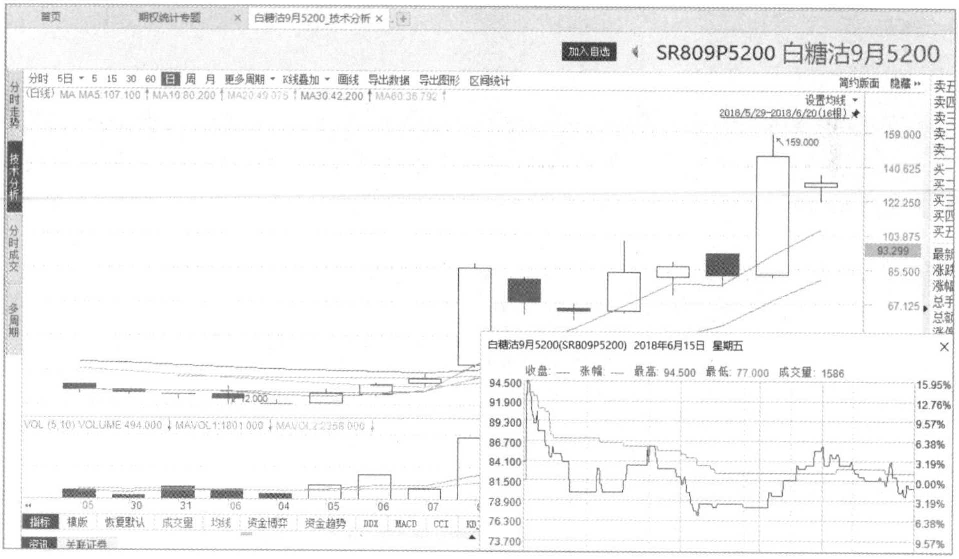

图 29-9 白糖 1809 沽 5200 近期走势

30

集合竞价，套利机会捡个小钱

波幅微降绿沽购，权市先机君知否。

沪指 2018 年 6 月 21 日探底回升，2900 点失而复得，收盘小幅上扬 0.27%，收报 2915.73 点；创业板指数走势更强，收盘反弹 1.08%，收报 1563.79 点。沪深两市合计成交 3482 亿元，行业板块多数收涨，钢铁与军工板块强势领涨，好多股票反弹幅度超过 5%。

50ETF 探底回升小幅收低，在期权 T 型报价上，注意对盘面的观察，往往在集合竞价期间能发现被高估和被低估的期权，就可以用卖出或者买入的方式赚取比较稳妥的利润。

如图 30-1～图 30-5 所示，早盘 50ETF 低开 0.3%左右，但行权价为 2700 以上的认购期权均在上涨，明显不合理，于是笔者选择在集合竞价时卖出开仓 50 张 50ETF 购 6 月 2750，等行情恢复正常后，获利了结。

图 30-1 早盘 50ETF 低开至 2.602 元

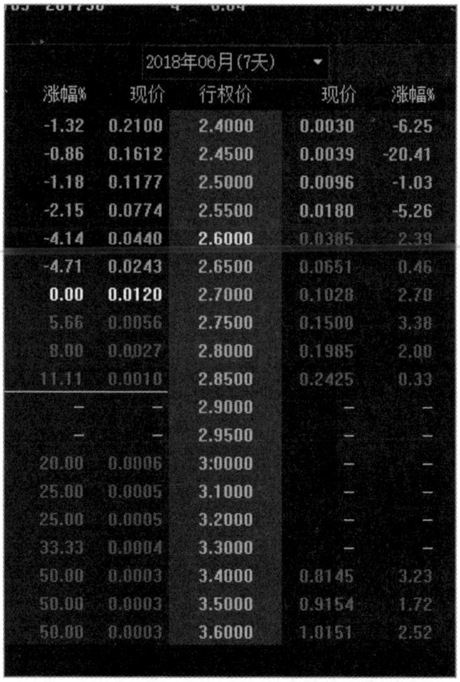

2018年06月(7天)

涨幅%	现价	行权价	现价	涨幅%
-1.32	0.2100	2.4000	0.0030	-6.25
-0.86	0.1612	2.4500	0.0039	-20.41
-1.18	0.1177	2.5000	0.0096	-1.03
-2.15	0.0774	2.5500	0.0180	-5.26
-4.14	0.0440	2.6000	0.0385	2.39
-4.71	0.0243	2.6500	0.0651	0.46
0.00	0.0120	2.7000	0.1028	2.70
5.66	0.0056	2.7500	0.1500	3.38
8.00	0.0027	2.8000	0.1985	2.00
11.11	0.0010	2.8500	0.2425	0.33
–	–	2.9000	–	–
–	–	2.9500	–	–
20.00	0.0006	3.0000	–	–
25.00	0.0005	3.1000	–	–
25.00	0.0005	3.2000	–	–
33.33	0.0004	3.3000	–	–
50.00	0.0003	3.4000	0.8145	3.23
50.00	0.0003	3.5000	0.9154	1.72
50.00	0.0003	3.6000	1.0151	2.52

图 30-2 行权价为 2700 以上虚值认购上涨不合理

成交时间	合约	买卖	开平	成交价格
09:32:27	10001240	买入	开仓	0.0343
09:32:27	10001240	买入	开仓	0.0343
09:30:00	10001131	卖出	开仓	0.0055
09:30:00	10001131	卖出	开仓	0.0055
09:30:00	10001131	卖出	开仓	0.0055
09:30:00	10001131	卖出	开仓	0.0055
09:30:00	10001131	卖出	开仓	0.0055
09:30:00	10001131	卖出	开仓	0.0055
09:30:00	10001131	卖出	开仓	0.0055
09:30:00	10001131	卖出	开仓	0.0055

图 30-3　在集合竞价期间挂单卖出 50ETF 购 6 月 2750

10001131 50ETF购6月2750　分时成交明细

时间	价格	成交	增仓	性质	时间
09:25:00	0.0056	40	0	换手	09:31:
09:30:00	0.0055	100	100	双开	09:31:
09:30:01	0.0052	101	66	空开	09:31:
09:30:02	0.0052	44	0	空换	09:31:
09:30:02	0.0050	11	0	空换	09:31:
09:30:19	0.0054	20	20	双开	09:31:
09:30:29	0.0054	10	10	双开	09:31:
09:30:30	0.0053	10	6	空开	09:31:
09:30:31	0.0053	10	0	空换	09:31:
09:30:35	0.0055	10	10	双开	09:32:
09:30:44	0.0054	10	0	空换	09:32:
09:30:45	0.0054	5	0	空换	09:32:
09:30:51	0.0053	10	-10	双平	09:32:
09:30:53	0.0053	10	0	空换	09:32:
09:30:59	0.0054	38	-3	空平	09:32:

图 30-4　开盘卖出开仓

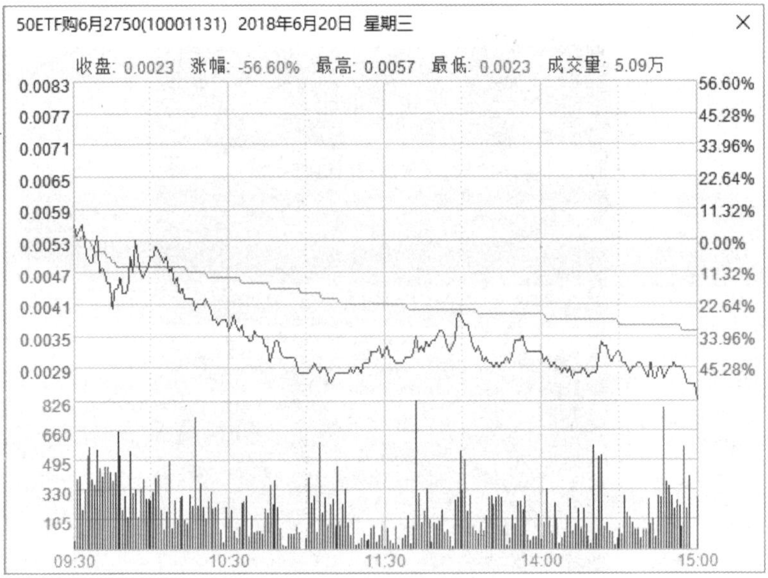

图 30-5　在 6 月 20 日 50ETF 购 6 月 2750 走势

31

恐慌退时，降波导致虚沽大跌

豪华落尽见真淳，恐慌过后复平静。

2018 年 7 月 9 沪指在大幅反弹后，展开震荡整理，收盘小幅上扬 0.44%，站稳在 2800 点关口上方，收报 2827.63 点，日 K 线低位三连阳。50ETF 基本平收，认购期权小幅下跌，虚值认沽期权跌惨（如图 31-1 和图 31-2 所示）。沪深两市合计成交 3260 亿元，行业板块涨多跌少，医疗、民航、水泥板块领涨。

7	000016	上证50	-0.00	2471.23	-0.06	–	–
8	IH1807	上证1807	0.06	2449.0	1.4	2448.6	2448.8
9	510050	50ETF	-0.12	2.493	-0.003	2.492	2.493
0	10001355	50ETF购7月2400	-2.02	0.1116	-0.0023	0.1116	0.1117
1	10001335	50ETF购7月2450	-3.72	0.0750	-0.0029	0.0747	0.0750
2	10001336	50ETF购7月2500①	-4.20	0.0456	-0.0020	0.0456	0.0457
3	10001374	50ETF沽7月2300	-27.14	0.0051	-0.0019	0.0051	0.0053
4	10001366	50ETF沽7月2350	-8.33	0.0099	-0.0009	0.0099	0.0100
5	10001356	50ETF沽7月2400	-7.25	0.0179	-0.0014	0.0179	0.0180
6	10001344	50ETF沽7月2450②	-0.95	0.0313	-0.0003	0.0313	0.0314

图 31-1 50ETF 及期权报价

从图 31-3 和图 31-4 可以看出，深度虚值 50ETF 沽 7 月 2300 最后一小时从上涨 15%到大跌 27%，50ETF 沽 7 月 2350 也跳水比较多，因为投资者觉得短时间内价格很难快速到达 2.3 元，加上卖方顺势打压，所以尾盘快速下跌。

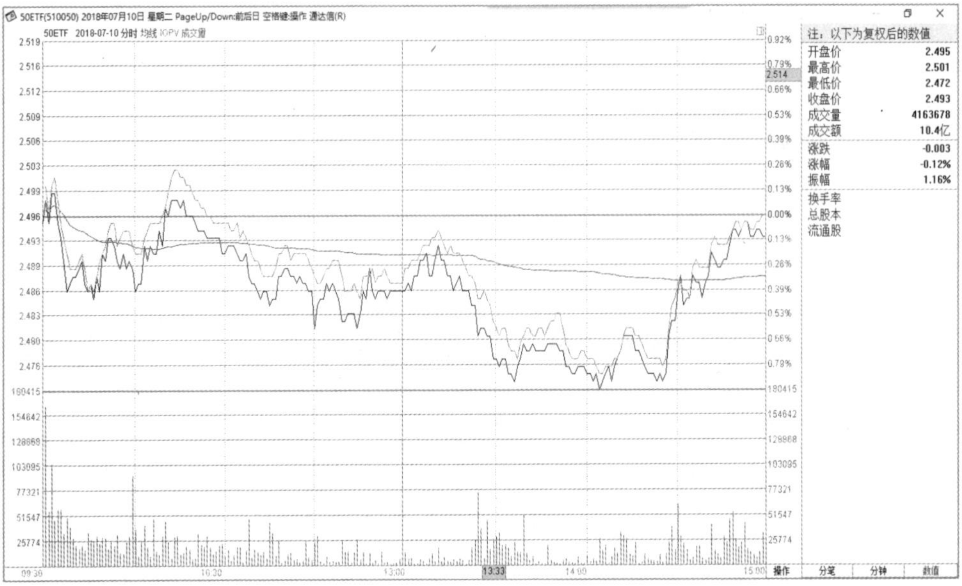

图 31-2　7 月 10 日 50ETF 走势

图 31-3　7 月 10 日 50ETF 沽 7 月 2300 走势

图 31-4　7 月 10 日 50ETF 沽 7 月 2350 走势

从图 31-5 可以看出，7 月 10 日，在波动率平稳后，波动率指数于下午 2 点后快速走低，回落到 20%附近，图 31-6 显示在波动率指数日 K 线上已经出现过两根大阴线，那是因为 7 月 6 日中美贸易摩擦事件的恐慌情绪消退，又产生了反弹需求，在前期波动率大幅走高的基础上，回归也成为必然。

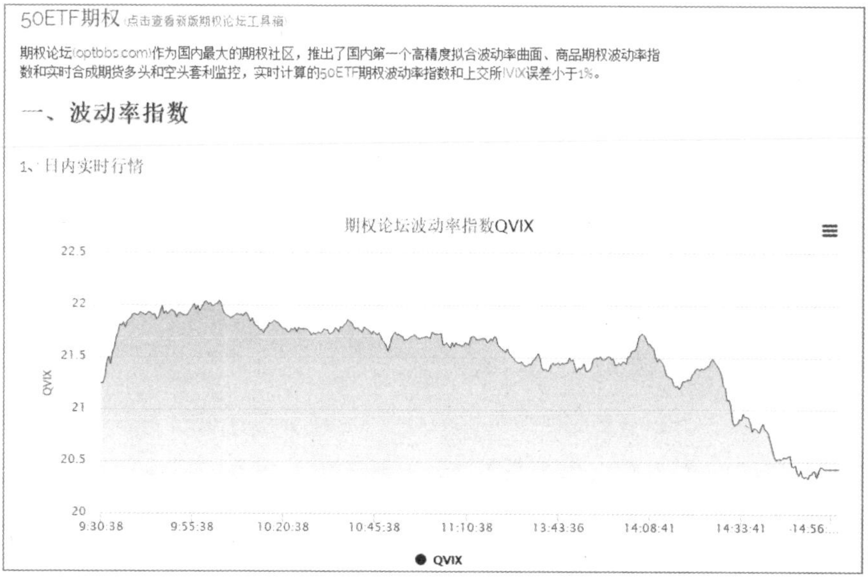

图 31-5　7 月 10 日波动率指数走势

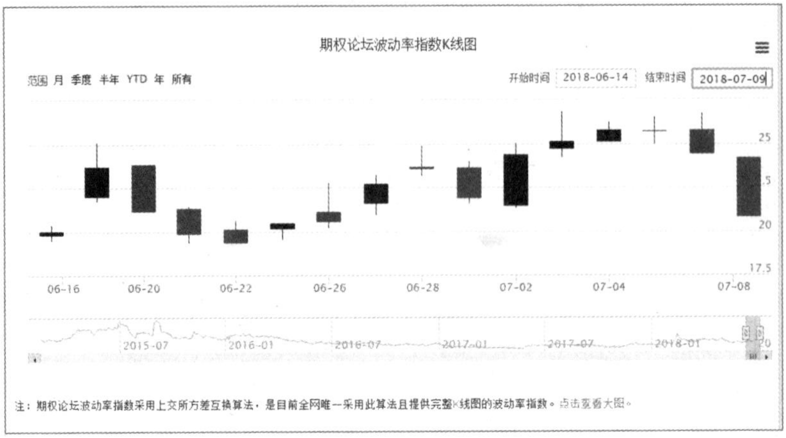

图 31-6　波动率指数日 K 线

这时，用权利方来做方向，不如用义务方来操作。

下面是另一个探底后波动率下降、认沽期权该止盈平仓的例子。

2018 年 7 月 3 日特斯拉开始大跌（如图 31-7 所示），跌到一根较长的下影线收上来，7 月 6 日收平，大跌的恐慌情绪已经得到缓解，而且美国三大指数都收大阳线，特斯拉即使再差也很难大跌了。

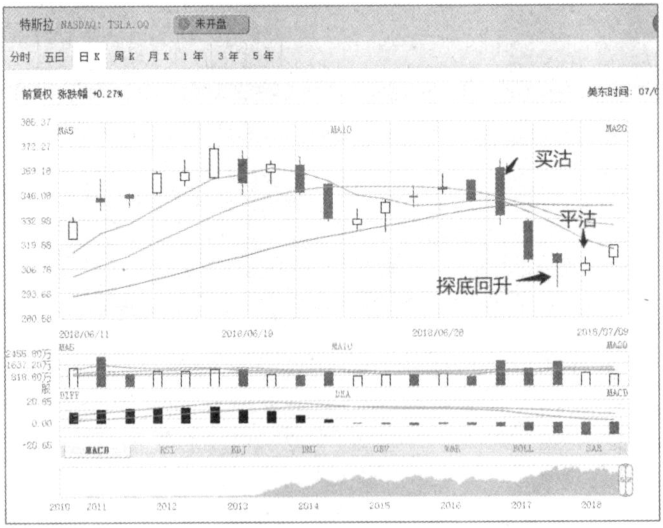

图 31-7　特斯拉走势

从图 31-8 和图 31-9 可以看出，认沽期权的隐含波动率已经有比较大幅度的下降，大跌后单针探底，投资者的情绪消退，之前有资深期权投资说，当行情大跌后走势平稳时，接下来的涨跌不知道，但是波动率下降是必然的。所以如果还持有认沽期权，则需要赶紧获利平仓。

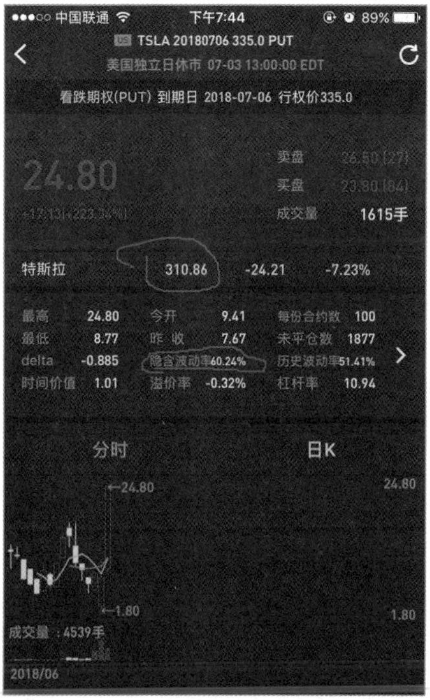

图 31-8　恐慌时认沽期权隐含波动率为 60%

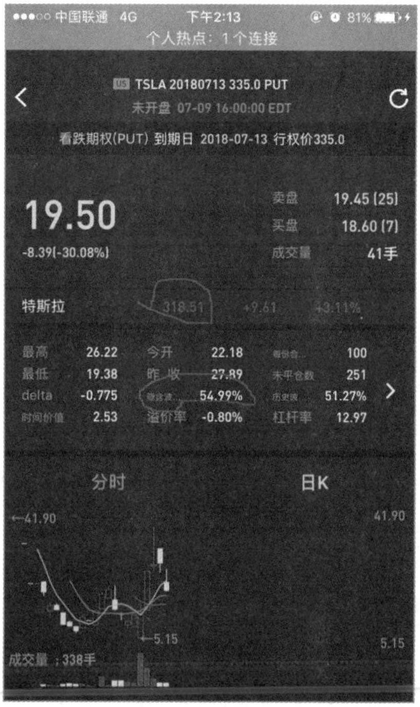

图 31-9　恐慌退去后认沽期权隐含波动率为 55%

总的来说，在恐慌情绪过后，一般波动率会下降，回归到正常水平，权利方一定要见好就收。

32

久违大阳，期权顺势操作策略

忽如一夜春风来，买购卖沽笑颜开。

投资是孤独的旅程！

（1）行情描述

2018 年 7 月中下旬，虽然标的跌幅不大，但认购期权逐渐走低，多头情绪有些低落和沮丧。7 月 20 日早晨，两三个多头投资者说“买入认沽期权最多亏权利金，卖出认沽期权可能亏三四倍”，是的，买入认沽期权的投资者差不多都把权利金亏损完了。

在连续多日的弱势后，标的获得均线支撑，叠加 7 月 20 日资管新规等利好消息，大盘暴涨（如图 32-1 所示），“金三胖”（银行股、证券股、保险股）暴涨（如图 32-2 所示）。

50ETF 7 月 20 日上午走势低迷，小幅下跌，午后爆拉上涨，最后上涨 2.67%（如图 32-3 所示），当日认购期权最大涨幅 550%（如图 32-4 所示）。50ETF 购 7 月 2550 从最低到最高，涨幅达 10 倍（如图 32-5 所示），而隐含波动率在午后大涨时快速下跌（如图 32-6 所示），许多人获利了结。

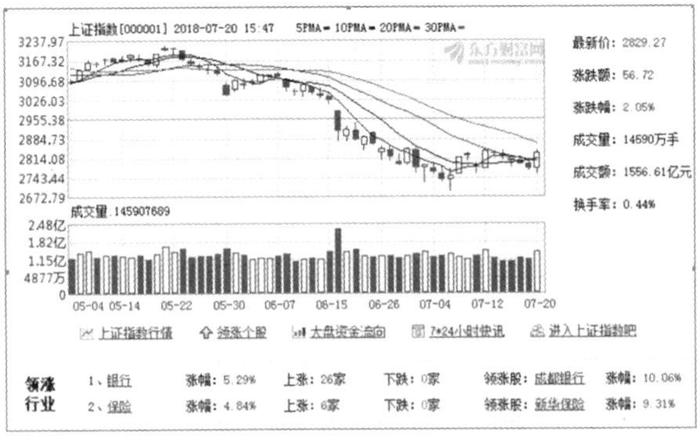

图 32-1　2018 年 5～7 月上证指数走势

	代码	名称	涨幅%	现价
1	999999	上证指数	2.05	2829.27
2	601318	中国平安	3.63	60.84
3	600519	贵州茅台	8.82	741.13
4	600036	招商银行	6.87	27.38
5	600276	恒瑞医药	0.74	73.76
6	600887	伊利股份	1.51	27.55
7	600030	中信证券	3.57	16.83
8	399975	证券公司	3.17	573.28
9	399986	中证银行	4.34	5696.92
10	601398	工商银行	5.00	5.47
11	600760	中航沈飞	2.52	38.21
12	600667	太极实业	2.05	7.48
13	150201	券商B	5.84	0.761
14	M1809	豆粕1809	1.16	3128
15	SR1809	白糖1809	-1.66	4845
16	150153	创业板B	4.65	0.428
17	000016	上证50	2.79	2493.76
18	IH1807	上证1807	2.02	2473.8
19	510050	50ETF	2.67	2.540
20	10001355	50ETF购7月2400	70.86	0.1384
21	10001335	50ETF购7月2450	118.1	0.0918
22	10001336	50ETF购7月2500	222.0	0.0512
23	10001337	50ETF购7月2550	408.0	0.0220
24	10001344	50ETF沽7月2450	-81.05	0.0036
25	10001345	50ETF沽7月2500	-71.87	0.0119
26	10001346	50ETF沽7月2550	-60.70	0.0316
27	601336	新华保险	9.31	49.67

图 32-2　银行股、保险股、证券股全大涨

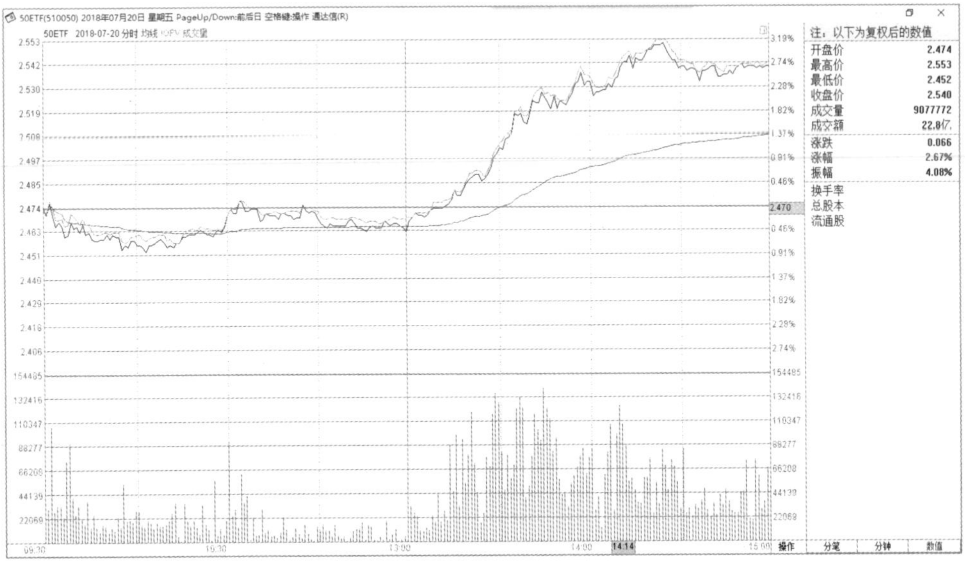

图 32-3　2018 年 7 月 20 日 50ETF 走势

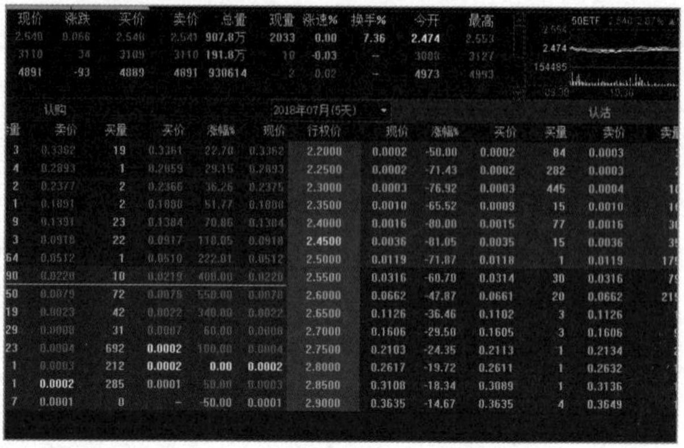

现价	涨跌	买价	卖价	总量	现量	涨速%	换手%	今开	最高
2.548	0.066	2.548	2.541	907.8万	2033	0.00	7.36	2.474	2.553
3110	34	3109	3110	191.8万	10	-0.03	--	3088	3127
4891	-93	4889	4891	930614	2	0.02	--	4973	4993

认购　2018年07月(5天)　认沽

卖量	卖价	买量	买价	涨幅%	现价	行权价	现价	涨幅%	买价	买量	卖价
3	0.3362	19	0.3361	22.70	0.3362	2.2000	0.0002	-50.00	0.0002	84	0.0003
4	0.2893	1	0.2859	29.15	0.2893	2.2500	0.0002	-71.43	0.0002	282	0.0003
2	0.2377	2	0.2366	36.26	0.2375	2.3000	0.0003	-76.92	0.0003	445	0.0004
1	0.1891	2	0.1880	51.77	0.1880	2.3500	0.0010	-65.52	0.0009	15	0.0010
9	0.1391	23	0.1384	70.86	0.1384	2.4000	0.0016	-80.00	0.0015	77	0.0016
3	0.0918	22	0.0917	110.05	0.0918	2.4500	0.0036	-81.05	0.0035	15	0.0036
64	0.0512	1	0.0510	222.01	0.0512	2.5000	0.0119	-71.87	0.0118	1	0.0119
90	0.0220	10	0.0219	400.00	0.0220	2.5500	0.0316	-60.70	0.0314	30	0.0316
50	0.0079	72	0.0078	550.00	0.0078	2.6000	0.0662	-47.87	0.0661	20	0.0662
19	0.0023	42	0.0022	340.00	0.0022	2.6500	0.1126	-36.46	0.1102	3	0.1126
29	0.0008	31	0.0007	60.00	0.0008	2.7000	0.1606	-29.50	0.1605	3	0.1606
23	0.0004	692	0.0002	100.00	0.0004	2.7500	0.2103	-24.35	0.2113	1	0.2134
1	0.0003	212	0.0002	0.00	0.0002	2.8000	0.2617	-19.72	0.2611	1	0.2632
1	0.0002	285	0.0001	50.00	0.0003	2.8500	0.3108	-18.34	0.3089	1	0.3136
7	0.0001	0	-	-50.00	0.0001	2.9000	0.3635	-14.67	0.3635	4	0.3649

图 32-4　7 月 20 日期权 T 型报价

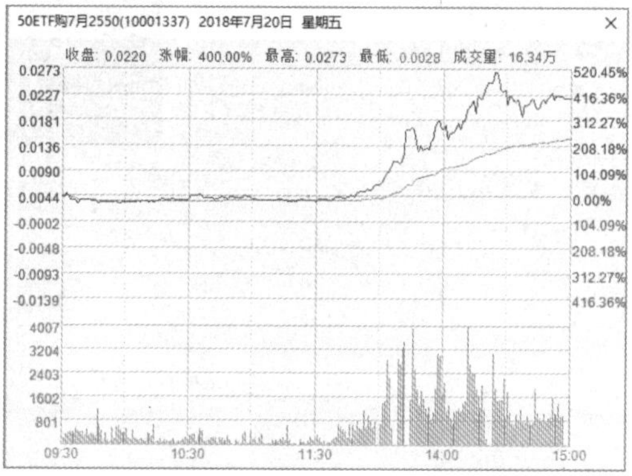

图 32-5　50ETF 购 7 月 2550 从最低到最高涨幅达 10 倍

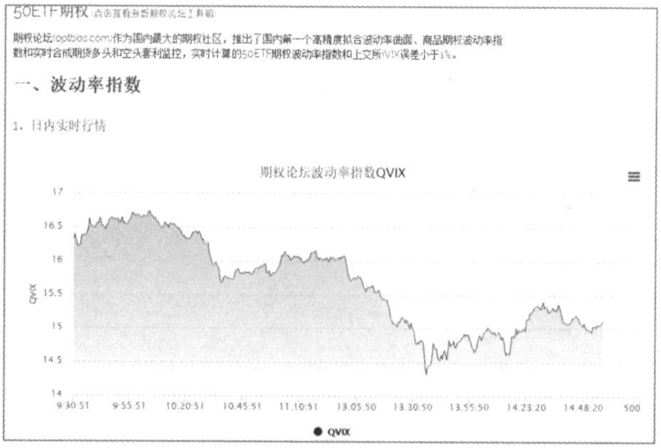

图 32-6　波动率指数当天走势

（2）笔者的个人操作

最近行情不好，卖方苟延残喘，而且 7 月 20 日上午行情低迷，笔者在早晨下单卖出开仓虚值认沽期权后没有持续看盘。但从 13:15 行情开始上涨，笔者迅速打开账户，先把卖认沽加仓，将虚值期权向价格较高的平值移仓，再买入认购期权，一路追加到较高的仓位。如果不在行情好的时候多盈利，等到了震荡行情时，就会消耗本金。

人民币贬值、恒生大跌，50ETF 下跌了这么多，但也没创新低，甚至没破大阳线的底部，将这些情况叠加后的判断是行情总会有反弹。再看下午的盘面，首先是急剧的放量大涨，分时成交量上升，然后看板块协同（这个非常重要），银行股、保险股、证券股纷纷大涨，且迅速攻破各均线，没有出现跷跷板效应，而且一直上涨到 14：30，但尾盘又不回落，运行很平稳。在 13：00 到 14：00 之间，完全有机会进场，不管是做短线，还是留隔夜仓等，都有机会盈利。

早盘买入 50ETF 购 7 月 2550，下午获得约 6 倍的涨幅。如图 32-7 所示，账户迅速平掉虚值的 50ETF 沽 7 月 2400，转卖比较贵的 50ETF 沽 7 月 2500，再买入一点 50ETF 购 7 月 2450。

当日委托　当日成交　可撤委托　预埋-条件单　止盈止损　风控单

成交时间	合约	买卖	开	成交价格	手	合约名称
13:45:29	10001335	买入	开	0.0807	0.00	50ETF购7月2450
13:45:16	10001344	买入	平	0.0049	0.00	50ETF沽7月2450
13:29:00	10001345	卖出	开	0.0255	0.00	50ETF沽7月2500
13:29:00	10001345	卖出	开	0.0255	0.00	50ETF沽7月2500
13:28:43	10001345	卖出	开	0.0261	0.00	50ETF沽7月2500
13:28:43	10001345	卖出	开	0.0261	0.00	50ETF沽7月2500
13:28:43	10001345	卖出	开	0.0261	0.00	50ETF沽7月2500
13:28:43	10001345	卖出	开	0.0261	0.00	50ETF沽7月2500
13:28:43	10001345	卖出	开	0.0261	0.00	50ETF沽7月2500
13:28:42	10001345	卖出	开	0.0261	0.00	50ETF沽7月2500
13:28:41	10001345	卖出	开	0.0262	0.00	50ETF沽7月2500
13:28:41	10001345	卖出	开	0.0262	0.00	50ETF沽7月2500
13:28:41	10001345	卖出	开	0.0262	0.00	50ETF沽7月2500
13:28:41	10001345	卖出	开	0.0262	0.00	50ETF沽7月2500
13:28:41	10001345	卖出	开	0.0262	0.00	50ETF沽7月2500
13:28:24	10001345	卖出	开	0.0274	0.00	50ETF沽7月2500
13:28:16	10001345	卖出	开	0.0278	0.00	50ETF沽7月2500
13:28:16	10001345	卖出	开	0.0278	0.00	50ETF沽7月2500
13:27:00	10001356	买入	平	0.0045	0.00	50ETF沽7月2400
13:27:00	10001356	买入	平	0.0045	0.00	50ETF沽7月2400
13:26:56	10001356	买入	平	0.0044	0.00	50ETF沽7月2400
13:26:55	10001356	买入	平	0.0044	0.00	50ETF沽7月2400

图 32-7　当日账户操作

（3）应对策略

先不说怎么样预测行情、判断行情，就说在发现大盘暴涨的时候，不同持仓的投资者，怎样依据情况跟随趋势。

相信在这之前，肯定多、空分歧很严重，有人买认沽，且是持有深度虚值认沽，有人买认购（有浮亏），且卖方和合成多（空）头，但在行情突然变化时，大多数人还是反应不过来，在心理上也会很难接受，其实应该忘记自己的成本，跟随实时行情去做，不要受持仓的影响。

① 已持仓买认购。

对于手上持仓的认购期权来说，针对下午行情的正确反应应该是加仓，胆子小的投资者就增加平值或实值 2450、2400，预期较高的投资者增加 2500，胆子大的投资者小仓位增加 2550，当已经盈利很多时，可以拿出来部分本金或利润。

② 已持仓买认沽。

对于持仓认沽权利仓的投资者，最近只有实值能够有些盈利，平值 2450 都亏钱，更不用说虚值 2400 及以下更低的行权价了。下午开盘放量大涨，板块协同，其实第一反应不应是止损平仓，而应是有资金的赶快买入认购，因为下跌的速度往往比上涨的速度要慢，如果一个虚值的认沽期权下跌 50%还剩下 50 元/张，一般不会在这一天就跌到 0，但是 50 元/张的虚值认购期权很快上涨到 100 元/张是有可能的，所以要先反向开仓，再慢慢平仓。

③ 已持仓卖认购。

持仓卖认购期权的投资者不用等待，先做好对冲和止损，实值期权或平值期权等没什么时间价值的赶紧止损，虚值期权就看投资者能否坚持持有到底。

如果想观望，不想止损，那么对冲方法不是卖出认沽，而是买入实值认购。

④ 已持有卖认沽。

下午认沽期权快速下跌，这时候比较好的策略是，将手头不怎么值钱的认沽期权迅速买入平仓，换成价格比较高的认沽期权，如果在 2:30 后发现行情不再上涨，则可以等待，也可以换回虚值认沽期权。

33

速度激情，平稳之后注意落袋

一年好景君须记，最是落袋为安时。

沪指 2018 年 7 月 24 日高开高走，收盘大涨 1.61%，日 K 线三连阳，收复 2900 点整数关口，收报 2905.56 点。市场成交量继续放大，沪深两市合计成交 4928 亿元。行业板块全线上扬，基建板块掀起涨停潮。

上证 50ETF 早盘开始 15 分钟即冲到高位（如图 33-1 所示），随后一路横盘，下午稍有回落。

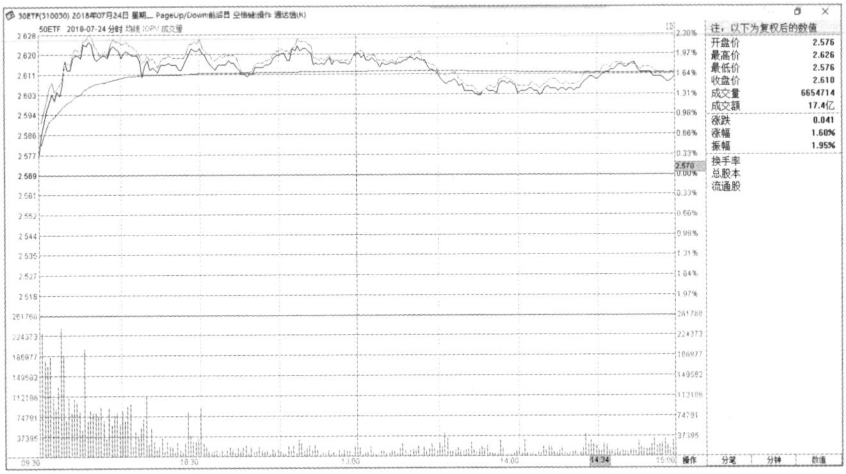

图 33-1　7 月 24 日 50ETF 走势

认购期权大涨，50ETF 购 7 月 2600（如图 33-2 所示）合约最大涨幅达 310%，期间熔断数次，开盘时波动率上升较多，50ETF 购 7 月 2650（如图 33-3 所示）合约最大涨幅达 866%，认沽期权大跌，部分合约跌到接近于归零。

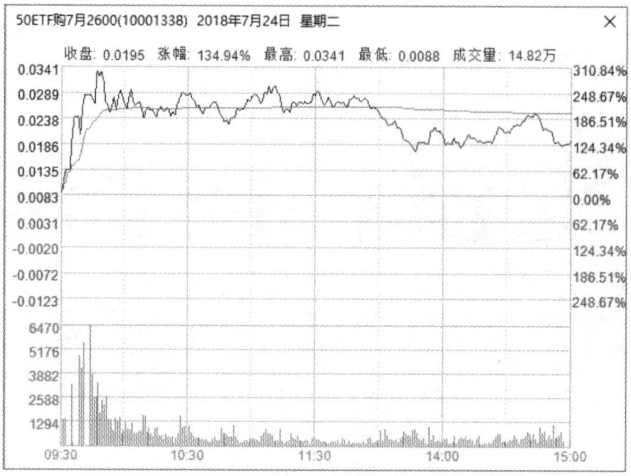

图 33-2　50ETF 购 7 月 2600 走势

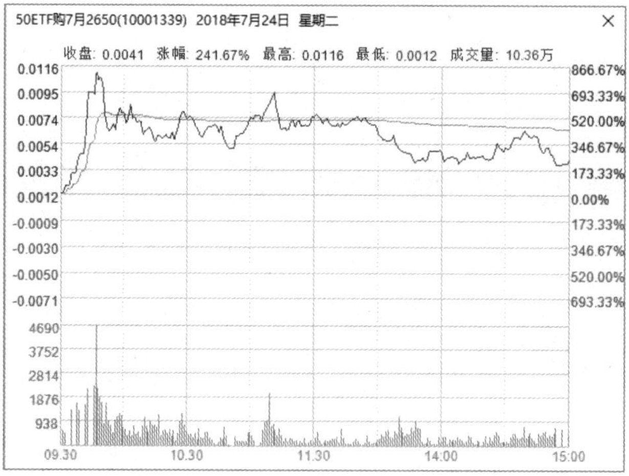

图 33-3　50ETF 购 7 月 2650 走势

冲高后虚值认购期权横盘，随后回落，尾盘涨幅收窄很多。

虚值认购期权能够这样快速冲高，除了看高一线的激进派买入外，可能还有义务仓在买入平仓止损。

而从早盘快速冲高、期权价格快速上涨来看，期权的快速上涨需要“速度与激情”，即标的价格快速、大幅波动，可以享受到 Delta 和 Gamma 的双重收益。但是由于当月合约快到期，下午行情没有持续上涨，虚值认购期权回落的幅度就会较大，而对次月合约的影响相对较小（如图 33-4 所示），50ETF 购 8 月 2700 走势尾盘价格高于早盘。

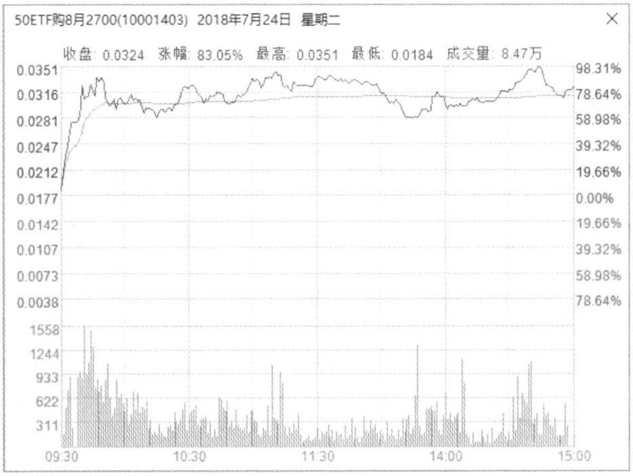

图 33-4　50ETF 购 8 月 2700 走势

2018 年 7 月 23 日，笔者以 80 多元买入“彩票”50ETF 购 7 月 2600（如图 33-5 所示），24 日上午在获利两倍之后止盈（如图 33-6 所示），7 月份的期权还有一天，也正在步入收获期，利润回到口袋才是自己的。

开始日期: 2018-07-22　结束日期: 2018-07-24　查询

发生日期	成交时间	合约代码	合约名称	证券代码	持仓类别	买卖	开平	备兑标志	业务状态	成交价格
20180723	14:37:35	10001338	50ETF购7月2600	510050	权利方	买入	开仓	非备兑	成交	0.0084
20180723	14:37:35	10001338	50ETF购7月2600	510050	权利方	买入	开仓	非备兑	成交	0.0084
20180723	14:37:35	10001338	50ETF购7月2600	510050	权利方	买入	开仓	非备兑	成交	0.0084

图 33-5　7 月 23 日账户操作

当日委托　当日成交　可撤委托　预埋-条件单　止盈止损　风控单

成交时间	合约	买卖	开平	成交价格	成	[illegible]	合约名称
10:08:19	10001338	卖出	平仓	0.0257	1	.	50ETF购7月2600
10:08:20	10001338	卖出	平仓	0.0257	28	.	50ETF购7月2600
10:08:20	10001338	卖出	平仓	0.0257	2	.	50ETF购7月2600
10:08:22	10001338	卖出	平仓	0.0257	1	.	50ETF购7月2600
10:08:34	10001338	卖出	平仓	0.0000	16	0	50ETF购7月2600
10:08:42	10001338	卖出	平仓	0.0251	16	.	50ETF购7月2600
10:08:50	10001336	卖出	平仓	0.1064	10	.	50ETF购7月2500

图 33-6　7 月 24 日账户操作

34

月初现象，多看少动高抛低吸

一月复始，踌躇满志。

温故知新，砥砺前行。

2018 年 7 月 26 日沪指震荡走弱，收盘小幅下跌 0.74%，失守 2900 点整数关口，收报 2882.23 点；创业板指数走势更弱，收盘大跌 1.61%，收报 1606.12 点。沪深两市合计成交 3802 亿元，行业板块涨跌互现，低价股表现活跃。

50ETF 跌幅为 1.3%（如图 34-1 所示），基本属于单边下跌行情，平值附近认购期权跌幅为 20%～30%，但平值附近认沽期权涨幅最大只有 16%（如图 34-2 所示），虚值认沽期权还在下跌，认沽期权的涨幅远不如认购期权的跌幅大，认沽期权上涨的金额也不如认购期权下跌的金额大，波动率也一直在走低（如图 34-3 所示）。

这就是明显的月初效应，在标的小幅涨跌的时候，由于时间价值在损耗，波动率在降低，上涨的金额不如下跌的多，上涨的幅度也不如下跌的大，权利仓往往没有很大的获利空间，只好快进快出。

图 34-1　7 月 26 日 50ETF 走势

认购　　2018年08月(27天)　　认沽

卖价	买量	买价	涨幅%	现价	行权价	现价	涨幅%	买价	买量	卖价
0.3808	1	0.3779	-7.48	0.3784	2.2000	0.0021	-30.00	0.0020	140	0.0021
0.3317	1	0.3285	-8.30	0.3292	2.2500	0.0029	-17.14	0.0028	100	0.0029
0.2832	1	0.2782	-8.67	0.2822	2.3000	0.0046	-26.98	0.0046	13	0.0048
0.2357	1	0.2339	-9.46	0.2345	2.3500	0.0073	-7.59	0.0073	35	0.0074
0.1885	1	0.1878	-11.18	0.1883	2.4000	0.0118	-3.28	0.0118	18	0.0119
0.1464	1	0.1461	-13.04	0.1461	2.4500	0.0189	3.28	0.0188	1	0.0189
0.1090	2	0.1081	-15.11	0.1090	2.5000	0.0311	10.28	0.0311	89	0.0312
0.0767	20	0.0766	-18.32	0.0767	2.5500	0.0496	16.16	0.0496	14	0.0497
0.0512	74	0.0510	-21.98	0.0511	2.6000	0.0743	15.02	0.0743	116	0.0747
0.0346	1	0.0345	-24.18	0.0345	2.6500	0.1074	14.74	0.1074	2	0.1075
0.0217	19	0.0210	-27.18	0.0217	2.7000	0.1434	12.12	0.1427	1	0.1429
0.0130	19	0.0129	-35.18	0.0129	2.7500	0.1843	11.09	0.1841	6	0.1855
0.0077	21	0.0076	-40.77	0.0077	2.8000	0.2297	8.30	0.2297	1	0.2299

图 34-2　认沽期权涨幅远不如认购期权跌幅大

从图 34-5 可以看出，在 7 月行权日时，标的价格比月初还高 6%，但是平值认购期权只盈利 30%。

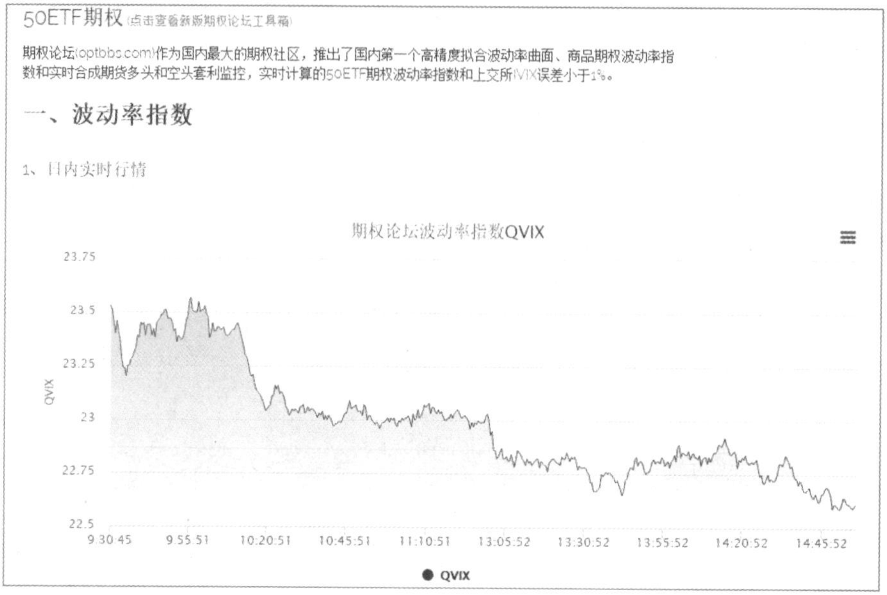

图 34-3　波动率日内单边下跌

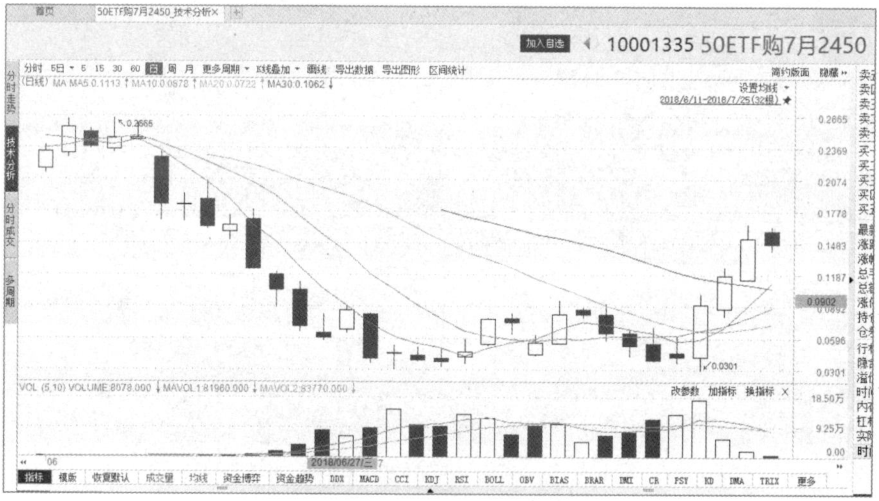

图 34-5　50ETF 购 7 月 2450 走势

所以在月初应多看少动，如果资金允许的话，则可以用虚值义务仓等张数做好高抛低吸，这样更加稳妥，等有快速上涨、下跌的行情时，再切换部分资金到权利仓。

35

备工具箱，面对抉择不会慌乱

忽下跌又上涨，乍乱。

剪不断理还乱，休战。

让子弹飞飞飞，观望。

明方向干干干，果敢。

2018年8月13日沪指小幅下跌，创业板指数午后翻红，5G板块逆市走强。保险、银行、酿酒、房地产等权重板块表现不佳，50ETF中午最大跌幅超过2%，下午缓慢回升，最后跌幅为0.98%。

（1）盘面观察

受土耳其市场等利空消息的影响，早盘50ETF跳空低开，缓慢下跌，中午开始走出低点，随后缓慢回升，在分时均线纠结一番后反弹，最后小跌0.98%（如图35-1所示），收一根长下影小十字线（如图35-2所示）。

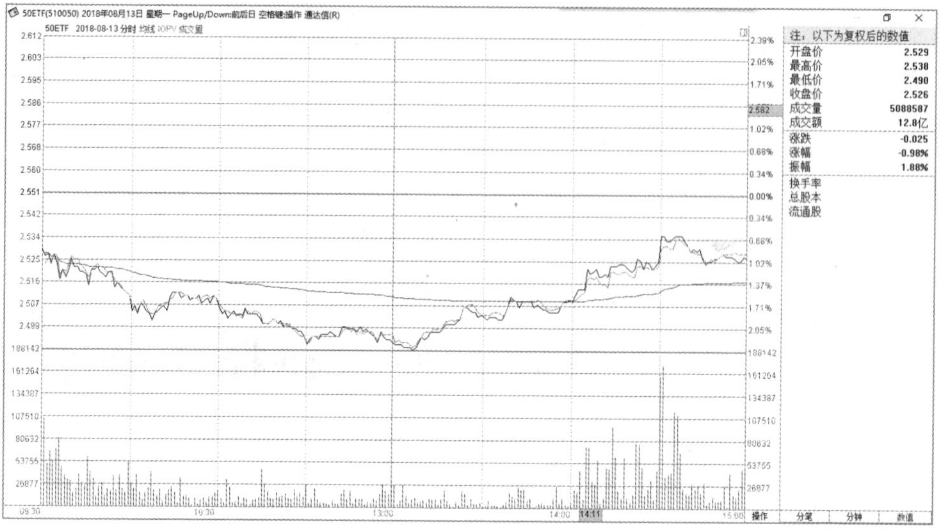

图 35-1 8 月 13 日 50ETF 走势

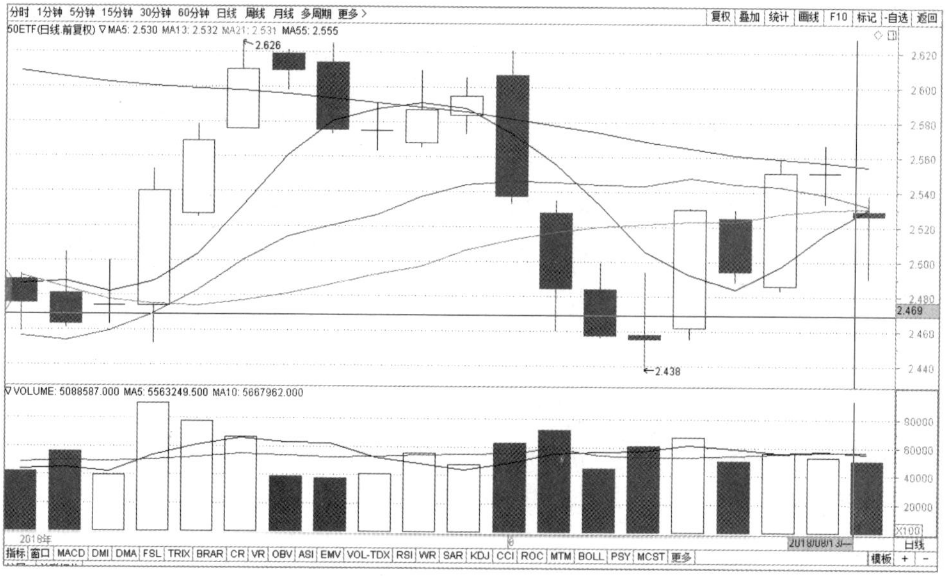

图 35-2 2018 年 7～8 月 50ETF 走势

总的来说 8 月份期权跌宕起伏。13 日上午认购期权跳空低开，最大跌幅近 50%，认沽期权跳空高开，最大涨幅翻一倍，但随着下午标的的反弹，认沽期权快速跳水，最后涨幅在 20%左右，期权成交量剧增（如图 35-3 所示）。

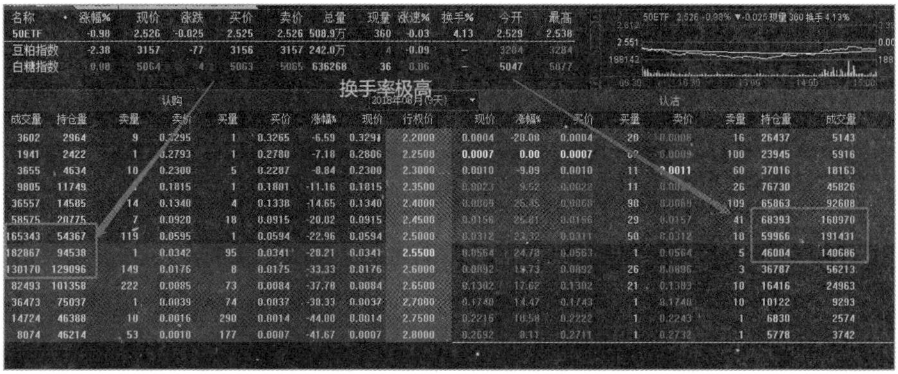

图 35-3　8 月 13 日 8 月期权 T 型报价

（2）抉择与问答

随着行情的变化，笔者多次对账户进行对冲和反手，都是因为行情大涨、大跌不得已而为之。

① 开盘抢入还是再等等？

从多次一开盘就下单然后吃了亏来看，简单一句，开盘 15 分钟之内先别下单，因为那时候市场行情不稳定、多空不稳定，先看看再说。

② 是对冲还是反手？

买方的敌人是时间，卖方的敌人是跳空。连续的上涨或者下跌对卖方来说都不是大问题，都有足够的时间，就是跳空最让卖方头痛。对于大多数人认为的开盘会跳空低开来说，该选择马上反手还是对冲？

在早盘跳空后，卖出的认沽期权当日浮亏，笔者在开盘后前 15 分钟没下单，后面看标的一路走低，前面的多头持仓有买方、有卖方，考虑到剔除波动率的影响，先买入实值 50ETF 沽 8 月 2550（如图 35-4 所示）进行不完全对冲，静观其变。

随后标的缓慢下跌，但跌速不快，而且是缩量的，一直没有动反手做空的念头，但做了对冲锁定盈亏，还是再等等看。下午标的逐渐上涨，在站稳均线时撤掉对冲，随后认沽期权快速下跌（如图 35-5 所示）。

对冲可以及时做，反手要再等等。

如果早盘就反手做认沽，那么对于复杂的持仓结构来说，手脚慢了就会有浮亏。

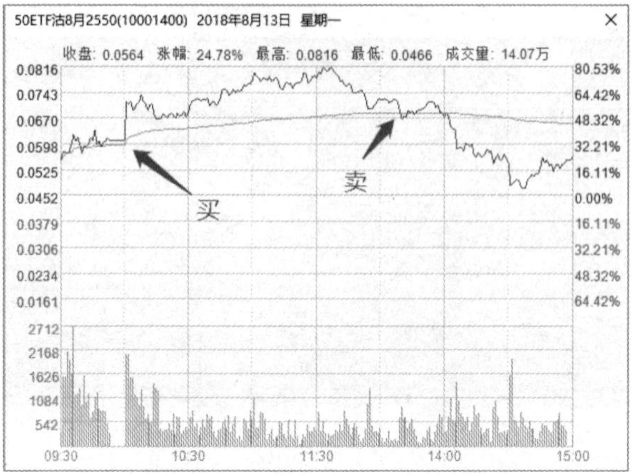

图 35-4　50ETF 沽 8 月 2550

10:11:30	10001400	买入	开仓	0.0706	50ETF沽8月2550	普通成交
10:11:33	10001400	买入	开仓	0.0706	50ETF沽8月2550	普通成交
10:11:35	10001400	买入	开仓	0.0707	50ETF沽8月2550	普通成交
10:11:36	10001400	买入	开仓	0.0707	50ETF沽8月2550	普通成交
10:11:49	10001400	买入	开仓	0.0704	50ETF沽8月2550	普通成交

当日委托 | 当日成交 | 可撤委托 | 预埋-条件单 | 止盈止损 | 风控单

成交时间	合约	买卖	开平	成交价格	合约名称	成交类型
14:01:52	10001400	卖出	平仓	0.0666	50ETF沽8月2550	普通成交
14:01:52	10001400	卖出	平仓	0.0666	50ETF沽8月2550	普通成交
14:01:52	10001400	卖出	平仓	0.0666	50ETF沽8月2550	普通成交
14:01:52	10001400	卖出	平仓	0.0664	50ETF沽8月2550	普通成交
14:01:52	10001400	卖出	平仓	0.0664	50ETF沽8月2550	普通成交
14:01:52	10001400	卖出	平仓	0.0662	50ETF沽8月2550	普通成交
14:01:52	10001400	卖出	平仓	0.0662	50ETF沽8月2550	普通成交
14:01:53	10001400	卖出	平仓	0.0662	50ETF沽8月2550	普通成交

图 35-5　账户的对冲操作

③ 抄底，用买还是用卖？

对初级期权投资者来说，受资金限制和风险偏好的影响，更喜欢用买期权来抄底。但是从实际情况来看，还是得考虑用波动率的升降来提高自己的胜算。一般来说，抄底的时候，上涨那端的期权上升得比较慢，而回落那端的期权下降得比较快，尤其是虚值期权，不考虑投入成本，只考虑同等张数和同等价格，常常是卖方获利快。

有投资者说，同一个方向（看多或看空）的权利仓和义务仓同时开仓，但往往是卖单先赚钱，就是这个道理。

从图 35-6 可以看出，从中午到收盘，50ETF 沽 8 月 2500 下跌金额为 200 元/张，其中在 14：00 左右波动率跳水，50ETF 购 8 月 2550（如图 35-7 所示）从中午到尾盘也有回升，但波动率有所下降，14：00 左右波动率下降较快（如图 35-8 所示），所以笔者选择用卖方来抄底。

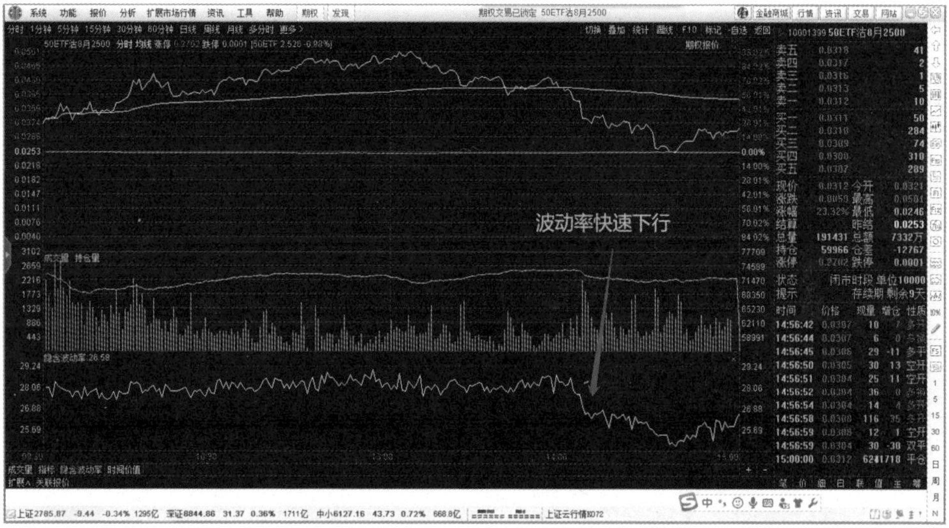

图 35-6　50ETF 沽 8 月 2500 走势

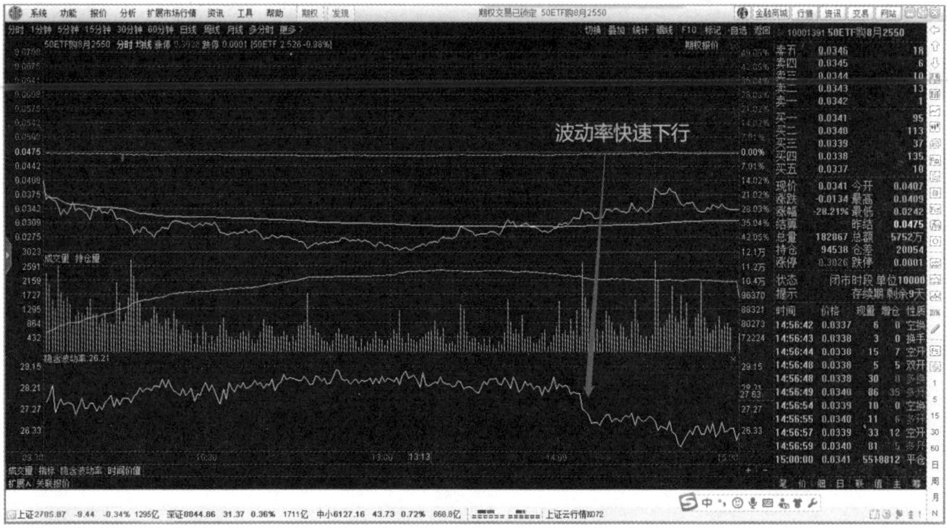

图 35-7　50ETF 购 8 月 2550 走势

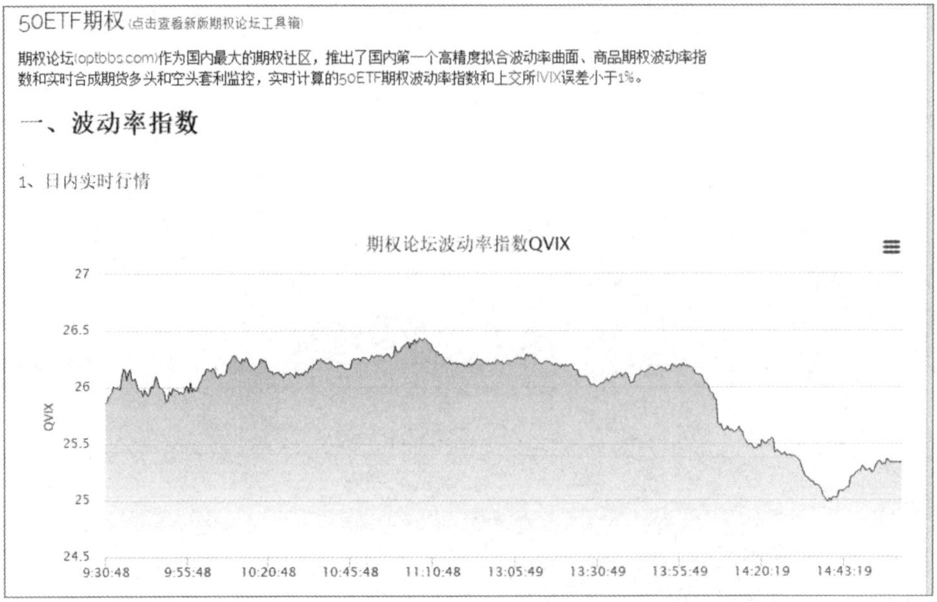

图 35-8　波动率走势

（3）看盘心理

如果原来持有多头仓位，那么今天上午的跳空是比较难熬的。从 50ETF 行情和波动率来看，跳空低开、下探、再回升与平开低走相比，波动率的变化不同，后者更有利于买方，前者更有利于卖方。

浮盈与浮亏交替对人的交易心态、心理承受能力都是比较大的考验。当然，要坚持你所相信的，做好应对，而不要管中间过程的小幅回撤。

36

大单支撑，高开低走V形上扬

起起落落走一天，购购沽沽轮一遍。

2018年9月13日沪指早盘高开低走，午后震荡回升，收盘反弹1.15%，收报2686.58点。市场成交量依然低迷，沪深两市合计成交仅有2608亿元，行业板块多数收涨，石油板块强势领涨。

50ETF早盘高开1.3%（如图36-1所示），午后回落到只高于上一日行权价0.002元，随后慢慢回升，最后收于2.466元，和开盘价差不多。认购期权从高开40%～50%到慢慢翻绿，随后拉起，平值附近认购期权收涨25%左右，认沽期权大跌超过30%（如图36-2所示）。

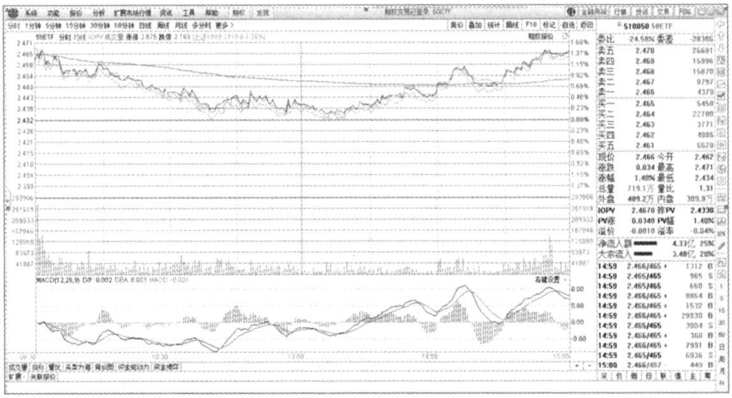

图36-1　50ETF 9月13日走势

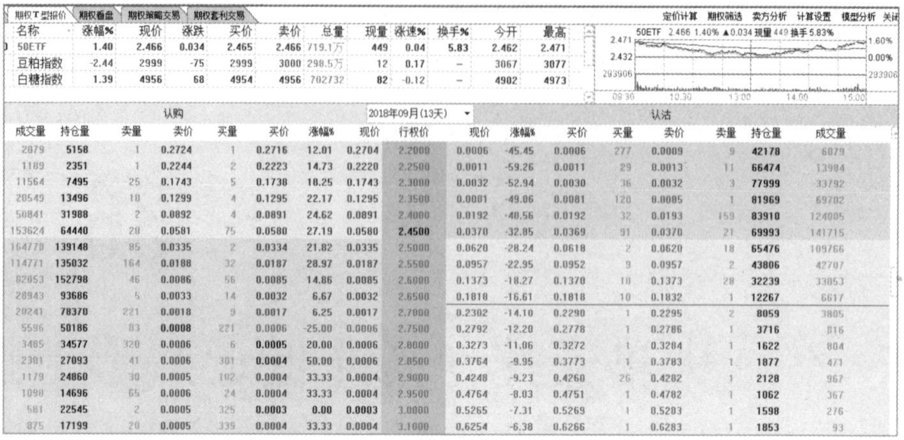

期权T型报价 | 期权看盘 | 期权策略交易 | 期权套利交易　　定价计算 期权筛选 卖方分析 计算设置 模型分析 关闭

名称	涨幅%	现价	涨跌	买价	卖价	总量	现量	涨速%	换手%	今开	最高
50ETF	1.40	2.466	0.034	2.465	2.466	719.1万	449	0.04	5.83	2.462	2.471
豆粕指数	-2.44	2999	-75	2999	3000	298.5万	12	0.17	–	3067	3077
白糖指数	1.39	4956	68	4954	4956	702732	82	-0.12	–	4902	4973

2018年09月(13天)

认购									认沽							
成交量	持仓量	卖量	卖价	买量	买价	涨幅%	现价	行权价	现价	涨幅%	买价	买量	卖价	卖量	持仓量	成交量
2079	5158	1	0.2724	1	0.2716	12.01	0.2704	2.2000	0.0006	-45.45	0.0006	277	0.0009	9	42178	6079
1189	2351	1	0.2244	2	0.2223	14.73	0.2220	2.2500	0.0011	-59.26	0.0011	29	0.0013	11	66474	13984
11564	7495	25	0.1743	5	0.1738	18.25	0.1743	2.3000	0.0032	-52.94	0.0030	36	0.0032	3	77999	33792
20549	13496	10	0.1299	4	0.1295	22.17	0.1295	2.3500	0.0081	-49.06	0.0081	120	0.0085	1	81969	69702
50841	31988	2	0.0892	4	0.0891	24.62	0.0891	2.4000	0.0192	-40.56	0.0192	32	0.0193	159	83910	124005
153624	64440	20	0.0581	75	0.0580	27.19	0.0580	2.4500	0.0370	-32.85	0.0369	91	0.0370	21	69993	141715
164778	139148	85	0.0335	2	0.0334	21.82	0.0335	2.5000	0.0620	-28.24	0.0618	2	0.0620	18	65476	109766
114771	135032	164	0.0188	32	0.0187	28.97	0.0187	2.5500	0.0957	-22.95	0.0952	9	0.0957	2	43806	42707
82053	152798	46	0.0086	56	0.0085	14.86	0.0085	2.6000	0.1373	-18.27	0.1370	10	0.1373	28	32239	33053
28943	93686	5	0.0033	14	0.0032	6.67	0.0032	2.6500	0.1818	-16.61	0.1818	10	0.1832	1	12267	6617
20241	78370	221	0.0018	9	0.0017	6.25	0.0017	2.7000	0.2302	-14.10	0.2290	1	0.2295	2	8059	3805
5596	50186	83	0.0008	221	0.0006	-25.00	0.0006	2.7500	0.2792	-12.20	0.2778	1	0.2786	1	3716	816
3485	34577	320	0.0006	6	0.0005	20.00	0.0006	2.8000	0.3273	-11.06	0.3272	1	0.3284	1	1622	804
2301	27093	41	0.0006	301	0.0004	50.00	0.0006	2.8500	0.3764	-9.95	0.3773	1	0.3783	1	1877	471
1179	24860	30	0.0005	102	0.0004	33.33	0.0004	2.9000	0.4248	-9.23	0.4260	26	0.4282	1	2128	967
1090	14696	65	0.0006	24	0.0004	33.33	0.0004	2.9500	0.4764	-8.03	0.4751	1	0.4782	1	1062	367
581	22545	2	0.0005	325	0.0003	0.00	0.0003	3.0000	0.5265	-7.31	0.5269	1	0.5283	1	1598	276
875	17199	20	0.0005	339	0.0004	33.33	0.0004	3.1000	0.6254	-6.38	0.6266	1	0.6283	1	1853	93

图 36-2　9 月期权合约 T 型报价

今天的操作方法和以往不同，受前一天深夜“中美重启谈判”消息的影响，早盘 50ETF 高开，但试探了三次站上均线均未成功。笔者买入开仓几张认沽期权，想看是否延续过去的高开低走、认沽翻倍的经典行情。但在中午出现了情况，大跌 8%的恒瑞医药慢慢减小了跌幅，中国平安也逐渐上涨，最后大涨近 3%。

从图 36-3 可以看出，在 2.433 元出现了 8.9 万手的买单挂单，而后从来没跌破过那个位置，反而慢慢上涨起来。在其上涨的过程中，笔者买入了中国平安做对冲，并在上穿均线回踩成功时将之前的虚值认沽合约止损。

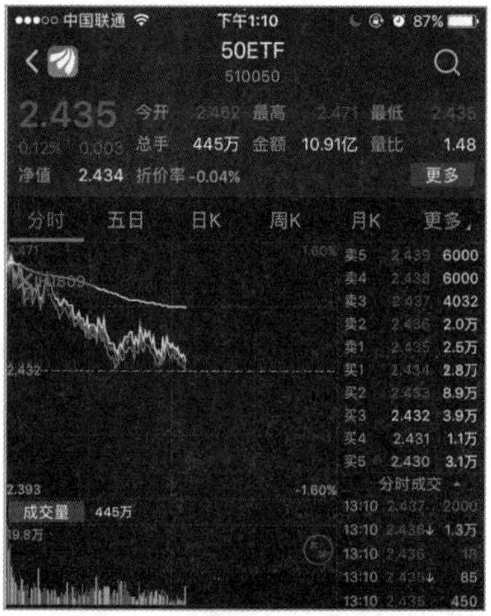

图 36-3　50ETF 的 5 档行情

认购期权的涨幅远远小于认沽期权的跌幅，认购期权上涨的金额远远少于下跌的金额。

今天是卖方、买方、多方、空方调整策略的好时机，这几个方向都有充足的时间。

37

着急做多，没上均线小心被套

2018 年 11 月 9 日沪指低开低走，收盘下跌超过 1%，失守 2600 点整数关口。沪深两市合计成交仅有 2700 多亿元，行业板块涨跌互现，银行股跌幅居前。

50ETF 早盘跳空低开约 1%，随后缓慢震荡，下午收跌 2.25%，11 月平值附近认购期权跌幅在 30%左右，平值附近认沽期权涨幅在 40%左右。

上午，有朋友在抄底买入认购期权或者卖出认沽期权，但笔者对此有不同看法，日内就算开多单，也可参考分时均线、板块协同等指标。

从图 37-1 可以看出，早盘 50ETF 放量下跌，就算做多，也要看日内是否站稳分时均线，如果没有站稳分时均线，则不要着急操作。从图 37-2 和图 37-3 来看，早盘成分股协同下跌，银行股领跌，在开盘 15 分钟内工商银行股、招商银行股下跌超过 3%，且并未走强，不具备做多的条件。从图 37-4 和图 37-5 可以看出认购期权从未站稳分时均线，认沽期权从未跌破分时均线，而从图 37-6 可以看出 50ETF 上午均未回抽任何一条短期均线，均线下方看起来无支撑，所以，笔者认为不具备开仓做多的条件，尤其是买入认购期权的条件。

空头更难操作一些，需要有更多耐心，因为盘中经常反复，需要忍住，等待收盘时再看。

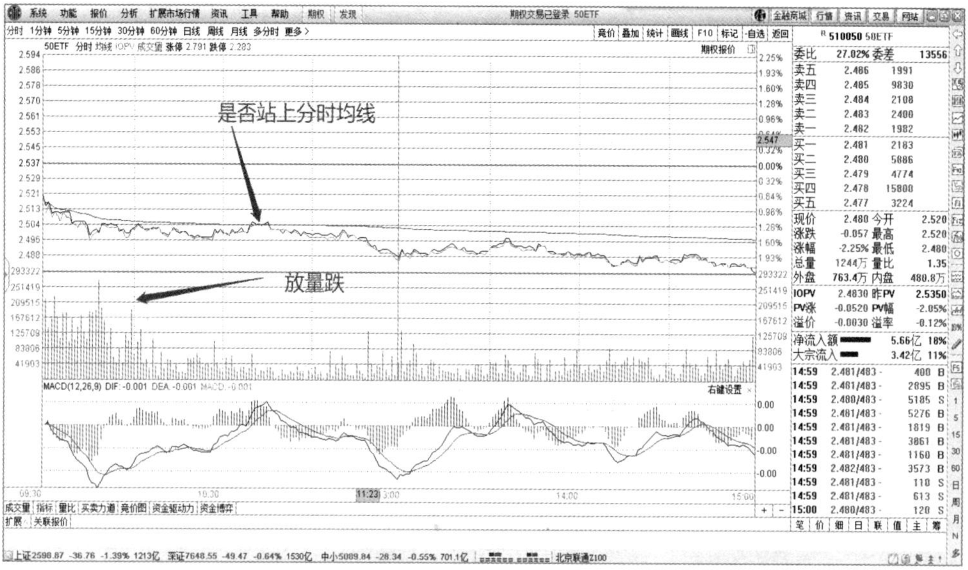

图 37-1 50ETF 分时走势

	代码	名称	涨幅%	现价	涨跌	买价	卖价	总量	现量	涨速%
1	999999	上证指数	-1.39	2598.87	-36.76	–	–	1.52亿	–	-0.04
2	601318	中国平安	-2.53	64.62	-1.68	64.62	64.63	544690	6867	-0.07
3	600519	贵州茅台	-1.46	562.00	-8.34	562.00	562.02	24337	626	-0.08
4	600036	招商银行	-4.70	28.60	-1.41	28.59	28.60	119.3万	11305	0.04
5	600276	恒瑞医药	-1.26	64.47	-0.82	64.46	64.47	124071	1435	-0.04
6	600887	伊利股份	-0.04	22.87	-0.01	22.86	22.87	282853	4268	-0.12
7	600030	中信证券	-0.29	16.92	-0.05	16.91	16.92	788310	11107	0.06
8	399975	证券公司	0.07	567.95	0.42	–	–	1189万	–	-0.01
9	399809	保险主题	-2.27	2022.65	-47.01	–	–	487.3万	–	-0.07
10	399986	中证银行	-3.04	5900.20	-184.77	–	–	2398万	–	-0.02
11	601398	工商银行	-3.25	5.35	-0.18	5.35	5.36	409.9万	34120	-0.18
12	600760	中航沈飞②	-0.33	33.25	-0.11	33.25	33.26	37687	273	0.00
13	M1901	豆粕1901	-0.51	3142	-16	3141	3142	107.5万	142	-0.19
14	SR1901	白糖1901	0.53	5084	27	5083	5084	455758	14	-0.08
15	CU1901	沪铜1901②	-0.55	49180	-270	49180	49190	170890	4	-0.08
16	150201	券商B	0.69	0.731	0.005	0.731	0.732	156.1万	21442	0.69
17	150153	创业板B	0.12	0.816	0.001	0.816	0.817	292.0万	35537	0.12
18	IH1811	上证1811	-2.19	2434.4	-54.4	2433.8	2438.4	16383	1	-0.21
19	000016	上证50	-2.08	2434.21	-51.79	–	–	2804万	–	-0.05
20	510050	50ETF	-2.25	2.480	-0.057	2.481	2.482	1244万	120	-0.15
21	10001474	50ETF购11月2600	-33.01	0.0345	-0.0170	0.0344	0.0345	110078	827	-1.99
22	10001473	50ETF购11月2550	-30.48	0.0504	-0.0221	0.0503	0.0504	128573	944	-0.98
23	10001472	50ETF购11月2500	-29.32	0.0704	-0.0292	0.0703	0.0704	104472	630	-0.56
24	10001492	50ETF沽11月2400	37.65	0.0351	0.0096	0.0351	0.0352	66493	328	-0.28
25	10001480	50ETF沽11月2450	39.44	0.0548	0.0155	0.0548	0.0549	97577	554	0.55
26	10001481	50ETF沽11月2500	39.23	0.0795	0.0224	0.0794	0.0795	122704	540	0.89
27	601336	新华保险	-2.30	46.39	-1.09	46.39	46.40	122191	1406	0.00

图 37-2 早盘主要成分股涨跌情况

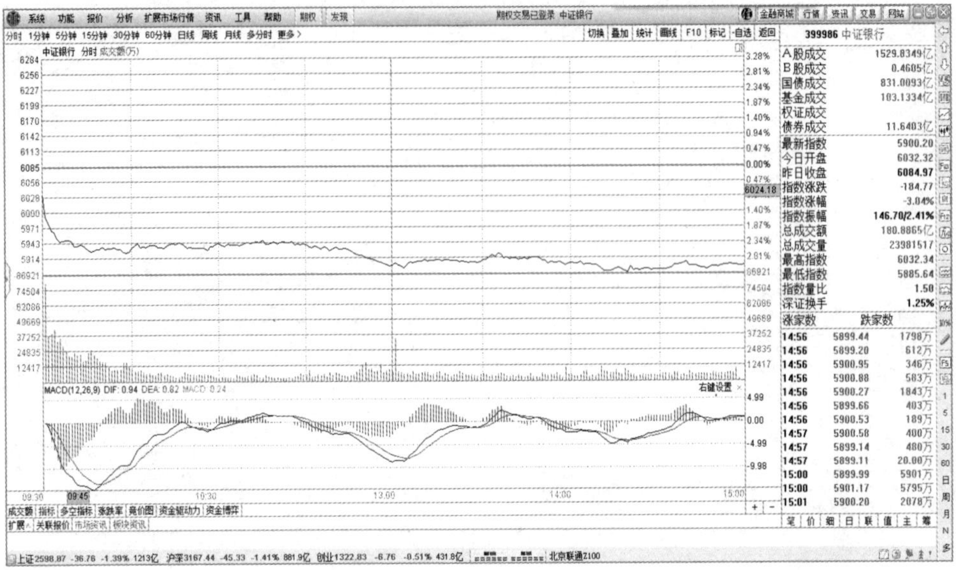

图 37-3　中证银行走势

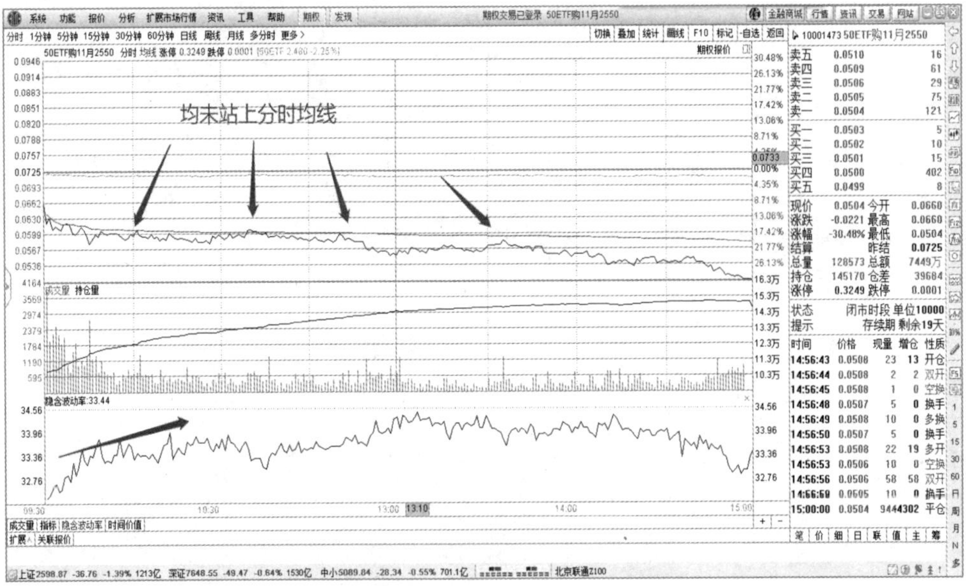

图 37-4　50ETF 购 11 月 2550 走势

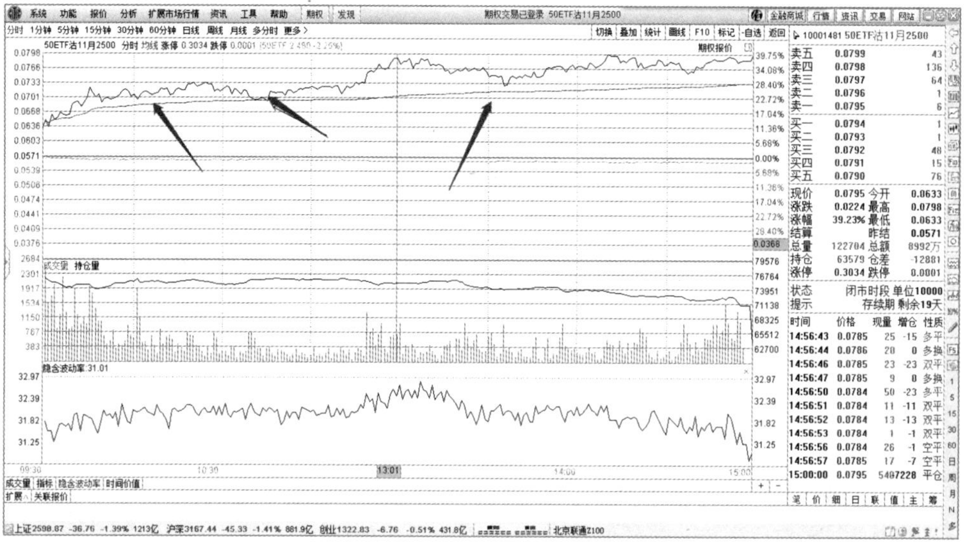

图 37-5 50ETF 沽 11 月 2500 走势

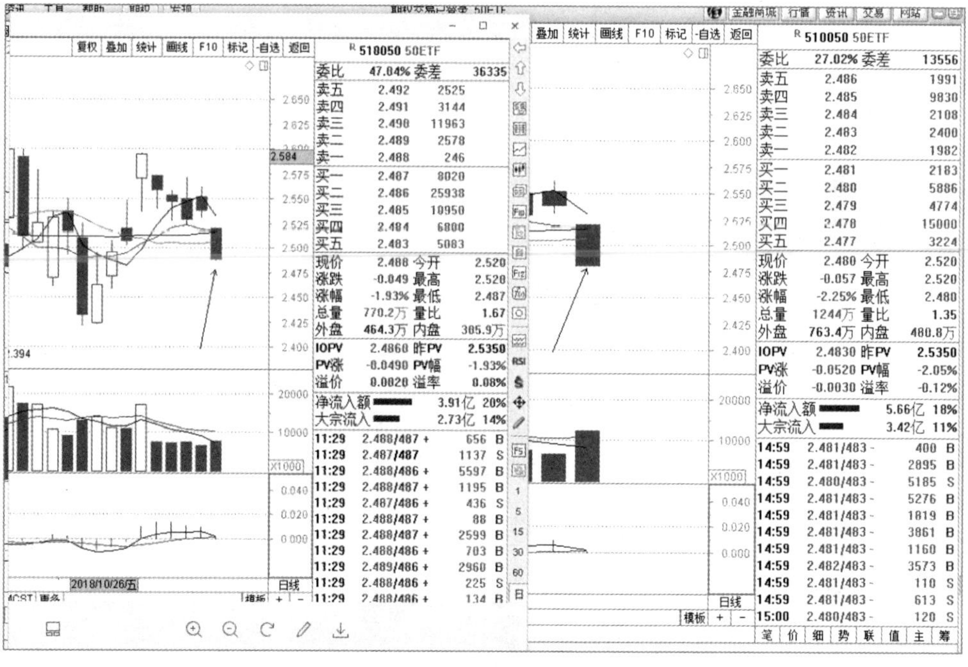

图 37-6 50ETF 上午收盘和下午收盘时近期日线图

五、进阶策略篇

38

盈利之后，加仓减仓要多思量

纸上道来不觉浅，绝知此事已躬行。

为什么很多人在投资过程中明明盈利了但最后却拿不到利润？除了有盈利后操作不当的原因外，其实还有另外一个重要的原因，即没有搞明白在盈利后应该加仓还是应该逐渐减仓，应该乘胜追击还是应该落袋为安。下面从三个角度来梳理一下。

（1）加仓与减仓的做法

在期权盈利后，加仓的做法有以下几种。

① 直接增加资金继续买，可以买原来的期权合约，也可以买实值、虚值的期权合约，或者不同到期日的期权合约。

② 将原有期权合约平仓或部分平仓，将腾出的资金继续全部或大部分买入同样到期日虚值的期权合约，以获取更大的杠杆和 Gamma 收益。

③ 把手头持仓的远月合约平仓，换成近月合约，以获取更大的杠杆和更大的波动性收益，当然由于近期合约到期时间更短，也会面临更大的归零风险。

④ 把持仓的牛（熊）市价差、比率价差、卖方策略进行更改，换成具有进攻性的纯买方策略，或者将比率价差的卖方比率降低（适合大部分较大单边行情）。

在期权盈利后，减仓的做法有以下几种。

① 在行情上涨的过程中减仓，可先平仓实值期权收回大额资金，也可以先平仓虚值期权避免重大回撤，平仓出来的钱就不要再买了（适合落袋为安的行情）。

② 平仓出来的资金按照等张数买入虚值期权，既保留上涨的收益，又能控制最大亏损，虚值期权归零即为最大亏损（适合上涨/下跌速度较快，但事先并不之情的情况）。

③ 将虚值和平值期权平仓，按照同样的资金买入实值期权，可以保留上涨的收益，而且实值期权涨跌幅度较小、时间价值占比较低，可以避免大幅回撤，而虚值期权则可能快速归零（适合慢牛/熊行情）。

④ 将部分期权权利方逐渐落袋为安，开仓卖出同方向虚值期权，构建成牛/熊市价差、比率价差、卖方策略（适合波段见顶/底的行情）。

⑤ 买入部分反向虚值合约做对冲和保险，避免突然见顶/底后的行情反向波动。

⑥ 跨市场对冲。例如 2018 年 9 月底，A 股在国庆节期间休市时间较长，若在 50ETF 期权上已做多，则根据市场的联动性，可以在恒生指数、美股的 FXI（新华富时 A 股）、新加坡 A50 上买入认沽期权做对冲。或者利用 A 股和豆粕期权的反向关系来构建对冲，在买入 50ETF 认购期权时可买入豆粕认购期权来做对冲。

（2）在期权盈利后到底应加仓还是减仓？

① 如果刚好是一轮行情的起点，且趋势还在保持，则应该增加资金。若行情能够继续保持，就能增加利润，再按照一定的移仓规则，逐渐移仓到虚值期权，获取更多利润。

② 如果在某个阶段获利丰厚，行情也持续了较长时间，但害怕回撤太多，则可以先逐渐减仓，因为落袋为安是对的。

③ 如果当前是震荡行情，就做好高抛低吸的准备，但最好根据当前的大形势（多或者空），使用高抛低吸的期权方向（认购或者认沽，买方或者卖方），不要使用逆当前大势的期权去赚反向小波段的利润。

喜欢小富即安的人，获利后减仓的情况较多，胆子较大的人会在获利后加仓，但也要注意把握好度。在期权盈利后到底应加仓还是减仓？结论是看行情！

39

简单对冲，让你投资不再发慌

跌宕起伏对冲应对，沽购购沽购沽沽购。

烫平曲线安抚惊恐，冷静决断走出沼泽。

在金融学上，对冲（Hedge）是指为降低另一项投资风险而进行的投资，是一种在降低商业风险的同时仍然能在投资中获利的手法，其一般同时进行两笔行情相关、方向相反、数量相当、盈亏相抵的交易。行情相关是指影响两种商品价格行情的市场供求关系存在同一性，若供求关系发生变化，则会同时影响两种商品的价格，且价格变化的方向一致。方向相反是指两笔交易的买卖方向相反，这样无论价格向什么方向变化，结果总是一盈一亏的。若要做到盈亏相抵，两笔交易的数量大小要根据各自价格变动的幅度来确定，大体做到数量相当。

在期权投资中，由于期权的波动巨大，往往会让投资者在某一阶段承受浮亏，而且这个浮亏还可能较大。如果中长线投资者不愿意频繁止损，那么用好简单对冲的方式（在此不深入讨论 Delta、Gamma、Vega 对冲）可以抚平波动、优化净值曲线。对于日内投资者来说，如果能使用好期权的止盈、止损方法，则不必过多关注对冲。

（1）对冲的优势

① 对冲是烫平净值曲线的熨斗。

如果对手上持仓的中长期期权趋势比较看好，且不愿意短期频繁止损，又要控制资金回撤，则可以根据情况多做对冲，并在次级逆向波消失时撤掉对冲的保护。这样虽然主策略的资金收益有波动，但反向的对冲会抵消掉部分或全部亏损，总体还是能盈利的。

② 对冲是安抚惊慌心灵的良药。

当持仓方向暂时与标的运行方向相反，而持仓量比较大，或者持仓结构比较复杂，又或者怕止损后持仓的期权又马上涨上来（跌下去），而面临踏空和不敢追回的风险时，你的内心一定是矛盾的，这时是否止损？其实如果不止损，先简单做好对冲，也能安抚那慌乱无比的内心，即将对冲的仓位和原有持仓平衡，短时间内锁定浮亏，既不会踏空，也不会继续浮亏。

④ 对冲是能够让你冷静的一桶冰水。

当突如其来的反向波动困扰你的内心的时候，如果既不舍得割肉，也不舍得反手，那就先使用对冲，让自己冷静一下，等到能确定这是个反向次级波，而且已经转势时，再撤掉保护或者从容反手。

（2）策略解析

单纯从持有股票来看，除了融券外，很难有其他有效的对冲方式。在期货中，可以从买入方向上做对冲，也可以通过购买远月期货来做保险。但在期权中，有很多种对冲方式。下面以买入认购期权或卖出认沽期权却遭遇快跌为例，来讲解期权中常见的对冲方式。

① 卖出认购期权。

卖出认购期权对冲分为卖出虚值认购期权、平值认购期权和实值认购期权，当标的快速下跌时，各类认购期权都下跌。从下跌的绝对金额来看，实值期权下跌的金额大，虚值期权下跌的金额少。如果是用卖虚值认购期权来对冲，还可以构建比例价差来操作，顺便可以享受波动率回落的收益。当然，如果用卖出原持仓的认购期权来对冲，那么到日结时会把权利方和义务方的仓位给对冲掉，第二天账户里会相应扣减对应的张数（除非权利方和义务方在不同的账户，笔者习惯将权利仓和义务仓分账户来操作）。

优点：不怕波动率突然间剧烈升降，对冲效果比较明显，便于计算。

缺点：占用资金较大，如果是小账户的买方，可能没有那么多资金来做对冲。

而且当标的跌幅较大时，卖出的虚值期权下跌到一定程度就不再下跌，不能很好地对冲平值期权的亏损。

② 买入认沽期权。

使用买入认沽期权来对冲，同样可以分为买入虚值认沽期权、买入实值认沽期权和买入平值认沽期权，又分为完全对冲和不完全对冲。由于事件驱动，当预计标的要大跌时，集合竞价买入实值认沽期权做对冲，先保证当天开盘不赚不亏；当卖出的虚值认沽期权开始大涨时，及时买入实值认沽期权做对冲，可以冷静地观察一下行情是要转势下跌还是暂时洗盘，待明确后再撤掉对冲或者反手。

当标的跌幅较大时，可能买入的认购期权下跌到50%就不再下跌，但用来对冲的认沽期权涨幅不止100%，到时候不亏反赚。

优点：可以有效对冲，甚至有盈利，占用资金小。

缺点：在使用虚值认沽期权对冲时，如果遭遇波动率回落，则认沽期权涨幅不明显，或可能再跌，对冲效果不好。

而通过期权获利丰厚的空头（买入认沽期权、卖出认购期权），在标的上涨时，应如何操作？是买入实值认购期权对冲、买入现货对冲、卖出认沽期权对冲、止损平仓还是加仓？下面逐一分析这几种方式的优势、劣势和适用场景。

① 买入实值认购期权对冲。

当手上持有的认沽期权或卖出认购期权在标的逐渐上涨中出现浮亏时，花少量钱买入实值认购期权进行对冲，最后实值认购期权每张上涨的金额比认沽期权下跌的金额要大，实现对冲的效果较好，可以在行情拐头时双双平掉，或撤掉对冲。

优势：可以有效对冲掉买入认沽期权或卖出较虚值认购期权的损失，动用资金较少。

劣势：如果行情在午盘或后期回落，该对冲部分会有较大亏损，如有波动率下降，也会有亏损。

适用环境：短期内行情快速上涨，但后面可能会有回落的情况。

② 买入现货对冲。

如果开盘是高开，则迅速买入 50ETF 或主要成分股（如中国平安、贵州茅台、招商银行、伊利股份等），若行情保持继续上涨的趋势，则能有效对冲买认沽期权和卖出认购期权的损失，然后看行情是否发生变化，再决定是否平仓或反手。

优势：波动较小，不怕波动率回落的风险。

劣势：标的的关联度高低不同，怕波动率大幅升高。

适用场景：短时间内对持仓方向合约的平稳对冲。

③ 卖出认沽期权对冲。

如果标的慢慢爬升，买入的认沽期权或卖出的认购期权有浮亏，则用卖出认沽期权对冲，相比于原来持仓的买入认沽期权，就是用认沽构建了牛市价差，相比于原来持仓的卖出认购期权，则构成卖出跨式期权组合。

优势：不怕波动率的同升同降。

劣势：花费成本较高，遇到非常极端行情，比如当标的大涨，认购期权暴涨100%以上，但同时认沽期权下跌50%～70%就跌不动了，达不到对冲的效果。

适用场景：策略里的 Delta 对冲。

④ 止损平仓。

止损平仓的方式简单粗暴，即先平仓出来观望。

优势：后市的涨跌暂时和你无关，等市场平静后再说。

劣势：如果你刚刚平仓，行情就拐头反转，那么将存在踏空的风险。

适用场景：后市继续上涨，可以先观望再开仓。

⑤ 加仓。

当遇到行情上涨时，投资者觉得当前只是一个反弹，没有从根本上扭转对下跌趋势的判断，于是可以加仓卖出认购期权，因为卖方有盈利大概率和时间优势，有短暂的浮亏但扛到底，也会收到卖出期权的权利金，如果买方扛过去刚好标的走势符合其持仓方向，最后也可能盈利。

其实这些对冲方法的关键还是对当前和今后一段行情的判断和跟随，如果觉得趋势已经扭转，则要止盈、止损平仓出来，观望一下重新开反向仓；如果觉得是短期的反弹，则可以灵活选用上面的对冲方法。日内操作就做好对冲和止损，中长线操作则要客观对待，选择适合自己的方法。

（3）实战举例

① 2018 年 8 月 1 日 50ETF 高开低走（如图 39-1 所示），随后连跌三天。笔者在 50ETF 跌破分时均线时先买入认沽期权对冲，当天认购期权大跌，认沽期权大涨（如图 39-2 所示），在观察一段时间后，平仓多头，反手买入认沽期权做空（如图 39-3 和图 39-4 所示）。

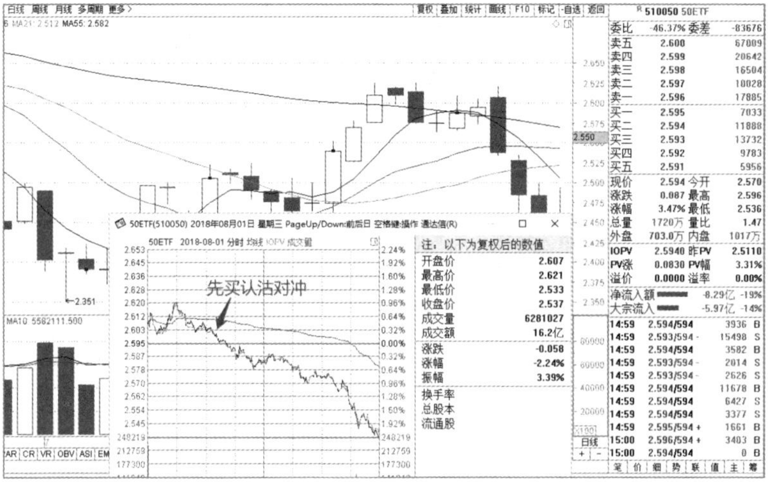

图 39-1　8 月 1 日附近 50ETF 走势

图 39-2　8 月 1 日期权 T 型报价

A	B	C	D	E	F	G	H	I	J
日期	成交时间	持仓类别	合约代码	合约名称	证券代码	买卖方向	开平方向	备兑标志	成交价格
20180802	9:36:56	义务方	10001400	50ETF沽8月2550	510050	买入	平仓	非备兑	0.0714
20180802	9:36:58	义务方	10001400	50ETF沽8月2550	510050	买入	平仓	非备兑	0.0714
20180802	9:37:09	权利方	10001400	50ETF沽8月2550	510050	买入	开仓	非备兑	0.0717
20180802	9:37:09	权利方	10001400	50ETF沽8月2550	510050	买入	开仓	非备兑	0.0717
20180802	9:52:48	权利方	10001392	50ETF购8月2600	510050	卖出	平仓	非备兑	0.0298
20180802	9:52:49	权利方	10001392	50ETF购8月2600	510050	卖出	平仓	非备兑	0.0298
20180802	9:52:49	权利方	10001392	50ETF购8月2600	510050	卖出	平仓	非备兑	0.0298
20180802	9:52:55	权利方	10001400	50ETF沽8月2550	510050	买入	开仓	非备兑	0.0736
20180802	9:52:55	权利方	10001400	50ETF沽8月2550	510050	买入	开仓	非备兑	0.0736
20180802	9:52:55	权利方	10001400	50ETF沽8月2550	510050	买入	开仓	非备兑	0.0736
20180802	9:57:04	权利方	10001392	50ETF购8月2600	510050	卖出	平仓	非备兑	0.0278
20180802	9:57:13	权利方	10001400	50ETF沽8月2550	510050	买入	开仓	非备兑	0.0814
20180802	9:57:27	权利方	10001392	50ETF购8月2600	510050	卖出	平仓	非备兑	0.0274

图 39-3　8 月 2 日期权账户操作

图 39-4　显示的账户持仓

② 2018 年 8 月 6～10 日的大幅震荡行情。

从图 39-5 和表 39-1 可以看出，50ETF 是宽幅震荡，最后的方向还是向上。在 2017 年 12 月也出现过这样的宽幅震荡行情：第一天认购期权上涨 50%，认沽期权下跌 30%，第二天认购期权下跌 50%，认沽期权上涨 50%。那时笔者对这样的宽幅震荡是没有办法的，既然坚持自己的方向，只好来来回回坐过山车。但在 2018 年 8 月 6～10 日这一周，笔者在坚持了一个方向的前提下，没有那么精准地反手，每天都跟随短期趋势用反向期权来做对冲，待下一个小周期方向出现时，再撤掉对冲。

在期权的操作里，无论是长周期还是短周期，用好对冲效果将非常好。

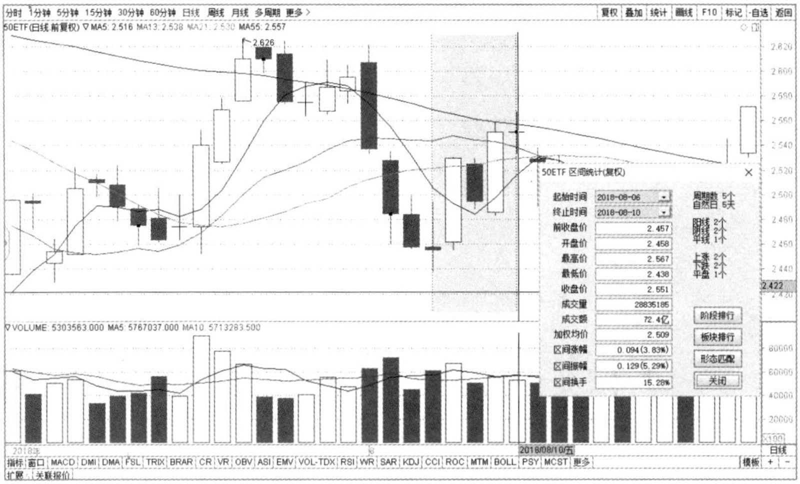

图 39-5　8 月 6～10 日 50ETF 行情

表 39-1　50ETF、2500 购/沽的涨幅表

标的/涨幅	6 日	7 日	8 日	9 日	10 日
50ETF	−0.08%	3.05%	−1.42%	2.29%	0
8 月购 2500	−6.6%	88.48%	−29.86%	61.78%	−5.63%
8 月沽 2500	−2.65%	−47.79%	35.32%	−45.22%	−15.1%

40

均线纠缠，两手准备期权策略

静如处子动如脱兔，一颗红心两手准备。

2018 年 7 月 13 日沪指缩量震荡，收盘下跌 0.23%，收报 2831.18 点，依然坚守在 2800 点上方。沪深两市合计成交仅 3660 亿元，行业板块涨跌互现。从周 K 线上看，沪指终结了此前的七连阴，本周上涨 3.06%，创两年来最大周涨幅。

50ETF 全天小幅震荡（如图 40-1 所示），上下波动很小。认购期权小涨，虚值认沽期权跌幅较大，波动率维持在一个窄幅的范围内，并无太大波动。

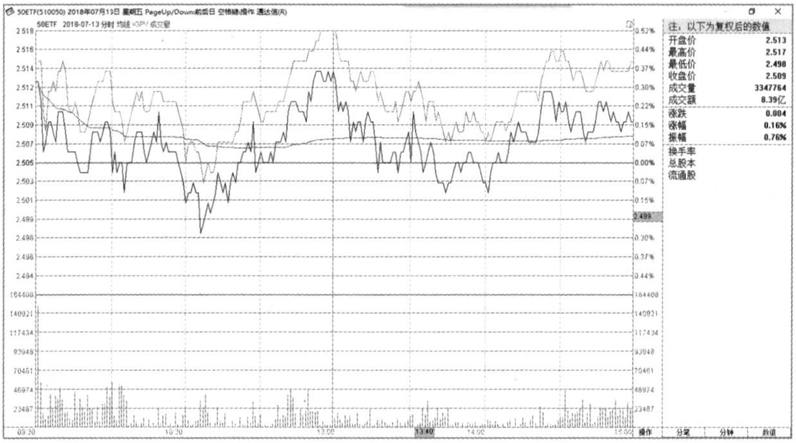

图 40-1　7 月 13 日 50ETF 走势

50ETF 刚好站在 20 日均线上（如图 40-2 所示），上证 50 指数更尴尬（如图 40-3 所示），恰好在 10 日均线和 20 日线均的细微夹缝里，上证指数也很尴尬（如图 40-4 所示），也在 10 日均线和 20 日均线的夹缝中。标的刚好处在这样一个夹缝中，不管均线是不是实际的压力、支撑，大家都不敢下手买卖，结果使得均线真正成为压力和支撑。就像大家觉得 20 日均线是压力位，就纷纷在快到 20 日均线时减仓，结果股价自然会在触碰 20 日均线时下跌，于是人们觉得，20 日均线确实是个压力位，但到底谁是因，谁是果，不好下定论。

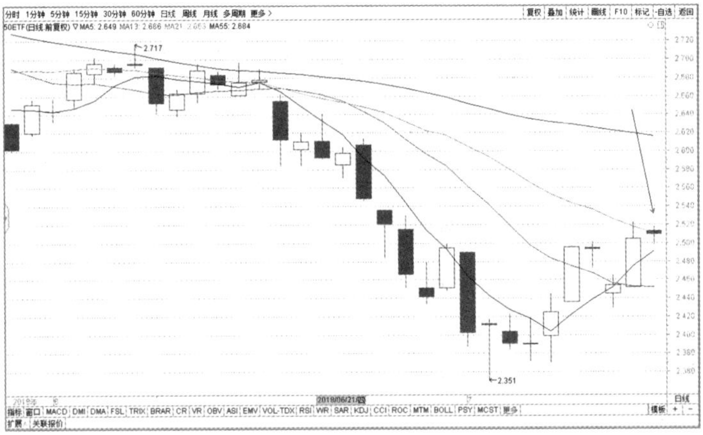

图 40-2　2018 年 6～7 月 50ETF 走势

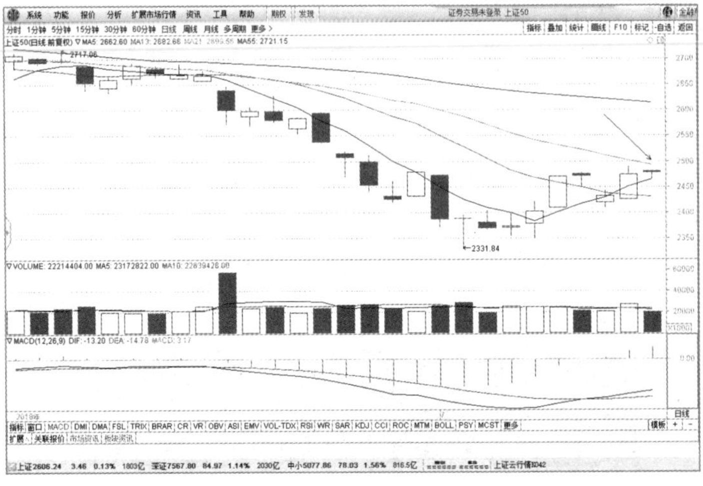

图 40-3　2018 年 6～7 月上证 50 指数走势

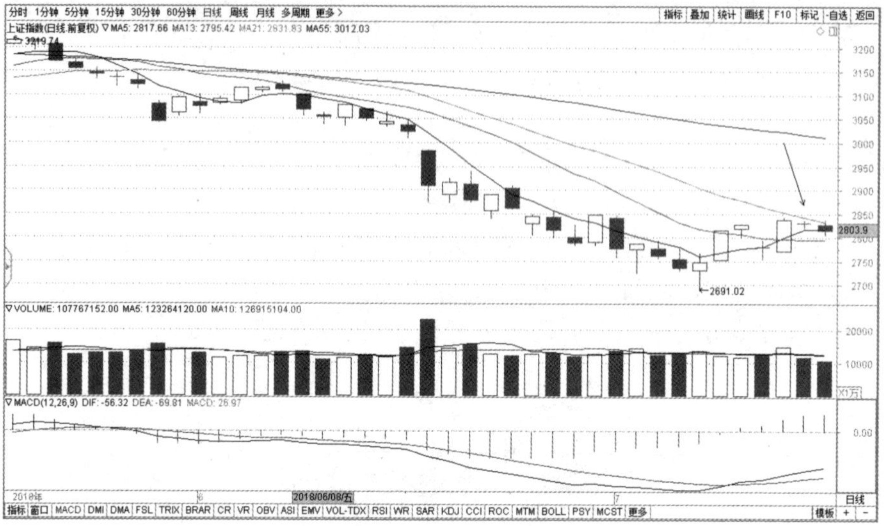

图 40-4　2018 年 6～7 月上证指数走势

对于这种尴尬的位置，应该怎么做期权呢？分以下两个方面来说。

（1）空仓的投资者

① 权利仓。

在这样行情大幅上涨后又窄幅整理的位置，对于手上没仓位又想做权利仓的投资者，一般有以下两个建议：

- 先不下手，等标的自己突破，无论是向下突破还是向上突破，都等突破后再买入权利仓。

- 如果波动率比较稳定，平值认购（或认沽）期权价格还算合理，刚好标的 50ETF 在 2.5 元左右，则可以尝试买入跨式期权，平值跨式期权的价格为 504 元+404 元=908 元/组，或者买入轻度虚值/实值期权，待后市行情突破后，再截断亏损让利润奔跑，如图 40-5 所示。

0.24	0.0825	2.4500	0.0228	-13.96
1.20	0.0504	2.5000	0.0404	-8.18
-1.08	0.0274	2.5500	0.0672	-5.75

图 40-5　平值附近三档 7 月期权报价

② 义务仓。

对于手上没有仓位又想做义务仓的投资者，也有以下两个建议：

- 先不动，等行情突破后再卖出开仓，不管是实值、虚值还是平值期权，都可以依据个人风险偏好顺势加仓卖出。
- 先卖出虚值或更虚值的跨式期权以赚取时间价值，等行情突破后再选择做方向性卖方。

（2）有仓位的投资者

① 权利仓。

- 持有单向权利仓（认购或者认沽），如果不是深度虚值期权，时间价值衰减不快，那就耐心等待行情突破，或者先平仓，等行情正式突破再开仓。
- 持有跨式期权，应考虑时间价值的衰减，可选择持仓等待突破，或先平仓，等突破后再根据方向开仓。

② 义务仓。

- 单向义务仓，如果持有虚值期权，则等时间价值衰减、行情突破后再决定止盈还是止损。
- 跨式义务仓，如果持有虚值跨式期权，就先等方向明确后再平仓错误方向的期权。

41

移仓展期，我们不再擦肩而过

展期延续期权生命，生命在机会就还在。

还在苦苦找寻圣杯，圣杯就在字里字外。

展期期权相当于“期权的期权”，展期，顾名思义为时间的延续，展期期权就是把很快到期的期权平仓，再买入到期日稍微远点儿的期权。当然，如果快到期的期权归零了，那么当期就没有资金买入到期日较远的期权，但如果你继续看好行情会朝着预想的方向发展，就必须投入资金买入到期日较远的期权。

（1）实践举例

例一：

2017 年 5 月 24 日，50ETF 收盘是 2.399 元，50ETF 购 2350 当月翻倍，最后收于 500 元/张，而前期虚值的 50ETF 购 2400，最后收盘价为 7 元/张，基本归零。如果没有及时移仓展期到 6 月份合约，就会失去接下来两个月的大涨机会，如图 41-1 所示。

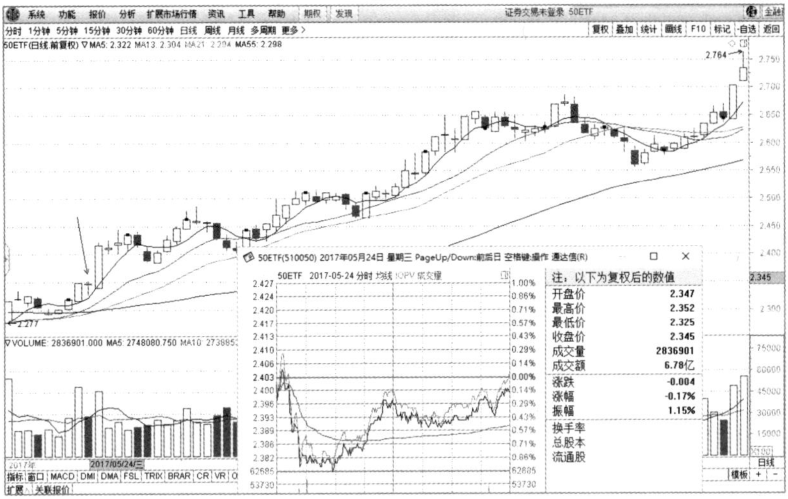

图 41-1　2017 年 5 月 24 日及之后 50ETF 的走势

例二：

豆粕期权 1809 于 2018 年 8 月 7 日到期，豆粕 1809 期货当天收于 3196 点，豆粕购 9 月 3150 价格在 50 元/张左右（如图 41-2 所示），而豆粕购 9 月 3200 最后基本归零（日内最大涨幅为 7 倍），如图 41-3 所示。在 8 月 8 日，豆粕 1901 涨幅达 2.5%。

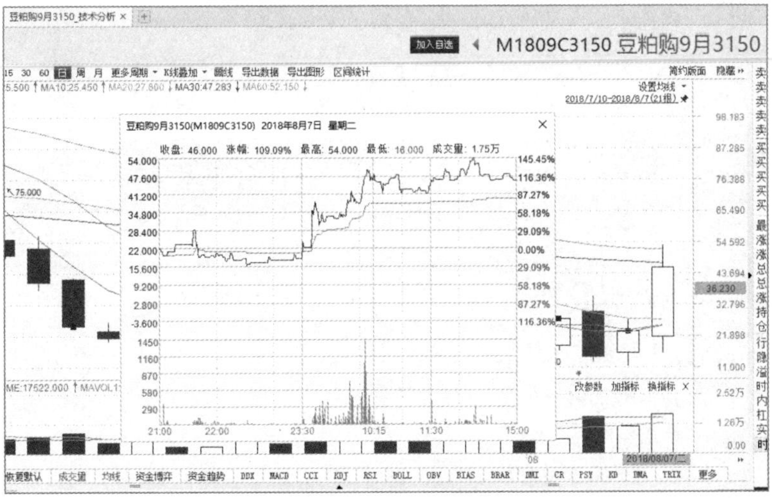

图 41-2　2018 年 8 月 7 日豆粕购 9 月 3150 走势

笔者记错了豆粕期权 1809 的到期日（如图 41-4 所示），所以在 8 月 6 日以 20 多元/张就平仓了豆粕购 9 月 3150，且没有及时买入 1901 合约，因为觉得 1901 合约太远，涨幅可能不会太大，反而会有巨大的时间价值，于是错过了盈利的机会。所以要精通规则，不要像笔者这样弄错了最后到期日。

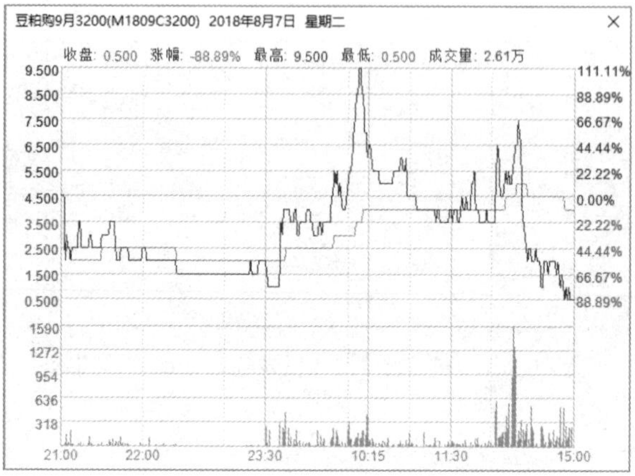

图 41-3　2018 年 8 月 7 日豆粕购 9 月 3200 走势

图 41-4　豆粕 1809 合约在 8 月 7 日及之后的走势

例三：

特斯拉（TSLA，如图 41-5 所示）于 2018 年 7 月初，在经历了大跌后弱势横盘，几次击破 300 美元大关，但持续时间不长，紧接着又上涨，在 300～320 美元之间震荡一个月，在这期间认购、认沽期权都难赚大钱。由于特斯拉期权的波动率非常高，期权权利金很贵，坚持下去往往会面临巨大的亏损，而且美股每周都有到期的期权，如果某个周期权到期，而没有移仓展期或者归零后没有继续投入，那么将失去最近一周股票暴涨 20%、期权增加 40 倍收益的机会（如图 41-6 所示）。

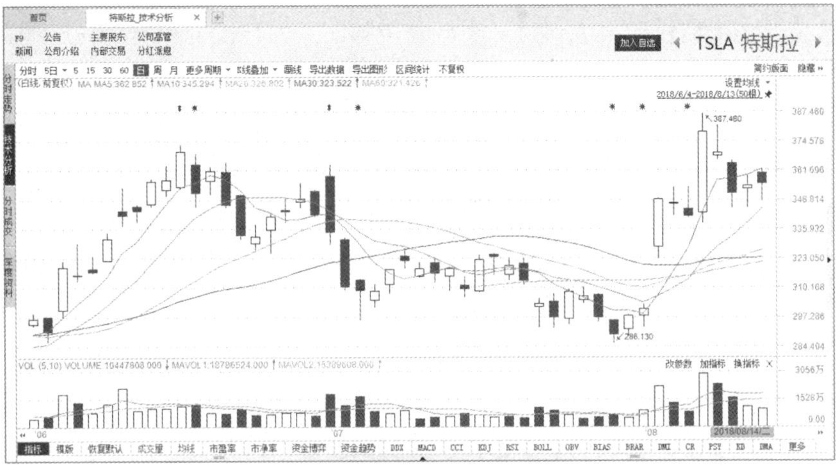

图 41-5　2018 年 6 月中旬～8 月上旬特斯拉走势

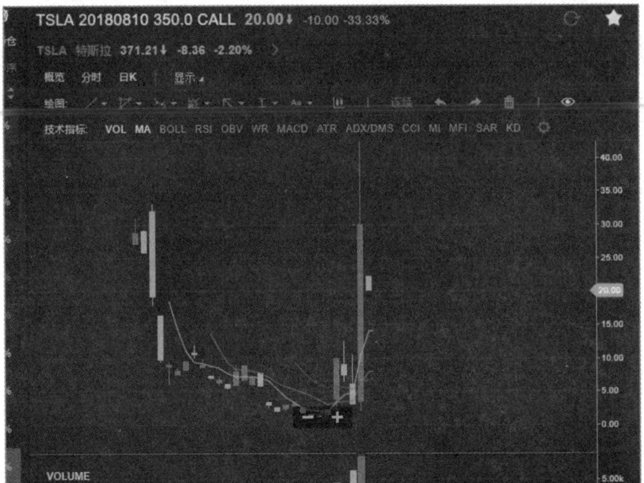

图 41-6　特斯拉 8 月 10 日到期的行权价 350 美元认购期权走势

（2）解决方法

对于上面这些错过行情的例子，有没有办法避免错过？当然有！

① 不要重仓一个虚值或者平值期权。如果在重仓的虚值期权或平值期权的到期日，标的价格刚好在平值期权行权价附近，则虚值期权全部归零，平值期权也将损失掉全部时间价值，而且与之前的买入价格对比可能还会亏损。而如果持有相当数量的实值期权，或者保持一个持仓矩阵，不同行权价和不同到期时间的虚值期权、平值期权、实值期权都有，就不会在最后到期时全军覆没了，可以从容移仓。

② 较早全部或部分移仓展期。平值期权在快到期前 Gamma 会特别大，价格波动很大，最后会损耗掉全部的时间价值。如果心理承受能力稍弱，或者对短期行情没有十足的把握和精准的判断，那么要提前移仓展期或将部分期权移仓到远期合约。

③ 做好资金管理继续投入。如果你喜欢每次都博虚值，喜欢一次获利几十倍的快感，那么就做好心理准备，根据简单定投法则或者凯利公式，算好每次投入的本金。尤其是在美股期权里，每周都有到期的期权，如果看好（看空）某只标的股，但不知道哪天会暴涨（暴跌），又不想买入时间价值很高的远期期权，那么就控制好资金，分批投入，亏损一次也不要灰心，可以再鼓起勇气继续投入。

④ 熟悉交易规则，记住到期时间。笔者做期权投资也有很长时间了，居然记错了豆粕期权的到期时间，从而错过了盈利机会。所以要熟悉各个品种的到期时间，避免出现像笔者这样的错误。

42

中期单边，万元期权这样产生

断垣残壁光影疃，整装待发门三重。

2018 年 1 月至 8 月中旬，上证 50 从 3202 点下跌到 2374 点，跌幅达 25.75%，50ETF 跌幅和上证 50 的跌幅差不多，如图 42-1 所示。

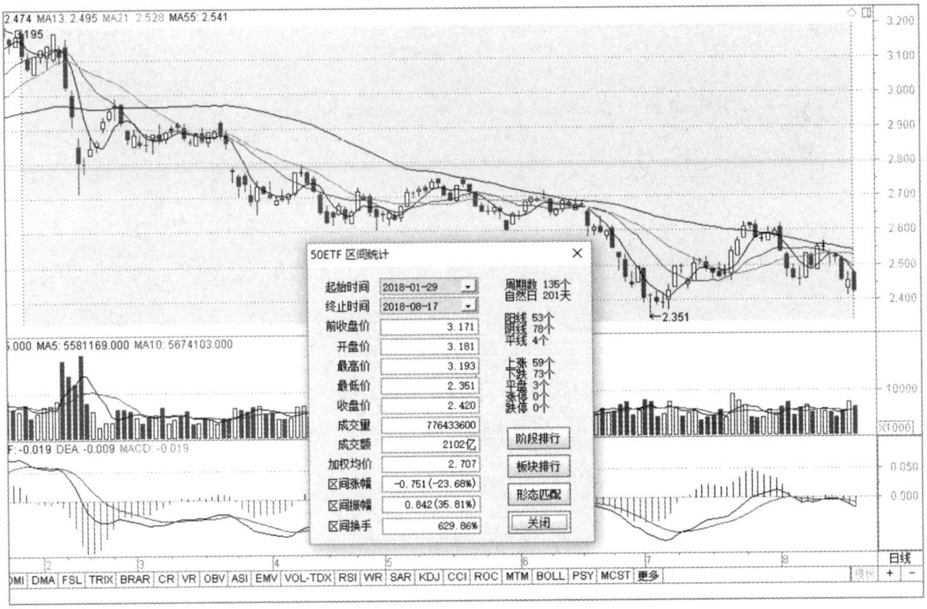

图 42-1　2018 年 1 月至 8 月 17 日 50ETF 走势

1 月份上市的 50ETF 期权 9 月份合约（如图 42-2 所示），居然出现了两张万元合约，这种非常贵的认沽合约产生的条件有三个：一是期限够长，在期权合约上市时，交易所挂牌平值及上下 4 档的合约，因为期限够长，所以在标的有较大的振幅时，根据规则不断加挂新的合约，于是以前老的合约逐渐变成深度实值，使得期权合约越来越贵；二是要有连续的大方向为单边的行情，不管是 2017 年的认购期权还是 2018 年的认沽期权，都是一轮连续的、方向性比较好的行情，才会造就这样昂贵的期权合约；三是在期权上市之初波动率相对较低，之后上升到高位。这些万元期权合约在上市之初波动率都在 18%以下，那时候期权价格也非常便宜，随着波动率的升高，在另一个维度上抬高了期权的价格。

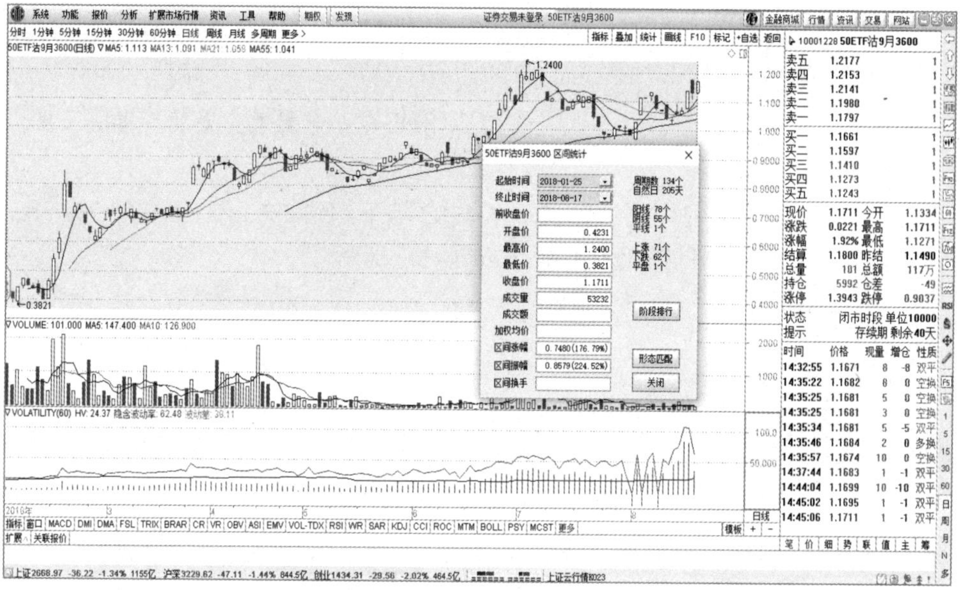

图 42-2　50ETF 沽 9 月 3600 合约每张金额过万元

再来看看跌幅巨大的于 2018 年 1 月底上市的远期认购期权走势（如图 42-3～图 42-6 所示），很多期权从三四千元跌到接近归零，如果在一开始就做这些期权的卖方，那么利润也是很丰厚的。

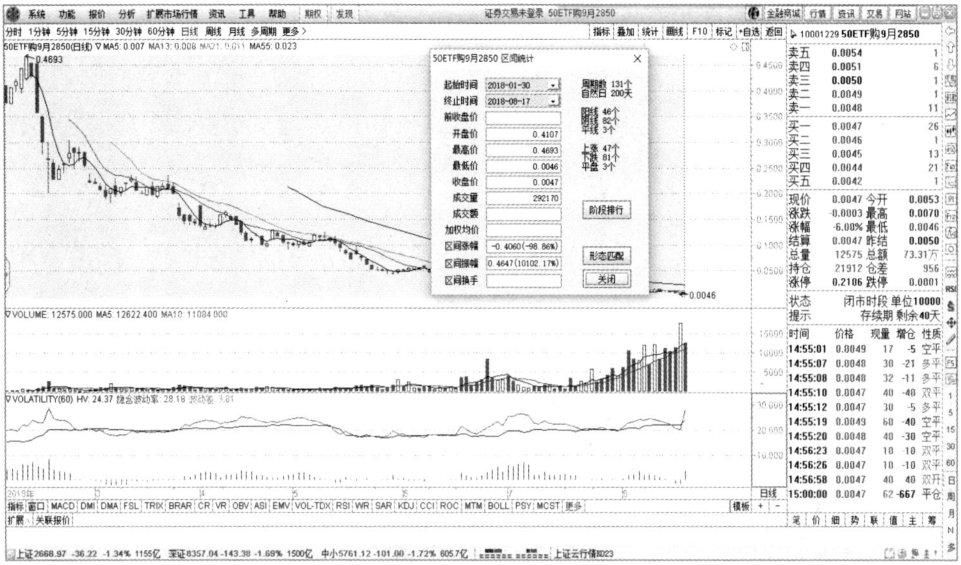

图 42-3 上市时为深度实值的 50ETF 购 9 月 2850 走势

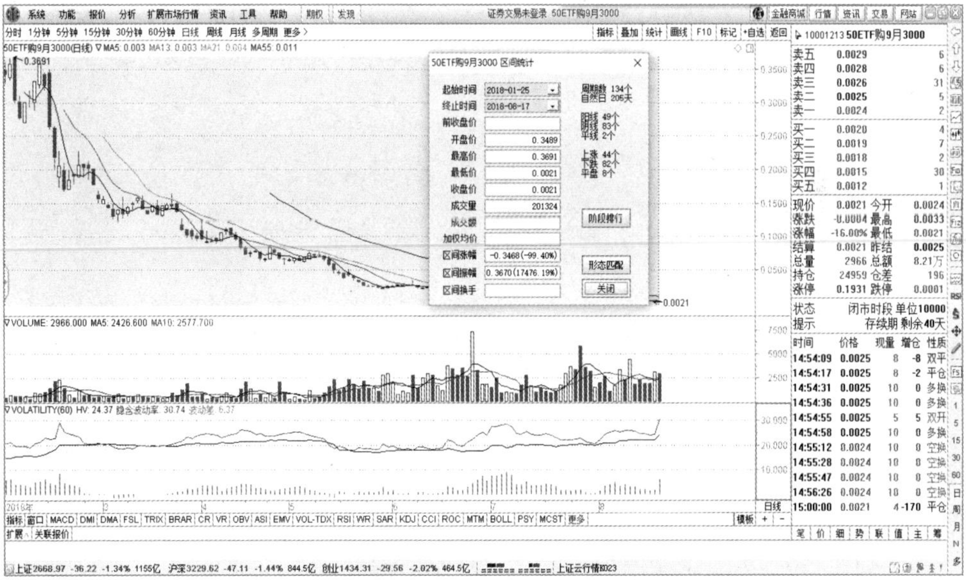

图 42-4 上市时为深度实值的 50ETF 购 9 月 3000 走势

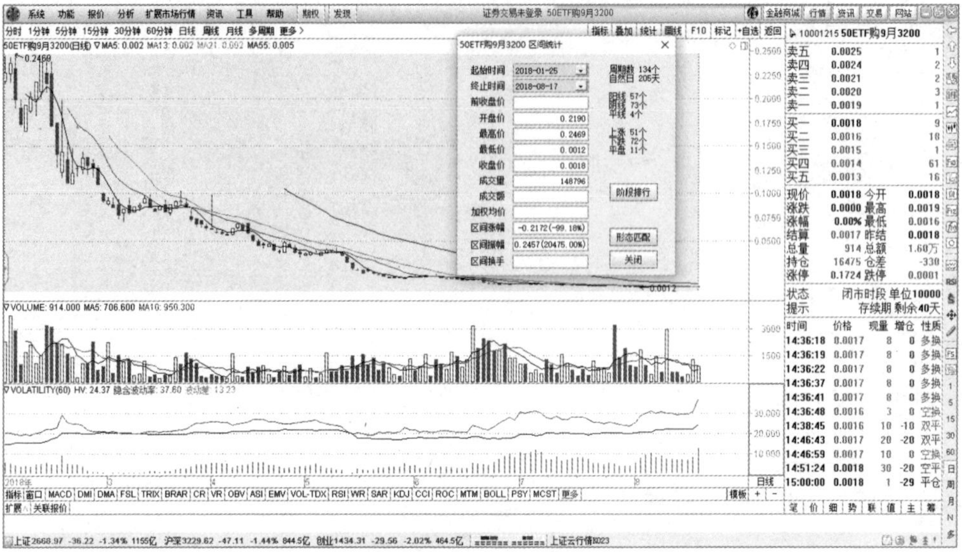

图 42-5　上市时为平值的 50ETF 购 9 月 3200 走势

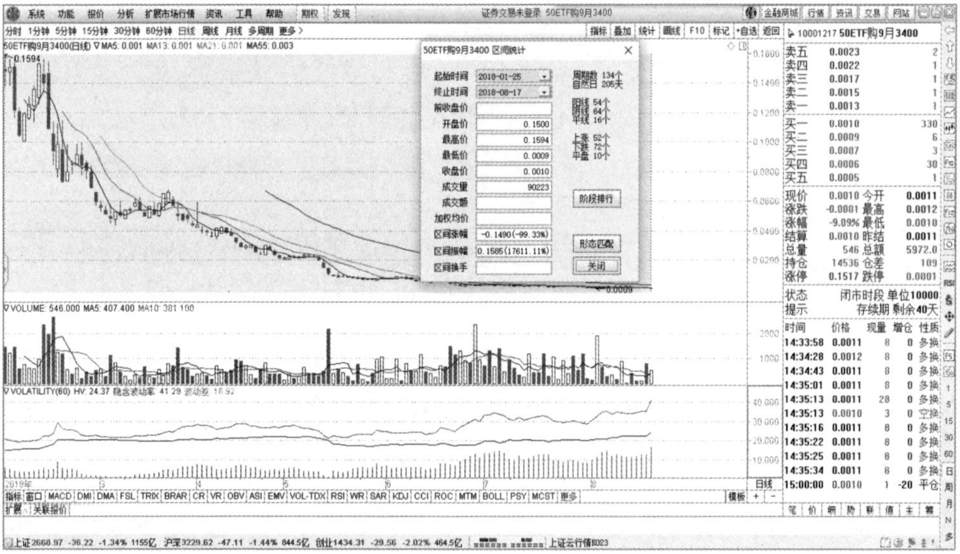

图 42-6　上市时为中度虚值的 50ETF 购 9 月 3400 走势

从表 42-1 可以看出，这些期权不管是刚上市时买入认沽还是卖出认购，都能获得一定的收益。

表 42-1 认沽期权买方和认购期权卖方收益表

9 月期权	上市时虚实程度	上市日期	上市日标的价格（元）	标的至 8 月 17 日涨幅	标的至 8 月 17 日跌幅	保证金（元）	权利金（元）	净支出（元）	归零实际利润率
沽 3600	深度实值	1 月 25 日	3.172	177%	24%				
沽 3500	深度实值	1 月 25 日	3.172	207%	24%				
沽 3200	平值	1 月 25 日	3.172	352%	24%				
沽 3100	虚 0.1 元	1 月 25 日	3.172	459%	24%				
沽 3000	虚 0.2 元	1 月 25 日	3.172	583%	24%				
沽 2900	虚 0.3 元	1 月 25 日	3.172	636%	24%				
沽 2700	虚 0.5 元	2 月 12 日	2.8	42%	14%				
沽 2450	虚 0.75 元	4 月 17 日	2.655	36%	9%				
购 2850	实 0.35 元	1 月 30 日	3.075		21%	7911	4107	3804	108%
购 3000	实 0.2 元	1 月 25 日	3.172		24%	7293	3489	3804	92%
购 3200	平值	1 月 25 日	3.172		24%	5694	2190	3504	63%
购 3400	虚 0.2 元	1 月 25 日	3.172		24%	3719	1500	2219	68%
购 3600	虚 0.4 元	1 月 25 日	3.172		24%	3200	978	2222	44%

从图 42-7 可以看出，在 2018 年 8 月和 2017 年 5 月，50ETF 的价格差不多，但是从 2017 年 5 月期权入场，然后做多，到 2018 年 1 月盈利了不少，而 2018 年虽有单边走势，但盈利的投资者却很少，这是为什么呢？

原因可能有以下几点。

（1）2017 年的上涨趋势比较连续，单边时间经常有 1～3 个月，有充分的时间去移仓。而下跌通常是快跌，然后横盘或反弹，很难抓住关键的几日，而且下跌常常不流畅，不断有反弹。

（2）波动率不同。从图 42-8 来看，2017 年 5 月波动率是 10%左右，2018 年以来波动率普遍在 20%～30%之间。简单地说，2017 年平值期权是 300 元/张，2018 年平值期权是 700 元/张，2017 年一个月 50ETF 上涨 0.1 元，平值期权可以上涨 3 倍，而 2018 年 50ETF 上涨 0.1 元，平值期权最多只能翻一倍，在波动不大时，如果期权月底和月初的价格一样，那么认购和认沽都会亏损。

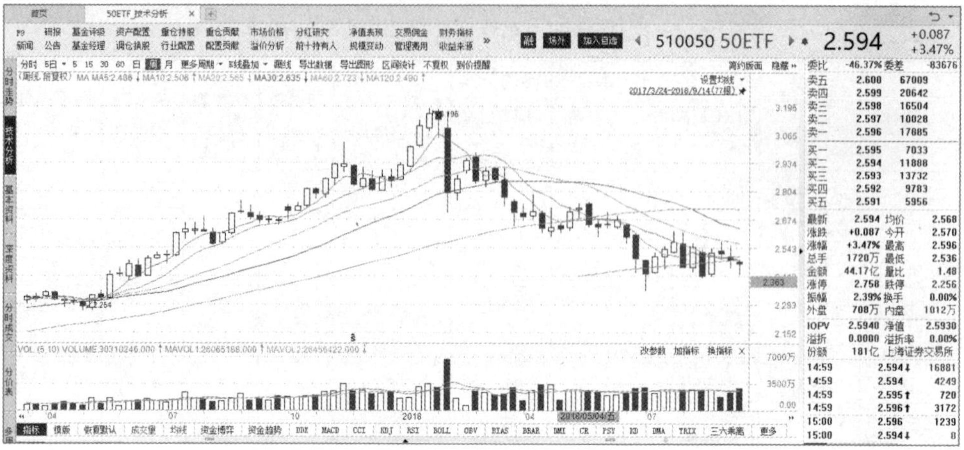

图 42-7　2017 年 5 月至 2018 年 8 月 50ETF 周线走势

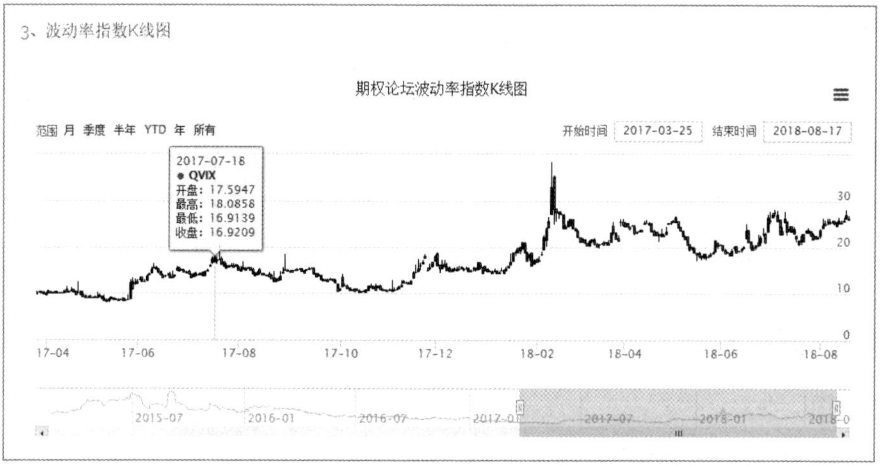

图 42-8　2017 年 4 月至 2018 年 8 月波动率走势

（3）主观上不习惯做空。大部分期权投资者受 2017 年蓝筹大牛市的惯性的影响，不喜欢做空，常常在做逆向次级波时买入认购期权，损失较大。

（4）错过了 2018 年 2 月 6 日～9 日的大行情。那段时间是认沽的大行情，有人赚得盆满钵满。然而如果错过，那么 2018 年的总体收益都会受影响。

43

常用策略，用好策略收益更高

在期权世界里，大家应该努力学习，提高知识与技能水平，增强自信程度（如图 43-1 所示），一步步成长，精研标的，在各种标的里使用各种策略，以适应各种行情，最终成为在各种行情中都能获利的期权达人。

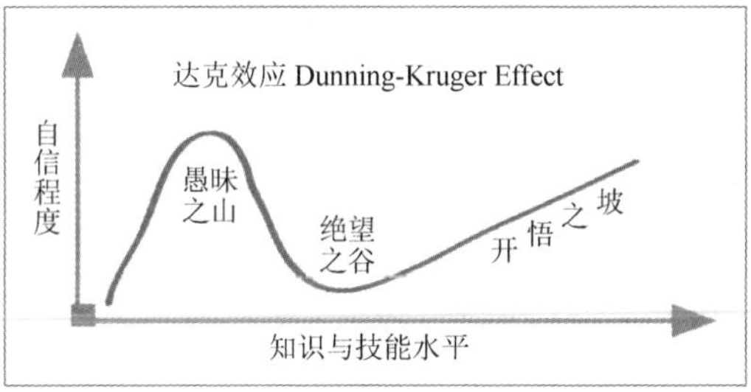

图 43-1　达克效应示意图

下面讲解在 50ETF 期权里常用的几种策略，每种策略都有特定的使用行情，所以示例中的账户持仓和盈亏只反映当时时点的情况。

（1）买入认购

买入认购适合行情大涨的情况，如果行情大涨，那么获利将很丰厚。

风险点：如果在短期内行情没有大幅上涨，则面临亏损。损益图如图 43-2 所示。

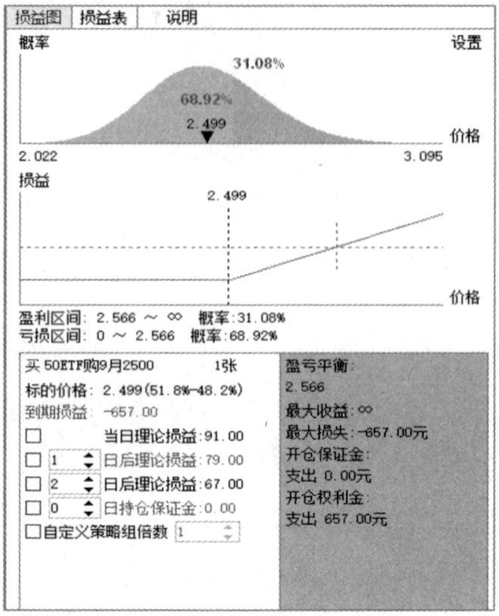

图 43-2 买入认购损益图

（2）买入认沽

买入认沽适合行情大跌的情况，如果行情大跌，那么获利会很丰厚。

风险点：如果行情在短期内未大幅下跌，则面临亏损。损益图如图 43-3 所示。

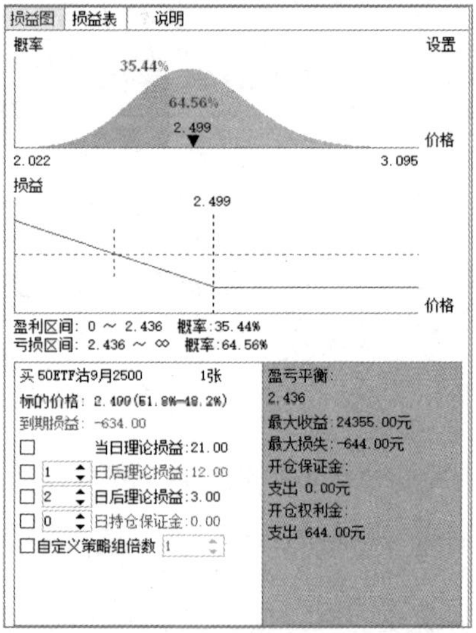

图 43-3 买入认沽损益图

（3）卖出认沽

卖出认沽适合行情不大跌或下跌不到自己预测的位置的情况（根据卖出期权的虚实程度来分），以收取时间价值和标的窄幅波动、上涨的收益。

风险点：如果标的大幅下跌，则面临亏损。损益图如图 43-4 所示。

（4）卖出认购

卖出认购适合行情不大涨，或者上涨不到自己预测的位置的情况（根据卖出期权的虚实程度来分），以收取时间价值和标的窄幅波动、下跌的收益。

风险点：如果标的大幅上涨，则面临亏损。损益图如图 43-5 所示。

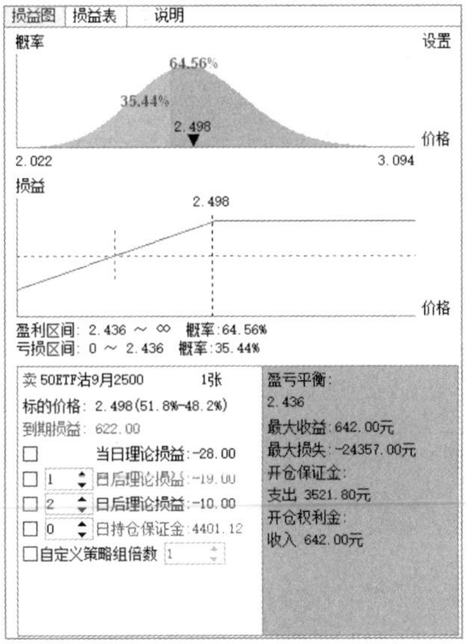

图 43-4　卖出认沽损益图

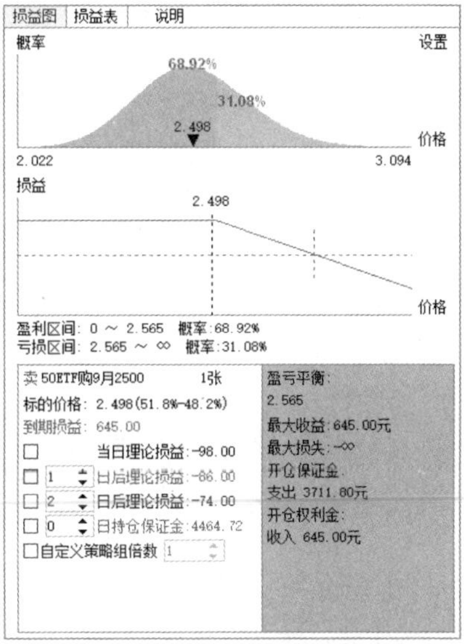

图 43-5　卖出认购损益图

（5）卖出宽跨

卖出宽跨适合标的在短期内窄幅波动的情况，也适合预计到期时标的没有大幅波动的情况。

风险点：若在短期内标的向某个方向突破，则面临亏损。损益图如图 43-6 所示。

（6）卖出跨式

卖出平值跨式适合标的不大幅波动，想赚取时间价值，以及快到期期权不会往任何一头突破，而是窄幅整理的情况。

风险点：如果标的往任何一个方向有较大幅度突破，则面临亏损。损益图如图 43-7 所示。

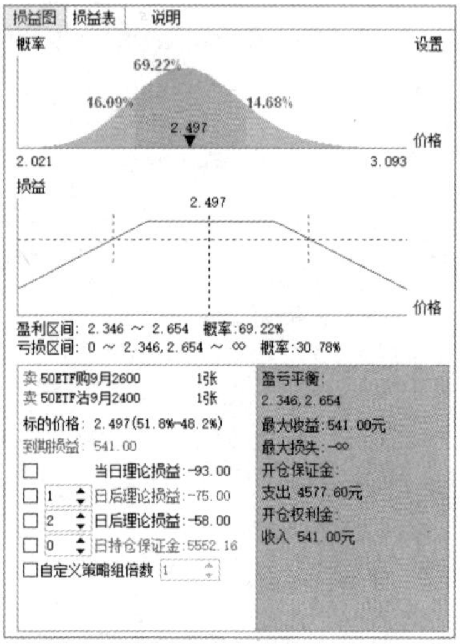

图 43-6　卖出宽跨损益图

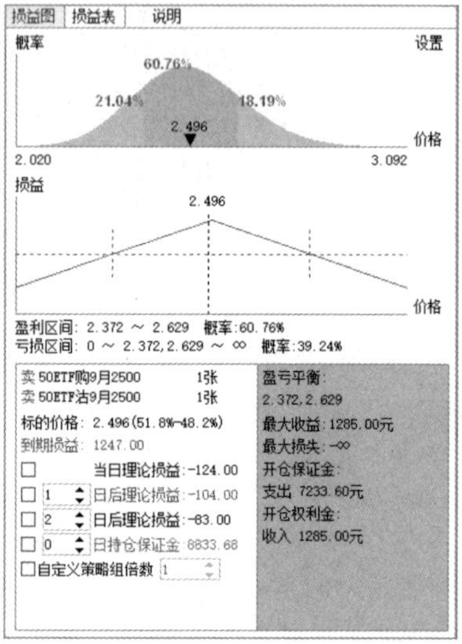

图 43-7　卖出跨式损益图

（7）比率价差

比率价差适合短期行情会有上涨（下跌），但上涨（下跌）的幅度不大，或者期权快到期，想收取虚值期权时间价值，但又怕该合约会上涨的情况。

风险点：如果标的价格有大幅突破，则面临亏损。损益图如图 43-8 所示。图 43-9 为笔者使用的认购期权比率价差，比率为 1:3.3。

（8）合成多（空）头

合成策略适合对标的有方向性判断，但又觉得时间价值太高，而且资金量也比较多，能做卖方的情况。构筑合成多头的方法为买入认购期权的同时卖出认沽期权，严格意义上的合成多头为两个期权都是平值期权，但也可以调整为买入实值认购期权和卖出虚值认沽期权，以获取相对的确定性。

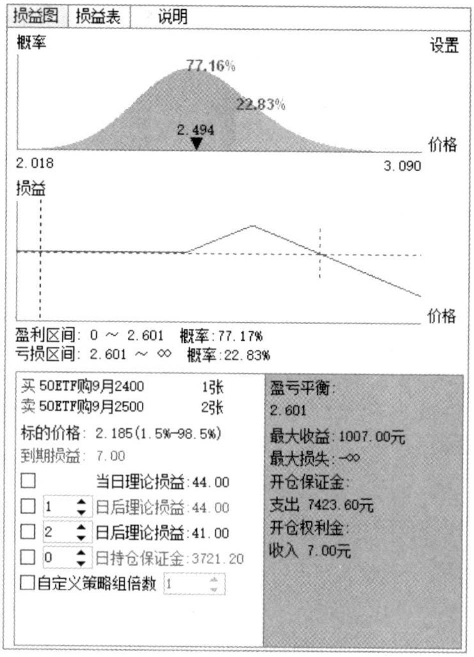

图 43-8 比率价差损益图

持仓合约 | 自选合约 | 套利策略 | 备兑股份

合约代码	合约名称	类型	持仓	可平	买入成本价	买入成本	平仓盈亏
10001388	50ETF购8月2400	权利	30	30	0.0896	26881.00	3659.00
10001401	50ETF沽8月2600	权利	1	1	-2.9323	-29323.30	30343.30
10001390	50ETF购8月2500	义务	101	101	-0.0263	-26601.30	11451.30
	合计3		132	132		-29043.60	45453.60

图 43-9 认购期权比率价差，比率为 1:3.3

风险点：如果标的方向与持仓相反，则两头都亏损。

损益图如图 43-10 所示。图 43-11 所示为笔者常用的非标准比率合成空头。

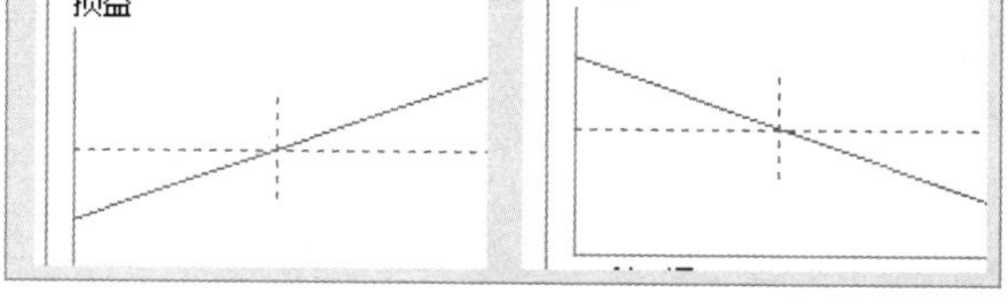

图 43-10 合成多头、合成空头损益图

持仓合约 自选合约 套利策略 备兑股份

合约代码	合约名称	类型	持仓	可平	买入成本价	买入成本	平仓盈亏
10001389	50ETF购8月2450	权利	1	1	-0.6932	-6932.30	7122.30
10001398	50ETF沽8月2450	权利	72	72	0.0214	15389.60	16362.40
10001399	50ETF沽8月2500	权利	50	50	0.0623	31155.00	9995.00
10001400	50ETF沽8月2550	权利	50	50	0.0899	44955.00	19145.00
10001401	50ETF沽8月2600	权利	1	1	-2.9323	-29323.30	31086.30
10001390	50ETF购8月2500	义务	130	130	-0.0215	-27971.00	18741.00
	合计6		304	304		27273.00	102452.00

图 43-11　非标准比率合成空头

关于各种策略的详细解释和用法可以参考《两周攻克期权策略》和《期权交易——核心策略与技巧解析》两本经典图书。

44
易赚难亏，零成本的比率价差

突上突下手无形，比率价差成本零。
忽风忽雨赋秋声，白话期权伴红尘。

认购比率价差，即买入一份较低行权价的认购期权，同时卖出多份较高行权价的认购期权。认沽比率价差，即买入一份较高行权价的认沽期权，同时卖出多份较低行权价的认沽期权。这两种策略的核心思想是看涨（跌）行情，但是上涨（下跌）在一定的范围内，属于温和上涨（下跌）的行情，这两种策略最好的状态就是买入的期权盈利，而卖出的期权归零，这是一种比垂直价差多了几份卖出期权的策略，该策略的保证金会比垂直价差的保证金要多一些，但卖出方的安全边际更好。下面介绍一种零成本、但胜率较高的策略——大比例的比率价差策略。

从图 44-1 的 1∶2 比率价差来看，如果标的大幅下跌，那么亏损的金额有限，中间的盈利区间比较大，取得大幅亏损的区间是标的上涨到的价格超出了卖出认购的行权价。

以 2018 年 9 月 7 日收盘时的价格为例，下面具体分析。

如图 44-2 所示，买入 1 份平值 50ETF 购 9 月 2500，卖出 11 份虚值 50ETF 购 9 月 2700，买入认购期权的成本是 543 元，卖出 11 份虚值认购期权（价格为 49 元）能收到 49×11=539 元，基本持平。

从构建买入一份认购期权、卖出 11 份虚值认购期权的大比例比率价差来看，将期权持有到期可能出现的情况如下。

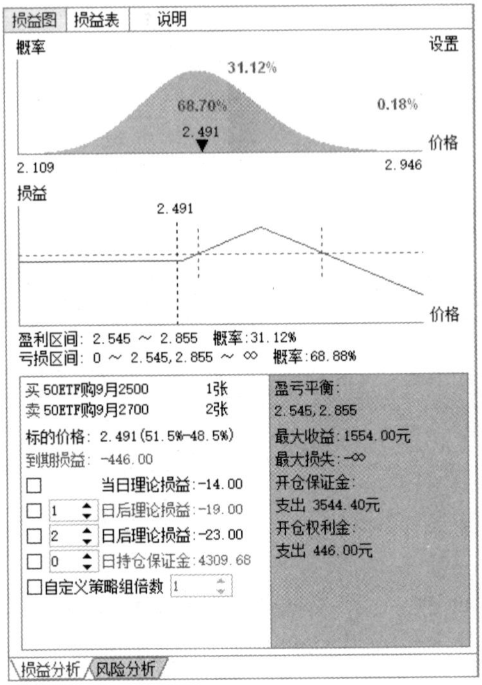

图 44-1　1:2 认购比率价差损益图

蝶式策略 | 飞鹰策略 | 铁蝶策略 | 铁鹰策略 | 条带策略 | 宽条策略 | 比率策略 | 鞍式策略 | 梯形策略 | +加入我的策略

方向	代码	名称	数量	现价	涨幅%	买价
买入	10001281	50ETF购9月2500	1	0.0543	19.34	0.0543
卖出	10001243	50ETF购9月2700	2	0.0049	6.52	0.0049

图 44-2　2018 年 9 月 7 日收盘时的价格

① 标的下跌幅度较大，两个期权合约都归零，收支相抵，净利润为 9 元每组。

② 标的收于 2.554 元以上、2.7049 元以下（行权价+当前权利金），50ETF 购 9 月 2500 不会亏钱，卖出的 50ETF 购 9 月 2700 权利金全部收入囊中。标的收于 2.7 元以上，50ETF 购 9 月 2500 上涨到 2000 元/张以上，50ETF 购 9 月 2700 看标的价格变化。例如标的收于 2.75 元，50ETF 购 9 月 2500 上涨到 2500 元/张，50ETF 购 9 月 2700 收于 500 元/张，收益为（2500−543）−11×（500−49）=−3004 元，大亏。

如果标的上涨突破，该怎么应对？

卖出期权减仓部分或买入期权增加部分，变成小比率价差或者垂直价差，看后期标的走势再应对。策略单最方便拆分和变形，单一买入或卖出期权的策略往往很难应对。

其实，这可以看作是一个卖出深度虚值认购+买入少量实值认购期权做保护的策略。

45

策略组合，让你的持仓更安心

银烛秋光冷视屏，苦茶一杯复行情。

白话期权暖触襟，策略二腿赚安心。

2018 年 9 月，50ETF 处于缓慢回调的过程。8 月快速上拉与回调周线阴阳相隔，9 月基本上是日线阴阳相隔（如图 45-1 所示）；8 月大涨、大跌，9 月日内窄幅上下波动，期权不管上涨还是下跌，幅度都在 20%之内，是个弱平衡的形态。那么有没有方法让手上的持仓更安全呢？使用策略组合，会比“单腿”持仓更安全。

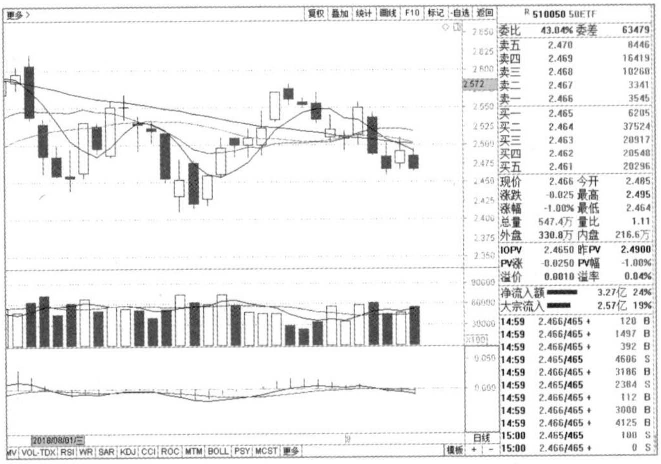

图 45-1　2018 年 8 月～9 月 50ETF 走势

（1）策略单的好处

① 容错性很好。“单腿”买入认购（认沽）期权，持有的时间稍微长点儿，只有大涨（大跌）才能赚钱，如果小涨、小跌或横盘，虽然看对方向，但也可能亏损。垂直价差、比率价差会让你看对方向，即使在标的的价格高度和波动速度不对的情况下，也还能有一些收获，合成多（空）头在横盘的情况下，可以做到不赚不亏。

② 在策略变换时更灵活。策略单更容易变换成另外的策略，多头和空头仓位也很容易转换，使投资者更容易有勇气去改变策略。

比如，你做了看涨的牛市价差策略，结果标的缓慢下跌，这时候应该把买方的认购期权平仓，变成卖出认购期权。看慢涨的牛市比率 1∶2 价差，如果涨幅过快，只要平掉一份卖出认购期权，变成牛市价差就可以，如果继续上涨，就拆成单向买入认购期权。

③ 策略单可等待。一些策略单的盈亏都有限，会严格限定在某个范围内，对于看不清的行情，如果不愿意空仓，则可以组成卖跨、买跨、垂直价差等策略单，耐心等待行情突破或横盘，然后再做好策略的变换。

（2）应用举例

以 2018 年 9 月期权合约为例，2018 年 9 月 10 日 50ETF 期权 9 月合约 T 型报价（50ETF 收盘价为 2.466 元），如图 45-2 所示。

2018年09月(16天)

买价	涨幅%	现价	行权价	现价	涨幅%	买价
0.2732	-6.95	0.2732	2.2000	0.0021	31.25	0.0021
0.2243	-9.46	0.2250	2.2500	0.0033	6.45	0.0033
0.1798	-10.39	0.1802	2.3000	0.0077	26.23	0.0077
0.1371	-12.79	0.1370	2.3500	0.0144	25.22	0.0143
0.0985	-15.11	0.0989	2.4000	0.0270	22.17	0.0269
0.0671	-17.47	0.0671	2.4500	0.0450	22.28	0.0449
0.0430	-20.81	0.0430	2.5000	0.0700	20.48	0.0700
0.0255	-22.73	0.0255	2.5500	0.1022	16.80	0.1022
0.0138	-28.21	0.0140	2.6000	0.1419	16.50	0.1412
0.0066	-34.65	0.0066	2.6500	0.1865	14.00	0.1847
0.0031	-36.73	0.0031	2.7000	0.2313	10.67	0.2298
0.0015	-25.00	0.0015	2.7500	0.2792	7.80	0.2775
0.0007	-30.00	0.0007	2.8000	0.3275	5.99	0.3260

图 45-2　50ETF 期权 9 月份合约 T 型报价

① 买入虚值认沽期权看跌。如图 45-2 所示，买入了认沽期权看跌，如果不小心或者比较贪心而买入了深度虚值的认沽期权，比如买入的 50ETF 沽 9 月 2400 或认沽 2350 并没有大跌，虚值期权就会面临时间价值的损耗，若到期时未跌到预期的位置，也没有横盘，就会归零。这时候应该把持仓更改一下，可以改成买入轻度实值 50ETF 沽 9 月 2500，卖出虚值 50ETF 沽 9 月 2300 或认沽 2400，以此来应对慢跌。

② “不幸”追入了认购期权。如果在 9 月 4 日 50ETF 阳线时追买了认购期权，后面承受了浮亏，但又不舍得止损，则可以先构建牛市价差、比率价差。以 9 月 10 日收盘价来计算，若之前买入了 1 张 50ETF 购 9 月 2500，价格在 430 元/张，此时可以卖出 1 张 50ETF 购 9 月 2550，价格为 255 元/张，那么到期最大亏损将控制在 185 元/张；若卖出 2 张 50ETF 购 9 月 2600，价格在 140 元/张，那么最大亏损将控制在 430－2×140=150 元/组；若中间行情有变化，再对策略单进行开仓、平仓操作，多空转换很灵活。

③ 看不清方向但又不想空仓。对于看上去是空头趋势，但不知道会不会有反弹，也不知哪天会有大跌的情况，可以构建买入跨式/宽跨式策略以等待突破；如果觉得行情为弱平衡，又觉得涨跌都有限，则可以先卖出宽跨式期权，卖出认购方可以选择行权价在 60 日均线上的 50ETF 购 9 月 2600、认购 2550，卖出认沽方可选择行权价在前一个低位以下的 50ETF 沽 9 月 2400、认沽 2350，先开仓等待。比单纯买卖一个方向，还多 3%左右的盈利。

之前笔者只做买方，对于 2016 年 9 月、2017 年 9 月那样的弱势横盘行情毫无办法，又不愿放弃希望，只好默默承受亏损。当时觉得做策略和卖跨都是赚小钱而看不上，但 2018 年的行情不同，没有赚大钱的机会了，所以小钱也要捡。通过一些期权策略，先获取较好的稳定现金流，以保存实力，再等待大机会。

46

应对长假，跨市跨品对冲方法

钟鼓馔玉不足贵，白话一字值千金。

2018 年 9 月底 50ETF 快速上涨，让压抑许久的多头和期权权利方又看到了希望。

2017 年国庆节之后的 50ETF 行情非常不错，所以许多人对于即将到来的国庆节及之后的行情，依然充满憧憬和希望。如果持有 50ETF 期权多头，但是又怕外围市场在国庆节期间有波动，影响国庆后的开盘，那么这时应该怎么做呢？

（1）在美股里买入 FXI 认沽对冲

港股和美股在国庆节期间不休市，照常交易，如果美股中间有波动，那么 FXI（中国大盘股 ETF-iShares）也会跟随波动，买入 FXI 认沽期权进行对冲，能有效避免在国庆节期间外围市场波动带来的影响。

FXI：该投资工具基本追随新华富时中国 25 指数成分股的价格和收益表现。新华富时中国 25 指数包含 25 只最大型或最具流通性的中国概念股（港股）。该基金至少有 90%资金用于投资新华富时中国 25 指数的成分股票和存托凭证，剩余 10%资金用于投资非该指数成分股，为非多元投资基金。

从图 46-1 可以看出，FXI 与 50ETF 的走势基本一致，其跳空往往是 50ETF 在白天表现的直接反映，运用 FXI 除了有对冲作用和增强 50ETF 期权的持仓外，还可以利用 A 股收盘后的重大利好/利空消息来进行对冲和增强收益。

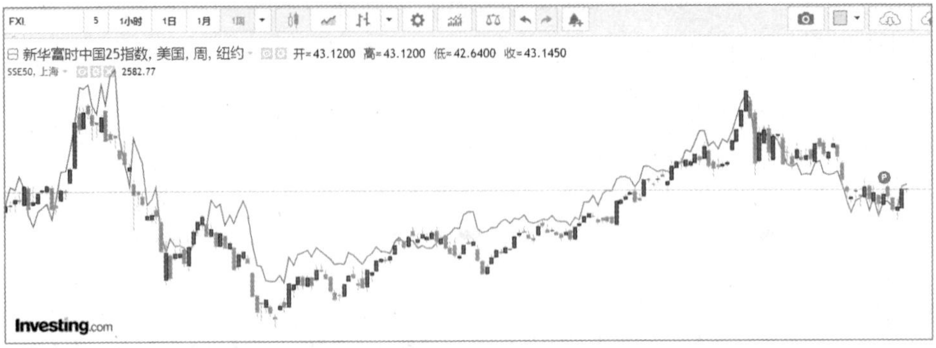

图 46-1 FXI 与 50ETF 叠加

从图 46-2 与图 46-3 的对比可以看出，到期时间差不多的两个期权，平值期权权利金差不多都是标的价格的 2.5%左右，50ETF 期权行权间距是标的价格的 2%左右，而 FXI 期权行权间距是标的价格的 1%左右，FXI 期权行权价为 41 元的认沽期权持仓量非常大，大多数都是用来做保险的，这与 50ETF 平值附近的持仓量不同。

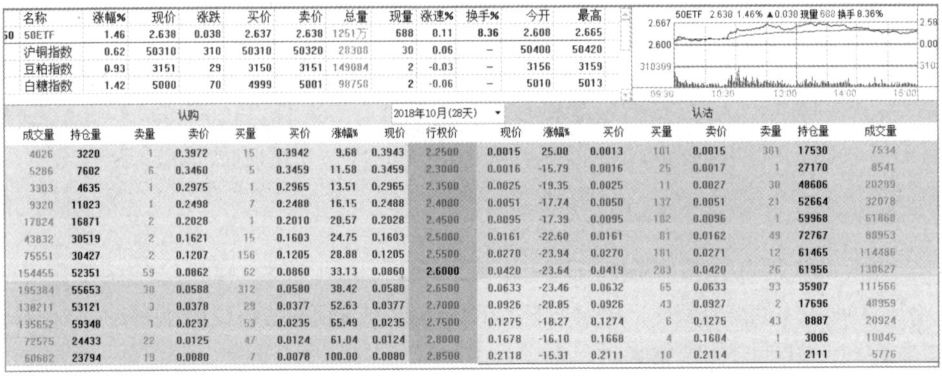

名称	涨幅%	现价	涨跌	买价	卖价	总量	现量	涨速%	换手%	今开	最高
50ETF	1.46	2.638	0.038	2.637	2.638	1251万	688	0.11	8.36	2.608	2.665
沪铜指数	0.62	50310	310	50310	50320	28308	30	0.06	–	50400	50420
豆粕指数	0.93	3151	29	3150	3151	149084	2	-0.03	–	3156	3159
白糖指数	1.42	5000	70	4999	5001	98758	2	-0.06	–	5010	5013

2018年10月(28天)

认购									认沽							
成交量	持仓量	卖量	卖价	买量	买价	涨幅%	现价	行权价	现价	涨幅%	买价	买量	卖价	卖量	持仓量	成交量
4026	3220	1	0.3972	15	0.3942	9.68	0.3943	2.2500	0.0015	25.00	0.0013	101	0.0015	301	17530	7534
5286	7602	6	0.3460	5	0.3459	11.58	0.3459	2.3000	0.0016	-15.79	0.0016	25	0.0017	1	27170	8541
3303	4635	1	0.2975	1	0.2965	13.51	0.2965	2.3500	0.0025	-19.35	0.0025	11	0.0027	30	48606	20299
9320	11023	1	0.2498	7	0.2488	16.15	0.2488	2.4000	0.0051	-17.74	0.0050	137	0.0051	21	52664	32078
17824	16871	2	0.2028	1	0.2010	20.57	0.2028	2.4500	0.0095	-17.39	0.0095	182	0.0096	1	59968	61868
43832	30519	2	0.1621	15	0.1603	24.75	0.1603	2.5000	0.0161	-22.60	0.0161	81	0.0162	49	72767	88953
75551	30427	2	0.1207	156	0.1205	28.88	0.1205	2.5500	0.0270	-23.94	0.0270	181	0.0271	12	61465	114486
154455	52351	59	0.0862	62	0.0860	33.13	0.0860	2.6000	0.0420	-23.64	0.0419	283	0.0420	26	61956	130627
195384	55653	30	0.0588	312	0.0580	38.42	0.0580	2.6500	0.0633	-23.46	0.0632	65	0.0633	93	35907	111566
138211	53121	3	0.0378	29	0.0377	52.63	0.0377	2.7000	0.0926	-20.85	0.0926	43	0.0927	2	17696	48959
135652	59348	1	0.0237	53	0.0235	65.49	0.0235	2.7500	0.1275	-18.27	0.1274	6	0.1275	43	8887	20924
72575	24433	22	0.0125	47	0.0124	61.04	0.0124	2.8000	0.1678	-16.10	0.1668	4	0.1684	1	3006	10045
60682	23794	19	0.0080	7	0.0078	100.00	0.0080	2.8500	0.2118	-15.31	0.2111	10	0.2114	1	2111	5776

图 46-2 50ETF 期权 10 月份合约 T 型报价

从图 46-4 可以看出，2018 年 10 月 5 日，行权价为 41 元的认沽期权持仓量非常大，机构以此来做保险的需求非常强烈。

所以，在一定程度上，FXI 期权应该有一些对冲和保险的效果，不过一些非主流 FXI 期权合约的流动性不太好。

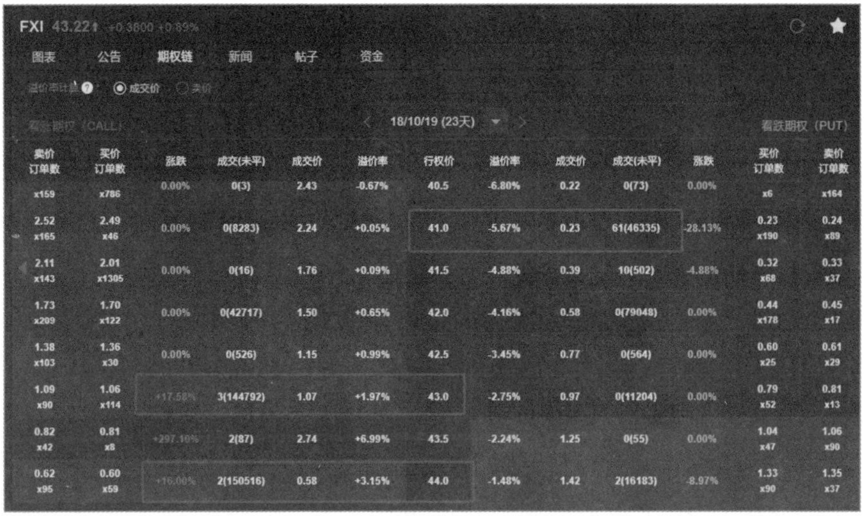

FXI 43.22 +0.3800 +0.89%

图表 公告 期权链 新闻 帖子 资金

溢价率计算 成交价 卖价

看涨期权（CALL） 18/10/19 (23天) 看跌期权（PUT）

卖价 订单数	买价 订单数	涨跌	成交(未平)	成交价	溢价率	行权价	溢价率	成交价	成交(未平)	涨跌	买价 订单数	卖价 订单数
x159	x786	0.00%	0(3)	2.43	-0.67%	40.5	-6.80%	0.22	0(73)	0.00%	x6	x164
2.52 x165	2.49 x46	0.00%	0(8283)	2.24	+0.05%	41.0	-5.67%	0.23	61(46335)	-28.13%	0.23 x190	0.24 x89
2.11 x143	2.01 x1305	0.00%	0(16)	1.76	+0.09%	41.5	-4.88%	0.39	10(502)	-4.88%	0.32 x68	0.33 x37
1.73 x209	1.70 x122	0.00%	0(42717)	1.50	+0.65%	42.0	-4.16%	0.58	0(79048)	0.00%	0.44 x178	0.45 x17
1.38 x103	1.36 x30	0.00%	0(526)	1.15	+0.99%	42.5	-3.45%	0.77	0(564)	0.00%	0.60 x25	0.61 x29
1.09 x90	1.06 x114	+17.58%	3(144792)	1.07	+1.97%	43.0	-2.75%	0.97	0(11204)	0.00%	0.79 x52	0.81 x13
0.82 x42	0.81 x8	+297.10%	2(87)	2.74	+6.99%	43.5	-2.24%	1.25	0(55)	0.00%	1.04 x47	1.06 x90
0.62 x95	0.60 x59	+16.00%	2(150516)	0.58	+3.15%	44.0	-1.48%	1.42	2(16183)	-8.97%	1.33 x90	1.35 x37

图 46-3　FXI 期权 10 月份合约 T 型报价

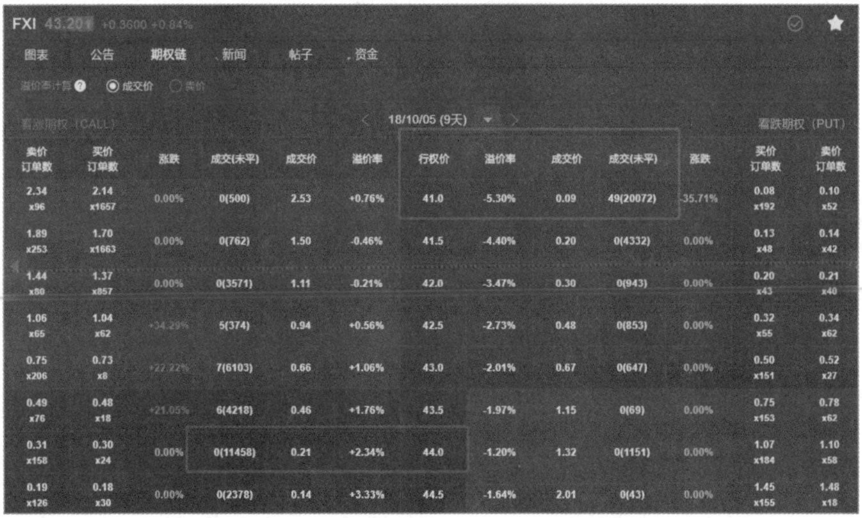

FXI 43.20 +0.3600 +0.84%

图表 公告 期权链 新闻 帖子 资金

溢价率计算 成交价 卖价

看涨期权（CALL） 18/10/05 (9天) 看跌期权（PUT）

卖价 订单数	买价 订单数	涨跌	成交(未平)	成交价	溢价率	行权价	溢价率	成交价	成交(未平)	涨跌	买价 订单数	卖价 订单数
2.34 x96	2.14 x1657	0.00%	0(500)	2.53	+0.76%	41.0	-5.30%	0.09	49(20072)	-35.71%	0.08 x192	0.10 x52
1.89 x253	1.70 x1663	0.00%	0(762)	1.50	-0.46%	41.5	-4.40%	0.20	0(4332)	0.00%	0.13 x48	0.14 x42
1.44 x80	1.37 x857	0.00%	0(3571)	1.11	-0.21%	42.0	-3.47%	0.30	0(943)	0.00%	0.20 x43	0.21 x40
1.06 x65	1.04 x62	+34.29%	5(374)	0.94	+0.56%	42.5	-2.73%	0.48	0(853)	0.00%	0.32 x55	0.34 x62
0.75 x206	0.73 x8	+22.22%	7(6103)	0.66	+1.06%	43.0	-2.01%	0.67	0(647)	0.00%	0.50 x151	0.52 x27
0.49 x76	0.48 x18	+21.05%	6(4218)	0.46	+1.76%	43.5	-1.97%	1.15	0(69)	0.00%	0.75 x153	0.78 x62
0.31 x158	0.30 x24	0.00%	0(11458)	0.21	+2.34%	44.0	-1.20%	1.32	0(1151)	0.00%	1.07 x184	1.10 x58
0.19 x126	0.18 x30	0.00%	0(2378)	0.14	+3.33%	44.5	-1.64%	2.01	0(43)	0.00%	1.45 x155	1.48 x18

图 46-4　10 月 5 日到期的 FXI 周结期权 T 型报价

方法一：

50ETF 期权买入认购，FXI 期权买入 10 月 5 日到期的认沽，中间如有回调，会在 FXI 认沽里抵消。

方法二：

总的看法还是做多，如果在国庆节前隐含波动率被推高，则国内 50ETF 期权卖出认购，等到国内开市前一天，国外 FXI 期权买入认购。如果在国庆节后市场高开不多，那么因为 50ETF 期权隐含波动率下降，认购期权涨幅可能不会太大，卖出认购期权亏损有限。但国外市场高开获得的盈利，可抵消国内的亏损。风险在于国外 FXI 期权在国内 50ETF 开盘前一天也把隐含波动率推高了。

（2）买入豆粕认购期权进行对冲

如果担心在国庆节期间中国与美国有贸易摩擦，那么可以买入豆粕认购期权进行对冲。

（3）买入 IH1810 和 50ETF 认沽期权对冲

方法一：

IH18010 建仓多头，50ETF 期权买入认沽，如果在国庆节后行情跳空大涨，则股指期货获利，认沽方亏损有限。如果在国庆节后行情跳空大跌，则股指期货多头的亏损和认沽期权的盈利部分相抵消，小赚小亏。

方法二：

IH1810 建仓空头，50ETF 期权买入认购，如果在国庆节后开盘大涨，那么因为期权的非线性收益的特点，所以会盈利很多，抵消 IH1810 的空头损失，总体持仓盈利。如果在国庆节后行情跳空大跌，那么股指期货空头盈利，认购期权损失有限，总体持仓应该还是盈利的。

（4）50ETF 期权策略

方法一：

同时买入认购期权和认沽期权构筑跨式期权或宽跨式期权，不一定要等张数或者 Delta 中性，只要国庆后盈利方的收益能覆盖亏损方的损失就好。

方法二：

不管是买入认购期权还是认沽期权，都半仓操作，留足资金在国庆节后进行对冲。

方法三：

不管是看哪个方向来构建比率价差、垂直价差，只要不怕时间价值的损耗，就能将收益和风险控制在一定的范围之内。

不建议持有期权卖方过国庆节，因为卖方怕跳空高（低）开。

（5）铜期权策略

在收盘之前买入跨式期权，以博取国庆节长假期间外盘的波动。

（6）买入恒生指数认沽期权

在恒生指数上买入认沽期权或者认沽涡轮期权进行对冲，由于港股和A股有相当好的关联性，国庆节期间港股会交易，买入恒生指数的认沽期权品种可以有效对冲50ETF多头持仓。

47

外盘大跌，策略应对不要心慌

2018 年的国庆假期，对股民和期权投资者来说，真是“出门堵车，看港股堵心”，恒生指数从 10 月 9 日起交易了四天，大跌 1200 多点，跌幅 4.38%，如图 47-1 所示。

笔者当时买入了 10 月 5 日到期的行权价为 41 美元的 FXI 认沽期权做对冲，获得了 70%多的收益，并且买入铜期权宽跨，但在国庆节期间伦敦铜波动并不大。如果有投资者买入恒生指数认沽，那么对冲效果会非常好。

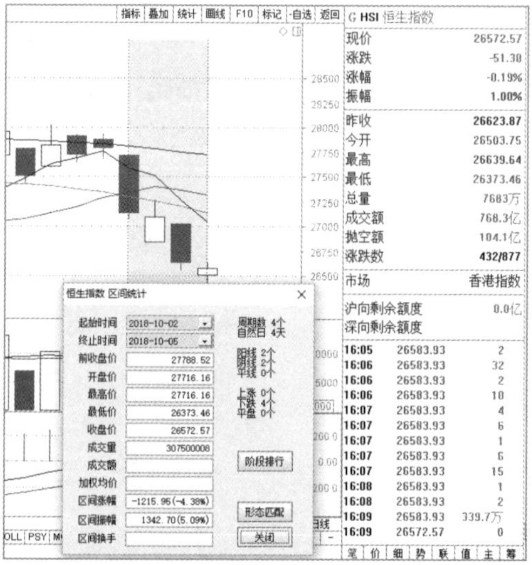

图 47-1　恒生指数走势

既然行情已经这样了，也不能偷偷修改持仓，那么面对可能出现的情况，应该怎么办呢？

首先从港股、美股在国庆节期间的表现来看，国内多头大都恐慌无比，空头却很开心，如果不出意外的话，10 月 8 日开盘低开是大概率事件，至于低开后是低走还是高走，要从以下几种情况来分析。

（1）低开低走

① 多头持仓。有一种做法是多头集合竞价或者开盘买入认沽期权做对冲，之后再看情况决定是否快速止损多头持仓。而如果低开低走，那么在止损之前卖出认沽期权的紧急程度高于在止损之前买入认购期权。

② 空头持仓。那还等什么，赶紧分批止盈或者顺势加码，在刚开盘时波动率会很高，可能接近 30%，但要密切注意认沽的波动率是否下降。

③ 空仓者。建议不要开盘就满仓或分批下单，可以“让子弹多飞一会儿”，因为毕竟这只是外盘下跌引起的低开，而不是因为内部因素或其他外部因素的重大利空（加息、贸易战、货币紧缩）消息所引起的。

④ 买入跨式。如果在国庆节之前买入跨式和宽跨式期权，那么在开盘后不久双向平仓，也可以先平掉亏损的头寸，让利润奔跑。

（2）低开高走

① 多头持仓。如果大盘低开后在大批抄底资金的推动下高走，那么多头持仓者可以等一等再出手，如果现货买方很强大，则可以适当加仓，但不要增加原来持有的已经成虚值的合约，而应当选择新的实值或平值合约。

② 空头持仓。随着波动率的下降和标的的回升，应该及时止盈，并看机会决定是否要反手。

③ 空仓者。等机会下单。

④ 买入跨式。应当把资金分成三份，一份买认购期权，一份买认沽期权，一份依据行情机动处理。在行情低开高走时止盈空头、加仓多头，并做好新的止损准备。

当然，行情也可能出乎大家的意料，计划不如变化快，应提前做好应对策略。脑海里有各种应对方法，账户里有可以调动的资金，在变化来临时，能及时转身和反击。对于现货来说，也许正是一次趁低价捡便宜的好时候。

48

卖出期权，四日可收百分之五

“在别人恐慌时，你贪婪”，这就出现了新的机会，如果能在 4 个交易日盈利 2%～5%，那么你敢不敢做？

从图 48-1 可以看出，行权价为 2.45 元、2.50 元、2.55 元的认购期权比较贵，行权价为 2.40 元、2.35 元、2.30 元的认沽期权也比较贵，而且波动率也非常高（如图 48-2 所示），如果标的波动不大，在最后 4 天标的的价格没超出各自的边界，那么这些期权将大概率归零，按照 2500～4000 元/张的保证金来计算，卖出这些期权到期归零，则有 1%～5%的收益，有以下几种卖出期权的策略。

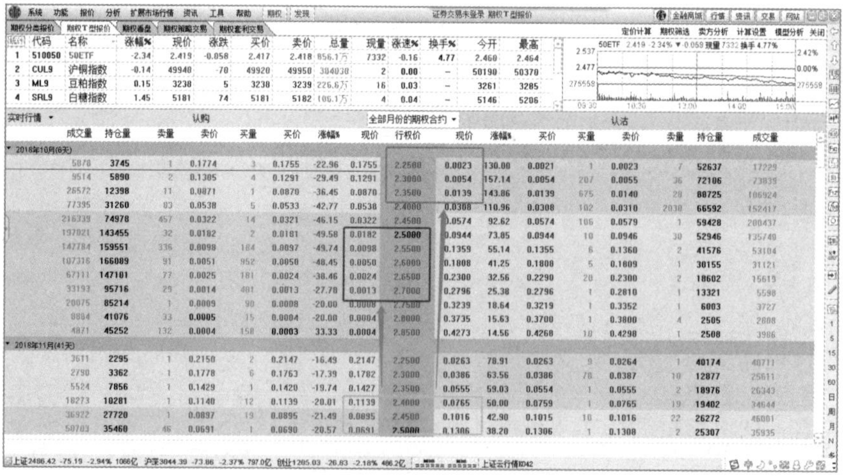

序	代码	名称	涨幅%	现价	涨跌	买价	卖价	总量	现量	涨速%	换手%	今开	最高
1	510050	50ETF	-2.34	2.419	-0.058	2.417	2.418	856.1万	7332	-0.16	4.77	2.460	2.464
2	CUL9	沪铜指数	-0.14	49940	-70	49920	49950	384038	2	0.00	–	50190	50370
3	ML9	豆粕指数	0.15	3238	5	3238	3239	226.6万	16	0.03	–	3261	3285
4	SRL9	白糖指数	1.45	5181	74	5181	5182	106.1万	4	0.04	–	5146	5206

认购 成交量	持仓量	卖量	卖价	买量	买价	涨幅%	现价	行权价	认沽 现价	涨幅%	买价	买量	卖价	卖量	持仓量	成交量
2018年10月(6天)																
5878	3745	1	0.1774	3	0.1755	-22.96	0.1755	2.2500	0.0023	130.00	0.0021	1	0.0023	7	52637	17229
9514	5890	2	0.1305	4	0.1291	-29.49	0.1291	2.3000	0.0054	157.14	0.0054	207	0.0055	36	72106	73839
26572	12398	11	0.0871	1	0.0870	-36.45	0.0870	2.3500	0.0139	143.86	0.0139	675	0.0140	28	88725	106924
77395	31260	83	0.0538	5	0.0533	-42.77	0.0538	2.4000	0.0308	110.96	0.0308	102	0.0310	2030	66592	152417
216339	74978	457	0.0322	14	0.0321	-46.15	0.0322	2.4500	0.0574	92.62	0.0574	106	0.0579	1	59428	200437
197021	143455	32	0.0182	2	0.0181	-49.58	0.0182	2.5000	0.0944	73.85	0.0944	10	0.0946	30	52946	135740
147784	159551	336	0.0098	184	0.0097	-49.74	0.0098	2.5500	0.1359	55.14	0.1355	6	0.1360	2	41576	53104
107316	166089	91	0.0051	952	0.0050	-48.45	0.0050	2.6000	0.1808	41.25	0.1808	5	0.1809	1	30155	31121
67111	147101	77	0.0025	181	0.0024	-38.46	0.0024	2.6500	0.2300	32.56	0.2290	20	0.2300	2	18602	15619
33193	95716	29	0.0014	481	0.0013	-27.78	0.0013	2.7000	0.2796	25.38	0.2796	1	0.2810	1	13321	5598
20075	85214	1	0.0009	90	0.0008	-20.00	0.0008	2.7500	0.3239	18.64	0.3219	1	0.3352	1	6003	3727
8884	41076	33	0.0005	15	0.0004	-20.00	0.0004	2.8000	0.3735	15.63	0.3700	1	0.3800	4	2505	2808
4871	45252	132	0.0004	158	0.0003	33.33	0.0004	2.8500	0.4273	14.56	0.4268	10	0.4298	1	2508	3986
2018年11月(41天)																
3611	2295	1	0.2150	2	0.2147	-16.49	0.2147	2.2500	0.0263	78.91	0.0263	9	0.0264	1	40174	40711
2790	3362	1	0.1778	6	0.1763	-17.39	0.1782	2.3000	0.0386	63.56	0.0386	78	0.0387	10	12877	25611
5524	7856	1	0.1429	1	0.1420	-19.74	0.1427	2.3500	0.0555	59.03	0.0554	1	0.0555	2	18976	26343
18273	10281	1	0.1140	12	0.1139	-20.01	0.1139	2.4000	0.0765	50.00	0.0759	1	0.0765	19	19402	34644
36922	27720	1	0.0897	19	0.0895	-21.49	0.0895	2.4500	0.1016	42.90	0.1015	10	0.1016	22	26272	46001
50703	35460	46	0.0691	1	0.0690	-20.57	0.0691	2.5000	0.1306	38.20	0.1306	1	0.1308	2	25307	35935

图 48-1　10 月 18 日 50ETF 期权 T 型报价

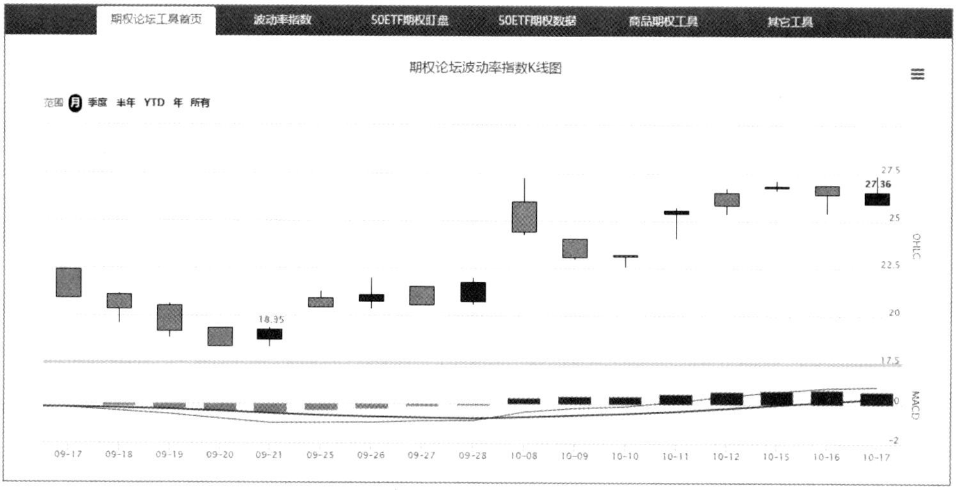

图 48-2　近期波动率不断走高

（1）卖出“单腿”

比如，若觉得标的在接下来的 4 天，上涨不到 2.50 元以上，或者觉得下跌不到 2.30 元以下，则可以卖出行权价为 2.50 元以上的认购期权或 2.30 元以下的认沽期权，以获取权利金。

风险点：标的涨跌幅大幅超出边界。

（2）卖出跨式

卖出跨式期权可以同时卖出行权价为 2.45 元或 2.40 元的认购期权和认沽期权，最后两者的时间价值都会损耗，剩余一点点内在价值，获得差额收益。卖出宽跨式期权则可以卖出两头的虚值，盈亏平衡的范围更宽。

风险点：标的涨跌幅大幅超出边界。

（3）垂直价差

比如预计行情不会大涨，或不会大跌，在卖出虚值认购期权或虚值认沽期权的情况下，买入实值期权作为保护。

风险点：收益与风险皆可控，利润有限。

（4）比率价差

比如预计行情不会大涨，则可以买入一份实值认购期权（时间价值较少），同时卖出两份或更多的认购期权，以获取卖方的收益。还可以使买入端的权利金等于卖出端收到的权利金，构建无成本策略。若预计行情不会大跌，则反向操作。

风险点：若在 4 天内行情大幅上涨或下跌，则卖出期权损失较大。

（5）对角价差

对角价差即卖出当月时间价值较高、波动率较高的虚值期权或平值期权，同时买入下个月的实值期权。

风险点：当月期权 Gamma 值飙升导致浮亏。

（6）圣诞树

比如买入本月实值 50ETF 购 10 月 2300 期权，卖出虚值 50ETF 购 10 月 2450 期权一份，并卖出更虚值的 50ETF 购 10 月 2550 期权一份，阶梯式获取权利金。

风险点：标的大幅下跌，收到的权利金不足以抵消买方的亏损。

（7）备兑策略

持有 50ETF 现货，或者长期持有其他类似等价物。如果不计较现货端的浮盈或者浮亏，则卖出虚值认购期权比较安心。

风险点：现货大幅下跌，亏损较大。

如果害怕在周末的时候市场有消息导致标的大幅波动，那么可以使用后面几种盈亏有限的策略。如果害怕标的大幅波动，则可以卖出平值期权或实值期权，如此盈利与亏损基本就能抵消了。

49

跌后反弹，期权策略稳扎稳打

期权是一门需要精细化研究的学科，但如何对期权进行精细化研究？以一段周期相对较长的反弹为例，来说说在不同的阶段能够稳定盈利的策略和方法。下面具体看如何应对跌后反弹的行情。

（1）采用的策略

① 反弹初期：卖沽，即卖出虚值认沽期权、平值认沽期权。

② 反弹中期：牛差，即买入实值认购期权，卖出虚值认购期权。

③ 反弹后期：买入虚值认购期权，即使用前阶段20%左右的利润或等张数，或两倍张数买入虚值1档、虚值2档认购期权。

（2）逻辑关系和角度

① 市场一般规律。

以有一定反弹力度的、持续时间稍长且已成功的反弹来说。

● 在反弹初期，使用卖沽期权。在反弹初期，容错率高，所以不管行情是上涨、横盘还是继续下跌，都能控制住局面。

● 在反弹中期，已经确立了反弹趋势，使用牛市差价策略，买入低行权价的看涨期权，卖出高行权价的看涨期权，锁定利润，大大降低买入期权的风险，提高盈利的可能性。

- 在反弹后期，一般就进入了加速反弹阶段，通常有一两个加速大阳线，此时必须买入虚值认购期权，抓住“肥尾效应”的机会，扩大战果。

任何一段趋势都有其自身内在的逻辑，也需要时间来完成，可以利用卖出认沽期权、牛差策略、虚值认购期权这三招来完成每一个阶段。

② 市场情绪。

在行情大跌末期，认沽期权很贵，因为大家预期行情会继续大跌，但结果并非符合预期，所以认沽期权就会暴跌，比如 2018 年 11 月 2 日的豆粕期权。但问题来了，这时候为什么卖出认沽，而不买入认购呢？因为大家被吓怕了，不敢去买入认购。

在反弹中期，市场情绪从恐慌转为犹豫，而且行情反复，经常出现实值认购期权上涨和虚值认购期权下跌。

在行情反弹末期大家都看涨了，出现了疯狂的大阳线。这时候可以清仓前面的实值认购期权，买入等张数或者两倍张数的虚值认购期权，以博取利润，然后再使用牛差策略。

③ 波动率一般规律。

在行情大跌后波动率很高，然后快速回落，这时买入认购期权，尤其是虚值认购期权是赚不到钱的。在行情上涨的中后期，尤其是牛市行情的末期波动率才会升高，而散户总是后知后觉的。

（3）容错管理

如果有能力猜多空行情，就跟随趋势（Trend Following），如果不会猜拐点，就右侧出场。容错——只要不继续大跌，初级阶段就会赚钱；在中级阶段，小跌不会亏损，小涨可能两头盈利；在第三阶段，如果行情上涨，将享受更多的收益，即使下跌也不用担心，因为大部分收益都可以在前两个阶段取走。

（4）应对措施

① 卖出认沽后行情下跌。

如果在卖出认沽后行情继续下跌，就先买入实值认沽期权进行对冲，然后看后面要不要平仓卖出期权。此时有两个对策，一个是买入认沽期权，另一个是止损。

② 错误地使用牛市价差策略。

使用牛市价差策略一般不会出现重大亏损，只有行情大跌才会有较大亏损，可以买入实值认沽期权。牛市价差策略可以应对弱反弹，但是不能应对强反弹。

③ 错误地买入虚值认购期权。

如果错误地买入虚值认购期权，也没有关系，因为损失的只是一小部分利润而已。

（5）怎样判断跌后反弹的行情

可以从以下两个方面发现这样的行情。

① 孤点：孤点即趋势行情不再延续的点。下跌后的长下影线，上涨后的放量长上影线都可以被视为孤点。可以在孤点进场，在下一个孤点出场。

② 指标：若行情能站稳 5 日均线，则可以将三分之一的资金进场。若跌破 5 日均线，则多头平仓出场。如果所有的均线都跌破了，那么双卖的卖出认沽期权就要止损了。

50 合约众多，买方卖方如何选择

作为期权买方，新手常常对买什么样的期权合约心里没底，甚至出现过看对方向还亏钱的情况，比如有投资者说，50ETF 从 2.5 元反弹到了 2.54 元，可他买入的 50ETF 购 11 月 2700 还是天天亏钱；还有投资者听了朋友的意见，觉得 50ETF 2800 购很便宜，所以越跌越抄底，结果越亏越多，成了卖方的“天鹅肉”，有时候将期权合约持有到期，即使上下仅差一档的期权合约，也会出现一个翻倍、另一个归零的情况。那么期权买方应该怎么样选择合约呢？应该从下面 4 个维度去考量。

（1）标的波动方向和速度

标的波动的方向和速度的快慢是选择期权合约的重要因素，标的的波动对期权合约的波动有较大的影响。首先当然是根据标的的涨跌方向来选择认购或认沽期权。然后就要看标的的涨跌速度了，如果方向保持一致，则往往会发现实值期权上涨的幅度还可以，但虚值期权的涨幅往往跟不上，而在反向波动时，虚值期权下跌的速度会更快，这时候就应该选择实值期权和平值期权。而如果上涨（下跌）的速度比较快，轻度虚值期权上涨的幅度比较大，则这时候可以适当加仓。其他可以根据标的涨跌的速度不同，在虚值期权和实值期权之间来回移仓。如图 50-1 所示的 50ETF 不同阶段的走势是非常典型的合约选择的例子。

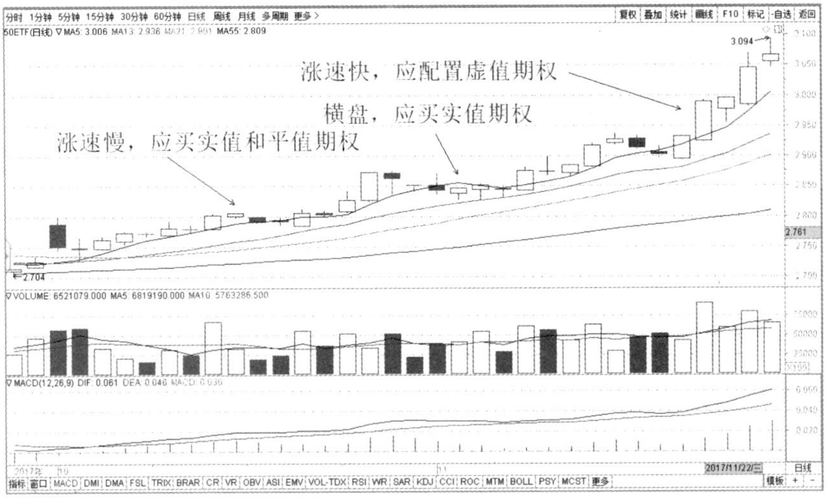

图 50-1　2017 年 10～11 月 50ETF 走势

（2）波动率高低和运行趋势

当波动率比较高的时候，期权价格比较贵，比如近期一个月到期的期权波动率高达 30%，平值期权的价格高达 700～900 元/张，这时候如果标的波动幅度不是很大，则往往很难获得较好的收益。如果标的波动率处于上涨途中，则顺势方向的期权上涨的幅度和金额会大于下跌的那个方向，轻度虚值期权并没有多少劣势，若波动率处于下跌途中，则会发现上涨的期权涨幅很小，下跌的期权跌幅较大，从买跨和卖跨投资者的盈亏平衡就能看得很明显。如图 50-2 所示，2018 年 9～11 月，波动率先上升，跟随标的波动方向的买方获得较好的收益，然后在 11 月中下旬波动率下降，是卖方难得的机会。

（3）距离到期时间的长短

笔者发现，如果标的波动平稳，则波动率变化也不大。以当月合约为例，在前面的 10 天买入实值、平值、虚值各 1 档的涨跌幅度区别不会太大，因为到期时间还早，所以时间价值对期权价格的影响不会太大。在中间的 10 天，时间价值衰减的速度加快，这时候如果标的的波动还不够大，则 Delta 的变化会受到 Theta 衰减的拖累，时间价值的消耗会影响期权价格。而到了最后 10 天，时间价值衰减得更快，这时候标的波动的幅度对期权价格的影响会更大，加之平值期权附近的 Gamma 很大，往往会出现涨跌速度都很快的期权，此时是风险，也是机会。

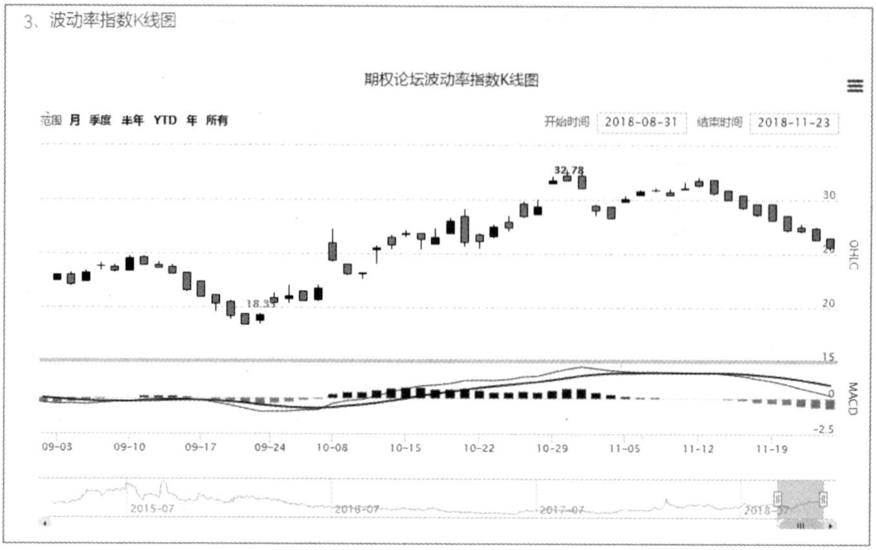

图 50-2　2018 年 9～11 月波动率指数走势

（4）学会使用期权策略单

其实在“单腿”买期权的时候，就相当于把自己置身于一条平坦宽阔的道路上，如此可能是冲锋的战士一路向前所向披靡，也可能是“敢死队”就此牺牲，其实可以使用策略单先进行试探，反正盈亏都有限，可以待方向明朗后再变换阵型。

比如在标的波动范围比较窄时，可以使用垂直价差策略，等标的波动变大再拆掉“卖腿”。在波动率下降时使用卖方策略好过买方策略，在时间流逝加快时使用合成多（空）头和比率价差策略。

简单总结就是：

小涨买平实，大涨买虚值。

升波买虚值，降波最好卖。

时早随便买，月中适合卖。

月末博波动，期权大赢家。

上文从标的波动的方向、波动率的高低和走势，以及距离到期时间的长短来说明了买方该如何选择期权合约，那么对于期权的卖方来说，要考虑从哪个维度获取利润，作为选择单卖、双卖、合约的参考？卖方的参考维度和买方的参考维度类似，即方向、波动率、时间。

如图 50-3 所示，涨跌额基本是方向的反映，隐含波动率是波动率的反映，而时间就是时间价值的反映，看你的盈利是以哪个维度为参考，就可以相应地将其作为选择合约的参考。

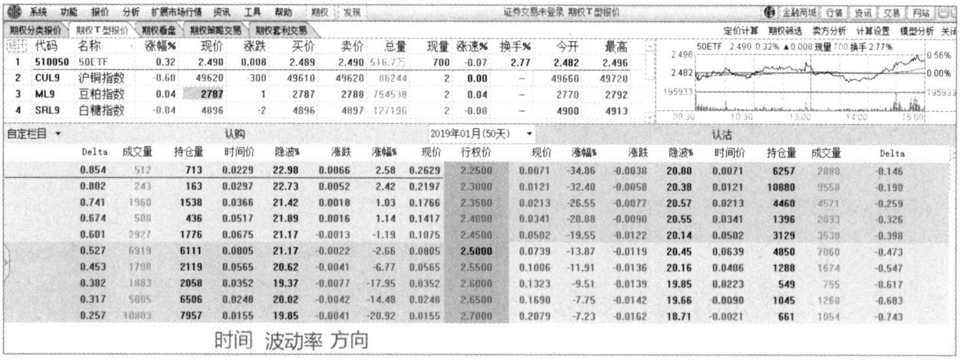

	代码	名称	涨幅%	现价	涨跌	买价	卖价	总量	现量	涨速%	换手%	今开	最高
1	510050	50ETF	0.32	2.490	0.008	2.489	2.490	516.7万	700	-0.07	2.77	2.482	2.496
2	CUL9	沪铜指数	-0.60	49620	-300	49610	49620	86244	2	0.00	–	49660	49720
3	ML9	豆粕指数	0.04	2787	1	2787	2788	754538	2	0.04	–	2770	2792
4	SRL9	白糖指数	-0.04	4896	-2	4896	4897	127196	2	-0.08	–	4900	4913

认购								2019年01月(50天)	认沽							
Delta	成交量	持仓量	时间价	隐波%	涨跌	涨幅%	现价	行权价	现价	涨幅%	涨跌	隐波%	时间价	持仓量	成交量	Delta
0.854	512	713	0.0229	22.98	0.0066	2.58	0.2629	2.2500	0.0071	-34.86	-0.0038	20.80	0.0071	6257	2880	-0.146
0.802	243	163	0.0297	22.73	0.0052	2.42	0.2197	2.3000	0.0121	-32.40	-0.0058	20.38	0.0121	10880	9558	-0.190
0.741	1960	1538	0.0366	21.42	0.0018	1.03	0.1766	2.3500	0.0213	-26.55	-0.0077	20.57	0.0213	4460	4571	-0.259
0.674	508	436	0.0517	21.89	0.0016	1.14	0.1417	2.4000	0.0341	-20.88	-0.0090	20.55	0.0341	1396	2033	-0.326
0.601	2927	1776	0.0675	21.17	-0.0013	-1.19	0.1075	2.4500	0.0502	-19.55	-0.0122	20.14	0.0502	3129	3530	-0.398
0.527	6919	6111	0.0805	21.17	-0.0022	-2.66	0.0805	2.5000	0.0739	-13.87	-0.0119	20.45	0.0639	4850	7060	-0.473
0.453	1798	2119	0.0565	20.62	-0.0041	-6.77	0.0565	2.5500	0.1006	-11.91	-0.0136	20.16	0.0406	1288	1674	-0.547
0.382	1883	2058	0.0352	19.37	-0.0077	-17.95	0.0352	2.6000	0.1323	-9.51	-0.0139	19.85	0.0223	549	755	-0.617
0.317	5005	6506	0.0248	20.02	-0.0042	-14.48	0.0248	2.6500	0.1690	-7.75	-0.0142	19.66	0.0090	1045	1268	-0.683
0.257	10803	7957	0.0155	19.85	-0.0041	-20.92	0.0155	2.7000	0.2079	-7.23	-0.0162	18.71	-0.0021	661	1054	-0.743

图 50-3　50ETF 期权 T 型报价

（1）单边方向波动

如果是赚单边方向的钱，并且对这个方向比较有把握，那么就要选择单向卖出期权，根据风险控制的原理，卖出虚值期权、平值期权、实值期权都可以，单边卖出牛市或熊市深度实值期权也没问题。

如图 50-4 和图 50-5 所示，在单边的市场里，卖出平值认购期权，并采取移仓操作的方法，每次花费 4000 元保证金，能卖出 500 元/张的平值期权，并且在 100 元/张时平仓，然后卖出下一张 500 元/张的平值期权，从而获取利润。

从图 50-6 中可以看出，50ETF 购 6 月 2600 最高时 4500 元，最后还是归零了，可见方向性卖出的利润会巨大。

（2）波动率高低与升降

波动率高低与升降是不愿意判断标的走势、或者判断标的走势能力不强的期权卖方常用的一种卖期权的参考维度，其实做期权投资最难判断的就是方向，最容易判断的是时间价值的流失，处于中间位置的是对波动率的升降和运行方向的判断。

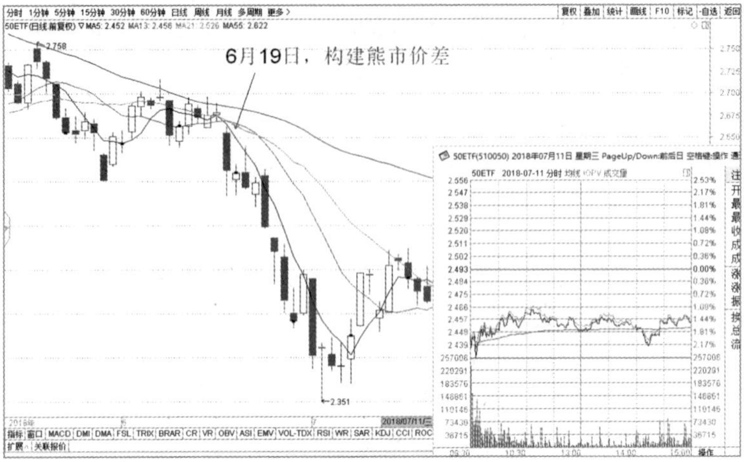

图 50-4　2018 年 6 月 50ETF 走势

风险度 83.45% 实时风险度 68.50% 风险状态 关注 资金总额 663728.47 总权益 639006.47 可用保证金 109867.77 已
0.00 期权市值 -24722.00 平仓盈亏 210418.80

持仓合约　自选合约　套利策略　备兑股份

合约代码	合约名称	类型	持仓	可平	买入成本价	买入成本	平仓盈亏
10001240	50ETF沽6月2600	权利	10	10	-0.4730	-47298.00	61468.00
10001274	50ETF沽6月2550	权利	10	10	-0.2666	-26655.00	36065.00
10001279	50ETF购6月2500	义务	1	1	-2.2513	-22513.30	22510.30
10001273	50ETF购6月2550	义务	1	1	-1.3199	-13198.80	13196.80
10001239	50ETF购6月2600	义务	1	1	-2.7406	-27406.30	27405.30
10001338	50ETF购7月2600	义务	1	1	-0.8477	-8477.30	8281.30
10001309	50ETF购6月2450	义务	30	30	-0.1484	-44527.50	41647.50
10001353	50ETF购6月2400	义务	85	33	-0.0570	-48420.00	3200.00
	合计8		139	87		-238496.20	213774.20

图 50-5　2018 年笔者期权账户截图

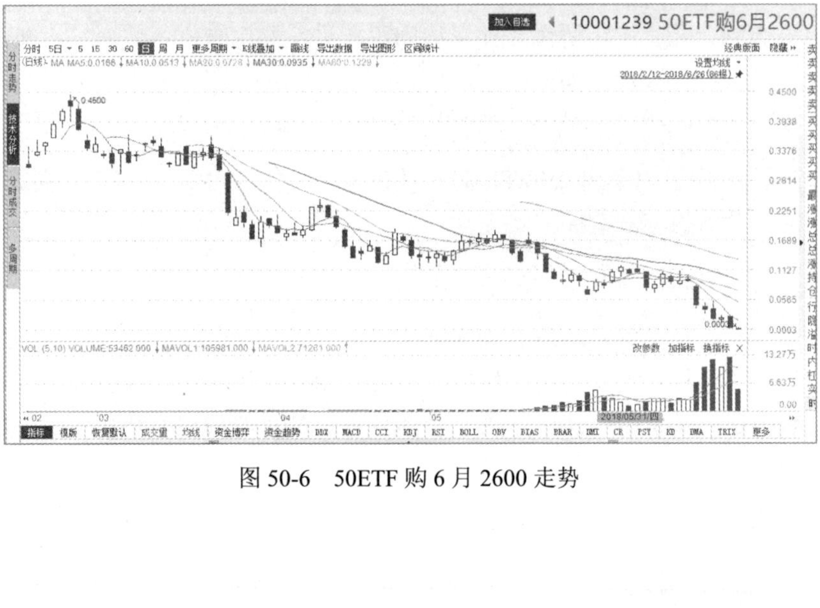

图 50-6　50ETF 购 6 月 2600 走势

从图 50-7 可以看出，波动率的上升有时候是快速的，但如果这种高波动率随着标的的大幅波动而消失，那么高波动率就会变低或快速回归到常态，在高波动率回归的过程中就是卖方的好机会。如果要赚取波动率下降的收益，且对方向有一定的判断能力，那么单卖轻度虚值期权或平值期权都可以，如果没有对方向的判断能力，那么就双卖虚值期权和平值期权。

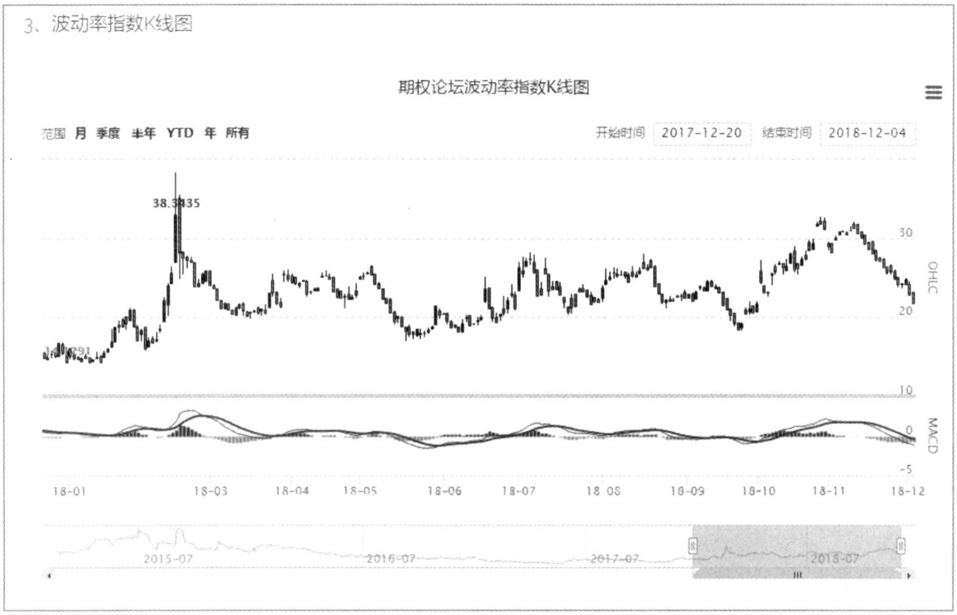

图 50-7　2018 年以来波动率指数

（3）时间价值衰减

期权都是有到期日的，在一个周期内，至少有一半的期权会归零，或者它们原来就是只有时间价值的虚值期权，再或者是既有内在价值、也有时间价值的平值期权、实值期权。所以对冲掉方向和波动率的影响，也可以好好利用赚取时间价值的期权策略。当然为了安全起见，一般卖两头虚值，并不断调整 Delta 为中性或者将 Gamma 也保持中性。这时候还可以用备兑策略、比率价差、垂直价差来构建组合策略，如此卖出近期或者远期的期权都可以。

（4）箱体边缘的概率

期权卖方若判断近期行情为箱体震荡，想赚取箱体震荡的利润，则可以考虑卖出两头的虚值期权。

如图 50-8 所示，2018 年 7 月到 11 月，从一个更宽的范围来看，50ETF 在 2.4～2.6 元之内宽幅震荡，如果认为这种趋势将保持，则可以卖出箱体顶部、底部之外行权价的期权，比如卖出购 2600 以上、沽 2400 以下的期权，或者可以卖出年线之上、新低以下行权价的期权。若卖出两头虚值的期权，则收获权利金的概率较大。

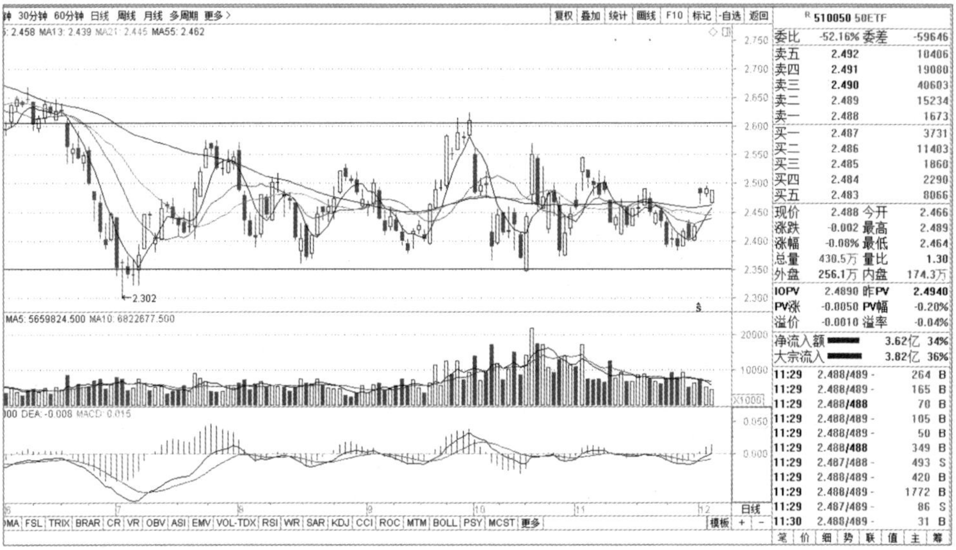

图 50-8　2018 年 6～11 月 50ETF 走势

当然，在期权卖方的各种选择合约之后，如果要让净值或账户波动小一点，则在面对日内大幅波动时，可采取对冲、反手等各种手段来平滑曲线，以及根据是否看错了方向、超出了边界来更改策略。

51

顺应趋势，拐点没有那么重要

自 2019 年 1 月以来，50ETF 从 2.25 元上涨到最高 2.6 元，涨幅约为 15%，2019 年的波动率较高，但 1 月份的涨幅并不大，最后轻度虚值的 2400 认购归零，2 月份经历了一次跌破 5 日均线的长阴行情和一次“路由器”行情。

在这样的“事后都对”的行情里，我们又看到了与 2018 年的 18 连阳及 2017 年牛市一样的现象，很多人都在猜拐点，做空的投资者一路亏损。但是，拐点真的那么重要吗？仔细一想，拐点并没有多么重要。

（1）拐点终将来，但不知何时来

不管是下跌后的反弹还是上涨后的调整，总有一天这个拐点会到来，但却不知道拐点到底哪一天到来。做股票还好一些，涨多了跌，跌多了涨，但是做商品期货，尤其是做期权，如果猜错了拐点，那么可能会有比较惨的教训。

（2）只看别人笑，自己却在煎熬

要知道，在一轮趋势行情里，用期权权利仓来操作，最大亏损有限，亏多少钱都没关系，关键是另外正确的那个方向赚了多少钱。既然做逆势也能非常坚决，那么为何不用小仓位去做顺势呢？

（3）最后拐点来，是否盈利自知

喜欢做拐点交易的投资者，如果每次都能严格控制仓位，等比例或者按照凯利公式做定投，那么最后可能还是盈利的，就怕那种第一单投入 10 万元，亏损了；

第二单投入 5 万元，又亏损了；第三单投入 3 万元……等到拐点真的来临时，却不敢继续投入了，于是错失机会。

（4）顺应大趋势，赚到当下的钱

顺势持仓如探囊取物，逆势持仓如风中残烛。有人说，同时开一张认购和一张认沽，哪一张容易赚钱，哪一张就是这个顺势的方向。还有人说，股市大多数人都是错的——其实这个前提是，在拐点前面一点点大多数人是错的，但是在趋势保持的时候，大多数人还是对的，只不过大多数人会比较贪心，不在曲终人散时及时离场，所以最后的结果是，很多人在牛市赚过钱，而没有把钱揣入兜里。

（5）用好策略单，轻松迎接拐点

一般来说，所有股民包括期权投资者都会逆市操作，即行情越涨越卖、越跌越买。所以亏损的时候亏大钱，盈利的时候赚小钱。可以使用下面一些策略来保住利润，不惧拐点。

① 获利出金。不管什么时候，获利出金总是对的，尤其对于做期权来说，再通过移仓保持和增加杠杆的品种。

② 少量虚值。在获利出金后，再保留一定量的虚值期权，上涨可以获得较大收益，下跌也亏损有限。

③ 垂直价差。如果害怕拐点，则可以使用牛市价差或者比率价差来锁定收益，并根据后市的发展来改成“单腿”或者卖方。

④ 买入认沽做保险。可以用之前赚取的一点点利润买入一些虚值认沽期权做保险，如果行情下跌，则还能有一定的弥补。

52

严格执行，卖方常用止损技巧

如果期权买方不止损，那么亏损的最大金额是当期投入的本金，比如一张 500 元/张的期权最大亏损是 500 元，而如果卖出了 200 元/张的虚值期权，一旦朝着对你不利的方向发展，那么承受的亏损可能是 200～1000 元。如图 52-1 所示为 50ETF 沽 1 月 2300，最低价格为 102 元/张，最高价格为 870 元/张，假设在 100～200 元/张卖出该期权，如果不止损，那么承受的最大亏损为 600～700 元/张。

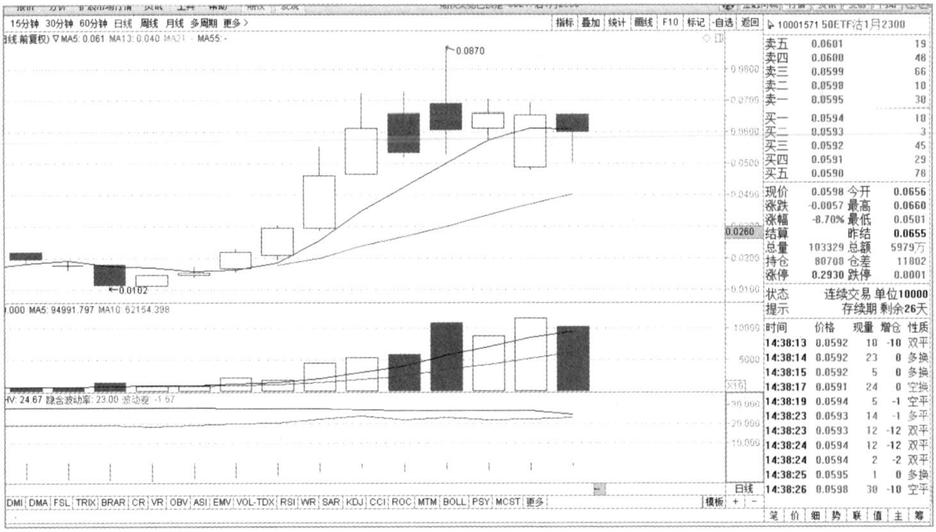

图 52-1　50ETF 沽 1 月 2300 走势

卖方常用的止损技巧有以下几种。

（1）浮亏比例止损

如果是单式或者组合式卖出期权，那么可以在有浮亏时，按照浮亏的比例来止损，比如浮亏超过了保证金的 2%～5%，即保证金 3000 元/张的期权（权利金约为 300 元/张），短期内反向波动了 60～150 元/张，则应该止损出局。这种方式简单明了。

（2）权利金翻倍止损

卖出一些深度虚值期权（如 50～100 元/张），本来就是薄利多销的小本生意，当权利金反向波动超过你应收的权利金时，则止损。这种方式可以抗拒期权后期的大幅波动，但也可能在该期权波动后还是归零，而浪费了收取这笔权利金的机会。

（3）账户资金总额止损

假设持仓的期权有买、有卖，而卖出的跨式期权已经不平衡，比如同样卖出 200 元/张的跨式期权，一个合约已经跌到了 50 元/张，另一个合约却上涨到了 400 元/张，这时候检查一下账户资金总额，如果总资金已经出现浮亏，则应该不计成本地全部平仓，等待下次机会。

（4）低点反弹止损

假设卖出的期权在开始时不断下跌，但是不久后该期权合约开始反弹，那么可以在该期权反弹的过程中止损或止盈。

（5）技术面止损

技术面止损是比较靠谱的量化方法，可以根据分时、分钟、日等均线的上穿、下穿，MACD 的金叉、死叉与背离等简单技术指标来设置止损。若买方参考日线来设置止损，那么实际亏损就已经相当大了，但是卖方是可以承受的。

（6）接近平值止损

当卖出的虚值期权不断上涨，直到接近于平值期权时，短期波动率和时间价值衰减对其影响较小，而 Gamma 值也达到峰值，如果标的没有马上转向，那么其价格实际上较难回落，这时候若继续持有卖方，则如逆水行舟，不如先止损再说。

（7）波动率止损

当波动率处于下行通道时，期权的卖方经常“躺着赚钱”，但是当波动率在底部区域横盘一段时间后，则要注意波动率快速上升带来的亏损，因为这时不管是单卖还是双卖，都可能造成亏损，甚至出现即使看对方向也亏损的情况。

（8）对冲

在浮亏刚刚产生或者浮盈刚刚回撤时，可以充分运用买入实值、卖出反向等对冲的手段来控制账户总体的资金额。

这些止损技巧，都是作者用大量资金试错得来的经验，大家可以认真体会。

六、实战经验篇

53. 弱市利好，高开低走做空良机
54. 认沽期权，调整市的饕餮盛宴
55. 卖方移仓，敢卖平值月利三成
56. 方向转势，及时反手终能翻身
57. 风云流转，行情如棋局日日新
58. 经典重现，日内翻番并非难事
59. 主动博弈，也像海草随波飘摇
60. 操场点兵，沙场检验真正猛将
61. 先收后押，低成本玩赚末日轮
62. 券商涨停，期权成交量创新高
63. 跌宕起伏，连续三天有十倍权
64. 稍等片刻，出现套利捡钱机会
65. 窄幅震荡，波动率高用何策略
66. 自我膨胀，卖方面临最大风险
67. 步步为营，完整赚两个月上涨

53

弱市利好，高开低走做空良机

熊市沧桑乃正道，利好当作利空炒。

权市百变王风范，做空做多任逍遥。

2018 年 6 月 24 日央行定向降准，“靴子”落地，沪指于 6 月 25 日高开低走，收盘下跌 1.05%，收报 2859.34 点（如图 53-1 所示），大盘 2900 点得而复失。市场成交量依然低迷，沪深两市合计成交仅有 3079 亿元，行业板块涨少跌多。

图 53-1　2018 年 4～6 月上证指数走势

央行进行了定向降准，释放了 7000 亿元资金，提高了资金的流动性，但大家对这件事的反应并不强烈，因为之前也定向降准过几次准备金，但股市也没有太强烈的反应，所以只有看多的投资者还在认为这是很大的利好消息。

（1）当日行情

2018 年 6 月 25 日在笔者的自选股中，大多数权重股跌幅较大，航空股跌幅巨大，银行股再创新低（如图 53-2 所示），近期沪港通（如图 53-3 和图 53-4 所示）流出也较大，高开低走成定势。

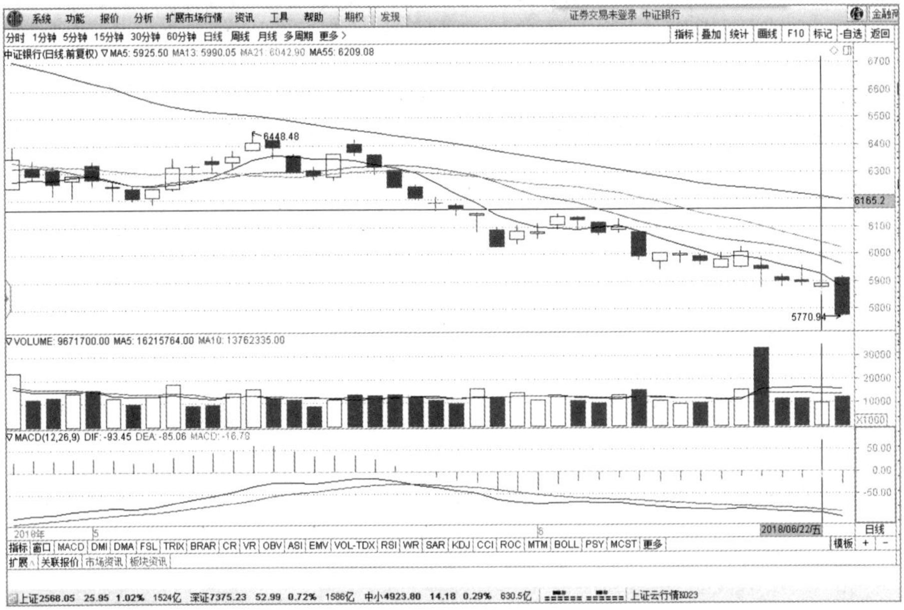

图 53-2　银行股长阴突破，再创新低

（2）期权操作

早晨 50ETF 高开 0.3%，随后稍微走低，接着又往上反弹了一下，这时 50ETF 沽 6 月 2600 跌幅达 30%，但曾经出现过多次日内高开、认沽翻番的行情，所以投资者应该等等再下单。等到标的一路走低，很难站上均线时，就执行如图 53-5 所示的操作。当天波动率保持比较平稳，并未大幅拉升。

可惜下午出现了小反弹，笔者平仓一半 50ETF 沽 6 月 2600，少盈利 200 元/张。认沽 2600 的操作日内翻 3 倍（如图 53-6 所示），当天认沽期权涨幅很大。

类型	板块	资金方向	交易状态	资金净流入	当日资金余额
沪港通	沪股通	北向	收盘	-23.83亿元	543.83亿元
	港股通(沪)	南向	额度可用	2.96亿元	417.04亿元
深港通	深股通	北向	收盘	-12.95亿元	532.95亿元
	港股通(深)	南向	额度可用	9.13亿元	410.87亿元

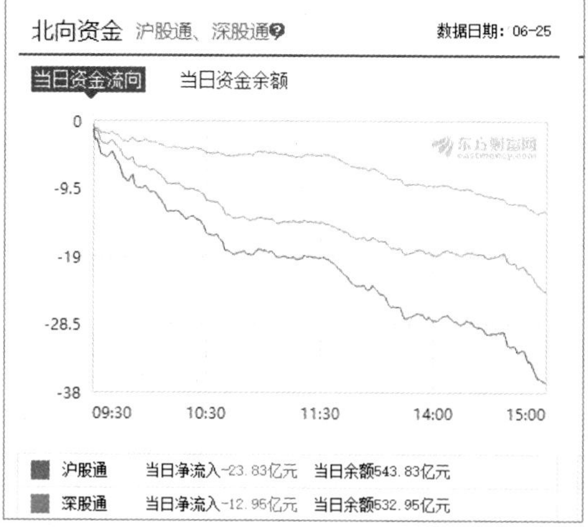

图 53-3　沪股通坚决流出

沪深港通历史数据

沪股通历史数据　深股通历史数据　港股通(沪)历史数据　港股通(深)历史数据

日期	当日资金流入	当日余额	历史资金累计流入	当日成交净买额	买入成交额	卖出成交额	领涨股	领涨股涨跌幅	上证指数	涨跌幅
2018-06-22	-1.05亿元	521.05亿元	2798.05亿元	-1.69亿元	53.96亿元	55.65亿元	文投控股	10.05%	2889.76	0.49%
2018-06-21	4.27亿元	515.73亿元	2799.74亿元	3.85亿元	79.76亿元	75.91亿元	包钢股份	6.62%	2875.81	-1.37%
2018-06-20	-2.16亿元	522.16亿元	2795.89亿元	-3.19亿元	66.42亿元	69.62亿元	柳钢股份	10.06%	2915.73	0.27%
2018-06-19	-19.80亿元	539.80亿元	2799.08亿元	-20.43亿元	107.39亿元	127.83亿元	新五丰	4.63%	2907.82	-3.78%
2018-06-15	22.57亿元	497.43亿元	2819.52亿元	20.91亿元	84.23亿元	63.32亿元	鑫科材料	5.79%	3021.9	-0.73%
2018-06-14	19.31亿元	500.69亿元	2798.60亿元	18.58亿元	69.30亿元	50.71亿元	曲美家居	10.02%	3044.16	-0.18%
2018-06-13	7.85亿元	512.15亿元	2780.02亿元	7.25亿元	58.34亿元	51.09亿元	云南城投	5.82%	3049.8	-0.97%
2018-06-12	11.04亿元	508.96亿元	2772.77亿元	9.73亿元	62.75亿元	53.02亿元	今世缘	7.52%	3079.8	0.89%

图 53-4　近期沪股通流入情况

随后笔者买入开仓 50ETF 沽 6 月 2550 权利仓，并开了 50ETF 购 7 月 2600 的义务仓，也盈利不少。看来，期权买方很多时候也在浪费时间，只要抓住关键的几天就好，但是要知道关键的几天是哪几天。

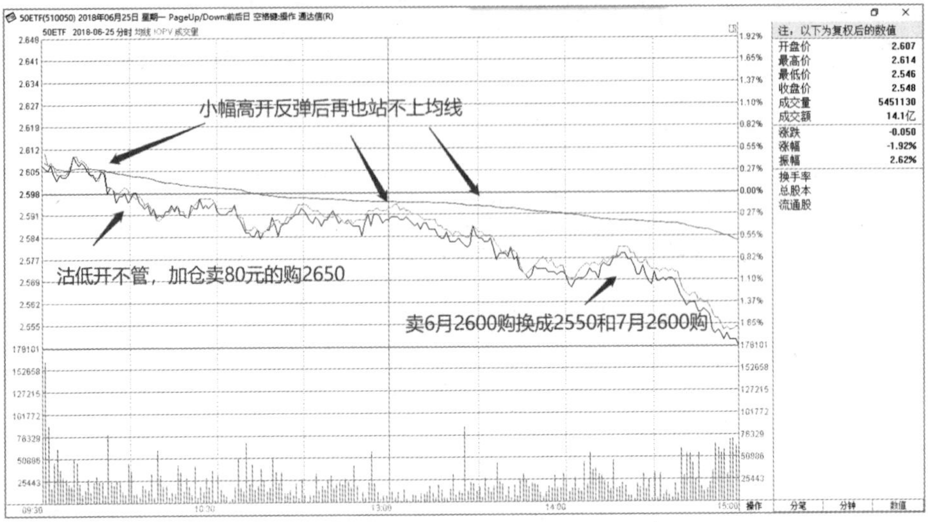

图 53-5　当日 50ETF 走势和期权操作

图 53-6　50ETF 沽 6 月 2600 走势

（3）操作感悟

① 当前股票没有好行情，如果资金符合要求，就尽量开通期权，不是要你进行高杠杆的搏杀，而是在行情大跌或阴跌时，还有其他获利的途径。

② 很多人擅长做日内交易，但是关键时候掉链子，不是做反了方向眼巴巴地看着持仓下跌，没有追反向，就是因为某些事情耽误了，错过了机会，失去了获取

利润的机会。要知道，赚小钱容易，亏大钱更容易，一定要在能够赚大钱的时候抓住机会。

③ 当你的持仓量符合行情大趋势时，即使遇到日内反向波动，也不要轻易止损，而是要相信自己的判断，或许会有惊喜的结果。

（4）日内翻番策略

逢高开抄底认沽期权的操作，要有以下几个前提。

- 当前是偏空走势，标的高开后走低。
- 标的高开后认沽期权大幅走低，跌 30%左右。
- 标的高开低走，站不上当日均线或直接跌破均线。
- 主要成分股没有大幅反弹。
- 先买入部分仓位认沽期权，等期权站上分时均线再加仓。
- 不要投入太多资金，一次 1 万元左右即可，在盈利 30%～100%时分批止盈。
- 设置好止损位，因为认沽期权已下跌 30%～50%，当日再次大幅下跌的可能性不大，当然如果是极强市就放弃这段操作，或者买入认购期权，或者及时止损。

54

认沽期权，调整市的饕餮盛宴

往者不可谏，来者犹可追。

盛宴终散去，感悟永记怀。

2018 年 6 月 26 日沪指跳空下行，收盘小幅下跌 0.52%，收报 2844.51 点，盘中最低下探至 2803.79 点，再创两年新低；创业板指逆市走强，收盘大涨 1.71%，收报 1564.92 点。沪深两市合计成交仅有 3258 亿元，行业板块涨多跌少。

然而，权重股补跌，50ETF 最多跌到了 2.48 元（如图 54-1 所示）。

图 54-1　2018 年 3～6 月 50ETF 走势

在这段跌幅有点大的调整行情里，唯有用认沽期权对手上持有的现货进行保护，才能增加收益。

当天上午认沽期权冲高，涨幅较大，下午有所回落，平值认沽期权 50ETF 沽 6 月 2550 一路走高，最大涨幅达 3 倍（如图 54-2 所示）。笔者在早晨开盘后不久买入认沽期权，考虑到标的反弹和波动率快速下降，40 分钟后在行情冲高回落时平仓一部分（如图 54-3 和图 54-4 所示）。卖方操作是先买入平仓权利金不多的 50ETF 购 6 月 2550，再卖出开仓较贵的 50ETF 购 6 月 2500（如图 54-5 和图 54-6 所示）。

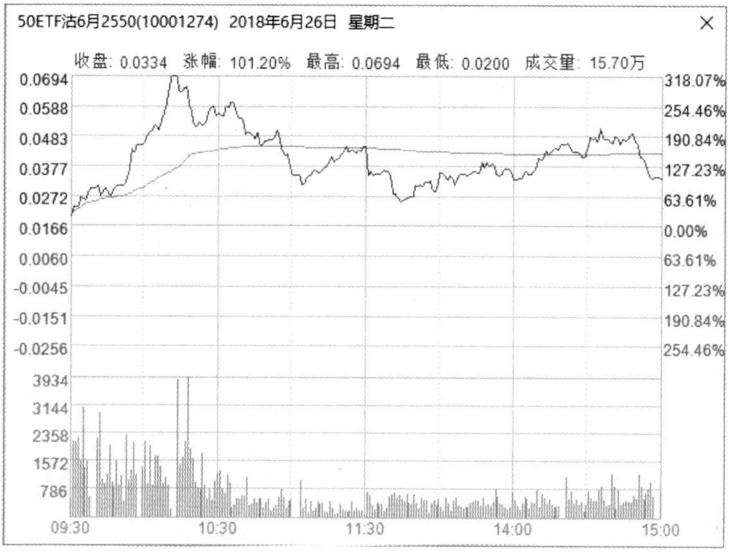

图 54-2 50ETF 沽 6 月 2550 走势

当日委托 | 当日成交 | 可撤委托 | 预埋-条件单 | 止盈止损 | 风控单

报单时间	合约	买卖	开平	挂单状态	报单价格
09:34:26	10001274	买入	开仓	全部成交	0.0280
09:34:26	10001274	买入	开仓	全部成交	0.0280
09:34:26	10001274	买入	开仓	全部成交	0.0280
09:34:02	10001274	买入	开仓	全部成交	0.0275
09:34:02	10001274	买入	开仓	全部成交	0.0275
09:34:02	10001274	买入	开仓	全部成交	0.0275

图 54-3 开盘后不久即买入 50ETF 沽 6 月 2550

以下是笔者的几点操作感悟。

（1）在行情好的时候，如果方向做反，那么亏多少钱都是小事，关键是方向正确的那头，赚了多少钱。

当日委托 | 当日成交 | 可撤委托 | 预埋-条件单 | 止盈止损 | 风控单

报单时间	合约	买卖	开平	挂单状态	报单价格
10:56:48	10001274	卖出	平仓	全部成交	0.0416
10:56:48	10001274	卖出	平仓	全部成交	0.0416
10:56:11	10001274	卖出	平仓	全部成交	0.0426
10:56:10	10001274	卖出	平仓	全部成交	0.0426
10:56:10	10001274	卖出	平仓	全部成交	0.0426
10:56:02	10001274	卖出	平仓	全部撤单	0.0431

图 54-4　冲高回落时卖出部分

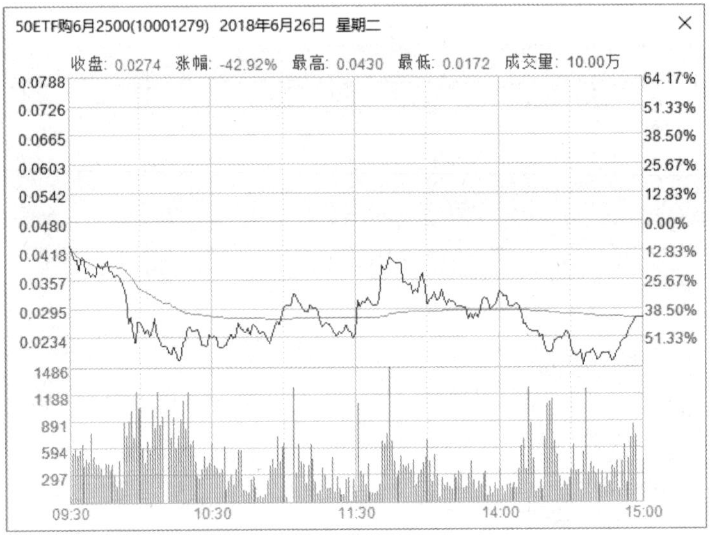

图 54-5　认购 2500 合约走势

当日委托 | 当日成交 | 可撤委托 | 预埋-条件单 | 止盈止损 | 风控单

报单时间	合约	买卖	开平	挂单状态	报单价格
09:42:36	10001274	买入	开仓	全部成交	0.0296
09:38:57	10001279	卖出	开仓	全部成交	0.0365
09:38:51	10001279	卖出	开仓	全部成交	0.0365
09:38:15	10001279	卖出	开仓	全部成交	0.0378
09:38:12	10001279	卖出	开仓	全部成交	0.0382

图 54-6　卖方策略操作

（2）赚小钱很容易，但更要抓住赚大钱的机会，因为这才是期权获利的主要方法。

（3）前面买入认购期权做错了不要紧，及时反手还有翻本和盈利的可能性。

（4）做短线最重要的是先确定大趋势向上、向下还是横盘，然后选择一个方向的合约高抛低吸。

55

卖方移仓，敢卖平值月利三成

识时务者为俊杰，墨守成规不可取。

紧随趋势占先机，知错速反挽困局。

2018 年 6 月，50ETF 经历了将近连续 4 个月的 2.6～2.8 元的横盘后，终于在期权合约到期前几天选择了方向——向下突破。在这之前半个月买入认购期权或者认沽期权，都只存在短线盈利的机会，上涨与下跌相互交替出现。最后在 6 月 19 日以一根长阴开始了方向的突破。

（1）行情回顾

5 月期权合约行权日（2018 年 5 月 23 日）50ETF 收盘 2.672 元，6 月期权合约行权日（6 月 27 日）收盘 2.465 元，最高 2.717 元（比前几个月的高点都低），最低 2.451 元（如图 55-1 所示），创出了新低，6 月末行情向下突破，上证指数跌破 2800 点，上证 50 创新低。5 月份期权，从 5 月 24 日持仓算起，认购合约大亏，从 3600 合约到 2500 合约全部归零（如图 55-2 所示），但在端午节后大赚（如图 55-3 所示），2500 合约在 6 月 25 日～27 日从最低 6 元/张上涨到 500 元/张，50ETF 沽 6 月 2600 涨了 80 多倍。

期权论坛波动率 QVIX（如图 55-4 所示）经历了两拨上升行情，然后行情下跌，义务仓赚取巨大的方向性利润。

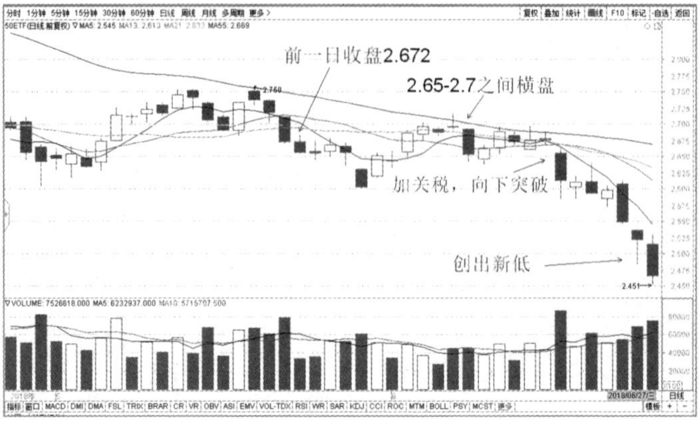

图 55-1　2018 年 6 月 50ETF 走势

图 55-2　实值 50ETF 购 6 月 2500 从 2700 元/张到基本归零

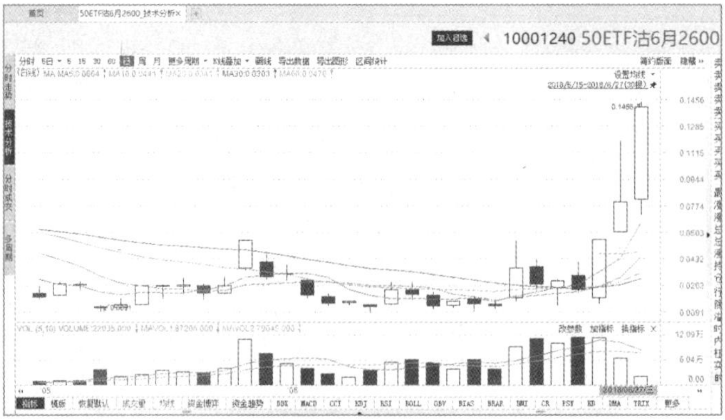

图 55-3　月初轻度虚值的 50ETF 沽 6 月 2600 大涨 15 倍

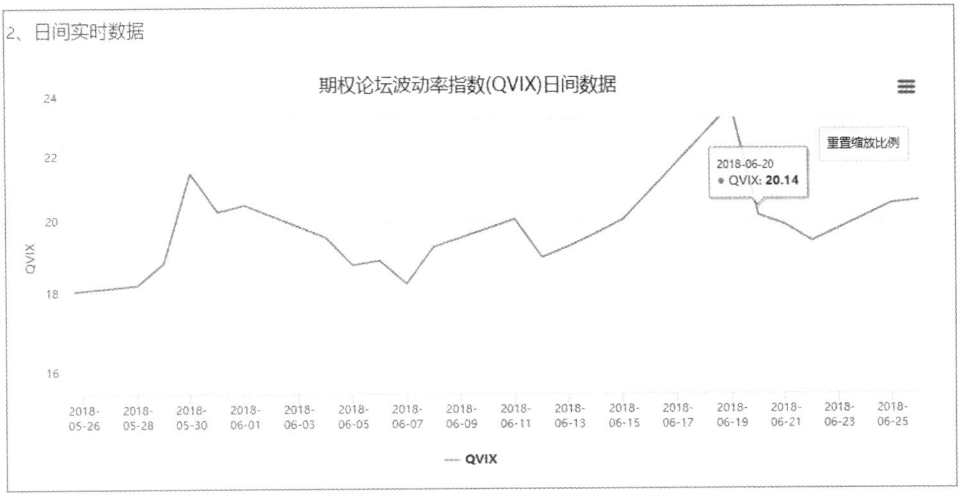

图 55-4　期权论坛 QVIX 走势

（2）个人操作

2018 年 6 月笔者在买方账户先后投入了 10 万元，逐渐买入轻度虚值 50ETF 购 6 月 2700，在小赚 1 万多元时不平仓，最后大亏 8 万多元。在端午节后中国与美国相互增加关税，上证指数向下突破 3000 点，看到空头趋势确立，反手做空，挽回一半损失。最后买入的认沽期权获得较大收益。

6 月 25 日央行降准，50ETF 行情大跌 2%，认沽期权收获颇丰。大盘高开低走其实是最好赚钱的行情。

卖方账户，卖出开仓 50ETF 沽 6 月 2750 早了一些，以 500 多元/张卖出，标的随后上涨到 1000 元/张。后来看到空头趋势确立，反手开出认购期权并买入部分认沽权利仓（如图 55-5 和图 55-6 所示），在行情大跌的过程中，将卖出认购 2700 换成 2650，再换成认购 2600、认购 2550、认购 2500，最后卖出实值认购 2450，通过卖方的移仓，收益率达到 29%。

此次笔者做得比较好的是及时反手挽回了损失，在快速下跌时将认购义务仓向下移仓，以及坚定了趋势不改绝不轻易止盈的操作方式。

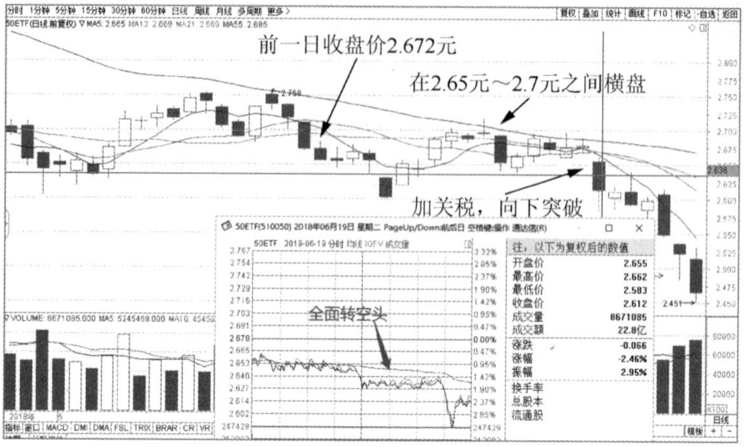

图 55-5　及时反手是保留火种和翻身的好机会

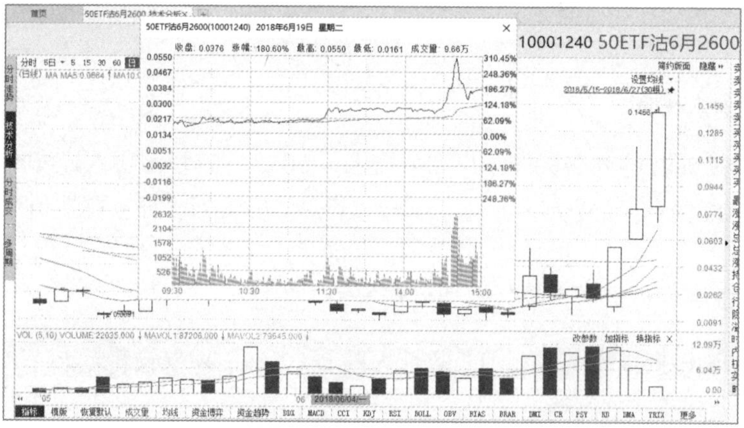

图 55-6　追高买入 50ETF 沽 6 月 2600

在 2018 年 6 月之前 50ETF 基本上是横盘走势，一直到端午节前也没有较大的波动，然而在端午节后，由于“独角兽”公司上市和“质押盘”危机等因素叠加，大盘直接跳空低开。这时银行股已经屡创新低，新华保险、中国人寿也屡创新低，且跌幅较大，中国平安则横盘在高位，其实自 2018 年 2 月以来大盘是明显的空头和横盘走势，只是投资者们不愿意承认而已。事实证明，在 2018 年的端午节期间卖出认购才是最好的策略。

于是，笔者壮士断腕及时反手做空，避免损失的扩大，并有所收获，如图 55-7 所示。

开始日期: 2018-06-19 结束日期: 2018-06-27 查询

发生日期	成交时间	合约代码	合约名称	证券代码	持仓类别	买卖	开平	备兑标志	业务状态	成交价格
20180619	13:19:20	10001132	50ETF沽6月2750	510050	义务方	买入	平仓	非备兑	成交	0.1218
20180619	13:19:32	10001140	50ETF沽6月2700	510050	义务方	买入	平仓	非备兑	成交	0.0815
20180619	13:19:34	10001140	50ETF沽6月2700	510050	义务方	买入	平仓	非备兑	成交	0.0815
20180619	13:27:32	10001240	50ETF沽6月2600	510050	权利方	买入	开仓	非备兑	成交	0.0268
20180619	13:27:38	10001240	50ETF沽6月2600	510050	权利方	买入	开仓	非备兑	成交	0.0270
20180619	13:54:43	10001240	50ETF沽6月2600	510050	权利方	买入	开仓	非备兑	成交	0.0272
20180619	13:54:43	10001240	50ETF沽6月2600	510050	权利方	买入	开仓	非备兑	成交	0.0271
20180619	13:54:54	10001240	50ETF沽6月2600	510050	权利方	买入	开仓	非备兑	成交	0.0273
20180619	13:55:04	10001240	50ETF沽6月2600	510050	权利方	买入	开仓	非备兑	成交	0.0273
20180619	13:55:48	10001240	50ETF沽6月2600	510050	权利方	买入	开仓	非备兑	成交	0.0273
20180619	13:55:56	10001140	50ETF沽6月2700	510050	义务方	买入	平仓	非备兑	成交	0.0845
20180619	13:55:56	10001140	50ETF沽6月2700	510050	义务方	买入	平仓	非备兑	成交	0.0845
20180619	13:55:56	10001140	50ETF沽6月2700	510050	义务方	买入	平仓	非备兑	成交	0.0845
20180619	13:55:56	10001140	50ETF沽6月2700	510050	义务方	买入	平仓	非备兑	成交	0.0845
20180619	13:56:00	10001140	50ETF沽6月2700	510050	义务方	买入	平仓	非备兑	成交	0.0845
20180619	13:56:03	10001140	50ETF沽6月2700	510050	义务方	买入	平仓	非备兑	成交	0.0845
20180619	13:56:05	10001140	50ETF沽6月2700	510050	义务方	买入	平仓	非备兑	成交	0.0845
20180619	13:56:05	10001140	50ETF沽6月2700	510050	义务方	买入	平仓	非备兑	成交	0.0845

图 55-7 及时平掉卖沽，反手买沽、卖购

有人认为义务仓收益有限，其实不是的，在单边行情的时候同样可以用义务仓来获取超额利润，办法就是：适当地把价格不高的虚值期权合约平仓，继续卖出平值期权和实值期权，如图 55-8～图 55-10 所示。

发生日期	成交时间	合约代码	合约名称	证券代码	持仓类别	买卖	开平	备兑标志	业务状态	成交价格
20180625	14:10:45	10001239	50ETF购6月2600	510050	义务方	买入	平仓	非备兑	成交	0.0085
20180625	14:10:46	10001239	50ETF购6月2600	510050	义务方	买入	平仓	非备兑	成交	0.0086
20180625	14:10:47	10001239	50ETF购6月2600	510050	义务方	买入	平仓	非备兑	成交	0.0086
20180625	14:11:04	10001167	50ETF购6月2650	510050	义务方	买入	平仓	非备兑	成交	0.0017
20180625	14:11:04	10001167	50ETF购6月2650	510050	义务方	买入	平仓	非备兑	成交	0.0017
20180625	14:11:04	10001167	50ETF购6月2650	510050	义务方	买入	平仓	非备兑	成交	0.0017
20180625	14:11:56	10001338	50ETF购7月2600	510050	义务方	卖出	开仓	非备兑	成交	0.0498
20180625	14:11:56	10001338	50ETF购7月2600	510050	义务方	卖出	开仓	非备兑	成交	0.0498
20180625	14:11:57	10001338	50ETF购7月2600	510050	义务方	卖出	开仓	非备兑	成交	0.0498
20180625	14:12:00	10001338	50ETF购7月2600	510050	义务方	卖出	开仓	非备兑	成交	0.0498
20180625	14:12:00	10001338	50ETF购7月2600	510050	义务方	卖出	开仓	非备兑	成交	0.0498
20180625	14:15:15	10001273	50ETF购6月2550	510050	义务方	卖出	开仓	非备兑	成交	0.0323
20180625	14:15:27	10001273	50ETF购6月2550	510050	义务方	卖出	开仓	非备兑	成交	0.0323
20180625	14:15:33	10001273	50ETF购6月2550	510050	义务方	卖出	开仓	非备兑	成交	0.0323
20180625	14:15:35	10001273	50ETF购6月2550	510050	义务方	卖出	开仓	非备兑	成交	0.0323
20180625	14:15:42	10001273	50ETF购6月2550	510050	义务方	卖出	开仓	非备兑	成交	0.0323

图 55-8 义务仓的移仓（1）

20180626	09:37:20	10001273	50ETF购6月2550	510050	义务方	买入	平仓	非备兑	成交	0.0090
20180626	09:37:22	10001273	50ETF购6月2550	510050	义务方	买入	平仓	非备兑	成交	0.0090
20180626	09:37:22	10001273	50ETF购6月2550	510050	义务方	买入	平仓	非备兑	成交	0.0090
20180626	09:38:13	10001279	50ETF购6月2500	510050	义务方	卖出	开仓	非备兑	成交	0.0382
20180626	09:38:17	10001279	50ETF购6月2500	510050	义务方	卖出	开仓	非备兑	成交	0.0379
20180626	09:38:52	10001279	50ETF购6月2500	510050	义务方	卖出	开仓	非备兑	成交	0.0365
20180626	09:38:58	10001279	50ETF购6月2500	510050	义务方	卖出	开仓	非备兑	成交	0.0365

图 55-9 义务仓的移仓（2）

	10001279	50ETF购6月2500	义务	1	1	-2.2513	-22513.30	22510.30
1	10001273	50ETF购6月2550	义务	1	1	-1.3199	-13198.80	13196.80
	10001239	50ETF购6月2600	义务	1	1	-2.7406	-27406.30	27405.30
	10001338	50ETF购7月2600	义务	1	1	-0.8477	-8477.30	8278.30
	10001309	50ETF购6月2450	义务	50	50	-0.0942	-47093.50	42493.50
	10001353	50ETF购6月2400	义务	85	33	-0.0570	-48420.00	3370.00

图 55-10　义务仓通过移仓，获得丰厚利润

笔者用这种不断移仓卖方的做法，在端午节期间实现收益率达到 29%，如图 55-11 所示。

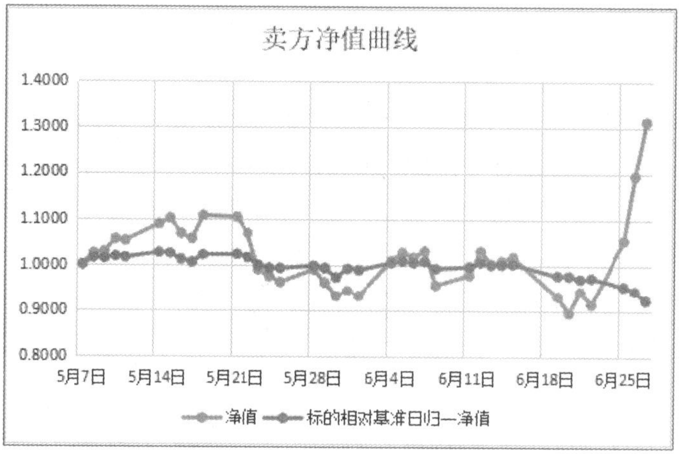

图 55-11　卖方收益率曲线

（3）经验

① 权利仓需静待时机。

在行情不明朗和宽幅波动但未突破箱体时，应少做长期持有的权利仓，或者做好高抛低吸、快进快出，再或者前半个月不开权利仓，后半个月做小仓位。

② 当趋势改变时应及时反手。

这一点非常重要，为什么很多人会错过行情？因为很多人在持仓后，就算行情与持仓相反，也不会断臂求生、反手赚钱，而会在逐渐归零中僵化，以至于错过了大机会。做期权买方，亏钱不可怕，可怕的是错过了另外一头的大利润。买入认购期权做错了不要紧，只要及时反手，就还有翻本和盈利的可能性。

③ 短线炫技易，守住大肉难。

赚小钱很容易，但更要抓住赚大钱的机会。投资者在短线震荡时每天赚钱很容易，难的是在遇到大行情时，能够把握机会，赚取更多利润。

④ 投资短线要先确定行情趋势。

做短线投资最重要的是先确定行情大趋势是向上、向下还是横盘，然后选择一个方向的合约高抛低吸。

⑤ 止损后要及时进场。

有时候，基于当时的行情走势和对行情的分析，将持仓的期权合约做了止损，但后来行情变化了，朝着你原有的持仓方向发展，就应当果断地追买回来，不要由于现在的成本高于原来的价格而不敢追买，因为期权就是用来追趋势的，做高价买回是很普遍的，一段趋势常常不是期权合约上涨 100%就结束的。有朋友在 6 月 21 日止损了认沽期权，但还是应该再追买回来。如图 55-12 所示为 50ETF 沽 6 月 2600 走势。

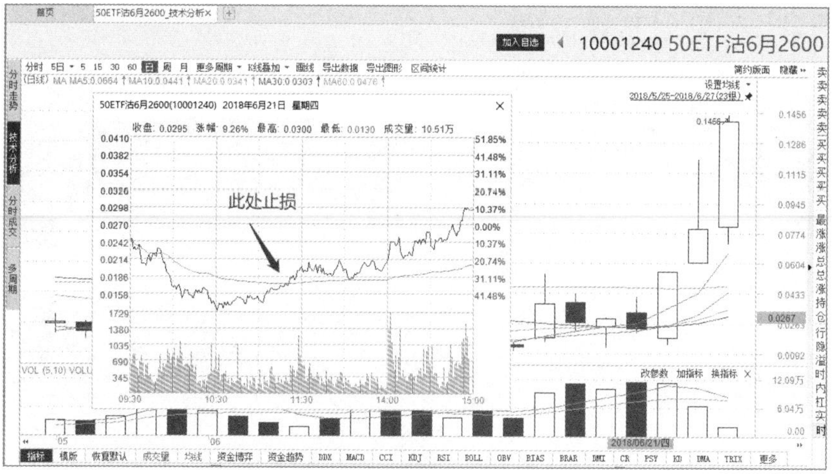

图 55-12　50ETF 沽 6 月 2600 走势

（4）需要改进的地方

① 在行情不明朗时，权利仓不能随便买入。

在月初期权合约都很贵的情况下，行情不明朗，应该少下手买入，笔者在 2018

年 4～6 月，权利仓亏损很多，但义务仓都是盈利的。

② 方向性卖方要及时跟随趋势。

2018 年 5 月 24 日，标的从高点回落，笔者卖出认沽期权损失较大，也没有及时反手卖出认购期权，甚至没有做高抛低吸的操作，最后浮亏了很久。但笔者在亏损了 4 个月之后，认清了形势，把握大局、跟随趋势，在不同的市场发现机会，最后终于有所盈利。

番外：我为什么敢卖实值 2450 认购期权

一般卖方投资者做卖出跨式期权或者虚值期权，利润比较薄，一个月的盈利在 2%～5%之间，笔者在 6 月期权行权日非常勇敢地卖出了 50ETF 购 6 月 2450（如图 55-13 所示），原因如下。

图 55-13　50ETF 购 6 月 2450 走势

① 最近是大空头走势，实值认购期权在盈利概率上不占优势，会自然下跌。

② 在过去的两个月的偏弱行情里，出现过几次尾盘权利仓出逃的情况，深度实值期权从 900 多元/张下跌到 100 多元/张，出现了深度折价的现象。

③ 在行权日，50ETF 大跌的情况居多。

④ 在行权日当天成分股暴跌，且不反弹，50ETF 和认购期权多次未能站上日内均线，即卖出，如图 55-14 和图 55-15 所示。

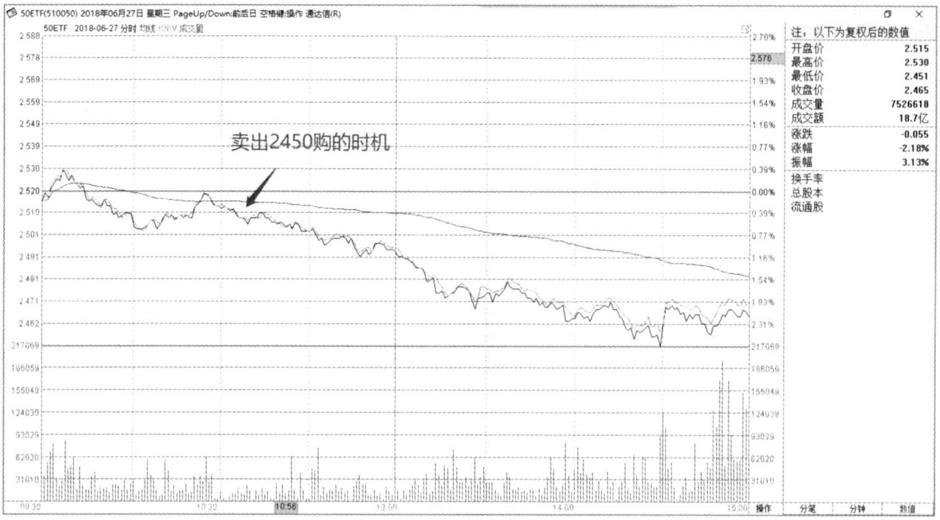

图 55-14　6 月 27 日 50ETF 走势和卖出认购的时机

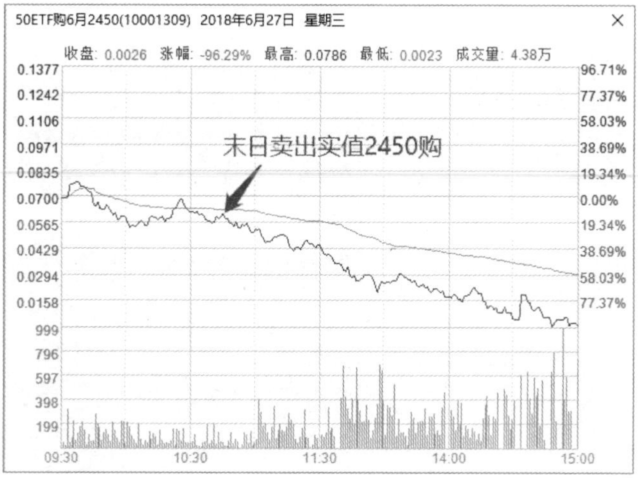

图 55-15　6 月 27 日 50ETF 购 2450 走势和卖出开仓的时机

于是笔者平掉 90 多元/张的 50ETF 购 6 月 2500 和 273 元/张的 50ETF 购 7 月 2600，全仓卖出 50ETF 购 6 月 2450，当日收益率超过 10%。

56

方向转势，及时反手终能翻身

字字沤心血，句句现经典。

行行洒热泪，段段来可鉴。

在 2018 年 7 月行权月，50ETF 先延续 6 月份的跌势，下跌了两三天，7 月 3 日价格下跌到 2.351 元后横盘，两天不见新低，然后长阳突破，几天后小幅调整，在行权日前 4 天再次以长阳突破，接着在基建股的带动下，两根大阳线站上 60 日均线，多头反败为胜。

7 月 23 日召开的国务院常务委员会议明确提出，要更好地发挥财政金融政策的作用，支持扩大内需、调整经济结构，促进实体经济的发展。笔者认为，在这次会议上所提出的政策就是一场“及时雨”，在浇灌实体经济的同时，也会缓解资本市场流动性的窘境。

实体经济得到发展，A 股市场也就有了强大支撑。“一行两会”（中央银行、银保监会、证监会）日前发布的资管新规细则体现了监管层对市场的呵护，强调“监管”与“发展”并重，协调配合、步调一致，这是金融监管部门带给市场的全新感受。在这样的宏观调控政策和市场监管的理念下，A 股市场必然会朝着其经济晴雨表地位的方向努力发展。

7 月 24 日基建板块集体上涨，各路资金倾巢出动，疯狂“买买买”，其中成都路桥强势四连板，中国交建连续两个涨停，与之相关的工程机械、PPP 等板块也迎来全面大涨，与基建相关的概念股涨停了二三十只，占据 A 股涨停数的三分之一，为大盘脱离底部立下汗马功劳。

（1）行情回顾

在 6 月期权合约行权日（6 月 27 日）50ETF 收盘价为 2.465 元，在 7 月 25 日的期权合约行权日收盘价为 2.609 元，最高价为 2.626 元（回到了 6 月中旬的价位），最低价为 2.351 元（创出了新低），区间涨幅 5.84%（如图 56-1 所示），上证指数重返 2900 点。7 月份期权，从 6 月 28 日持仓算起，认购合约回撤最大 80%，在最后 4 天发力上涨，认沽合约基本是跌势，最后 4 天加速归零。最后 4 天涨幅最大的是 50ETF 购 7 月 2600，从 9 元/张上涨到 341 元/张，涨幅 38 倍（可遇不可求），认购 2550 从 28 元/张上涨到 724 元/张，涨幅 26 倍，认购 2500 从 105 元/张上涨到 1198 元/张，涨幅 11 倍。

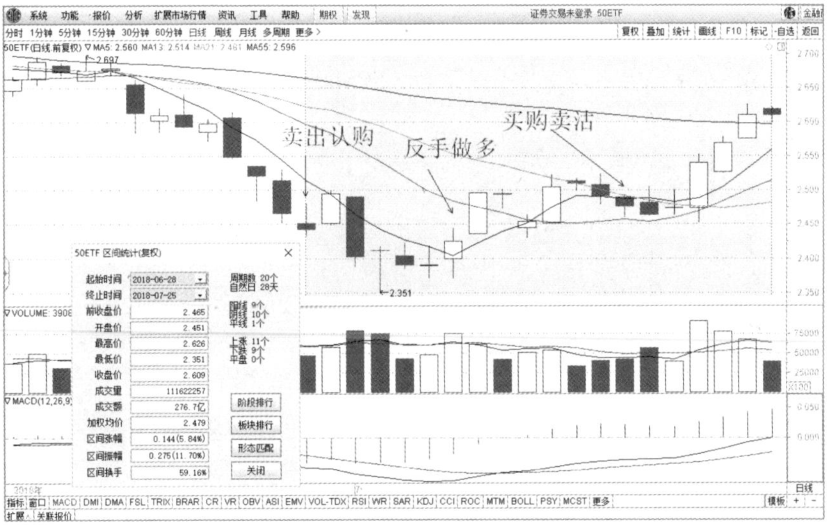

图 56-1　7 月合约期间 50ETF 小幅探底后回升

“彩票”是最后几天的认购期权，末日双杀（如图 56-2 所示），认购 2600 和认沽 2600 都归零。7 月合约行权日标的收盘价位在中间位置，认购 2500 和 2550 贴水。

期权论坛波动率 QVIX 从 6 月底的 23%经历了上升、下降、又上升的过程，7 月 25 日波动率还是 24%（如图 56-3 所示），基本持平。

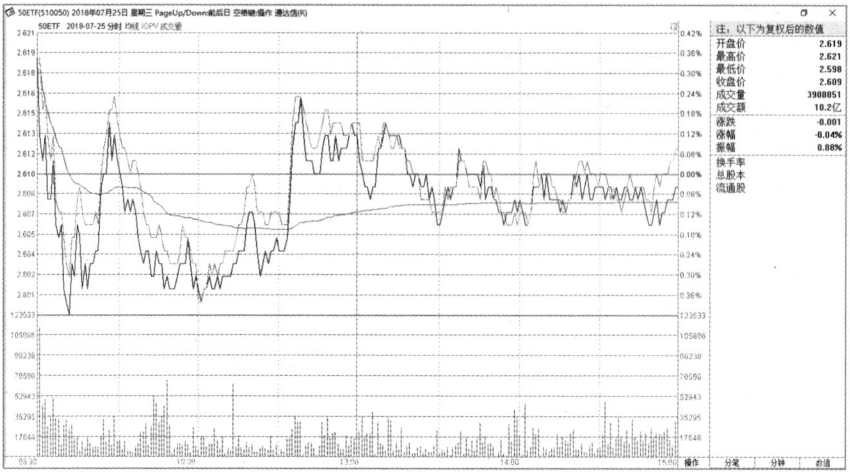

图 56-2　7 月 25 日（行权日）标的小幅横盘，双杀认购/认沽 2600

图 56-3　期权论坛波动率 K 线

从平值期权附近的几个期权合约（如图 56-4～图 56-8 所示）来看，50ETF 购 7 月 2450 月末价格比月初价格高 40%，但标的月末价格比月初价格高 6%，说明买方不必时时在场；若 50ETF 购 7 月 2500 月初建仓的话，则月末价格稍微高于月初价格，在到期日前 8 天，从 500 多元/张下跌到 100 多元/张，跌幅达 80%，随后快速上涨。50ETF 购 7 月 2600，上涨 30 多倍后又归零，若是投资者持有到期的话，那么虚值期权的风险还是很大的。50ETF 沽 7 月 2500，在标的横盘小幅下跌了几天，随后快速大跌归零。

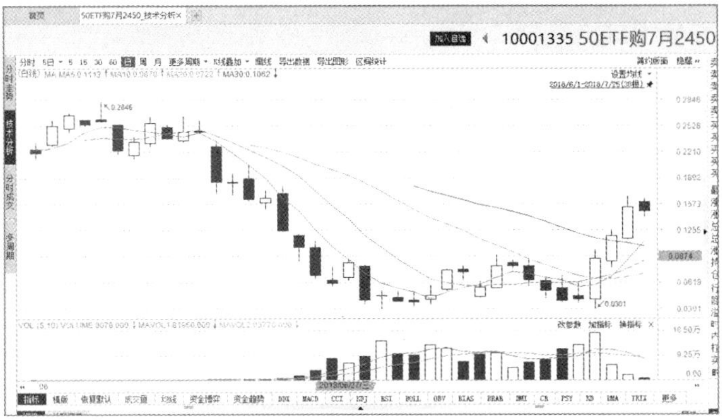

图 56-4　50ETF 购 7 月 2450 走势

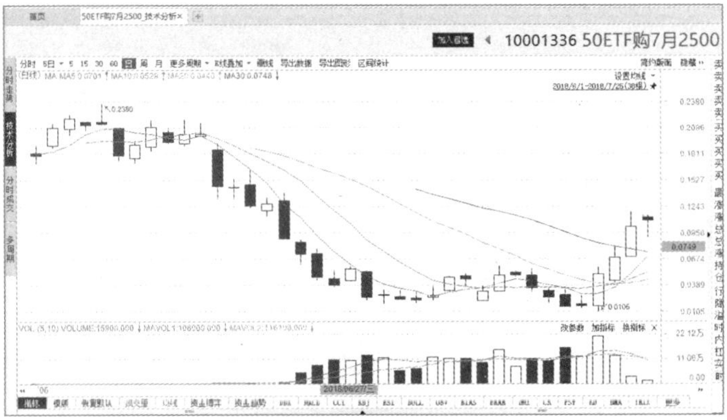

图 56-5　50ETF 购 7 月 2500 走势

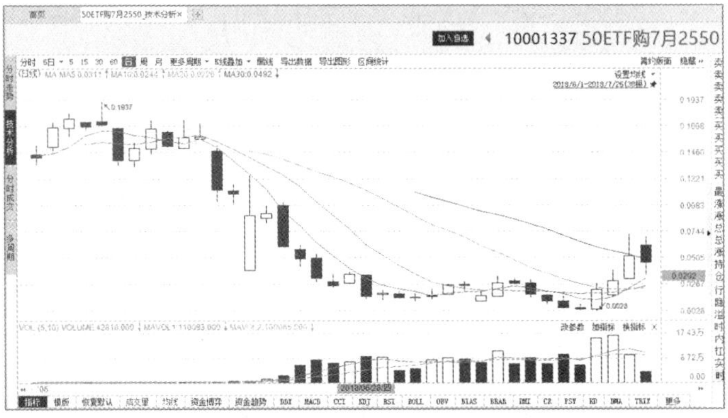

图 56-6　50ETF 购 7 月 2550 走势

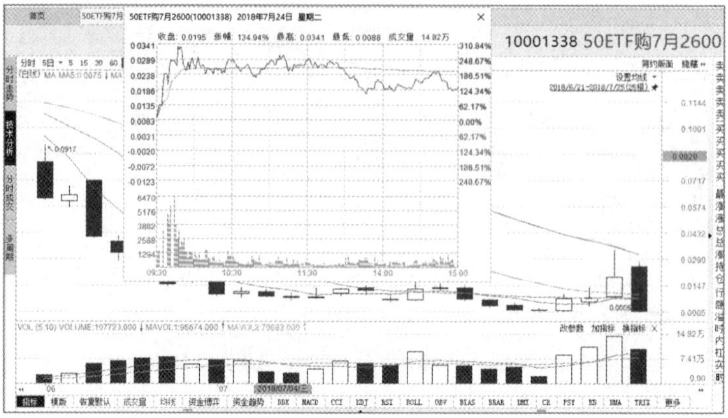

图 56-7　50ETF 购 7 月 2600 走势

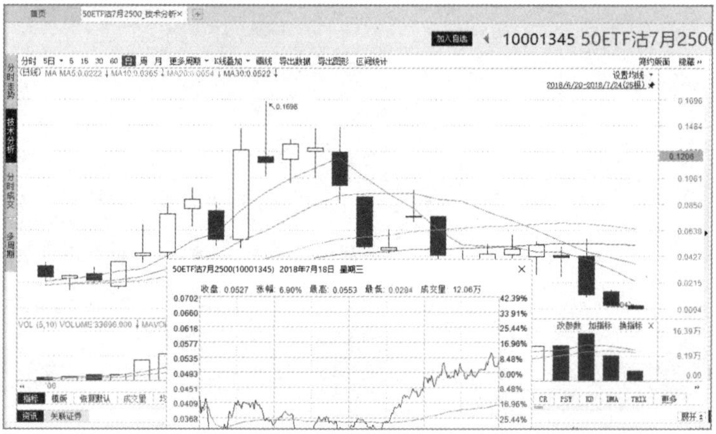

图 56-8　50ETF 沽 7 月 2500 走势

（2）个人操作

笔者在 6 月底延续 6 月合约的空头思维，卖认购、买认沽，开始几天标的下跌厉害，期权大赚。随后底部盘整，但没感觉到危险，之后出现两根阳线，空方亏损较大。在出现第二根光头阳线时全部止损换成多方，买认购、卖认沽，随后出现利好消息，大盘低开下跌 1.5%，认购大亏，卖认沽期权损失不大。大盘横盘几天后绝地反击，反败为胜，如图 56-9 所示。

在行权日，考虑到前几天大盘上涨消耗了能量，当天主要权重股又比较平稳，没有大涨、大跌，就卖出平值认购 2600 和认沽 2600，最后双双归零。

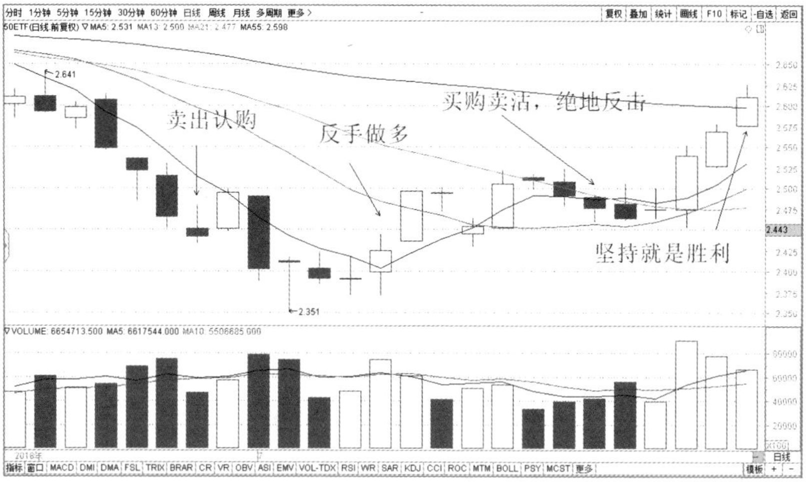

图 56-9　2018 年 7 月 50ETF 行情和期权操作时点

依瓢画葫芦，看看有没有实值期权贴水现象，在行权日 14:48 发现机会（但有点晚了）! 50ETF 购 7 月 2550 出现不合理的下跌，贴水 100 多元/张（如图 56-10 所示），应该是权利仓不想行权纷纷平仓，卖方出现套利机会。笔者卖出开仓下单了几十张，3 分钟盈利 1000 多元，如图 56-11 所示。

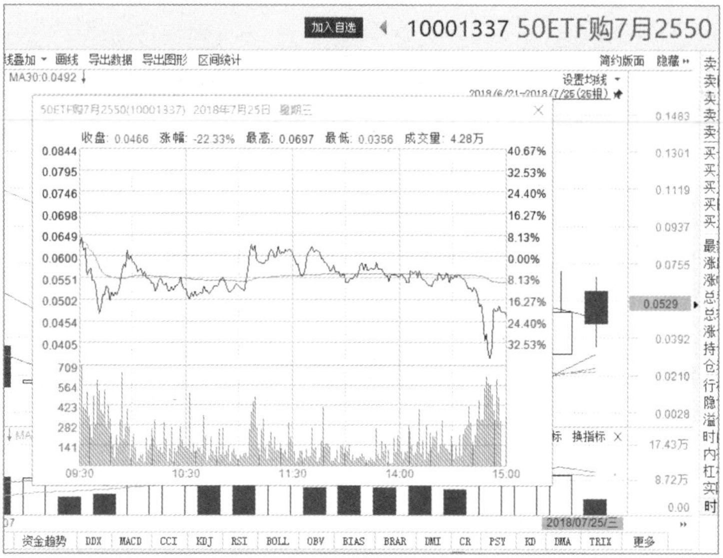

图 56-10　尾盘 2550 购权利仓平仓出现套利机会

报单时间	合约	买卖	开平	挂单状态	报单价格
14:51:47	10001337	买入	平仓	全部成交	0.0370
14:51:47	10001337	买入	平仓	全部成交	0.0370
14:51:47	10001337	买入	平仓	全部成交	0.0370
14:49:56	10001337	卖出	开仓	错误	0.0355
14:49:12	10001337	卖出	开仓	全部成交	0.0405
14:48:20	10001337	卖出	开仓	全部成交	0.0417
14:48:15	10001337	卖出	开仓	全部成交	0.0400

10001337	50ETF购7月2550	义务	30	30	-0.0408	-12253.00	1183.00

图 56-11　行权日最后十多分钟的套利操作

以前都是 900 多元/张、300 多元/张的实值期权合约归零，这次比较温柔。50ETF 购 2600 从 200 元/张下跌到归零，内在价值其实还有 90 元/张，如图 56-12 所示。

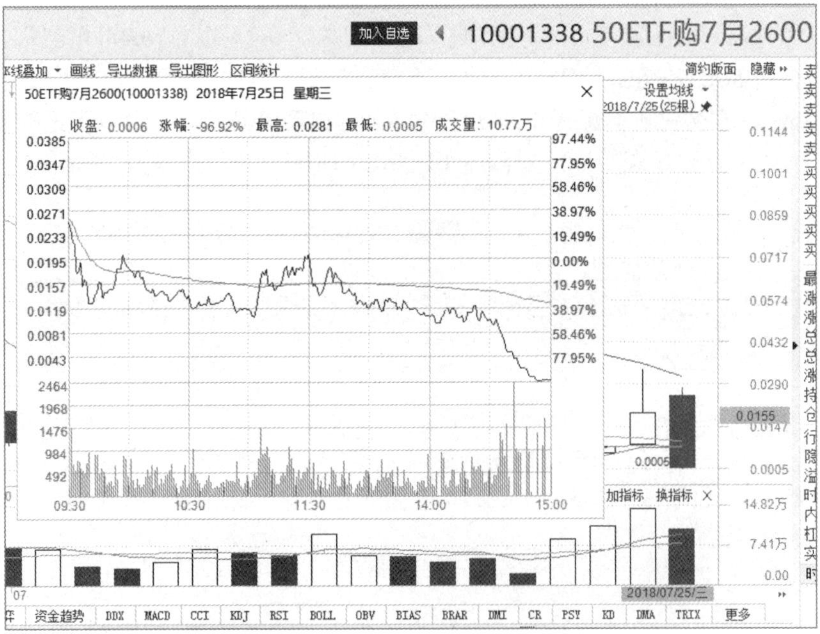

图 56-12　50ETF 购 2600 末日走势

7 月收获还可以（如图 56-13～图 56-15 所示），在 2017 年 1～4 月亏损 4 个月后连续盈利，在 2018 年 2～5 月亏损 4 个月后也连续盈利了。

▷ 风险度 97.94% 实时风险度 97.94% 风险状态 强平 资金总额 505015.10 总权益 531960.10 可用保证金 10404.24
0.00 期权市值 26945.00 平仓盈亏 37013.60

持仓合约 | 自选合约 | 套利策略 | 备兑股份

合约代码	合约名称	类型	持仓	可平	买入成本价	买入成本	平仓盈亏
10001335	50ETF购7月2450	权利	20	20	0.0838	16751.80	13408.20
10001344	50ETF沽7月2450	义务	1	1	-0.0940	-939.70	937.70
10001345	50ETF沽7月2500	义务	1	1	-1.3293	-13293.40	13291.40
10001346	50ETF沽7月2550	义务	150	150	-0.0061	-9153.00	7353.00
10001347	50ETF沽7月2600	义务	10	10	-0.0152	-1517.00	77.00
10001356	50ETF沽7月2400	义务	1	1	-0.1917	-1917.30	1916.30
	合计6		183	183		-10068.60	36983.60

图 56-13　以卖方为主 4 天盈利率为 7.2%

▷ 风险度 97.13% 实时风险度 96.97% 风险状态 强平 资金总额 90996.22 总权益 173348.22 可用保证金 2607.22 已用保
期权市值 82352.00 平仓盈亏 108347.20

持仓合约 | 自选合约 | 套利策略 | 备兑股份

合约代码	合约名称	类型	持仓	可平	买入成本价	买入成本	平仓盈亏
10001335	50ETF购7月2450	权利	10	10	-0.3007	-30069.80	45629.80
10001336	50ETF购7月2500	权利	30	30	-0.0518	-15537.40	47487.40
10001337	50ETF购7月2550	权利	10	10	-0.0063	-635.00	6355.00
10001338	50ETF购7月2600	权利	1	1	-0.8085	-8085.30	8255.30
10001392	50ETF购8月2600	权利	41	41	0.0712	29187.30	4.70
10001346	50ETF沽7月2550	义务	30	30	-0.0029	-855.00	615.00
	合计6		122	122		-25995.20	108347.20

图 56-14　买方账户先亏后赚，获利良好

▷ 风险度 98.93% 实时风险度 98.93% 风险状态 强平 资金总额 601520.77 总权益 657817.77 可用保证金 6444.76 已
期权市值 56297.00 平仓盈亏 120690.80

持仓合约 | 自选合约 | 套利策略 | 备兑股份

合约代码	合约名称	类型	持仓	可平	买入成本价	买入成本	平仓盈亏
10001335	50ETF购7月2450	权利	10	10	-0.0606	-6060.00	21170.00
10001336	50ETF购7月2500	权利	40	40	0.0307	12284.00	29076.00
10001355	50ETF购7月2400	权利	1	1	-1.4367	-14367.30	16386.30
10001344	50ETF沽7月2450	义务	1	1	-1.0111	-10111.20	10109.20
10001345	50ETF沽7月2500	义务	1	1	-2.4982	-24982.30	24980.30
10001346	50ETF沽7月2550	义务	200	200	-0.0106	-21157.00	18957.00
	合计6		253	253		-64393.80	120678.80

图 56-15　卖方账户先亏后赚，月收益率达 9.5%

豆粕期权在没有贸易战的影响下，标的 1809 波动不大，期权波动率快速下降，认购期权与认沽期权全部下跌，亏损较多，如图 56-16 所示。

图 56-16　2018 年 4～7 月豆粕 1809 走势

白糖期权抓住了下跌的一轮趋势（如图 56-17），认沽期权经过两次移仓最后获利丰厚。

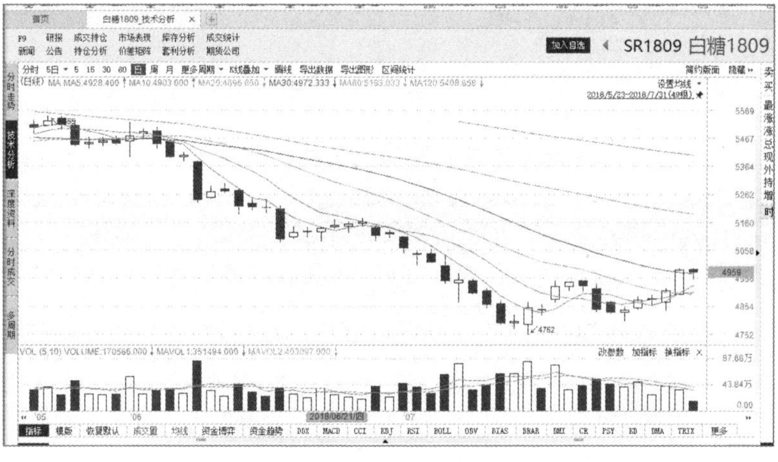

图 56-17　2018 年 5～7 月白糖 1809 走势

（3）经验

① 先收后押，低成本博弈。

在行情不冷不热时，可以先用卖方策略卖两头的虚值期权，以获取权利金收益和时间价值损耗，这是比较安心的、不用看盘的策略，当发现行情朝某个方向突破时，再把卖方获取的一部分利润用来做买方，这属于低成本博弈。从 7 月情况来看，最早几天认沽期权盈利，最后 4 天认购期权锁定胜局，期间不管是做多还是做空都是对的，只要踩对节奏或者卖方策略正确就好。

权利仓要在发现趋势时及时进场。笔者在到期前发现行情上涨异常而及时加仓，在下一个交易日买方再次及时加仓，卖方及时调仓，以获取更大的利润，从而锁定了胜局。

② 若不舍得“割肉”，则可反向开仓。

有人持有极度虚值 50ETF 沽 7 月 2400，下跌幅度非常大，笔者劝他“割肉”，或者反向买入实值期权或平值认购期权，如果行情持续，那么不仅能把本钱赚回来，还能有所盈利。

③ 卖方可以扛一扛，买方难扛。

在 7 月 19 日之前的几天，标的小幅调整，虽然没有突破前期阳线实体，但也算是非常强势的，认沽期权小涨（如图 56-18 所示），笔者作为卖方是不慌的，因为有概率和时间价值的优势，但是认购的买方最大回撤达 80%多（如图 56-19 所示），差一点就失去信心，还好多忍了几天，盼来了峰回路转，这个过程非常考验人的心理。

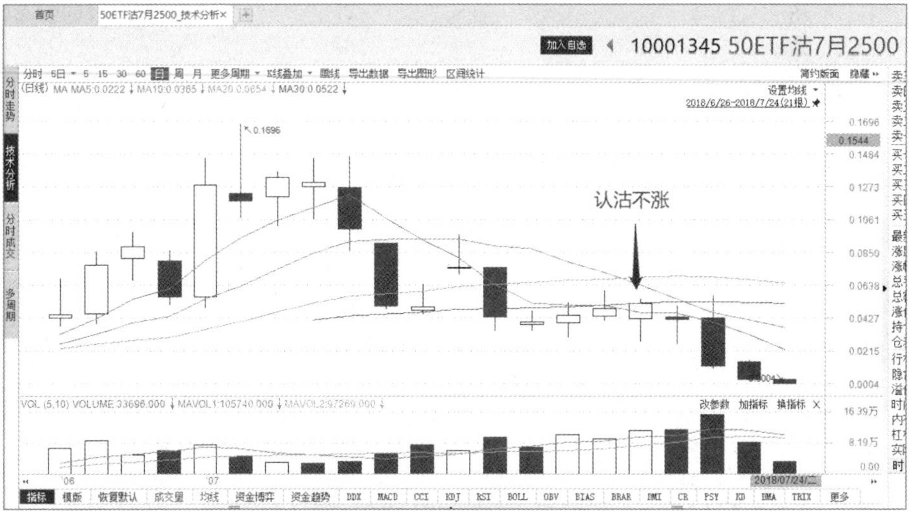

图 56-18　50ETF 沽 7 月 2500 走势

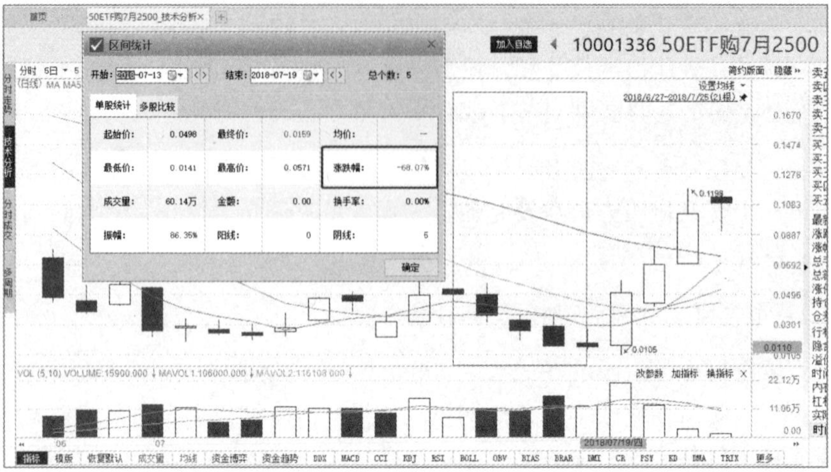

图 56-19　50ETF 购 7 月 2500 走势

④ 卖方是有优势的。

翻开 50ETF 的 K 线图，找出当时做卖方的操作时点（如图 56-20 所示），虽然有过浮亏，但最后有惊无险。

卖方每个月都能赚钱，而且都是卖平值期权和轻度虚值期权盈利的，盈利大概率和时间优势天然地站在了卖方这边。

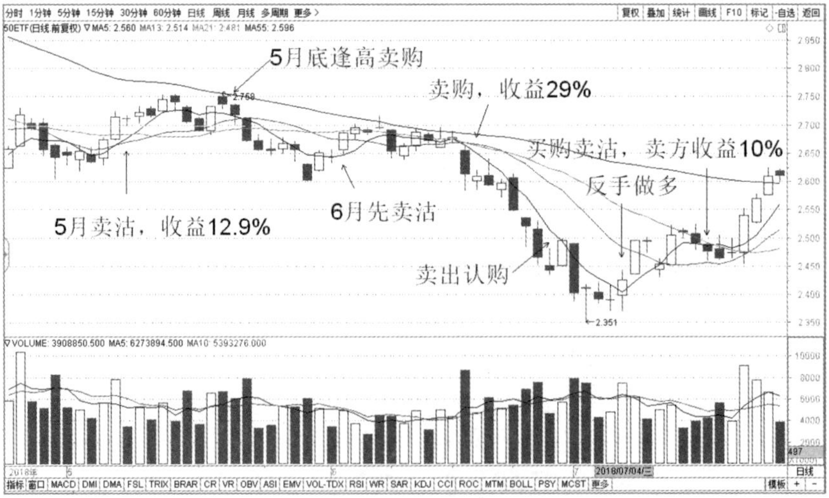

图 56-20　持续赚钱的卖方操作时点

（4）需要改进

① 在出现连续性方向后，要注意转势的可能性。

在一番连续的上涨（下跌）后，当买方或者卖方很舒服地赚了很多钱时，就应该考虑行情是否会有转势，如果还加仓买方/卖方，那么在行情反转时，就会承受较大的浮亏。比如在 7 月期权的初期，就是连续承接了 6 月份的空头思维，结果在单针探底后没创新低，如果思路没有及时跟上，则将承受较大浮亏。

② 趋势来了要及时加仓。

在 6 月的后半个月认沽期权出现 20 倍行情，在 7 月最后一周认购也出现 20 倍行情，如果之前亏损过，又不知道行情会有这么好，那么往往权利仓投入并不多，义务方也会移仓不够。

如果趋势来了，就加大砝码，将会有更大的收获。

57

风云流转，行情如棋局日日新

行情如棋局局新，棋逢对手智者胜。

成果似花日日红，花开堪折直须折。

白话如酒天天酿，酒酽花浓琼草齐。

实盘似役步步营，役不无予济沧海。

世易时移，风云流转。

在 2017 年的 12 个月中，50ETF 上涨 9 个月、下跌 2 个月、持平 1 个月。2018 年的行情跌宕起伏，与 2017 年完全不一样，所以 2018 年笔者对期权有新的认识，采取了不同的做法，主要表现在以下几个方面。

（1）资金管理

笔者在 2017 年的想法是，如果有 50 万元成本，那么每次最多投入 5 万元买期权，先盈利几倍再说，然后根据新的资金总额来重新规划下一期期权的投入。如果亏钱了，那么当期最多亏完，下一期继续投入，其实这样的操作，资金利用率比较低。

在 2018 年，笔者引入了卖方策略，在资金管理与分批投入方面的要求没那么高了，一开始就可以加入一些虚值的卖方，先收获时间价值，只用一小部分资金去做买方，资金利用率较高。

（2）股期互养

在 2017 年，笔者用期权赚了大钱，然后将大部分盈利资金抽出来买股票，相当于储蓄，即使股票下跌 20%也无所谓，因为亏损的是用期权盈利的资金。

2018 年股市不理想，大部分股票都在下跌，不再有将期权盈利的利润去买股票的想法，而是要把资金留在期权账户做做卖方，赚取相对稳定的收益。把购买股票的资金投入了期权卖方，结果盈利 40%多。

（3）卖方风险

笔者在 2017 年不敢做期权卖方，因为当时广泛的宣传是“期权卖方收益有限，风险无限”。

但是从 2018 年的实践来看，期权卖方的风险还是相对可控的，因为只要卖的仓位稍微重一些，就会有券商要求追缴保证金或者减仓到安全水平。相对于买方的自己主动等待归零的情况要安全很多。而且卖方一般在亏损到本金的 3%～5%时，就会被强行平仓，所以也不会存在单次大亏的情况。

（4）满仓

有朋友看了笔者的期权持仓单问：“你的期权是满仓啊？”其实，他只是看到了表面现象。

第一，他不知道笔者在期权账户外面还有没有资金，而只是看到期权账户里资金余额不多而已。

第二，账户里的持仓结构不同，杠杆率就不同，盈利的速度和亏损的速度也不同。

（5）关于波动率

笔者在 2017 年做期权基本不看波动率，就看标的的涨跌。

在 2018 年 2 月行情大跌过后，波动率爆升 40%又快速回落，经历了抢反弹、买认购亏损的情况，然后笔者逐渐开始重视波动率。

（6）期权定投

在 2016 年下半年到 2017 年全年基本处于单边上涨行情，与其他投资者讨论过期权的定投，比如总共 12 万元，每个月投入 1 万元，可以在月初全部投入，也可以在月初投入一半，到月中再投入一半，等到月底收割。

但 2018 年波动率太高，月初平值期权的价格也要 700 元左右，如果标的没有大的波动，那么就可能会亏损，所以这种定投在 2018 年不合适。

（7）月初开仓

2017 年在每次月初换仓时，总喜欢先买入一些期权打底仓，行情对了再加仓。因为那时候买入认购期权，常常会在买入后被小幅套牢，但是在一个星期后就能解套，最后一个月下来能盈利三五倍。

但是 2018 年不是这样的，常常出现月初买入期权，月底标的比月初上涨 6%左右，但买入的期权可能还在亏损，或稍微盈利。这都是高波动率、高时间价值带来的负面效果，以及标的先跌后涨，最后持平的原因。

现在，笔者更喜欢在月初的时候开义务仓，而不是权利仓。

58

经典重现，日内翻番并非难事

莫听穿林打叶声，眼前攀援凌霄花。

经典重现又翻番，复盘把酒话白话。

A 股三大股指在 2018 年 8 月 17 日高开低走，集体创新低。其中，沪指收盘下跌 1.34%，收报 2668.97 点，盘中最低下探至 2665 点；深证成指收盘下跌 1.69%，收报 8357.04 点；创业板指收盘下跌 2.02%，收报 1434.31 点。沪深两市合计成交仅有 2655 亿元，行业板块普跌。

（1）期权盘面

50ETF 受 8 月 16 日晚美股大涨的影响，早盘高开，价格上涨至 2.478 元，随后一直没站上均线，一路走低，收盘调整幅度为 1.35%，价格下跌至 2.42 元（如图 58-1 所示）。

在这高开低走的行情里，重现了往日的经典，许多认沽期权在日内翻番（如图 58-2 所示），而许多认购期权价格从高开 40%到下跌 40%，比腰斩还要多（如图 58-3 所示）。

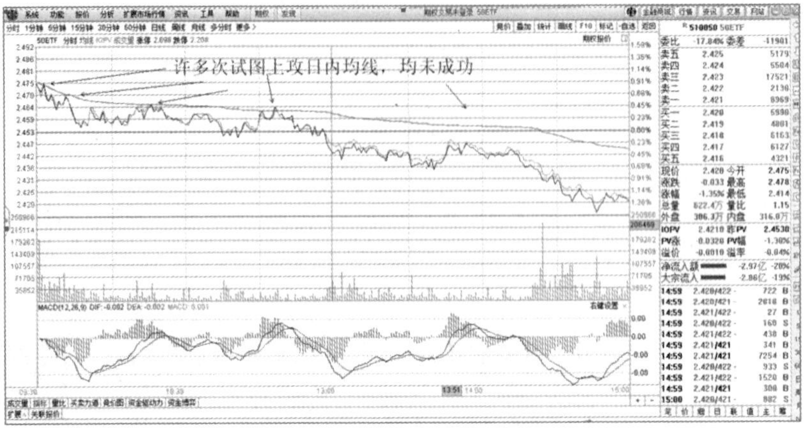

图 58-1　8 月 17 日 50ETF 走势

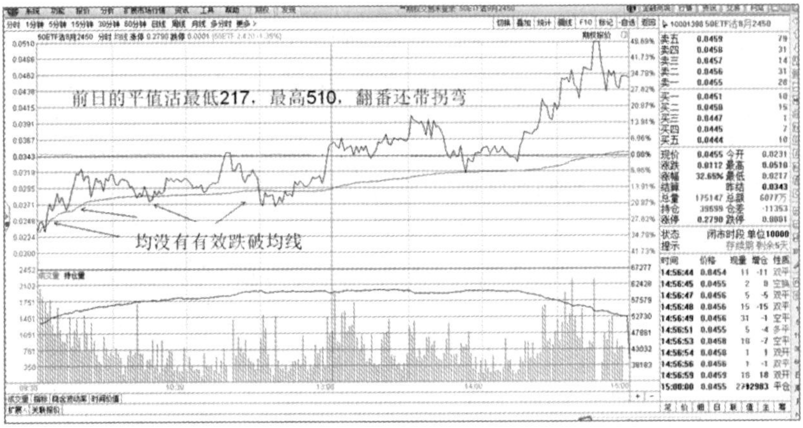

图 58-2　平值期权 50ETF 沽 8 月 2450 走势

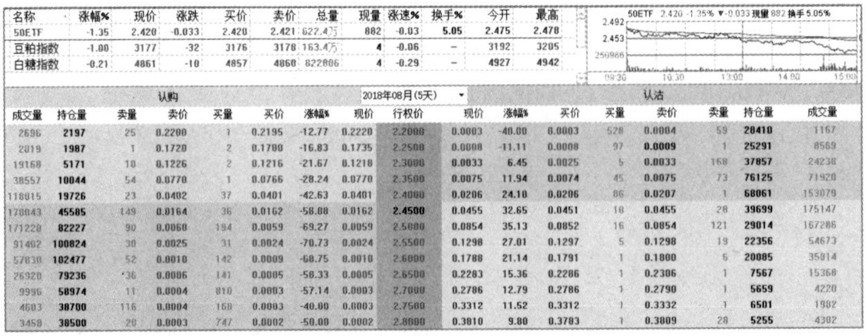

名称	涨幅%	现价	涨跌	买价	卖价	总量	现量	涨速%	换手%	今开	最高
50ETF	-1.35	2.420	-0.033	2.420	2.421	622.4万	882	-0.03	5.05	2.475	2.478
豆粕指数	-1.00	3177	-32	3176	3178	163.4万	4	-0.06	–	3192	3205
白糖指数	-0.21	4861	-10	4857	4860	822806	4	-0.29	–	4927	4942

认购								2018年08月(5天)	认沽							
成交量	持仓量	卖量	卖价	买量	买价	涨幅%	现价	行权价	现价	涨幅%	买价	买量	卖价	卖量	持仓量	成交量
2696	2197	25	0.2200	1	0.2195	-12.77	0.2220	2.2000	0.0003	-40.00	0.0003	528	0.0004	59	28410	1167
2019	1987	1	0.1720	2	0.1700	-16.83	0.1735	2.2500	0.0008	-11.11	0.0008	97	0.0009	1	25291	8569
19168	5171	10	0.1226	2	0.1216	-21.67	0.1218	2.3000	0.0033	6.45	0.0025	5	0.0033	168	37857	24238
38557	10044	54	0.0770	1	0.0766	-28.24	0.0770	2.3500	0.0075	11.94	0.0074	45	0.0075	73	76125	71920
118015	19726	23	0.0402	37	0.0401	-42.63	0.0401	2.4000	0.0206	24.10	0.0206	86	0.0207	1	68061	153079
178043	45585	149	0.0164	36	0.0162	-58.88	0.0162	2.4500	0.0455	32.65	0.0451	10	0.0455	28	39699	175147
171220	82227	90	0.0060	194	0.0059	-69.27	0.0059	2.5000	0.0854	35.13	0.0852	16	0.0854	121	29014	167286
91402	100824	30	0.0025	31	0.0024	-70.73	0.0024	2.5500	0.1298	27.01	0.1297	5	0.1298	19	22356	54673
57830	102477	52	0.0010	142	0.0009	-68.75	0.0010	2.6000	0.1788	21.14	0.1791	1	0.1800	6	20085	35814
26920	79236	36	0.0006	141	0.0005	-58.33	0.0005	2.6500	0.2283	15.36	0.2286	1	0.2306	1	7567	15368
9996	58974	11	0.0004	810	0.0003	-57.14	0.0003	2.7000	0.2786	12.79	0.2786	1	0.2790	1	5659	4220
4603	38700	116	0.0004	168	0.0003	-40.00	0.0003	2.7500	0.3312	11.52	0.3312	1	0.3332	1	6501	1982
3458	38500	20	0.0003	747	0.0002	-50.00	0.0002	2.8000	0.3810	9.80	0.3783	1	0.3809	28	5255	4302

图 58-3　8 月 17 日 50ETF 期权 T 型报价

（2）前事不忘后事之师

这种现象在之前的行情中也出现过，也是高开低走，认沽期权在日内有 50%～100%的稳健涨幅，如图 58-4～图 58-7 所示。

图 58-4　因美股大涨导致 50ETF 高开低走

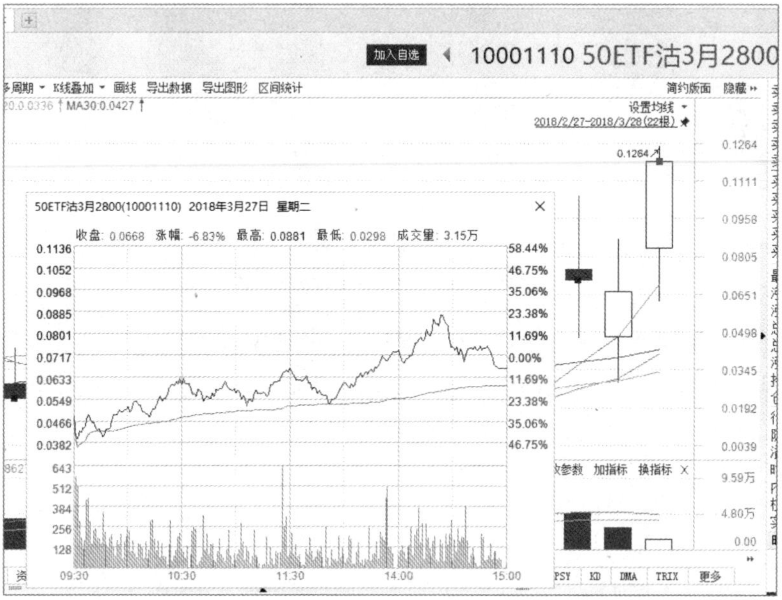

图 58-5　认沽期权当月合约翻番

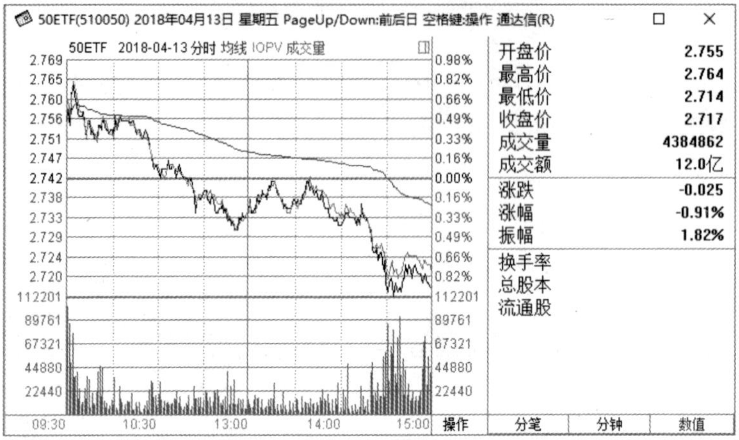

图 58-6　中美贸易摩擦缓和，大盘高开低走

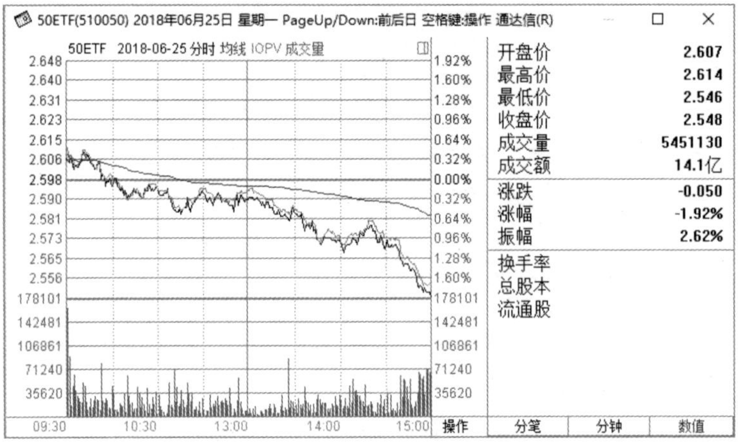

图 58-7　央行降准大盘高开低走

大盘未必每次高开都低走，遇到这种类似的情况要多思考一下，也许会有意外的发现。同样，在牛市里低开高走也是经常有的事情，熊市多长阳，牛市多长阴。

59

主动博弈，也像海草随波飘摇

白话点破八月重重迷津，坦诚憾动众人殷殷之情。

厚德载物九月默默前行，厚积薄发成效滴滴累进。

2018年8月行权月（7月26日～8月22日），50ETF在7月最后三四天大涨后横盘，8月初长阴破位下行，在下跌几天后又长阳突破上涨，8月中旬50ETF在完美站上60日均线后下行，创出近两个月价格新低2.409元，而深圳成指、创业板等创出近两年新低，上证指数最低为2653点，距离熔断低点2638点仅一步之遥，在这危急时刻，最后3天在保险入市、沪港通加大买入等刺激下连续上涨，然后以横盘收官。

（1）行情回顾

7月期权合约行权日（7月25日）50ETF收盘价为2.609元，8月期权合约行权日（8月22日）收盘价为2.499元（如图59-1所示），最高价为2.625元，最低价为2.409元，区间跌幅4.25%，上证指数下探2653点。8月份期权，从7月26日持仓算起，认购全部亏损，认沽2600以上的实值期权略盈利，本月没有赚大钱的合约，可能也没有赚大钱的投资者。

8月没有“彩票”期权，8月22日标的小幅横盘，双杀认购/认沽2500（如图59-2所示），最终都归零。期权论坛波动率QVIX（如图59-3所示）从7月底的23%经历了下降、上升，波动率最高为28%，在8月22日还是23%，基本持平。

8 月合约行权日因标的价格收在 2.50 元左右，在 2.500 行权价附近，期权没有贴水（如图 59-4 所示）。

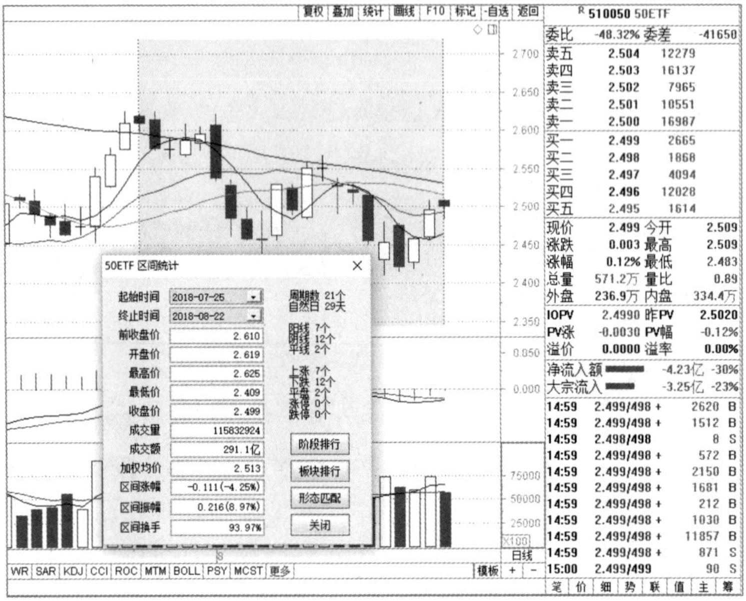

图 59-1　8 月合约期间 50ETF 走势

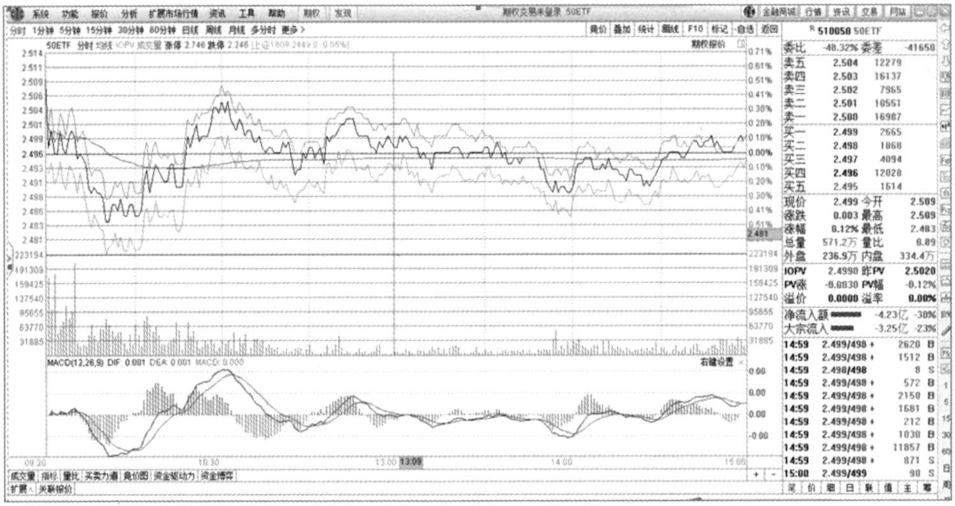

图 59-2　8 月 22 日（行权日）50ETF 小幅横盘

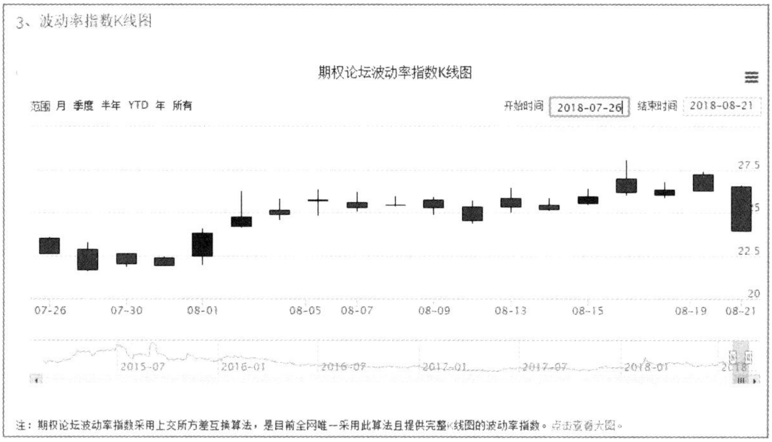

图 59-3　期权论坛波动率 K 线

认购								2018年08月(0天)	认沽							
成交量	持仓量	卖量	卖价	买量	买价	涨幅%	现价	行权价	现价	涨幅%	买价	买量	卖价	卖量	持仓量	成交量
1170	916	1	0.3014	1	0.2955	-1.38	0.2925	2.2000	0.0001	0.00	–	0	0.0001	774	25988	1688
1276	1044	1	0.2496	1	0.2459	0.32	0.2475	2.2500	0.0001	0.00	–	0	0.0001	1021	21626	3559
3129	1696	1	0.1996	1	0.1967	0.36	0.1967	2.3000	0.0001	-50.00	–	0	0.0001	603	35590	6615
6525	1643	1	0.1496	1	0.1475	1.16	0.1477	2.3500	0.0001	-50.00	–	0	0.0001	711	45125	9380
15779	2229	30	0.0987	5	0.0977	1.77	0.0977	2.4000	0.0001	-66.67	–	0	0.0001	2623	41703	7167
69945	2732	25	0.0500	1	0.0478	8.70	0.0500	2.4500	0.0001	-95.83	–	0	0.0001	1364	28326	24273
116872	19434	481	0.0003	137	0.0002	-98.36	0.0002	2.5000	0.0019	-87.97	0.0019	7	0.0020	290	3670	99033
33910	57459	2550	0.0001	0	–	-92.86	0.0001	2.5500	0.0539	-0.19	0.0539	5	0.0542	1	2127	39379
7990	72136	3715	0.0001	0	–	0.00	0.0001	2.6000	0.1050	0.96	0.1018	1	0.1025	1	2022	12571
11426	64920	2670	0.0001	0	–	0.00	0.0001	2.6500	0.1533	-0.45	0.1528	1	0.1533	12	1316	4145
6529	50386	2140	0.0001	0	–	0.00	0.0001	2.7000	0.2050	0.49	0.2050	1	0.2065	1	1786	2200
4527	35856	1166	0.0001	0	–	0.00	0.0001	2.7500	0.2538	-0.08	0.2521	1	0.2525	1	701	1473
242	35454	1859	0.0001	0	–	0.00	0.0001	2.8000	0.3054	0.46	0.3008	1	0.3045	1	1316	3018

图 59-4　8 月合约行权日 T 型报价

（2）8 月标的及期权特点

2018 年 8 月，大盘行情和期权的特点都比较明显，也是笔者投资期权以来最难做的一个月，所以值得分析。

① 行情大幅震荡。月初标的价格是 2.6 元，月末标的价格是 2.499 元，稍微下跌了 0.1 元。在 8 月行权月里，涨幅超过 1.5%的有 4 天，最大单日涨幅 3.05%（8 月 7 日），跌幅超过 1.3%的有 6 天，最大单日跌幅 2.54%（8 月 17 日）。关键是，大涨与大跌是间隔发生的，单边行情持续不超过 3 天，持仓过久会有很大的浮盈，随后就会很快转为亏损。

② 期权买方不赚钱。虽然 50ETF 本月下跌了 0.1 元，但从月初就持仓的买方，只有 2600 以上的认沽期权才稍有盈利，其他买入认购期权与买入认沽期权全部亏损。这都是因为月初时间价值太高，而且月中又出现大幅震荡所导致的。

③ 期权卖方不好做。虽然最后大部分买方不赚钱，但如果卖方卖得不够虚，则常常会因为大幅波动影响到止损位，期权价格被突然拉起，反向的波动让人很难受，止损也不是，不止损也不是。

④ 不好预测只好跟随。“3 分预测，7 分跟随”。这个月的利好与利空信息交织，技术派无法预测，只好跟随，像一棵海草随波飘摇，若价位突破某支撑位就做空，若站上某压力位就做多，反应还要够快，是进行左侧交易还是右侧交易，就看个人能力了。

⑤ 短线客赚钱。8 月做短线和日内操作的投资者比较幸运！这个月行情大幅波动，两个方向都有机会，无所谓多空。但最担心的是最后关键的机会不在场或者做反方向，那就功亏一篑了。

（3）个人操作

7 月底延续 7 月合约的多头思维，买入认购期权，卖出认沽期权，在开始几天标的波动不大，8 月 1 日向下突破，随即对冲，再平仓反手卖出认购期权、买入认沽期权，连续 3 天盈利。8 月 7 日 50ETF 上涨 3%，再次进行对冲和反手，然后做多，盈利一两天，触碰到 60 日均线后，没及时止盈，盈利变亏损。8 月 15 日 50ETF 再次大跌，又及时进行对冲和反手，盈利 3 天后再次亏损。于是进行第 4 次对冲和反手，最后本月亏损，如图 59-5 所示。

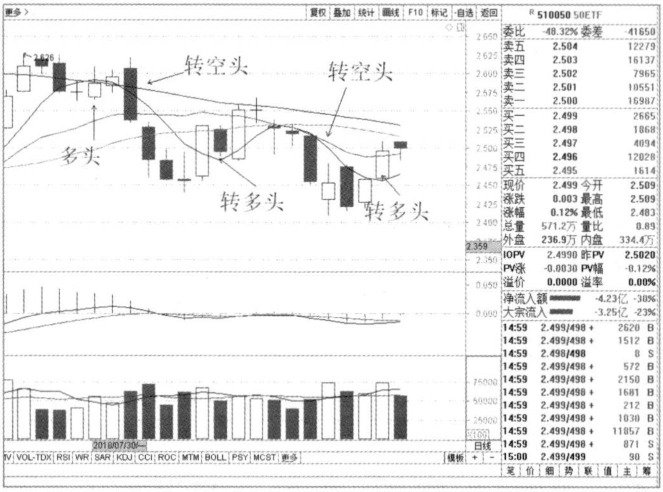

图 59-5　8 月份 50ETF 行情和期权操作时点

这个月因为各种反手与对冲，赚过很多浮盈，但都在右侧交易中消耗，最后还是亏损了。

（4）本期收获

① 权利仓周期短，进出场要及时。

8 月波段趋势比较短，只要踩对节奏，不管是做多还是做空，都是对的。

但是，权利仓要在发现趋势时及时进场。在触发多头条件时及时加仓，在获利后没有延续这个趋势时要及时平仓，然后等待下一次机会。

② 不时时在场，根据指标入场。

2018 年最好的策略就是在标的即将站上 60 日均线时卖出上方认购期权，在阶段性底部平仓卖出认购期权，等下一次机会。大道至简，如果怕中间的净值回撤，那么随便做一点对冲即可。

（5）需要改进

① 戒贪。

本月亏损的根本原因就是个“贪”字。不管是权利仓浮盈 10 万多元，还是义务仓将期权合约卖到了 150 元/张以下，都想多赚点儿，甚至追涨杀跌，卖出的期权价格已经下跌很多了依然接着加仓卖，但这个卖点往往实际上是买点。

卖方在本月延续了以往的贪心，接近标的价格卖虚一档期权，当浮亏时是比较惨烈的，而择时卖出震荡顶底范围外的虚值期权，到期收益并不会差。

② 止盈/止损。

本月止损做的还好，止损后反手也有收益，但在每次有较大浮盈时，没有清晰地认识到震荡市的上下两难，还是追涨杀跌，最后把巨大的浮盈变成了微利或浮亏。

止盈还是挺简单的，多头是均线压力一到就止盈，空头就是筑底，收复 5 日均线即止盈（如图 59-6 所示），但需要注意的是，要考虑到均线的次日下移。

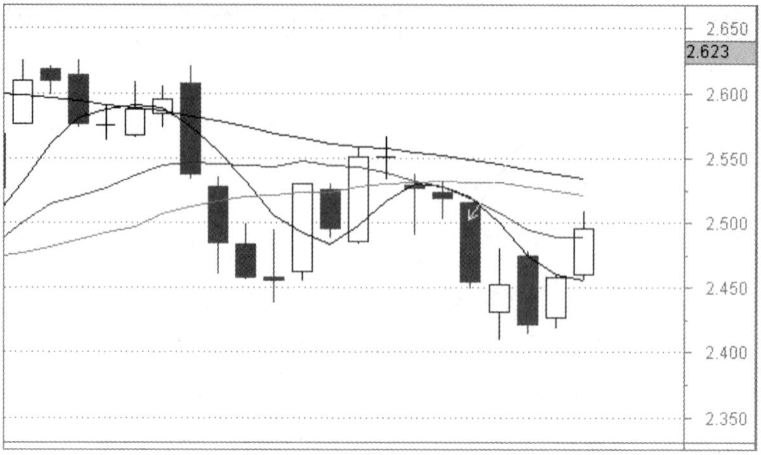

图 59-6　5 日线的止盈止损效果很好

③ 主动博弈。

本月最后亏损并不是市场不给机会，因为行情每天都有大幅波动，逮住机会回本的可能性很大。当看到波段趋势时，用义务方做，当仓位较多时用权利仓做，收益会大很多。

震荡市顶部/底部的确立，确立多头或空头还是挺复杂的，关键在于市场思路和位置分析。“多空顶底”不难判断，有一些主动博弈的要点（如图 59-7 所示），但是如果稍微犹豫，行情就过去了，所以得提前着手，至少要有部分仓位去做博弈，等行情明朗了就可以顺着趋势来做，比如在调整时逢低择机卖出认沽期权，直到下一个顶部明确时，再止盈或止损。

主动博弈要点
1多空趋势×2顶底×3协同持续 √4偏离趋势×5信号×

图 59-7　主动博弈要点

没有躺着就能赚到的钱。在金融行业裁员、减薪、转型的熊市里，锻炼好本领，保住本金，抓住机会，才是安身立命的根本，而期权给了投资者机会，大有可为。

60

操场点兵，沙场检验真正猛将

2018 年 9 月 21 日铜期权上市，但是当天更大的热门来自暴涨的 50ETF。

沪指高开高走，收盘大涨 2.5%，逼近 2800 点整数关口，收报 2797.48 点。沪深两市合计成交 3215 亿元，行业板块几乎全线上涨，金融板块集体发力，银行、保险、证券等领域强势领涨。50ETF 大涨 3.58%，如图 60-1 所示。从周 K 线看，沪指在 9 月 17 日至 21 日大幅反弹 4.32%，创 2016 年 3 月以来的最大周涨幅。

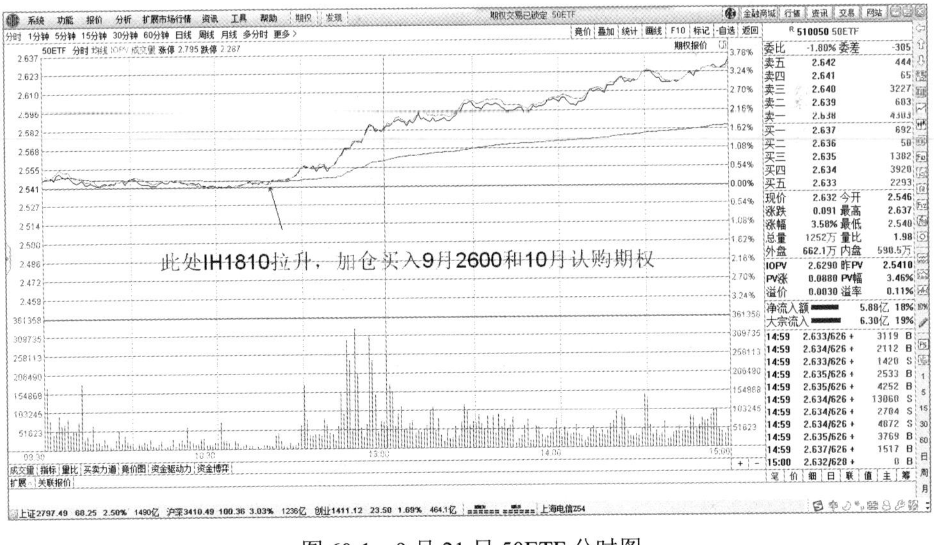

图 60-1　9 月 21 日 50ETF 分时图

如图 60-2 所示，从日线上来看，突破了 55 日均线，并放量站上均线，9 月 17 日至 21 日期权收获了 10 倍的涨幅！

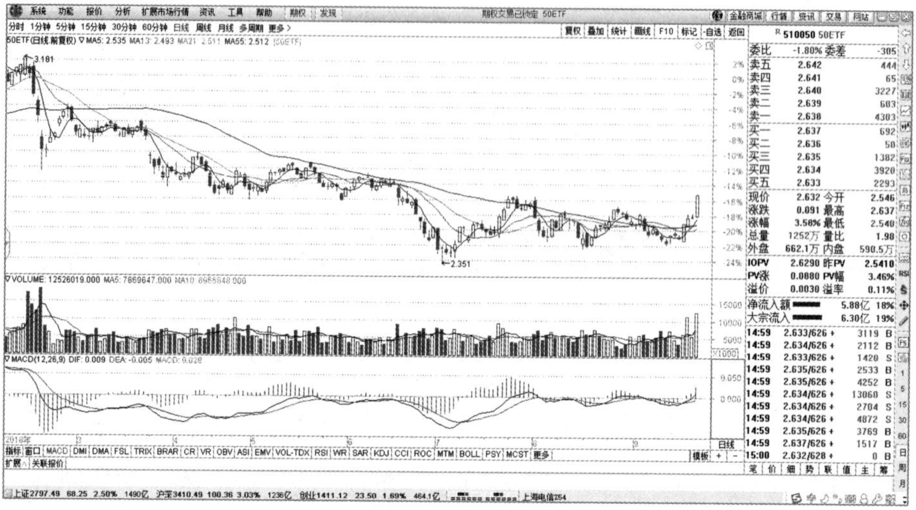

图 60-2　2018 年 1～9 月 50ETF 走势

从图 60-3 看出，9 月 21 日早晨轻度虚值的 2600 认购期权大涨近 7 倍，2650 认购期权上涨 11 倍，2700 认购期权上涨 9 倍，当然认沽的那头亏损比较严重。

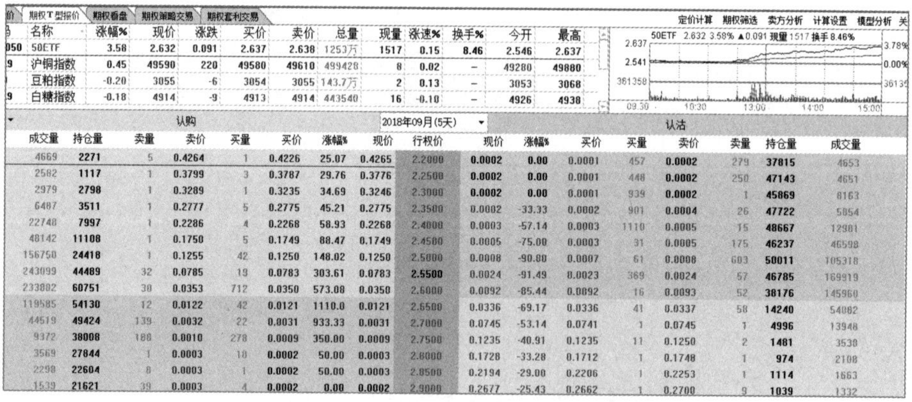

名称	涨幅%	现价	涨跌	买价	卖价	总量	现量	涨速%	换手%	今开	最高
50ETF	3.58	2.632	0.091	2.637	2.638	1253万	1517	0.15	8.46	2.546	2.637
沪铜指数	0.45	49590	220	49580	49610	499428	8	0.02	–	49280	49880
豆粕指数	-0.20	3055	-6	3054	3055	143.7万	2	0.13	–	3053	3068
白糖指数	-0.18	4914	-9	4913	4914	443540	16	-0.10	–	4926	4938

2018年09月(5天)

认购									认沽							
成交量	持仓量	卖量	卖价	买量	买价	涨幅%	现价	行权价	现价	涨幅%	买价	买量	卖价	卖量	持仓量	成交量
4669	2271	5	0.4264	1	0.4226	25.07	0.4265	2.2000	0.0002	0.00	0.0001	457	0.0002	279	37815	4653
2582	1117	1	0.3799	3	0.3787	29.76	0.3776	2.2500	0.0002	0.00	0.0001	448	0.0002	250	47143	4651
2979	2798	1	0.3289	1	0.3235	34.69	0.3246	2.3000	0.0002	0.00	0.0001	939	0.0002	1	45869	8163
6487	3511	1	0.2777	5	0.2775	45.21	0.2775	2.3500	0.0002	-33.33	0.0002	901	0.0004	26	47722	5054
22748	7997	1	0.2286	4	0.2268	58.93	0.2268	2.4000	0.0003	-57.14	0.0003	1110	0.0005	15	48667	12981
48142	11108	1	0.1750	5	0.1749	88.47	0.1749	2.4500	0.0005	-75.00	0.0003	31	0.0005	175	46237	46598
156750	24418	1	0.1255	42	0.1250	148.02	0.1250	2.5000	0.0008	-90.80	0.0007	61	0.0008	603	50011	105318
243099	44489	32	0.0785	19	0.0783	303.61	0.0783	2.5500	0.0024	-91.49	0.0023	369	0.0024	57	46785	169919
233882	60751	30	0.0353	712	0.0350	573.08	0.0350	2.6000	0.0092	-85.44	0.0092	16	0.0093	52	38176	145960
119585	54130	12	0.0122	42	0.0121	1110.0	0.0121	2.6500	0.0336	-69.17	0.0336	41	0.0337	58	14240	54082
44519	49424	139	0.0032	22	0.0031	933.33	0.0031	2.7000	0.0745	-53.14	0.0741	1	0.0745	1	4996	13948
9372	38008	188	0.0010	278	0.0009	350.00	0.0009	2.7500	0.1235	-40.91	0.1235	11	0.1250	2	1481	3530
3569	27844	1	0.0003	10	0.0002	50.00	0.0003	2.8000	0.1728	-33.28	0.1712	1	0.1748	1	974	2108
2298	22604	8	0.0003	1	0.0002	50.00	0.0003	2.8500	0.2194	-29.00	0.2206	1	0.2253	1	1114	1663
1539	21621	39	0.0003	4	0.0002	0.00	0.0002	2.9000	0.2677	-25.43	0.2662	1	0.2700	9	1039	1332

图 60-3　9 月 21 日 50ETF 期权 9 月合约 T 型报价

笔者针对 9 月行情所做的一些操作如下。

（1）在 9 月 12 日之前，笔者判断 9 月份行情不会有较大波动，会像 2017 年

9 月一样缓慢阴跌，所以持有宽跨式期权和 50ETF 沽 9 月 2500，小有获利。

（2）9 月 13 日行情高开低走，午后拉起（如图 60-4 所示），在行情上穿均线时止损认沽，买入中国平安对冲，保留卖出宽跨式期权。

图 60-4　9 月 13 日 50ETF 走势

（3）9 月 13～14 日，保留卖出宽跨式 50ETF 沽 9 月 2450 和购 9 月 2500，继续小有获利。

（4）9 月 18 日行情大涨，卖出宽跨式期权，账户盈亏平衡。

（5）9 月 19 日中阳，为了减少卖出开仓的 50ETF 购 9 月 2500 的损失，买入 10 月认购和 50ETF 购 9 月 2450 进行对冲。

（6）9 月 20 日出现十字星，早盘卖出 50ETF 购 9 月 2550，构成 9 月牛市价差和 10 月对 9 月的对角价差，中午平掉上述认购，卖出开仓 50ETF 沽 10 月 2500，构成合成多头。

（7）9 月 21 日早晨，抢购单铜期权，没有注意 50ETF 的小涨、小跌，在 10:49 时，IH1810 价位领先于 50ETF，上穿均线，当时 50ETF 价格为 2.545 元左右，买入 50ETF 购 9 月 2600（如图 60-5 和图 60-6 所示），中午收盘翻倍平掉一半，其他保留，同时加仓 10 月认购。

成交时间	合约	买卖	开平	成交价格	求	合约名称
13:57:35	10001450	买入	开仓	0.0413	.	50ETF购10月2650
11:27:38	10001241	卖出	平仓	0.0136	.	50ETF购9月2600
11:27:38	10001241	卖出	平仓	0.0136	.	50ETF购9月2600
11:27:38	10001241	卖出	平仓	0.0136	.	50ETF购9月2600
11:27:36	10001241	卖出	平仓	0.0136	.	50ETF购9月2600
11:07:22	10001241	买入	开仓	0.0074	.	50ETF购9月2600
11:07:22	10001241	买入	开仓	0.0074	.	50ETF购9月2600
11:07:22	10001241	买入	开仓	0.0074	.	50ETF购9月2600
11:07:22	10001241	买入	开仓	0.0074	.	50ETF购9月2600
10:55:05	10001446	卖出	平仓	0.1249	.	50ETF购10月2450
10:55:03	10001446	卖出	平仓	0.1249	.	50ETF购10月2450
10:54:58	10001447	买入	开仓	0.0893	.	50ETF购10月2500
09:35:47	10001241	买入	开仓	0.0071	.	50ETF购9月2600
09:35:47	10001241	买入	开仓	0.0071	.	50ETF购9月2600

图 60-5　50ETF 购 9 月 2600 认购操作

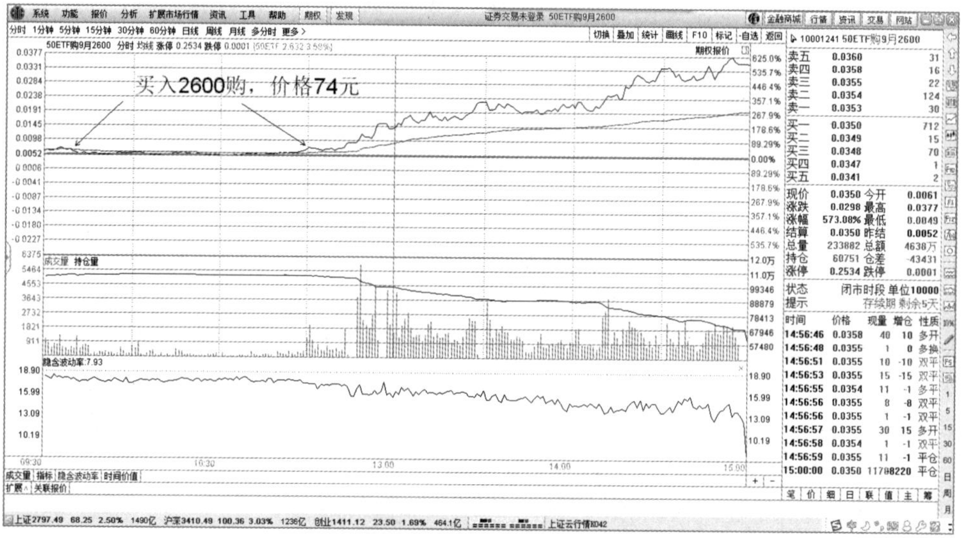

图 60-6　50ETF 购 9 月 2600 认购走势

其实当时这种虚值的期权暴涨，并不是买方的渴求有多迫切，而是卖方感觉到了危险，在不计成本地平仓，如图 60-7 所示。

一轮行情，假设看到的有 100 人，真正下单买入的也就只有 20 人左右，最后通过移仓操作和资金管理盈利的可能就只有三五人了。

× 10001241 50ETF购9月2600 分时成交明细 Up/PageUp:前翻 Down/PageD

时间	价格	成交	增仓	性质	时间	价格	成交	增仓	性质
11:18:07	0.0103	7	-5	多平	11:18:50	0.0119	87	40	开仓
11:18:10	0.0104	109	-84	空平	11:18:51	0.0120	84	2	多开
11:18:11	0.0104	37	-9	空平	11:18:52	0.0120	94	29	多开
11:18:12	0.0105	80	-38	空平	11:18:53	0.0120	129	74	多开
11:18:13	0.0104	15	-14	平仓	11:18:54	0.0120	108	25	多开
11:18:14	0.0105	21	-9	空平	11:18:55	0.0119	189	49	空开
11:18:14	0.0105	34	-29	空平	11:18:56	0.0117	10	0	空换
11:18:15	0.0106	22	-21	空平	11:18:57	0.0119	73	33	多开
11:18:18	0.0106	159	-147	空平	11:18:58	0.0117	45	16	空开
11:18:20	0.0106	72	-72	双平	11:18:59	0.0119	62	27	多开
11:18:21	0.0106	361	-301	空平	11:19:00	0.0121	21	17	多开
11:18:23	0.0106	348	-168	空平	11:19:00	0.0122	35	28	多开
11:18:26	0.0106	595	-342	空平	11:19:03	0.0119	86	45	空开
11:18:28	0.0106	252	-131	空平	11:19:04	0.0121	6	5	多开
11:18:29	0.0106	128	-60	空平	11:19:04	0.0119	31	-3	多平
11:18:31	0.0106	390	-291	空平	11:19:05	0.0119	3	-3	双平
11:18:32	0.0106	296	-154	空平	11:19:06	0.0118	10	-5	多平
11:18:33	0.0108	127	-86	空平	11:19:07	0.0117	33	-10	多平
11:18:34	0.0108	29	-25	空平	11:19:08	0.0121	82	-53	空平
11:18:34	0.0109	65	-34	空平	11:19:09	0.0118	113	-73	空平
11:18:36	0.0108	76	-49	多平	11:19:10	0.0118	108	-80	空平
11:18:38	0.0110	82	12	多开	11:19:12	0.0117	183	-140	多平
11:18:39	0.0110	108	10	多开	11:19:16	0.0116	303	-85	多平
11:18:40	0.0110	210	10	多开	11:19:17	0.0116	2	0	多换
11:18:41	0.0110	51	0	多换	11:19:18	0.0115	30	10	空开
11:18:42	0.0111	73	-10	空平	11:19:19	0.0115	34	10	空开
11:18:43	0.0111	123	-36	空平	11:19:20	0.0115	6	-6	双平
11:18:45	0.0115	155	-45	空平	11:19:21	0.0114	45	0	空换
11:18:46	0.0119	143	7	多开	11:19:21	0.0114	13	0	空换
11:18:47	0.0119	45	-2	空平	11:19:22	0.0114	16	7	空开
11:18:48	0.0118	185	4	开仓	11:19:23	0.0115	52	4	多开
11:18:48	0.0115	68	33	空开	11:19:24	0.0113	9	0	空换

图 60-7　50ETF 购 9 月 2600 很多空头平仓的单子

平常在小涨、小跌里做短线，不管是卖方还是买方，做认购、认沽都对，大家都开心，关键是大行情来了能调整自己的仓位，跟上趋势，这样才算是优秀的投资者。

61

先收后押，低成本玩赚末日轮

今日长缨手中握，知行合一止至善。

来日苍龙任尔缚，风物长宜放眼量。

2018 年 9 月行权月（8 月 23 日～9 月 26 日），50ETF 先跟随 8 月上涨的行情，继续上涨两天并上穿 60 日均线，技术派多头投资者纷纷跟进。但好景不长，行情转而下跌，一直缓慢下跌到 9 月 12 日见本月价格低点 2.426 元，随后行情高开低走，V 型反转，长阴破位下行，下跌几天后又长阳突破转而上涨，在最后 6 天大涨，其中 9 月 21 日 50ETF 大涨 3.58%，为近两年多以来单日最大涨幅。

（1）行情回顾

8 月期权合约行权日（8 月 22 日）50ETF 收盘价为 2.499 元，9 月期权合约行权日（9 月 26 日）收盘价为 2.638 元，最高价为 2.665 元，最低价为 2.426 元，区间涨幅为 5.69%，上证指数 9 月 18 日下探 2644 点，创新低。9 月份期权，从 8 月 23 日持仓算起，行权价在 2.600 以下的认购都盈利，认沽全亏损，认购波段从低点到高点涨幅最大的期权为 50ETF 购 9 月 2600（如图 61-1 和图 61-2 所示）。

“彩票”期权在 9 月 21 日、26 日均开奖，末日认购 2650 上涨 11 倍，但在 9 月 25 日暴跌 90%，26 日最大涨幅又超过 11 倍，最后收盘归零（如图 61-3～图 61-4 所示），行情在“天堂”与“地狱”之间来回翻转。

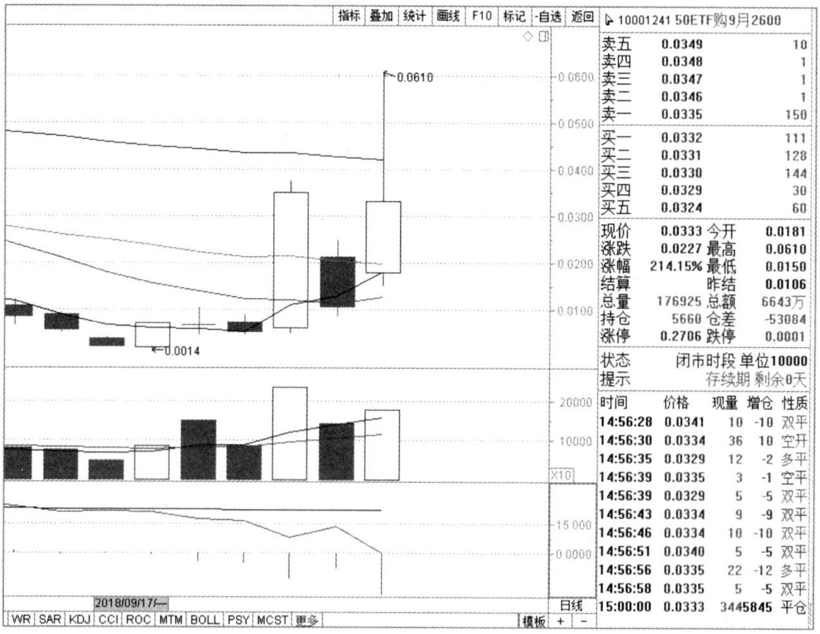

图 61-1　50ETF 购 9 月 2600“彩票”两次开奖

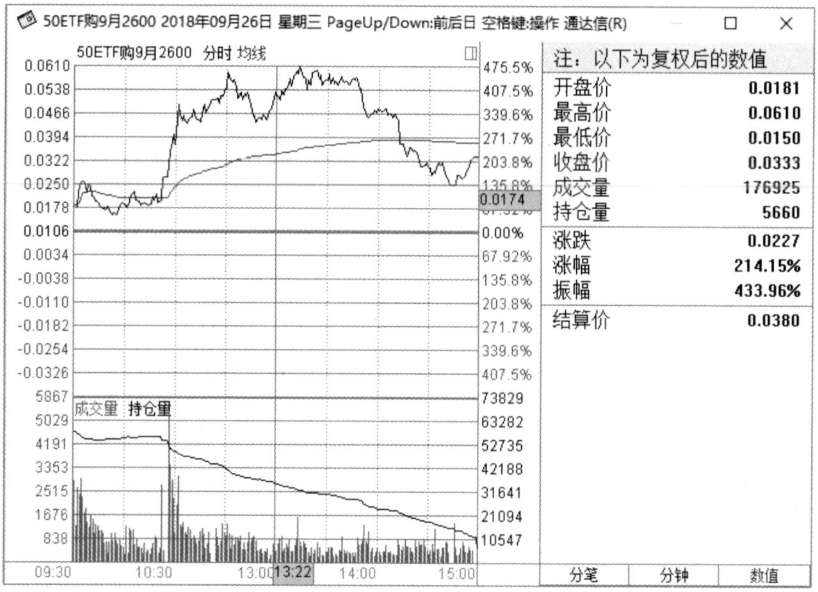

图 61-2　50ETF 购 9 月 2600 末日再次开奖

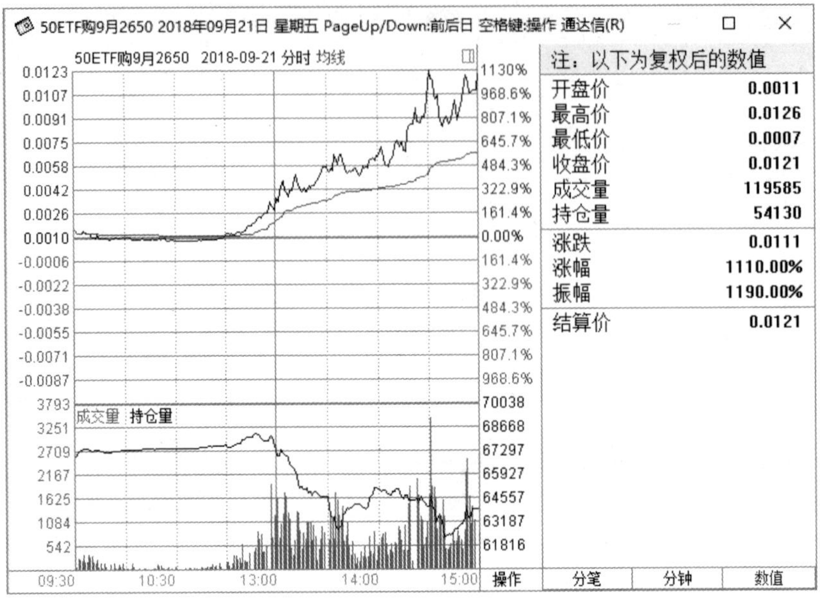

图 61-3 50ETF 购 9 月 2650 第一次开奖

图 61-4 50ETF 购 9 月 2650 大跌 90%

图 61-5　50ETF 购 9 月 2650 末日过山车行情

期权论坛波动率 QVIX 从 8 月底的 23%，在经历横盘、缓慢上升和下降的过程后，最后小幅翘尾达到 21%，基本持平，如图 61-6 所示。

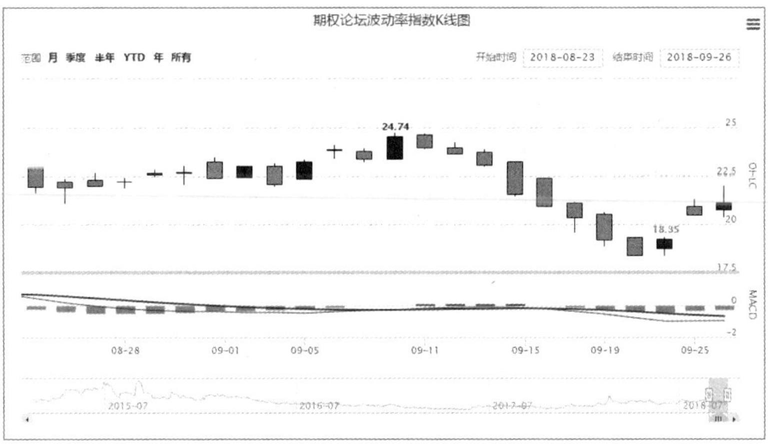

图 61-6　期权论坛波动率指数

数据显示，在中秋节小长假前最后一个交易日（9 月 21 日），50ETF 期权市场成交量显著增加，单日成交量增长近一倍，达到 268.82 万张，创历史新高。业内人士表示，近期，A 股市场波动明显加剧，交易机会明显增多，在期权市场存在明显盈利效应的情况下，不少资金扎推入市，进而使得市场活跃度大幅提高。

主要认购期权近期的获利表现如图 61-7～图 61-10 所示，但认沽期权跌得很惨，如图 61-11～图 61-13 所示，其中 50ETF 沽 9 月 2550 在到期日前 5 个交易日内从 1000 元下跌到归零。

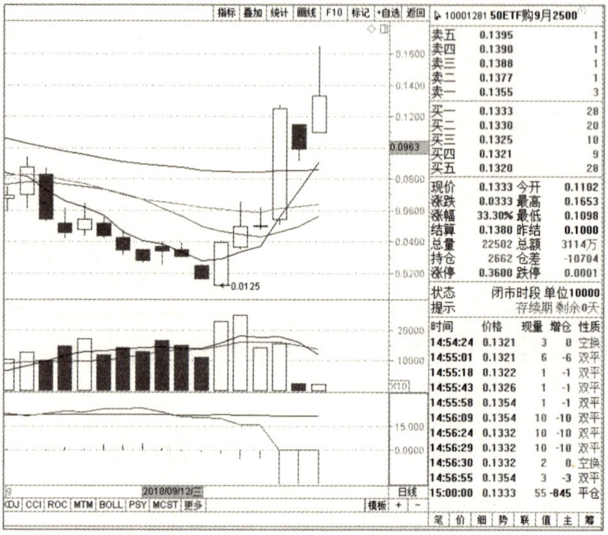

图 61-7 50ETF 购 9 月 2500 走势

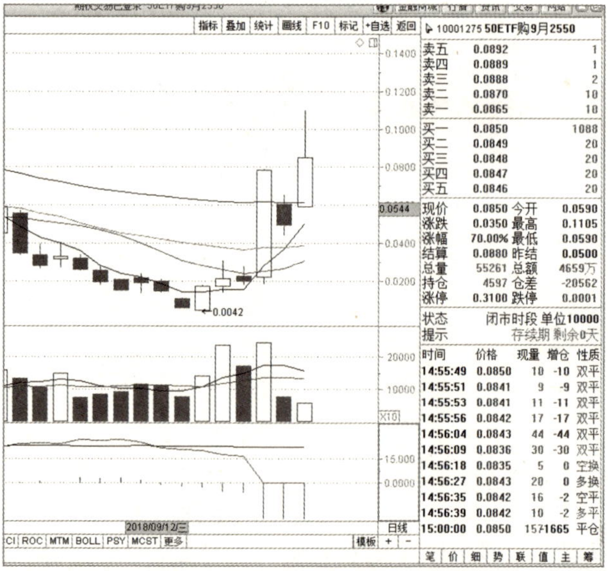

图 61-8 50ETF 购 9 月 2550 走势

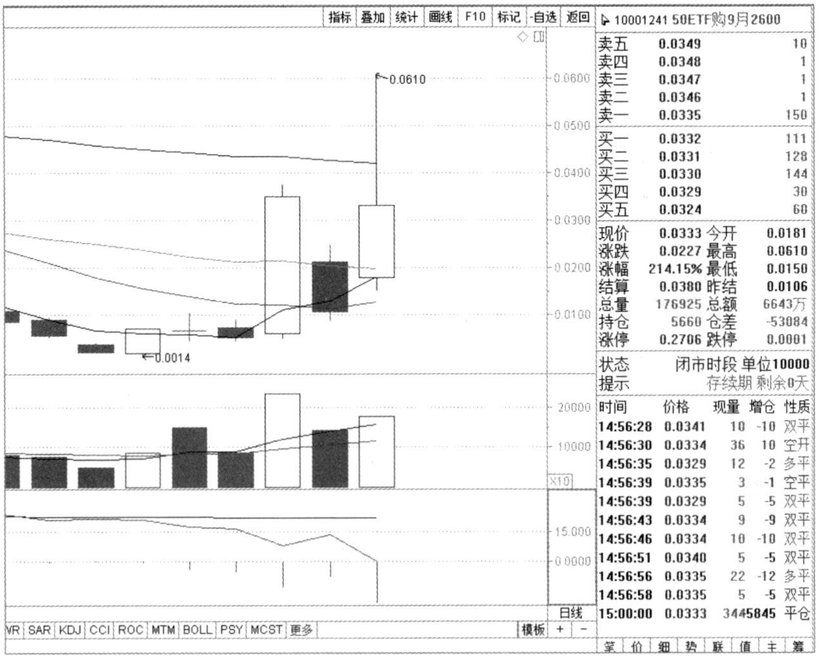

图 61-9　50ETF 购 9 月 2600 走势

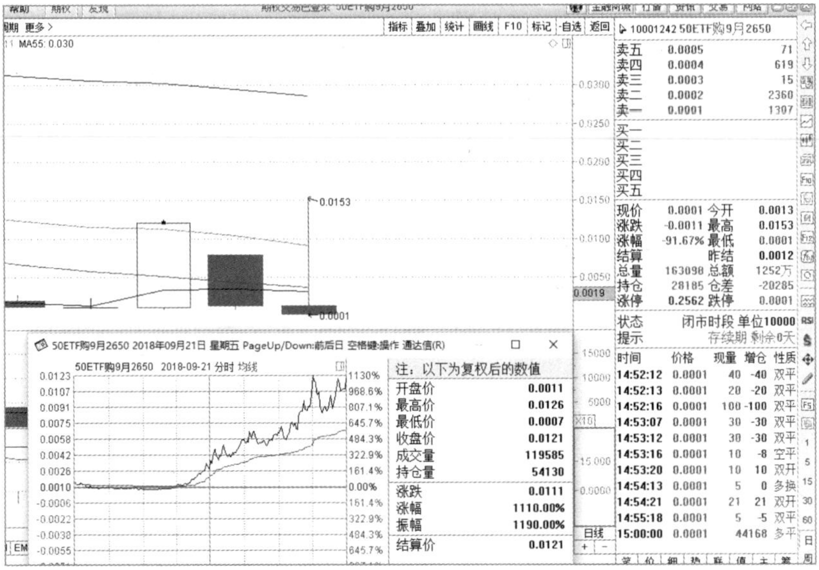

图 61-10　50ETF 购 9 月 2650 走势

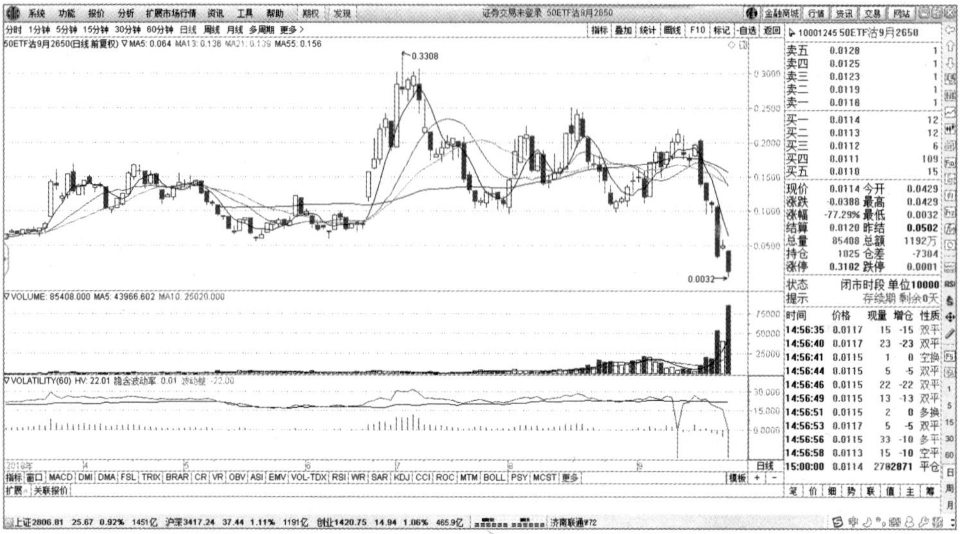

图 61-11　50ETF 沽 9 月 2650 走势

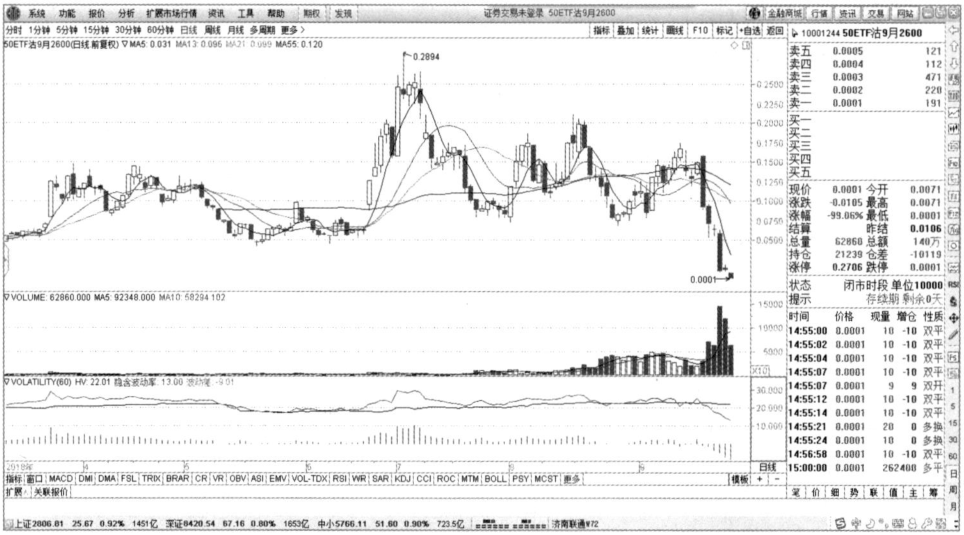

图 61-12　50ETF 沽 9 月 2600 走势

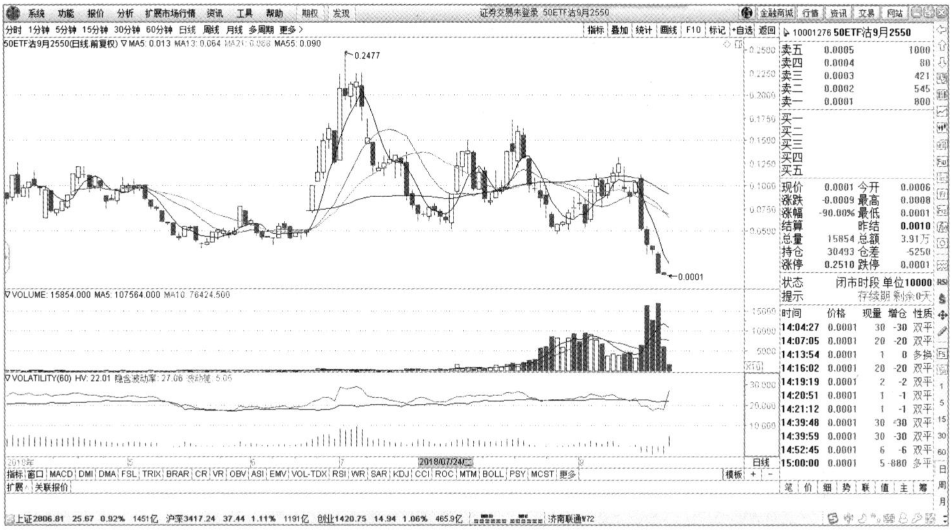

图 61-13　5 天内从 1000 元跌到 0 的 50ETF 沽 9 月 2550

（2）个人操作

① 50ETF 期权。

笔者在行情向上突破 60 日均线时入场，买入认购期权，但随后行情并没有持续反而是见顶走势，于是在煎熬中过了几天，等向下跌破 60 日均线时，觉得下跌的幅度不会太大，于是选择做两头虚的卖出宽跨式期权，在 9 月 13 日和 9 月 18 日的上涨行情中，采取不同的对冲方式操作，之后改成合成多头，经历了 9 月 21 日的极速上涨的行情，在 9 月 25 日行情下跌时调整仓位，以布局 10 月认购期权。

在 9 月 25 日收盘前，想着末日沪港通重新开放，行情可能会有上涨，于是买入 120 元的末日轮 50ETF 购 9 月 2600（如图 61-14 所示），果然在 9 月 26 日标的高开高走，50ETF 购 9 月 2600 最高涨幅为 5 倍，完美盈利，相当于以 3000 元的本金盈利 2 万元，总的来说收益还可以（如图 61-15 和图 61-16 所示）。

② 美股期权。

在这个阶段美股期权做得还不错，抓住了 AMD 和 TLRY 两只主升浪股票的期权盈利不少，采取了移仓、回收资金、收尾策略等措施，大部分利润也保住了。

开始日期 2018-09-24 结束日期 2018-09-26 查询

发生日期	成交时间	合约代码	合约名称	证券代码	持仓类别	买卖	开平	备兑标志	业务状态	成交价格
20180925	14:04:52	10001241	50ETF购9月2600	510050	权利方	买入	开仓	非备兑	成交	0.0121
20180925	14:04:52	10001241	50ETF购9月2600	510050	权利方	买入	开仓	非备兑	成交	0.0121
20180925	14:04:52	10001241	50ETF购9月2600	510050	权利方	买入	开仓	非备兑	成交	0.0121
20180925	14:05:03	10001241	50ETF购9月2600	510050	权利方	买入	开仓	非备兑	成交	0.0121
20180925	14:05:03	10001241	50ETF购9月2600	510050	权利方	买入	开仓	非备兑	成交	0.0121

当日委托 当日成交 可撤委托 预埋-条件单 止盈止损 风控单

成交时间	合约	买卖	开平	成交价格		手续费	合约名称
11:10:06	10001242	卖出	平仓	0.0086	1	0.00	50ETF购9月2650
11:10:06	10001242	卖出	平仓	0.0086	1	0.00	50ETF购9月2650
11:14:18	10001241	卖出	平仓	0.0496	1	0.00	50ETF购9月2600
11:14:18	10001241	卖出	平仓	0.0495	4	0.00	50ETF购9月2600
11:14:29	10001241	卖出	平仓	0.0000	6	0.00	50ETF购9月2600
11:14:31	10001241	卖出	平仓	0.0492	6	0.00	50ETF购9月2600
合计60					3	0.00	

图 61-14　末日再战 50ETF 购 9 月 2600

持仓合约 自选合约 套利策略 备兑股份

合约代码	合约名称	类型	持仓	可平	买入成本价	买入成本	平仓盈亏
10001242	50ETF购9月2650	权利	20	20	0.0050	1006.00	1394.00
10001241	50ETF购9月2600	权利	20	20	-0.0131	-2612.20	13432.20
10001451	50ETF购10月2700	权利	60	60	0.0402	24113.00	5587.00
10001449	50ETF购10月2600	权利	61	61	0.0775	47247.30	16253.70
10001447	50ETF购10月2500	权利	30	30	0.0532	15950.80	38439.20
	合计5		191	191		85704.90	75106.10

图 61-15　权利方账户

持仓合约 自选合约 套利策略 备兑股份

合约代码	合约名称	类型	持仓	可平	买入成本价	买入成本	平仓盈亏
10001446	50ETF购10月2450	权利	1	1	-1.4488	-14488.30	16729.30
10001448	50ETF购10月2550	权利	60	60	0.0967	58013.00	26047.00
10001449	50ETF购10月2600	权利	57	57	0.0716	40820.10	18402.90
10001456	50ETF沽10月2500	义务	5	5	-0.2520	-12602.00	11907.00
10001457	50ETF沽10月2550	义务	70	70	-0.0339	-23730.00	7700.00
10001460	50ETF沽10月2700	义务	3	3	-0.1110	-3329.00	875.00
	合计6		196	196		44683.80	81661.20

图 61-16　混合策略账户

期权，尤其是个股期权，不怕“半路上车追高”，因为期权具有风险与收益非线性的特点，如果充分利用其这一特点，那么小投入也可能会有大产出。如果要去买正股，可能就不敢追高或追空，因为面临的亏损会很大，但用期权可以很好地解决这个问题。

（3）几点体会

① 做期权卖方会上瘾。在平常行情里卖方是做稳健收益、保住本金的好方法，但是在习惯做卖方之后，往往不会也不敢去加大买方的仓位，比如在 9 月份这拨

快速上涨行情中，笔者就没有加大买方的仓位，大部分资金还是在卖方那里，导致没有赚到大钱。

② 少做临时起意的单子。在美股期权里，标的非常多，每天的机会也很多，但是要杜绝做因头脑发热而冲动的单子。寻找趋势比较好的股票或指数产品，做对一单，或许就有几十倍的利润，好过平时无谓的消耗。

③ 抓住主升浪的标的，赚取大波段利润。在 50ETF 近期的快速上涨和美股期权里，具有良好的主升浪的标的就只看到 AMD 和 TLRY，其实用期权来投资这两个标的是非常好的，因为可以预算到最大亏损。期权在盈利后经过移仓，减少投入资金的移仓，将大部分利润入袋后，再投入一小部分资金，风险将可控。

④ 收回本金，让利润奔跑。在美股期权和 50ETF 的末日期权里，很多次经历过浮盈 100%、200%、500%，当翻倍后平掉一半的仓位，后续行情不管是继续上涨还是平仓都是对的，因为本金已经入袋为安，最后就算归零，也不算亏。

⑤ 用好策略单，持仓更心安。在裸买/裸卖时，有些人总会为自己的持仓感觉不安心，要做让自己舒服的单子，如果为自己的持仓感到不安，那就更改持仓结构，或者降低仓位到不再不安的位置。除了更改持仓结构、降低仓位外，用好策略单，构建垂直价差、比率价差、合成多（空）头等策略，会让投资者更加心安。目前在美股里，比较稳健的股票，笔者都在下单买入之后，构建垂直价差，经过实践发现，做买方盈亏不定，但卖出近期虚值期权全部盈利。而在 50ETF 里，在临近到期时买入下个月合约的同时卖出本月虚值期权，也是一种比较稳妥的做法。

⑥ 投资美股个股期权的同时，也要投资 50ETF 期权和 A 股。虽然美股个股期权很精彩，但是 50ETF 期权和 A 股也不要放弃。还是得靠在 A 股和 50ETF 期权里赚大钱，当然大多数人的大多数资金还是在 A 股，但是当 50ETF 难得的大行情来的时候一定要入场。

⑦ 期权是“半路上车”的好工具。当一只股票或指数涨幅已经很大时，用期权“半路搭车”是非常好的，就算买方做反方向了，最大损失也就是投入的本金，但如果做对了，那么利润是很可观的。而如果买入正股，就会有被“腰斩”的可能性，损失也会很大。

（4）经验教训

① 严格按照技术指标行事，不要幻想。在 8 月底行情上穿 60 日均线时入场并没有错误，但随后就呈现波段见顶态势，这时若持有虚值认购权利仓，就应当退出来观察。

② 在机会来临时，胆子大一点。2018 年并不是没有波段的机会，只不过来得太快、时间太短，不像 2017 年那样有几个月持续的单边方向。今后，在较确定性的机会来临时，要加大买方的仓位，才能盈利更多。

③ 三分预测，七分应对。2018 年预测标的的走势显得越来越难了，但是在脑海里做好对各种走势的应对策略，当走势来时，就会有充足的时间应对，盈利则不在话下。

④ 及时止损和及时入场。在 9 月初，应当在认购买方暂时没有看到大机会时果断退出，或者移仓到实值期权，或者采用价差策略等待，而待方向出来时，应当及时跟上。可以记住一个简单方法：如果买入虚值期权 3 天后还不上涨，就先止损退出。卖方虚值期权在 5 分钱之内的，如果当天上涨超过 30%，就用买方对冲，先保证当天不亏损再说。

62

券商涨停，期权成交量创新高

2018 年 10 月 22 日，股市大涨！A 股市场全线走强，沪指收盘上涨 4.09%，上涨 104.41 点，收报 2654.88 点；深圳成指大涨 4.89%，收报 7748.82 点；创业板指大涨 5.20%，收报 1314.94 点。市场成交量明显放大，沪深两市合计成交超过 4220 亿元，行业板块全线上扬，证券板块集体涨停（如图 62-1 所示），50ETF 大涨 4.34%（如图 62-2 所示）。

从图 62-2 所示的 50ETF 分时走势来看，行情和操作可以分为以下 5 个阶段。

（1）受周末利好消息的刺激，早盘 50ETF 大幅高开 1.2%，这时候认购期权已经有较大的涨幅了。

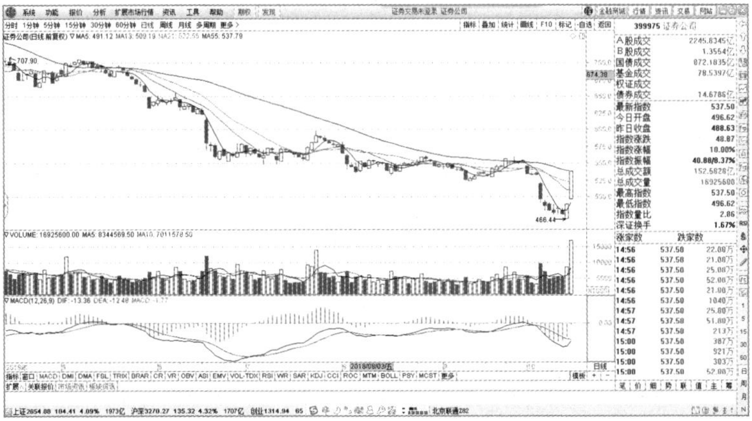

图 62-1　证券板块涨停

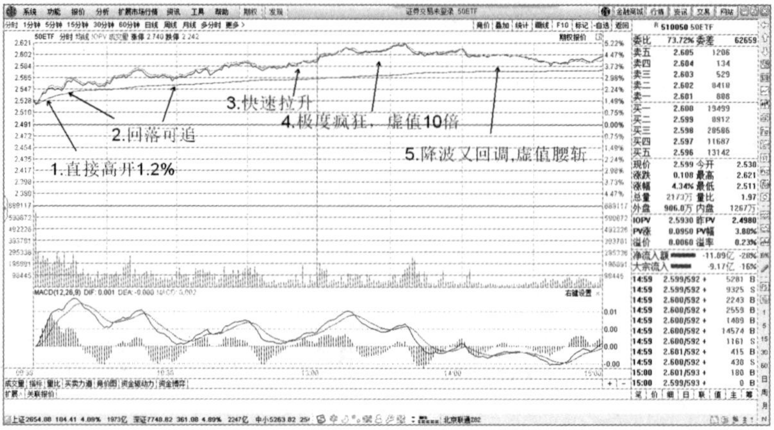

图 62-2　10 月 22 日 50ETF 走势

（2）在早盘开盘后十几分钟，标的小幅回调回踩均线得到确认，随即慢慢上行，从主要成分股和板块的行情可以看出，券商板块出现罕见的上涨不回头行情，中国平安等期权走势平稳，这时候胆大心细的投资者可以适当追仓，如果预期行情继续上涨，则可以将实值期权换成轻度虚值期权。

（3）在中午快收盘时，标的快速拉升，午间收于上午的最高价，买入认购的朋友欢欣鼓舞。

（4）在下午开盘后，行情更加狂热拉升，10 月份认购期权涨幅惊人。50ETF 购 10 月 2700 相对前日收盘价，涨幅高达 10 倍，波动率接近 40%！有很多投资者打算把前面的实值认购期权和平值认购期权换成虚值 2650 或 2700，以博取更大收益。

笔者的看法是：“大家悠着点啊，尤其是追高虚值的投资者，10 月份只有两天了，如果标的没有继续上涨，那么利润回吐速度也会很快。”

（5）在下午两点之后，标的轻轻回落，随着标的的回落和波动率的下降（从 40%降到 32%），很多期权从高点回落甚至腰斩。

从图 62-3～图 62-5 可以看出，若上午及时追进去，日内利润会非常丰厚，且移仓的利润更加丰厚。但如果投资者在下午的高位还继续追进，且没有及时止损，那么到收盘时就会有被腰斩的可能性，甚至把前面得到的利润也都回吐回去。所以追高和移仓也是一门技术。

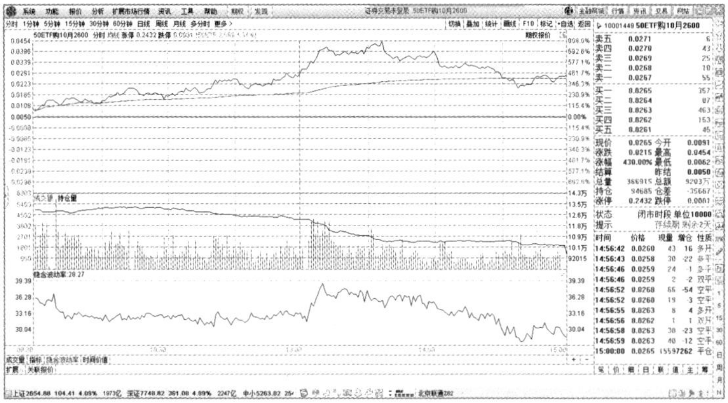

图 62-3　50ETF 购 10 月 2600 走势

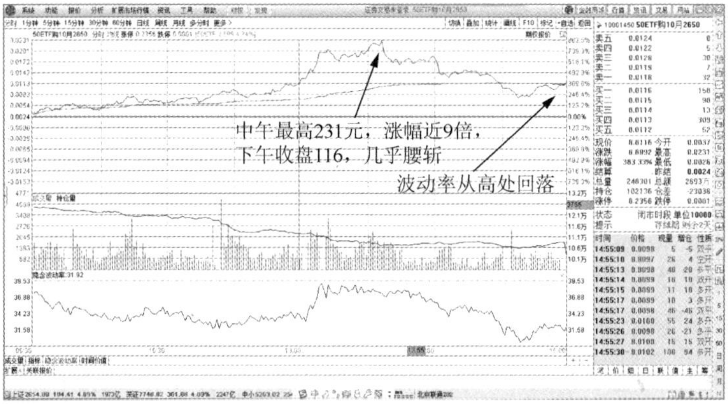

图 62-4　50ETF 购 10 月 2650 走势

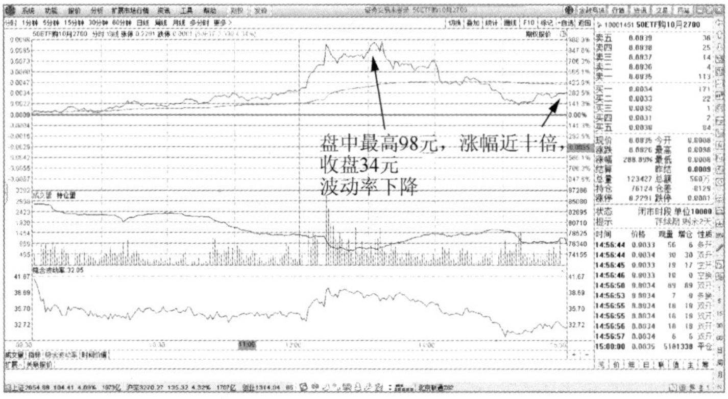

图 62-5　50ETF 购 10 月 2700 走势

“彩票”涨幅惊人，日内最大涨幅近 10 倍，但是又有多少人敢于重仓 9 元钱的“彩票”呢？一般人是难以做到的。

任何事情都要首先明白怎么回事，然后再去做。在今天的实战中，在趋势明朗后，就不该有任何操作，应该将多单一直拿到下午，到“15 分钟级别变盘”时，直接平仓就可以了。

笔者个人操作：先是持有卖 11 月认购和中国平安的股票，在 10 月 19 日行情大涨时止损部分卖出认购期权，随即改成牛市价差。做得不好的是没有及时跟随标的，也没有大胆去做权利仓，且犯了严重的经验主义错误，以为波动率太高，做期权买方不合适，但从这两天的实践来看，如果标的波动带来的 Delta 够大的话，那么可以暂时不用管 Vega 和 Theta 的变化。踏空比被套牢还难受，如果被套牢，则买入 1 万元最多亏损 1 万元，如果踏空，则会感觉少买 1 万元就像丢了 10 万元一样。

做得越久胆子越小，知道的越多下单越害怕，还是那句老话“三分预测，七分应对”，事先做好应对各种走势的计划，盘中及时执行，在遇到大行情时，就一定能够抓住机会。

从图 62-6 可以看出，10 月 22 日 50ETF 期权成交 373.2 万张，成交面额近千亿元，成交金额近 20 亿元，10 月份的认购合约持仓量还是非常大的。

图 62-6　期权的持仓量和成交量再创新高

63

跌宕起伏，连续三天有十倍权

在 2018 年 10 月行权月（9 月 27 日～10 月 24 日），50ETF 先是在国庆节前两天延续升势，让人憧憬了“十年九涨”的国庆“红包”行情，但在国庆节期间海外股市大跌，国庆节后 50ETF 跳空低开，横盘两天又大幅低开低走，随后来回揉搓，在上证指数见新低后，50ETF 也创出了阶段低点。10 月 19 日和 22 日连续两天大阳，但在 23 日收大阴线，末日收敛，整个过程可谓跌宕起伏。

（1）行情回顾

9 月期权合约行权日（9 月 26 日）50ETF 收盘价为 2.638 元，10 月期权合约行权日（10 月 24 日）收盘价为 2.525 元，最高价为 2.674 元（10 月 24 日），最低价为 2.394 元，区间跌幅 4.28%，如图 63-1 所示。上证指数 10 月 19 日下探 2449 点，打破熔断底，再创三年来新低。10 月份期权，从 9 月 27 日持仓算起，做认购期权的投资者都是亏损的，做好波段的投资者都是盈利的，做实值认沽期权的投资者也都是盈利的，但中间的过程是跌宕起伏的，这几天来回出现从几倍到几十倍涨幅的期权（如图 63-2～图 63-5 所示），过几天又大幅下跌 50%～90%。而且出现了连续 3 天相反方向的 10 倍期权，非常神奇，吸睛效果特别明显。

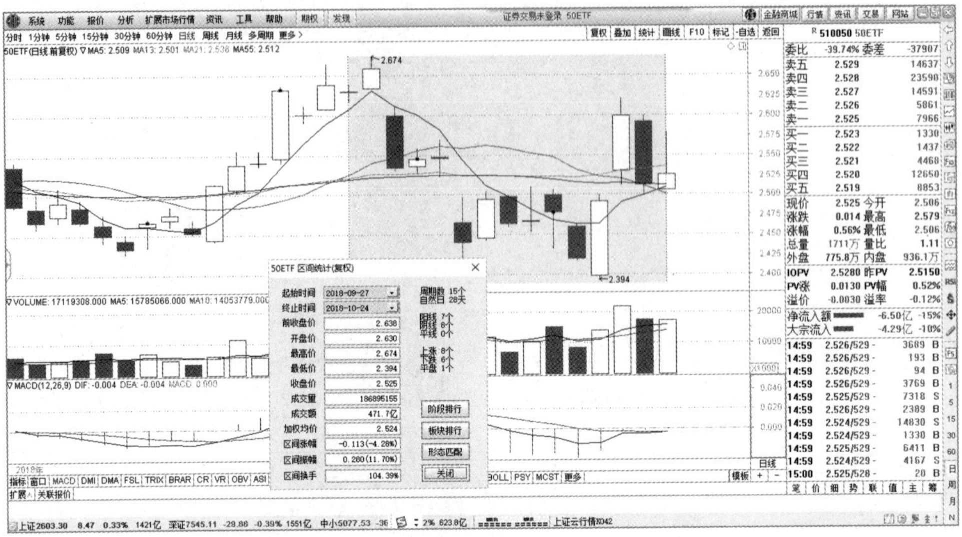

图 63-1　2018 年 10 月行权月 50ETF 日线图

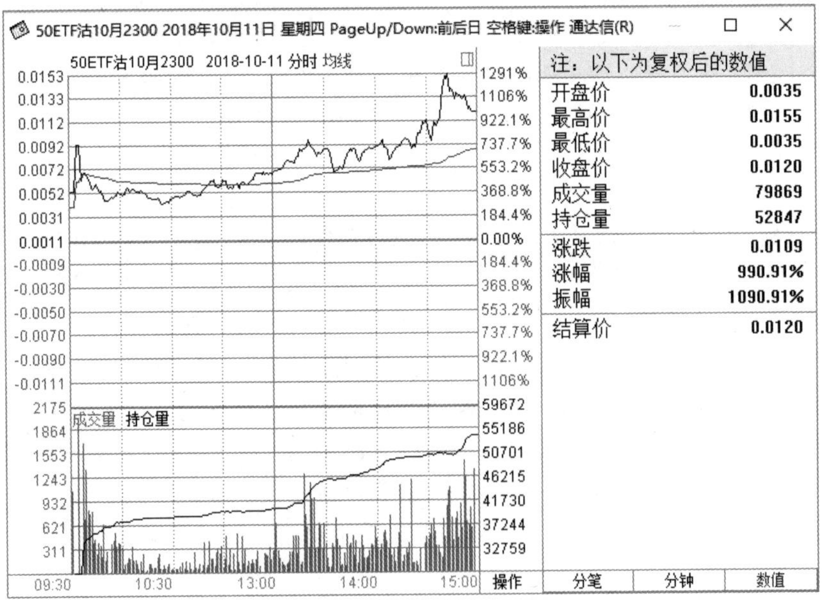

图 63-2　10 月 11 日 50ETF 沽 10 月 2300

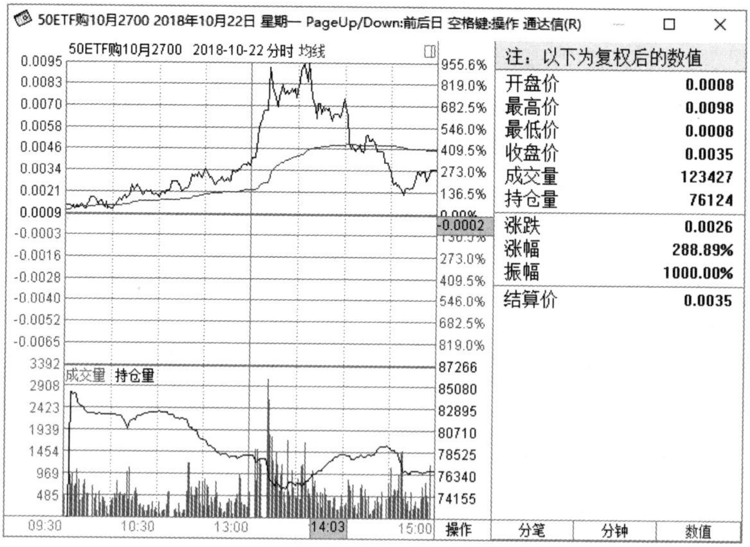

图 63-3　10 月 22 日 50ETF 购 10 月 2700

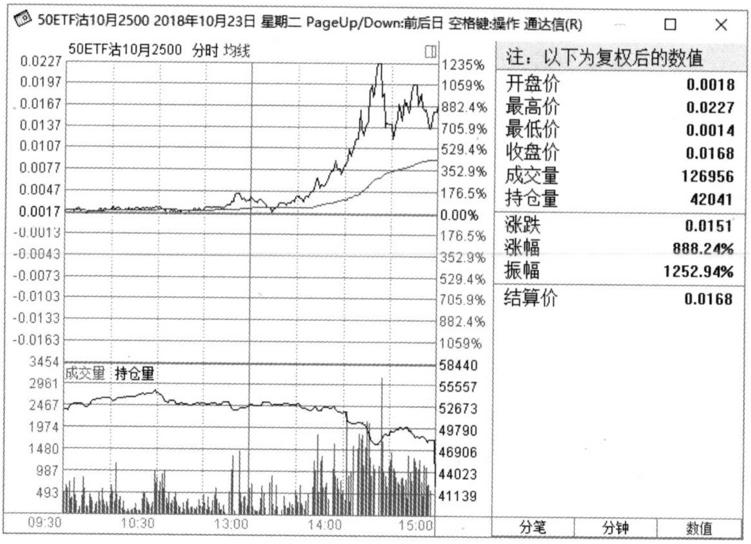

图 63-4　10 月 23 日 50ETF 沽 10 月 2500

有这么好的涨跌幅的期权，还做什么末日轮呢？在这个月里，如果有人能非常准确地把握好节奏，就会盈利数十倍，赚得盆满钵满。但做期权，首先还是要做好风险控制和资金管理，因为如果方向做反了，亏损就会非常大。

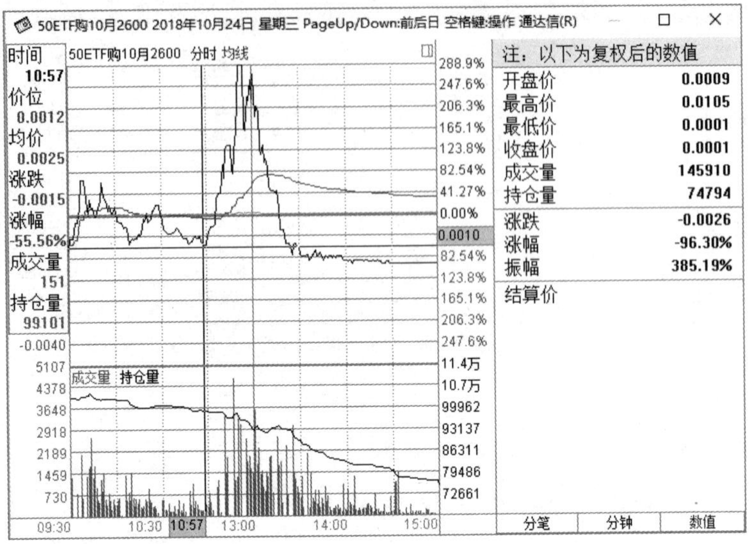

图 63-5　10 月 24 日 50ETF 购 10 月 2600

期权论坛波动率 QVIX 从 9 月下旬的 18%经历大幅上涨后达到 29%（如图 63-6 所示），这让很多卖方觉得波动率已经很高，可以卖出了，结果却在标的的大幅波动中被来回打脸，然而买方却因为觉得波动率太高而不敢买。

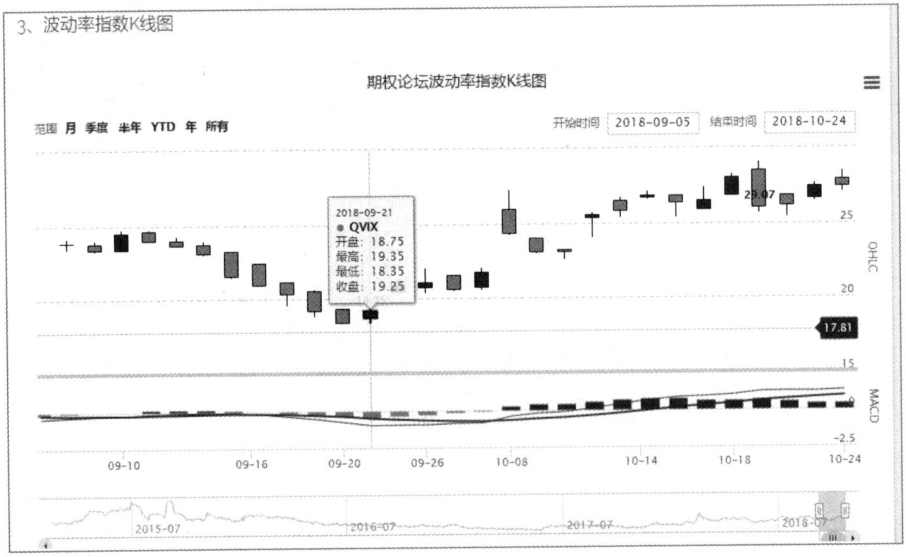

图 63-6　期权论坛波动率指数

数据显示，本月 50ETF 期权成交量、持仓量再创新高。从图 63-7 可以看出，10 月 22 日 50ETF 期权成交 373.2 万张，成交面额近千亿元，权利金成交金额近 20 亿元。近期主要的大幅波动期权合约的表现如图 63-8～图 63-11 所示。

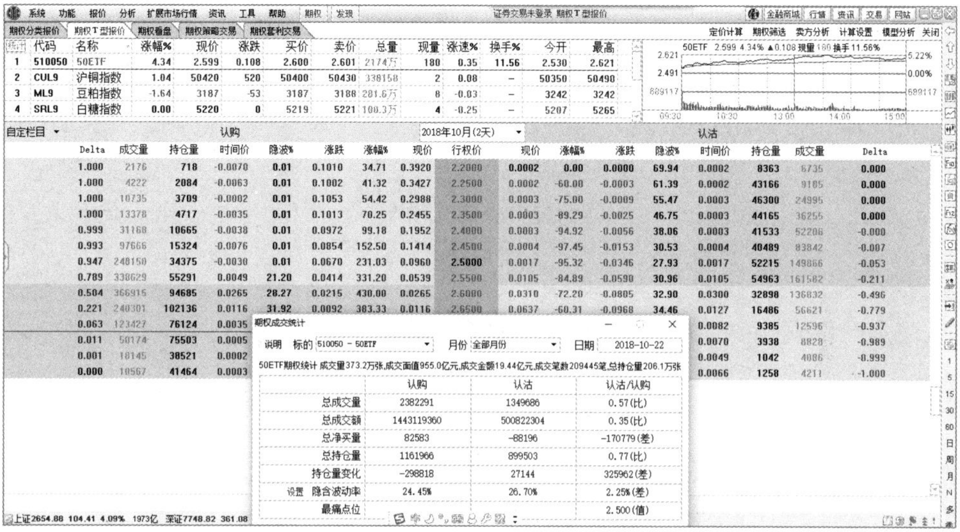

图 63-7 期权的持仓量、成交量再创新高

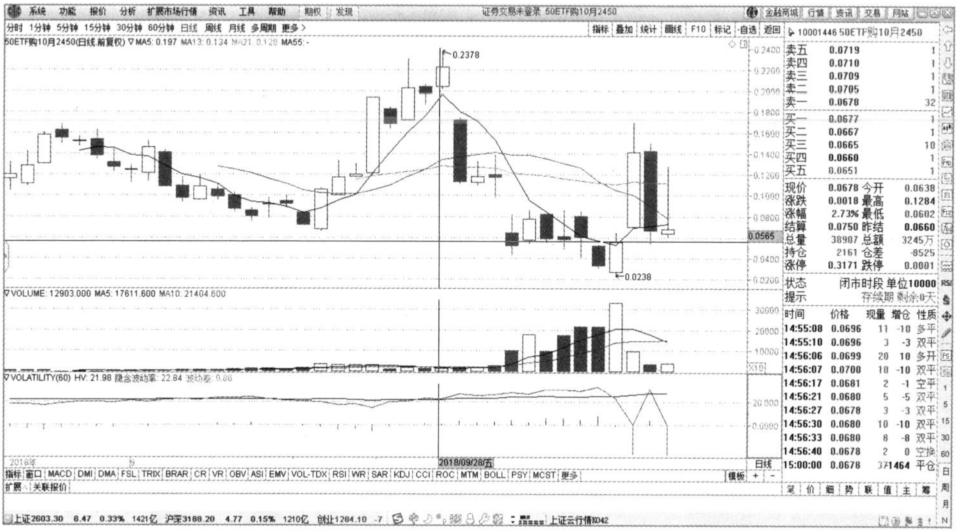

图 63-8 50ETF 购 10 月 2450 走势

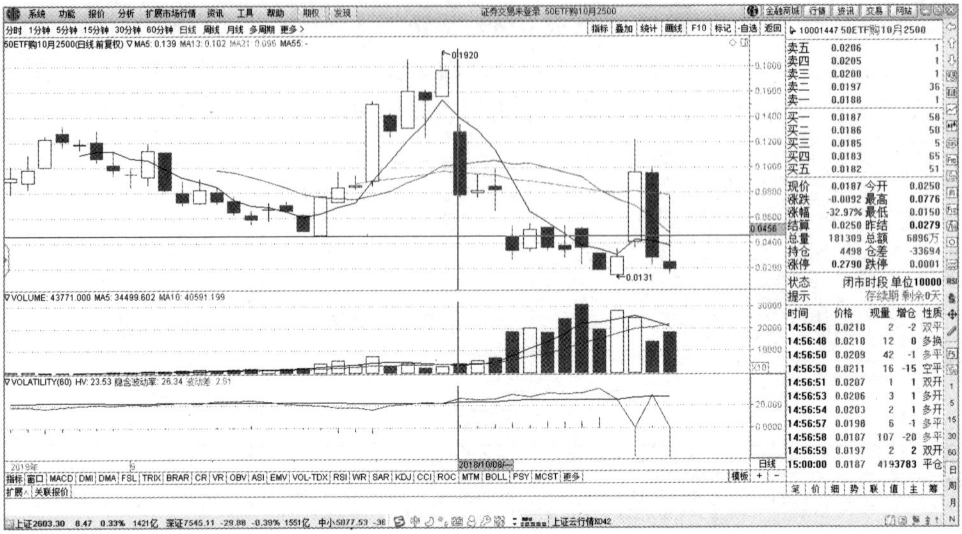

图 63-9　50ETF 购 10 月 2500 走势

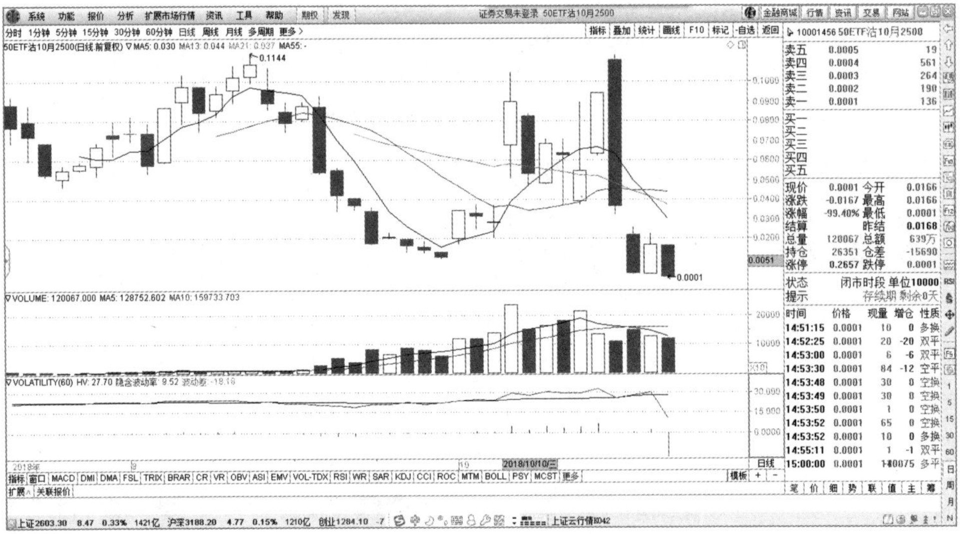

图 63-10　50ETF 沽 10 月 2500 走势

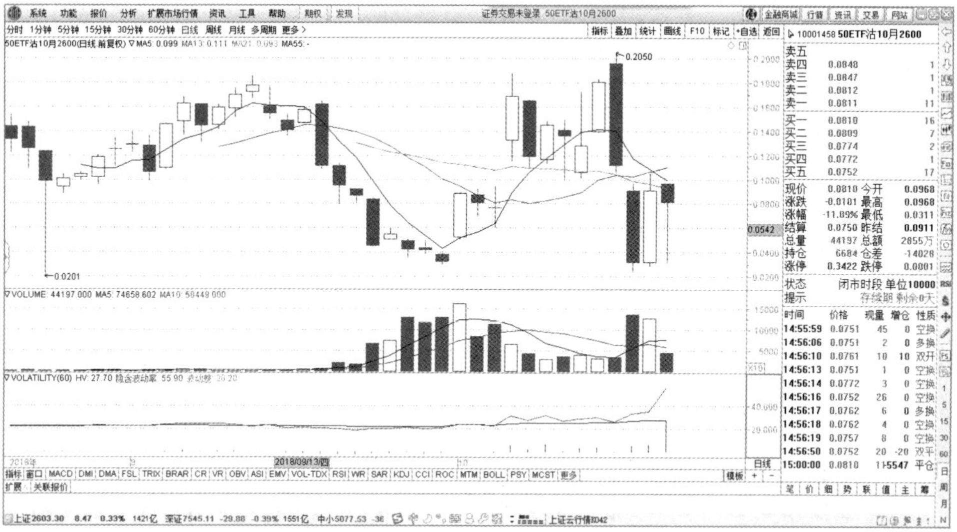

图 63-11　50ETF 沽 10 月 2600 走势

（2）个人操作

坦率地说，10 月份的 50ETF 期权做得不好，算是踏空了。

在国庆节前，行情延续 9 月份的涨势，虽然笔者建议别人买入跨式期权过节，自己却并没有做，留下了认购期权和卖出认沽期权过国庆，只在美股期权里买入 FXI 认沽期权和豆粕期权做多头对冲，这虽然对国庆节后的跳空低开有一定的效果，但并不明显。

在国庆节后先被行情打了一实锤，随后笔者将对冲、反手策略都用上，在底部平台再卖出跨式期权。笔者发现最近几个月以来，卖出跨式期权和宽跨式期权的好日子都不会太久，舒服几天就马上面临方向的选择。

在行权日前 8 天，笔者清仓所有权利仓，于是错过了最后几天的大好行情。持有的豆粕期权在高点回落时就退出，没能抓住美股期权在国庆节期间的那拨大跌行情，后来波动率高了，就没有再做。

总的来说，笔者在 10 月份的 50ETF 期权盈利与亏损都不大，一直在看别人跌宕起伏。

（3）几点体会

① 行情越来越难预测了。自 2018 年 8 月份以来，大盘和 50ETF 期权走势越来越难预测，在顶部没有明显的横盘筑顶行为，在底部也没有明显的筑底行为，往往都是非常激烈的尖顶或深底，大部分的长期持仓都会亏损，但短线投资或日内投资能盈利。以至于经验丰富的期权投资者都难以预测未来的走势，只好跟随趋势。

② 卖方压力也不小。在这样剧烈波动的行情里，卖出平值期权、虚值期权，单边卖期权和卖出跨式期权，都很容易被打到预警线和强平线，每次被券商强行平仓，往往都是趋势逆转的明显标志。虽然可能多扛几天就会赚回来，但是并不知道要扛几天。

③ 需要主动参与博弈。很多稳健地卖出虚值期权的私募投资者，也纷纷参与短线博弈，用部分资金主动做买方，如果踩对点，利润还是非常丰厚的。

④ “猴市”（指不稳定的行情）需要快进快出。在这样颠簸的底部，买方与卖方长期持仓，会承受较大的煎熬。只有持有小仓位的投资者和做日内短线大波动的投资者，才能获取较大收益，但如果方向做反，损失则会非常惨重。

⑤ 波动率太高，但存在即合理。10 月下旬，期权波动率高于 30%，但随之而来的是标的的大波动，连续几天 50ETF 涨跌都超过 0.1 元，这在以前是不多见的，存在即合理，标的的大波动自然要用高波动率来匹配，使得最后几天的时间价值依然非常高，但是卖方也不敢裸卖，因为一不小心就会超出边界。

⑥ 经验越多越胆小。越是有经验的投资者，越会越做越胆小，不管做什么，先考虑的都是风险。在 10 月 22 日午后，有投资者不断移仓虚值期权，笔者发出风险提示，避免当天 50%的回撤和后一天归零的后果。

（4）需要改进

① 当机会来临时，胆子应大一点。2018 年并不是没有做波段的机会，只不过机会来得太快、时间太短。今后，在较确定性的机会来临时，还是要加大买方的仓位，这样才能赚大钱。

② 三分预测，七分应对。2018 年预测标的的走势越来越难，甚至不愿意去预测后一天的走势，但是只要在脑海里做好对各种走势的应对，那么当机会来临

时，就能盈利。

③ 及时反手。这个月波动非常大，如果做错了，就要及时做对冲和反手，或者先不止损，反向开仓买入。

钱是赚不完的，却是可以亏完的。

千人千面，总有人处于对的那一面，不必羡慕，完善自己的体系即可。

自 8 月份以来，期权盈利很容易，亏损就更容易了。而且这几个月反转得太快，一个单方向的短趋势，最短 3 天、最长半个月就结束了，并且在顶部和底部的反向非常决绝，不给投资者任何“缠绵”的时间。义务仓也不好做，波动率持续在高位，随着标的在底部的宽幅震荡，贴近平值的义务仓屡次受到威胁。

这时候，就应该明白做期权需要敏锐的洞察力和快速反应能力，尤其是做日内投资更要及时反应，在顶部和底部时看到任何苗头都要做好出手准备。

但另一方面，也需要忍耐，坚持自己的信念，坚持自己的持仓，能忍受浮亏，但要做好对仓位的控制。

操作难度如此之高、风险如此之大的金融衍生品，非高手不能驾驭，而且要记住：保存实力，抓住机会。

64

稍等片刻，出现套利捡钱机会

2018 年 10 月 25 日，受前一晚美股期权大跌 2%～4%的影响，早晨投资者们一片恐慌，期权投资者不怕上涨、不怕下跌，也不怕横盘，只怕踩错点。

有些期权投资者考虑在开盘买入认沽期权，然而历史总会重演，历史证明大高开、大低开，往往是投资者亏钱的时候（笔者也吃过两次亏）。

笔者曾经说过，在下单前后，不要着急，在开盘后的前 15 分钟内不要下单，观察之后再下单或者取消下单，而如果当天真是单边走势，那么即使错过 15 分钟，也绝对不会错过盈利机会。

如图 64-1 所示，若开盘集合竞价追入认沽，想一想在等待几分钟后，你还可能再去追入认沽吗？而从板块和主要成分股协同的角度来看，当时中国平安、招商银行等的行情已经不再走低，而是缓慢回升，这时候就是短线卖出开仓价格不合理的认沽期权的机会。如果胆子大，还可以买入部分认购期权做个低开高走，距离 11 月份时间还有很多，如果短期波动较大，那么月初虽然不用考虑时间价值的衰减，但是可以考虑波动率的升降。

从图 64-2 和图 64-3 可以看出，在乱势中总有一些不合理的价格，这给了投资者很好的套利或者捡钱的机会。在开盘时 50ETF 沽 11 月 2300 的价格居然和沽 2350 的价格基本一致，但明显是被高估的，在集合竞价或开盘后赶快卖出，就可以捡到这被高估的不合理的差价，随着标的的低开高走，前几分钟收益 100 元/张以上，是非常好的机会。仔细看盘会发现很多机会，这也是套利交易产品净值无回撤的一个因素。

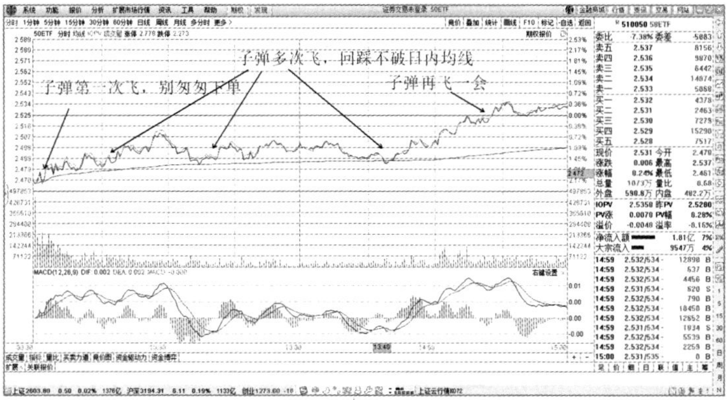

图 64-1　10 月 25 日 50ETF 低开近 2%

图 64-2　50ETF 沽 11 月 2350 日内走势

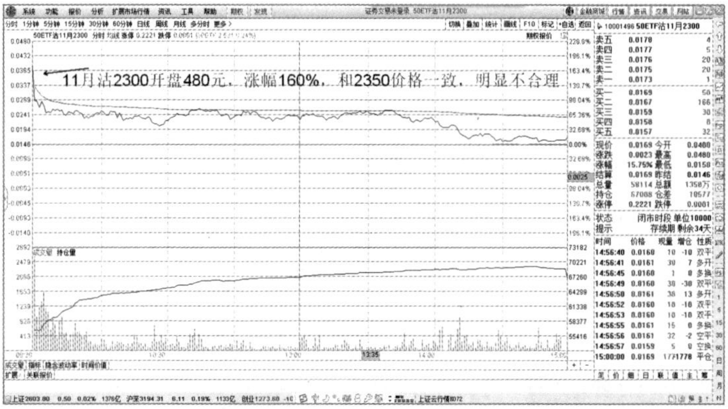

图 64-3　50ETF 沽 11 月 2300 日内走势

65

窄幅震荡，波动率高用何策略

自 2018 年 9 月中旬以来，50ETF 期权的波动率缓慢上升，居高不下，期权论坛波动率指数从 9 月 20 日的 18%慢慢上升到 30%，并长期处于 30%以上的高位（如图 65-1 所示）。波动率的上升是投资者对未来不确定性的一个预期，预示着市场将有大的波动，但是并不会对标的的实际波动有直接的影响，标的接下来可能会有大幅波动，也可能没有大幅波动，从 2018 年 11 月 4～6 日的情况来看，市场维持了一个小幅度波动的情况，但大家普遍对 11 月 7 日的美国中期选举有预期，觉得股市会有非常大的波动。

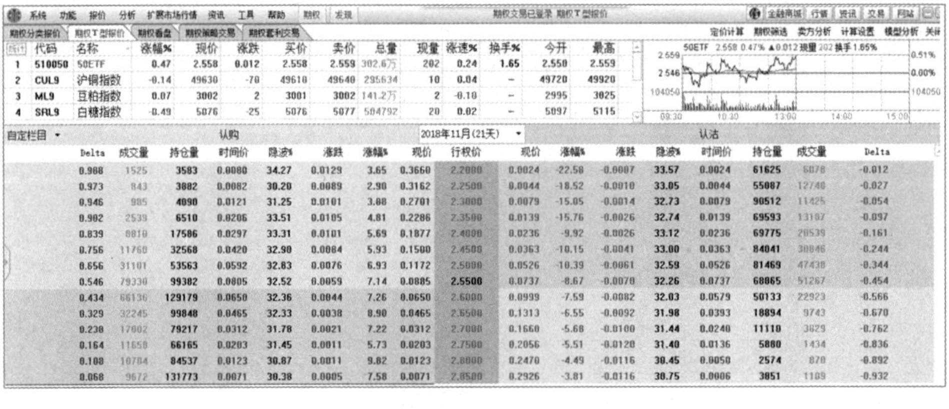

	代码	名称	涨幅%	现价	涨跌	买价	卖价	总量	现量	涨速%	换手%	今开	最高
1	510050	50ETF	0.47	2.558	0.012	2.558	2.559	302.6万	202	0.24	1.65	2.550	2.559
2	CUL9	沪铜指数	-0.14	49630	-70	49610	49640	295634	10	0.04	–	49720	49920
3	ML9	豆粕指数	0.07	3002	2	3001	3002	141.2万	2	-0.10	–	2995	3025
4	SRL9	白糖指数	-0.49	5076	-25	5076	5077	504792	20	0.02	–	5097	5115

认购								2018年11月(21天)	认沽							
Delta	成交量	持仓量	时间价	隐波%	涨跌	涨幅%	现价	行权价	现价	涨幅%	涨跌	隐波%	时间价	持仓量	成交量	Delta
0.988	1525	3583	0.0080	34.27	0.0129	3.65	0.3660	2.2000	0.0024	-22.58	-0.0007	33.57	0.0024	61625	6078	-0.012
0.973	843	3882	0.0082	30.20	0.0089	2.90	0.3162	2.2500	0.0044	-18.52	-0.0010	33.05	0.0044	55087	12740	-0.027
0.946	985	4090	0.0121	31.25	0.0101	3.88	0.2701	2.3000	0.0079	-15.05	-0.0014	32.73	0.0079	90512	11425	-0.054
0.902	2539	6510	0.0206	33.51	0.0105	4.81	0.2286	2.3500	0.0139	-15.76	-0.0026	32.74	0.0139	69593	13187	-0.097
0.839	8810	17586	0.0297	33.31	0.0101	5.69	0.1877	2.4000	0.0236	-9.92	-0.0026	33.12	0.0236	69775	20539	-0.161
0.756	11760	32568	0.0420	32.90	0.0084	5.93	0.1500	2.4500	0.0363	-10.15	-0.0041	33.00	0.0363	84041	30846	-0.244
0.656	31101	53563	0.0592	32.83	0.0076	6.93	0.1172	2.5000	0.0526	-10.39	-0.0061	32.59	0.0526	81469	47438	-0.344
0.546	79330	99382	0.0805	32.52	0.0059	7.14	0.0885	2.5500	0.0737	-8.67	-0.0070	32.26	0.0737	68865	51267	-0.454
0.434	66136	129179	0.0650	32.36	0.0044	7.26	0.0650	2.6000	0.0999	-7.59	-0.0082	32.03	0.0579	50133	22923	-0.566
0.329	32245	99848	0.0465	32.33	0.0038	8.90	0.0465	2.6500	0.1313	-6.55	-0.0092	31.98	0.0393	18894	9743	-0.670
0.238	17002	79217	0.0312	31.78	0.0021	7.22	0.0312	2.7000	0.1660	-5.68	-0.0100	31.44	0.0240	11110	3629	-0.762
0.164	11658	66165	0.0203	31.45	0.0011	5.73	0.0203	2.7500	0.2056	-5.51	-0.0120	31.40	0.0136	5880	1434	-0.836
0.108	10784	84537	0.0123	30.87	0.0011	9.82	0.0123	2.8000	0.2470	-4.49	-0.0116	30.45	0.0050	2574	870	-0.892
0.068	9672	131773	0.0071	30.38	0.0005	7.58	0.0071	2.8500	0.2926	-3.81	-0.0116	30.75	0.0006	3851	1109	-0.932

图 65-1　50ETF 期权 T 型报价中波动率都在 32%左右

于是出现了这样的现象：标的窄幅波动，期权价格变化也很小，波动率很低，但隐含波动率快速上升。这种现象导致买方赚取的利润很少，但是又担心行情突然出现较大的反向波动；卖方看到期权价格很贵，貌似有很多利润，但是波动率一直上升，即使卖出跨式期权，也要忍受浮亏。

在标的波动小、上有压力、下有支撑，隐含波动率维持在高位，以及时间价值非常高的情况下，可以使用以下几种常见的策略。

（1）看涨买入认购

在这个位置，如果看涨则买入认购，在月初和月中的时间价值非常高，期权要获取很大的涨幅，除非标的有大幅的上涨，不然在短期内难以翻倍。例如平值的 2550 购价格在 880 元左右，如持有到期，标的要上涨 0.15 元才能翻倍，当然，如果波动率维持在高位，标的因为大幅波动也会有一定的涨幅。同样，行情上涨需要交易量放量和很多的资金推动，或者在政策上出现较大的利好消息。

（2）看跌买入认沽

如果短期内有波动，则可以盈利，但在目前这种情况下短期内行情大跌的可能性较小，买入认沽后想要获取较大利润，行情必须快速大幅下跌才有利润空间。如果行情维持平衡，则很难获得较多利润，并且在大资金云集的 50ETF 中做空是存在较大风险的。

（3）看不大跌卖出认沽

如果行情在短期内难以大幅下跌，则卖出虚值期权或者平值期权认沽期权，在持有到期时可能会有超过 10%的收益，但是在短期内标的会有波动，浮盈、浮亏是必然存在的。在浮亏时做好应对策略，想清楚是止损还是移仓。

（4）看不大涨卖出认购

当然，在当前这种情况下行情大幅上涨是有难度的，所以可以卖出较虚的认购期权，胆大的投资者可以卖出平值期权，或者加上一些现货构成类似于备兑的结构，在标的温和上涨的过程中，可以持有一段时间。如图 65-2 所示为美国中期选举消息明朗，波动率瞬间下降。

（5）买入跨式博取波动

买入跨式期权是为了使得标的有大幅波动，一方持仓盈利的钱可以抵消另一方持仓亏损的钱。但是这种策略也有一个隐患，即如果标的持续较长时间横盘在这个位置不动，随着时间价值的衰减和波动率的下降，买入跨式期权无法盈利。或者，现在的波动率已经相当高了，如果在某些关键事件结果出来之后，标的没有大幅波动，或者市场没有较大反应，波动率快速下降，那么买入跨式期权也会有亏损。

图 65-2　50ETF 购 11 月 2600 中午波动率骤降

（6）卖出跨式赚降波

也可以认为现在的波动率维持在高位，但这种情况不会持续，波动率一定会下降，再加上卖出的跨式期权有很高的时间价值，具有较高的安全边际，坚持到最后会赚取较多利润，但是中间会有波动和浮亏，在浮亏时若仓位比较满，则风险度比较高，券商会打电话要求平仓。

从目前情况来看，最好的方法是做日内操作，抛弃看多、看空的观点，做对短线一次盈利 10%～30%也是可以的，但是需要较高的短线操作水平，而且尽量不要做反方向，如果方向做反，本金也会损失，并且不能布置很重的仓位。

66

自我膨胀，卖方面临最大风险

2018 年 11 月是期权卖方的天堂，怎么卖都盈利，“躺着”也能盈利，因为在 11 月中旬之后标的没有大波动(整个行权月 50ETF 才下跌了 2.5%)，波动率从 32% 跌到 25%，卖出期权的投资者普遍收益 15%以上。

对于“吃饱了嘴角抹油”的卖方，尤其是一些中小户卖方来说，其实卖方面临以下几个风险。

（1）自我膨胀

做期权，特别是做卖方期权是会上瘾的。对于一些中小户（资金在 300 万元以下的投资者）的卖方来说，在 2018 年 11 月，由于标的的窄幅波动和波动率的连续下降，赚到了很多，但最怕的就是在刚经历了一个月的好日子后便自信心爆棚，觉得掌握了期权卖方的真谛，于是加大仓位做卖方。100 万元一个月赚 10% 很容易，当资金放大到 1000 万元时，如果之前没有操作大资金的经验，那么在遇到极端行情时就会傻眼，万一亏损 20%就是亏损 200 万元。没有经历过各种极端行情洗礼的卖方不是好卖方，在经历过各种行情之后，有了成熟稳定的盈利模式时，再去加大仓位比较好。

（2）惯性思维

虽然这一拨赚得比较舒服，天天都有正收益，但是要清醒地认识到是因为自己能力超群赚到的，还是市场给的？事实上，这一拨盈利机会就是市场给的。如果保持这样的惯性思维，不参考标的波动的区间，也不参考波动率的高低和运行趋势，按“躺着赚钱”的思路去卖期权，那么在遇到新问题的时候就会出现各种状况，来不及做各种应对策略，就会让利润回吐。

（3）满仓加卖

做好资金管理对于卖期权也是很重要的，如果仓位太满，那么保证金很快就会面临风险，这时候不得不被券商强行平仓，但在强行平仓时很可能就是期权价格的最高点，虽然最后还是会归零，但是你已经在亏损了。对于一些虚值期权来说，有些浮亏问题不是很大，就看能不能扛下去。在一般情况下，仓位不要太满，双向卖出的话仓位保持在 80%左右是比较合理的。

（4）跳空风险

有人说过，“买方怕横盘，卖方怕跳空”，不管是单向卖出还是双向卖出，只要亏损端的浮亏大于盈利端的浮盈，就会比较难受。这时应该止损还是扛一会儿，还是做一些对冲？这需要对行情进行综合判断。当然，如果卖出的期权在安全边际以外，则可以扛一段时间。

总之，在获得丰厚利润之后，也需要理性，多经历几个轮回，找到适合自己的方法去卖期权。卖期权是最适合目标管理和任务倒推的一种投资方式。

67

步步为营，完整赚两个月上涨

2019 年 1 月 2 日～2 月 27 日，50ETF 单边上扬，以更加快速、激情的方式上涨，最后在行权日前暴涨 8%，完美收官。

（1）行情回顾

2019 年 1 月期权合约行权日（1 月 23 日）50ETF 收盘价为 2.392 元，2 月期权合约行权日（2 月 27 日）收盘价为 2.735 元，最高价为 2.829 元（2 月 25 日），最低价为 2.377 元（1 月 24 日），区间涨幅 14.38%，创了新高，认购期权大获全胜，2650 购从最低 9 元上涨到最高 2000 元，涨幅超过 200 倍，2800 购 3 天内从最低 1 元上涨到 600 元，随后下跌到归零，这也是可遇不可求的。

这拨从 2019 年 1 月初持续了两个月的行情，确实超出了几乎所有人的预期。

期权论坛波动率 QVIX 从 1 月下旬的 16%缓慢上涨，在 2 月 26 日达到巅峰值 36.51%，买入认购者享受了标的飙涨和波动率飙升的收益。但随后出现了快速退潮，又让后知后觉者损失惨重。

近期大涨的认购期权表现如图 67-1～图 67-3 所示，而认沽期权纷纷归零。

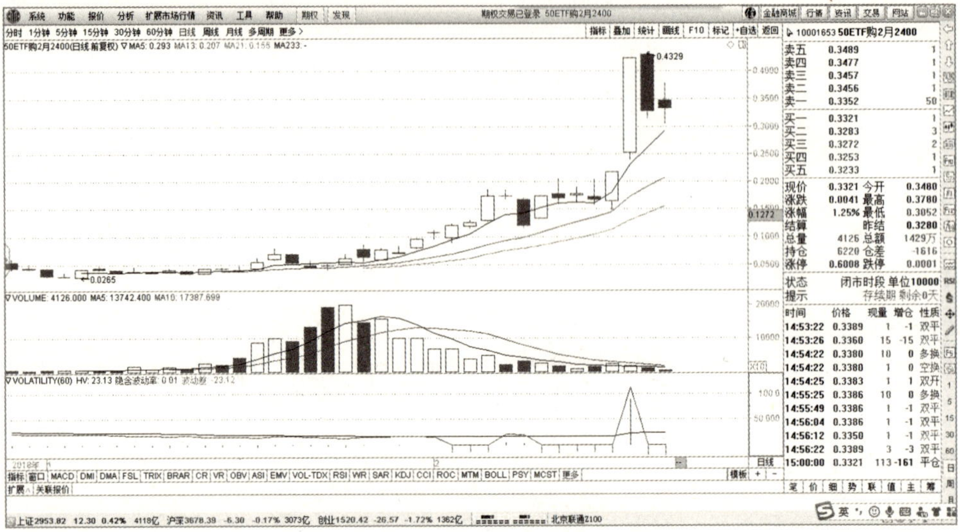

图 67-1　认购 2400 表现

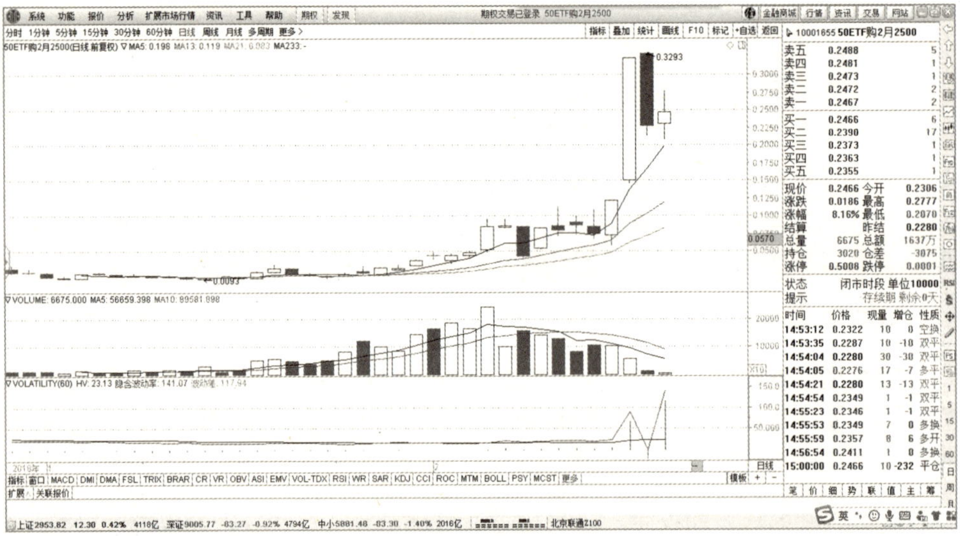

图 67-2　认购 2500 表现

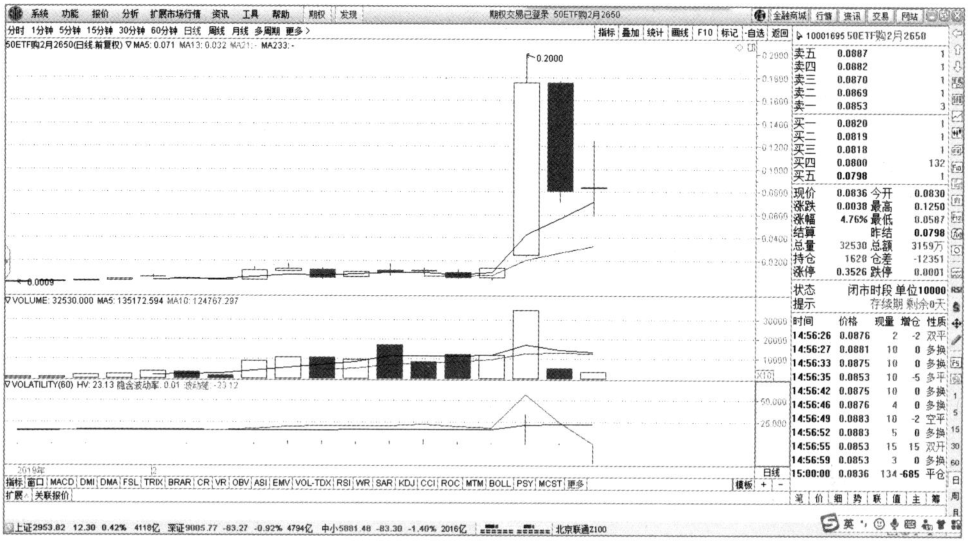

图 67-3　认购 2650 表现

（2）个人操作

笔者对自己 2019 年 1～2 月的操作相当满意，2 月盈利比 1 月多，1 月整体账户盈利不到 20%，2 月加速，账户资金翻倍，而且持仓非常安全、稳健，当然，也错失了盈利几十倍的机会。

笔者在 1 月 2 日之前持有空头仓位，在 1 月 2 日行情见底上穿 5 日均线后及时调整成多头仓位，但不是单纯地买入认购期权，而是买入实值认购期权+卖出虚值认购期权+卖出虚值认沽期权。

随着行情的演进，继续保持“买入实值认购期权+卖出虚值认购期权+卖出虚值认沽期权”的策略，此策略可以覆盖大跌之外的各种行情，2 月，行情上涨加速，波动率上升，把卖出认购期权拆掉，并加仓买入认购期权，少量张数卖认沽，最后的净值曲线如图 67-4 所示。

分批盈利出金，最终本金几乎都取出来了。最后最高盈利达 120 多万元，两个月收益率接近 80%。

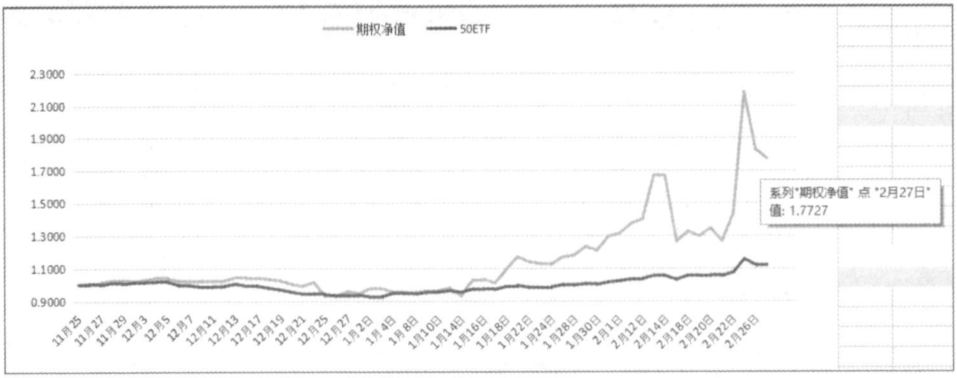

图 67-4　净值曲线

主要做法如下。

① 反弹初期：卖沽，即卖出虚值认沽期权、平值认沽期权。

② 反弹中期：牛差，即买入实值认购期权，卖出虚值认购期权。

③ 反弹后期：合成多头，买入认购期权矩阵，卖出认沽期权矩阵，保持进攻阵型，将资金分批落袋为安。

（3）这两个月操作体会

① 不定的反弹，策略致胜。在震荡行情里，做单腿权利仓非常不稳妥，虽然最后看起来盈利倍数挺高，但没人会买在最低点、卖在最高点，中间的回撤非常大。而如果采用多腿的策略单，则进可攻、退可守。

② 行情来了放大敞口。遇到趋势性行情，可以放大敞口，比如笔者把买方的持仓量加大到了总持仓量的 20%，并通过一些移仓操作，获得较好的收益。

③ 明确的入场、出场标准。在 1 月份，有人在底部买认购，但是在中间的上影线、小回调里不断被吓跑，随后不敢再继续做多，从而踏空一大段行情。其实如果有自己的出入场标准就会好很多。最简单的方法：若行情在 5 日均线之上，则不做空；若行情跌破 5 日均线，则部分止盈或对冲；若行情重新站上 5 日均线，则追回来。

④ 用虚值去博尾部。如果在到期前 4 个交易日逐渐平仓，并买入等张数的虚值，那么肯定会抓到几十倍的期权，但如果整体仓位不重，那么获利的金额也相

对有限。

⑤ 获利出金。谁也不知道行情会走到哪里，获利出金，到手的才是自己的！

（4）几点建议

① 不要全仓虚值。很多人喜欢做买方，又喜欢买虚值，但是在一波较慢的行情里，虚值未必会上涨，且可能还会下跌。

② 让市场走势说话，不要依靠幻想去交易。市场总是对的，错的只有我们自己，在行情上涨时不要觉得是在“诱多”，下跌时也不要觉得是在“诱空”，不要强行逆势补仓。如果方向做反、被套了，那么即使割肉放弃这段行情，也不要逆势补仓。

③ 保持持仓结构，容忍度放宽一点。对于双卖策略而言，当标的有一段比较单边的走势时，要及时用买方来做好对冲。如果超出了双卖的箱体，那么亏损的一边要及时止损，并看情况转化为合成多（空）头，获取更多的利润。

④ 持有让你舒服的仓位。有人仓位过重，有人合约太虚，这样的仓位都不好，会让人焦躁不安，那就减仓、移仓吧。

⑤ 不要在关键时刻掉链子。有一位坚定的多头投资者，喜欢买入虚值认购期权，但却在行情拉升前止损 2600 购，止损价格约为 80 元，最后该合约最高上涨到 2100 元，错失几百万元。

七、投资者教育篇

68

蓝筹白马，持股者应学会期权

慢即快，年化二十安心赚。

长与短，小马数招用心学。

国内上证 50ETF 期权在价值发现、套期保值、现货保险、趋势投机、烫平波动、优化收益等方面都发挥了较好的作用。

笔者经过一段时间的期权操作实践，积累了一些经验，强烈建议年化收益率在 10%～30%的蓝筹股价值投资者学习期权、操作期权、投资期权。在这之前，有以下几个问题应该了解清楚。

（1）期权入门容易吗？

期权入门不难，但是如果要学好，则需要付出很多精力、时间和资金成本。在入门时，先看期权基础入门类的书籍，了解与期权相关的基本概念，然后用券商提供的软件进行模拟操作，有了深入了解后再以小仓位、小单子进行实验，逐步熟练，当有了稳定的盈利时，就可以根据行情采用不同的策略，适当放大仓位。

期权交易最基本的三个方向——方向、时间、波动率，从股票市场转做期权市场的投资者对方向应该有较好的理解，尤其是做蓝筹股较久的投资者，在判断 50ETF 的趋势上更有优势。对时间和波动率的掌握程度则可以通过不断练习来提高。

（2）做期权的风险大吗？

在交易所和证券商的宣传里，做期权的风险很大，买方有可能亏完全部本金，卖方具有收益有限、风险无限的特点，所以在开期权账户时，要签署很多的风险揭示书和协议。但实际上，做期权的风险是可控的。

对买方来说，做期权最大的亏损是投入的全部本金，但是理智的投资者不会一次就投入太多的本金，单次亏损并不会对个人金融资产产生很大的影响，但如果有一次盈利，就可能会获得较大收益。如果你有 50 万元准备投资股票，那么你能够承受的最大亏损是多少？有投资者回答说是 3 万元，那么你就别买股票了，用 3 万元来做期权吧，如果亏损，那么最大亏损就是 3 万元本金，如果盈利，那么盈利金额与用 50 万元做的股票所盈利的金额是差不多的。

对于卖方来说，理论上是收益有限，风险无限，亏损无限，但是在你下单后，除了自己实时盯盘和设置好止盈位、止损位以外，还会有券商在你的风险度过高时提醒你追加保证金或者减仓，并且如果你不减仓，就会给你强行平仓，而在强行平仓时，损失一般不超过本金的 3%。卖方还有比买方高得多的“安全垫”，有时间价值的保护，盈利的可能性更大。

当然，前提是，你是个比较理性的投资者。

（3）期权赚钱稳吗？

蓝筹白马持股者更应该投资期权。众所周知，蓝筹白马持股者的风险偏好较低，预期收益率不高，比如年化收益率能达到 10%～30%就满足了。

（4）期权适合什么行情？

期权适合任何行情：上涨、下跌、横盘。

股票投资者只能在股票上涨后才能盈利，如果你要和他说做空，那么他不会给你好脸色看。期货可以做多，也可以做空，不管上涨还是下跌都可以盈利。而期权，不管上涨、下跌还是横盘都可以盈利。

期权四大基础策略为：买入认购、买入认沽、卖出认购、卖出认沽，加上稍微复杂点的垂直价差、比例价差、合成多（空）头、备兑策略就能比较好地应付快涨（跌）、慢涨（跌）、先涨（跌）后横、先横后涨（跌）、上涨（下跌）有限等行情。

综上所述，强烈建议符合条件的、有一定投资知识的朋友开通期权账户、了解期权、投资期权。期权将为你提供非线性、多维度的交易方式，从线性投资中解脱出来，接触更加丰富的交易方式和盈利模式。

69
重视期权，券商可以弯道超车

自2018年以来，股市起起伏伏，市场成交量也不稳定，从而导致券商佣金收入旱涝不均。券商及从业人员在牛市时收入不错，在行情低迷时收入微薄，尤其是刚毕业的大学生，若在股市行情大好时入行，轻易就能获得超出进入其他行业的同学很多倍的收入，而若刚好在股市行情不好时入行，那么能否开拓新客户、熬过“冬天”就很难说了。

在期权时代，随着股票、指数、商品类期权品种的丰富，充分利用好期权及其优势，券商、期货公司可以逐渐实现弯道超车，一些爱学习、肯钻研、善开拓的从业人员，包括理财顾问、客户经理等都能有比较大的收获。

（1）充分认识发展期权的现实意义

① 股票、债券、期权在金融市场的作用和分工不同。在金融市场发展的各个阶段，各种金融产品的作用和分工各不相同，融资、价值发现、价值投资、投机、稳健收益、套期保值、风险对冲等功能在不同的产品上得到体现，只有丰富了金融产品的品种，金融市场才能逐渐完善，所以，期权的发展是历史发展的趋势。

② 期权是实现业务腾飞的一个好工具。这两年在期权上花了大力气去培养员工、客户，加强投教的证券、期货公司，不管从交易佣金、资管对接、客户服务还是行内排名上来说，普遍都有很大收获，尤其是一些建立了衍生品部门的证券公司，对机构户和散户的服务都相对较好，对内部员工的培训也不错。从东方财富网期权龙虎榜来看，之前在传统业务上相对落后的券商，也因期权业务排在了

前几名。

③ 重视期权交易的成交量和活跃度。笔者在 2016 年参与期权时，期权持仓量主力合约月末才 1 万多张，发展到现在，在高峰时日成交 300 万张，成交权利金达 20 亿元。

（2）精准发力，加强对期权的研究与培训

① 加强期权研究部门的建设和员工培训。目前各个券商在期权衍生品研究部门的设置和投入上各有不同，有些券商的期权衍生品研究部门发展很好，对各分公司、营业部、客户经理和客户的支持力度都挺大，而有些券商的期权衍生品研究部门只是在期权交易手续费上提供一些优惠政策。各券商在对员工的培训上也各不相同，有些券商经常对员工进行期权类培训，只有证券公司的员工对期权相关的知识较为熟悉，能更好地为客户提供业务咨询服务，至少可以帮助客户避免因业务不熟而造成的亏损。

② 理性的投资者教育。券商应当加强理性的期权投资者教育，不能仅单纯地宣传期权盈利的功能，关于风险教育的宣传也是必需的。虽然对投资者进行苦口婆心的教育不如一轮大行情实战深刻，但是系统化的投资者教育是不可或缺的。投资者教育除了讲解一些常规期权操作手法、基本知识、期权策略解读之外，还应该讲解一些各种期权实战的案例。

③ 提供更多、更完善的后续服务。当符合条件的投资者开户进入期权市场时，券商对投资者的后续服务比前期服务更重要。期权是一个能够多方向、多维度获利的品种，同时由于杠杆巨大，期权买方盈利的成功率相当低，有很多投资者因为没有期权投资经验亏损严重，在进入期权市场不久后便退出了。对于刚进入期权市场的投资者，券商可以在合法、合规的情况下，对其提供更多的后续培训和服务。

④ 多组织参与期权行业内的交流。目前国内期权的圈子还不大，闷头自己研究也会有一定局限性，交易所、证券/期货公司、软件商、期权投资者等都有协同的利益诉求和呼声，多多参与行业内的活动交流，会发现很多机会，共商、共建、共享，合作共赢，促进期权市场的健康发展。期权市场很大，并且会越来越大，需要大家合力把“蛋糕”做大，让市场发展得更好。

（3）几点建议

① 完善好期权软件。目前市面上常见的期权软件有咏春、汇点、通达信、期权宝等，笔者在使用过程中发现这些软件的操作难度、舒适度各不相同。有些软件用起来非常顺手，界面友好、速度快、网络好、服务器稳定、可多账户登录，有些软件则不好用。希望各券商能够给客户提供更好用的期权软件、更稳定的服务器，并且开发完善手机版交易软件，适应移动交易。

② 合理控制保证金水平和追保制度。在交易所保证金的基础上，不同券商加收保证金的百分比 1%～20%不等，有些券商还会在到期日前一周大幅提高保证金，比如翻倍保证金或全额保证金。但在目前 50ETF 期权上，极端的行情还是很少的，如果是全额保证金的话，会大幅降低卖方投资者的资金利用率，这就是为什么快到期了很多的深度虚值期权不跌反涨，因为卖方投资者在为降低风险度而买入平仓。

③ 不要轻易离开。证券从业人员既然选择了这个职业，并且很热爱这个工作，那么在遇到困难时，经过深思熟虑后，若还能坚持下去，就一定要坚持，因为“过了冬天就是春天”，记住：牛市炒股票，熊市学知识、稳客户。

总之，期权大时代已经来临，虽然期权市场的成交量不如股市，但与以往期权市场的低迷情况相比已有很好的发展变化。期权市场，从量变到质变，需要市场主体各方的积极参与，每个环节的人员都不可缺少，股民和券商一起经历过涅槃，会变得更强大。

共克时艰、顺应形势、眼光长远、增强实力，在蓬勃发展的时期，期权必将扬帆再起航！

70

私募机构，建议积极配置期权

寻寻觅觅投资路，凄凄惨惨业绩落。

洋洋洒洒活期权，轰轰烈烈补空缺。

2018 年，对于一般人来说，股票是相当难做的，1 月份 18 连阳，2 月份暴跌，之后由于各种因素的影响，大盘屡屡走低。个股和板块，在 1 月份“金三胖”（银行股、保险股、证券股）上涨很多，然后快速进入调整期，后来医药、基建、5G 等板块都有过上涨，其中持续时间最长的是医药股，大概持续了两个月，随着长生生物事件的爆发，医药股也下跌，其他板块和个股的轮动更是昙花一现，往往反弹只有 3 天，就把投资者套住。而传统的追涨、打板模式也失效了，时间很短，少部分人获利后又沉沦。

股票类公募基金和私募基金，2018 年的日子也不太好过。从东方财富网查到的 4144 只基金（含债券基金），截至 2018 年 8 月 30 日取得正收益的基金数量为 1150 只左右，约占 1/4，2018 年以来收益率高于 2.5%的有 700 只左右，还不如银行贷款利率，如图 70-1 和图 70-2 所示。

私募基金也有比较惨烈的情况，在股票型私募基金里，不管是传统的自上而下、自下而上的选股，还是 CTA、量化选股，效果都不太好，处于清盘线附近，已清盘的基金也有很多，有些基金因为快到清盘线了，只好降低仓位，不敢再动，怕稍微加仓再调整的话，就到了清盘线。

开放基金排行 自定义排行 场内交易基金排行 货币基金排行 理财基金排行 香港基金排行 定投排行 [意见反馈] 查看最新

展开更多筛选 数据来源：东方财富Choice数据 基金申购费率1折 按基金公司筛选 输入基金公司名称筛选

全部(4144) 股票型(799) 混合型(2227) 债券型(1008) 指数型(537) 保本型(57) QDII(51) LOF(211) FOF(12) 2017-08-31 至 2018-0

比较	序号	基金代码	基金简称	日期	单位净值	累计净值	日增长率	近1周	近1月	近3月	近6月	近1年	近2年	近3年	今年来	成立来	自定义	手续费
	1	519760	交银新回报灵	08-30	3.9770	3.9970	-0.10%	0.25%	-0.15%	0.48%	255.09%	273.08%	293.69%	---	258.29%	297.94%	273.43%	0.00%
	2	550016	信诚至远C	08-30	1.3957	1.3957	0.09%	0.10%	-1.81%	-2.15%	-4.93%	50.40%	32.90%	45.86%	34.72%	144.85%	39.57%	0.00%
	3	003503	金鹰鑫瑞混合	08-30	1.2382	1.2382	0.02%	0.06%	0.45%	2.07%	17.73%	20.30%	---	---	22.62%	23.82%	20.30%	0.00%
	4	519221	海富通欣益混	08-30	1.2240	1.2760	-0.08%	0.25%	18.26%	20.31%	20.08%	25.47%	---	---	20.42%	28.61%	25.60%	0.00%
	5	005176	富国精准医疗	08-30	1.2063	1.2063	-1.33%	2.42%	-2.21%	-9.82%	17.77%	---	---	---	18.50%	20.62%	20.62%	0.15%
	6	003349	长信稳益纯债	08-30	1.2018	1.2018	0.08%	0.07%	0.41%	14.60%	16.67%	17.78%	---	---	17.77%	20.18%	17.85%	0.06%
	7	001508	富国新动力灵	08-30	1.4290	1.4290	-1.11%	1.35%	-2.52%	-7.81%	9.42%	20.29%	28.16%	42.76%	17.13%	42.90%	20.49%	0.15%
	8	001510	富国新动力灵	08-30	1.4150	1.4150	-1.12%	1.36%	-2.55%	-7.94%	9.35%	19.81%	27.36%	40.80%	16.94%	41.50%	20.02%	0.00%
	9	003009	中融盈泽债券	08-30	1.1394	1.1956	0.04%	0.04%	0.40%	1.58%	16.16%	17.99%	---	---	16.89%	19.64%	17.97%	0.08%
	10	003010	中融盈泽债券	08-30	1.1394	1.1956	0.03%	0.03%	0.38%	1.55%	16.06%	17.90%	---	---	16.80%	19.64%	17.89%	0.00%
	11	003188	博时聚源纯债	08-30	1.1483	1.1734	0.04%	0.04%	0.14%	1.87%	3.43%	15.55%	---	---	14.88%	17.70%	15.60%	0.08%
	12	003818	银华上证5年	08-30	1.1247	1.1247	0.13%	0.18%	-0.04%	0.88%	13.14%	13.95%	---	---	14.39%	12.47%	13.89%	0.00%

图 70-1 基金收益率排名（2018 年初至 8 月 30 日）

全部(4144) 股票型(799) 混合型(2227) 债券型(1008) 指数型(537) 保本型(57) QDII(51) LOF(211) FOF(12)

比较	序号	基金代码	基金简称	日期	单位净值	累计净值	日增长率	近1周	近1月	近3月	近6月	近1年	近2年	近3年	今年来	成立来	自
	1151	000119	广发聚鑫债券	08-30	1.2050	1.6420	-0.58%	0.25%	-1.39%	-2.98%	-1.55%	-0.50%	-1.48%	4.67%	0.08%	65.48%	
	1152	165314	建信信用增强	08-30	1.2610	1.2610	-0.39%	0.08%	-0.32%	-0.63%	-1.87%	-6.32%	-6.25%	-2.17%	0.08%	20.55%	
	1153	213917	宝盈增强债券	08-30	1.0745	1.6565	-0.18%	0.24%	0.00%	0.89%	-0.32%	-0.45%	-2.36%	0.24%	0.07%	70.43%	
	1154	003922	长盛盛康灵活	08-30	1.0635	1.0635	-0.03%	0.07%	-0.10%	-0.42%	-0.49%	1.63%	---	---	0.05%	6.35%	
	1155	004448	博时汇智回报	08-30	1.1688	1.1688	-0.01%	-0.02%	-0.89%	-8.21%	3.12%	10.70%	---	---	0.03%	16.88%	
	1156	004361	上投摩根安通	08-30	1.0236	1.0547	-0.18%	0.09%	-0.91%	-0.38%	-0.41%	2.42%	---	---	0.03%	5.46%	
	1157	519683	交银双利债券	08-30	1.1700	1.5080	-0.17%	0.26%	-0.51%	-0.17%	0.00%	-1.02%	-4.26%	-2.42%	0.00%	55.06%	
	1158	161719	招商可转债分	08-30	0.8920	1.3430	-0.11%	0.11%	0.56%	0.22%	-1.00%	-8.14%	-8.18%	-9.49%	0.00%	22.69%	
	1159	000859	融通通瑞债券	08-30	1.0460	1.0460	-0.10%	0.19%	-0.48%	-0.48%	-0.38%	0.87%	1.26%	3.67%	0.00%	4.60%	
	1160	002419	汇添富盈安保	08-30	1.0570	1.0780	0.00%	0.38%	-0.94%	-0.56%	-0.75%	3.07%	5.39%	---	0.00%	7.81%	
	1161	002790	长盛同享灵活	08-30	1.0000	1.0000	-0.40%	0.40%	-0.70%	-0.50%	-0.60%	0.00%	-0.20%	---	0.00%	0.00%	
	1162	261002	景顺长城优信	08-30	1.3880	1.3980	-0.07%	0.36%	-0.07%	0.80%	0.36%	1.69%	3.58%	11.22%	0.00%	40.12%	
	1163	253020	国联安德盛增	08-30	1.2160	1.4610	0.00%	0.00%	-0.82%	-0.08%	-0.90%	-7.39%	-9.05%	-3.18%	0.00%	52.51%	
	1164	160125	南方香港优选	08-29	1.0350	1.1250	0.13%	0.92%	-4.74%	-5.16%	-2.31%	8.45%	25.35%	13.39%	-0.04%	12.55%	

图 70-2 取得正收益的约为 1150 只

2018 年 1～7 月，有业绩统计的 6473 只股票策略私募产品平均亏损幅度为 8.4%，负收益产品数量达到 5057 只，占比 78%。其中，亏损幅度超过 20%的有 895 只产品，占比 13.8%；69 只产品亏损幅度在 50%以上；最大亏损幅度为 89.2%，而最高收益率为 160.9%，产品业绩首尾相差近 250 个百分点。从最大回撤数据来看，19%的股票策略产品最近一年最大回撤在 10%以内，39.2%的产品最大回撤超过 20%。

那么，如何改变这种现状呢？除了耐心等待市场好转外，还有没有其他方法？有，还有一个好工具，用得好的话可以实现正收益，增加基金净值，实现快速转型。没错，这就是期权！

（1）机构的疑惑

期权的好处在前面都说过了，在此不再赘述。下面分析一下私募等机构对期权的一些误解。

① 期权容量太小。有些机构觉得目前 50ETF 期权的容量太小，几千万元难以出入。据笔者了解，有机构用两亿元做期权产品，资金出入情况也还行。更重要的是，多数新的投资品种成交量、持仓量都是从小到大的，大家对期权的认识也是逐渐深入的。当前 50ETF 期权日成交量最高为 200 万张，权利金（成交）最高达 8 亿元，市场的发展需要大家的共同努力。

② 期权风险太大。对期权买方来说，最大的风险是归零，但一般人不会将自己全部本金投入一个月的单个合约里。对于机构来说，如果投入期权买方，那么资金占比肯定也会很小。之前有私募朋友说，本来打算在 2018 年 2 月买入 2900 认沽期权，投入 1%的资金，只要认沽期权翻 30 倍，就能给产品带来 30%的收益。在其他投资品种里，哪会有这样的好事情？而作为期权的卖方，如果采取一定的风控、对冲等措施，风险就没有想象中的那么大，而且风险是可控的。

③ 期权行情难把握。投资者买入股票肯定是有自己的逻辑的，从做出买入股票的决策开始，肯定对当前的行情或者某一组合、板块、个股有比较确定的把握，期权也是如此。并且，期权可以卖出认购和买入认沽，并且有其他复杂的期权策略，股票当只敢轻仓或空仓时，只能有少许盈利甚至不盈利，但是在期权里出现这种行情时，卖出认购和买入认沽同样可以获得较好的收益。

（2）可用的策略

以下有些策略笔者没有实际用过，只有粗略地有所了解，在此抛砖引玉，还需要投资者仔细研究。

① 价值投资策略。

对于价值投资型私募机构，在配置部分蓝筹股做长期投资的同时，可以使用 50ETF 期权做类似备兑策略增加收益或买入认沽给手上的现货做保险。

类似备兑策略卖出认购端在大盘和相关度高的成分股不大涨的情况下，卖出平值期权和虚值期权，每月能带来 1%～3%的超额收益，加上择时卖出，收益可能会更好、更稳定。

买入认沽期权做保险，相当于使用少量成本对持股进行保护，在市场有较大幅度调整时能部分或完全对冲掉持股的亏损，较好地烫平净值曲线。

② 量化策略。

采用量化策略在 50ETF 期权、商品期权和铜期权上进行择时和量化交易。因为期权的波动率高于股票，所以如果运用量化思维将量化因子设置得比较科学的话，则可以增加收益。

以最简单的量化策略双均线、60 日均线之上卖认沽、60 日均线之下卖认购来说，正确率稍高于 50%，用期权卖方来操作，期权卖方在盈利概率上具有天然优势，加上可以选择不同行权价，获利的概率高于股票，能够满足不同资金和不同风险偏好的投资者。

③ 套利策略。

在期权定价公式的基础上，由于市场情绪的影响，往往会在瞬间产生一些偏离期权理论的价格，在同一月份不同行权价、不同月份同一行权价、认购、认沽、波动率偏差等方面都会出现套利机会。

常见的套利有日历套利、统计套利、波动率套利、期现套利等，设置好程序再下单，发现机会后及时出手，胜率很高，回撤很小。从私募排排网可以看到，一些做套利策略的产品其资金曲线很漂亮。

④ 对冲策略。

在持有股票后，可以利用股指期货对现货进行对冲，其实还可以利用期权进行对冲。在短期内要应对“黑天鹅”，使用认沽期权对冲，效果会更好。比如预计短期内会有不确定的利空事件买入认沽期权对冲，如果发生了股票大跌的情况，那么认沽期权的上涨可以抵消掉这部分跌幅；如果股票大涨，那么认沽期权下跌的金额也有限，并不会对上行收益有很大的影响，而使用股指期货完全对冲则会完全抵消掉股票上涨的收益。

（3）对不同现状产品的作用

① 业绩优秀的产品可继续领跑。

已经取得领先地位的私募产品，可以腾出部分仓位来投资期权，保持继续领跑的位置。

一种是如看好未来行情，但又怕手上与 50ETF 相关度较高的股票有回调，为了控制最大亏损，可以将股票减仓，按照一定比例买入认购期权，若上行则会获得同等收益，如下行，那么最大亏损也有限。

另一种是持股后做类似备兑，每月增加收益。或者买入虚值认沽期权为手上股票做保险。

② 业绩一般的产品可迎头赶上。

对于业绩一般的产品，在比较尴尬的点位和尴尬的产品净值附近，既怕净值出现回撤，又希望抓住一些机会让净值有些增长，可以充分运用期权卖方的稳健来获利，以及期权买方的爆发式获得收益。作为期权买方，投入后的最大亏损可以计算得出，做好资金管理即可；作为期权卖方，单个合约的最大收益可以计算得出，通过移仓、对冲、双卖、构成垂直价差等方式，做好风险管理即可。

③ 在预警线附近可妙手回春。

基金净值在预警线附近的产品面临上下两难的情况，一方面投资者不敢加仓股票，怕加仓股票后，若还下跌就跌破了预警线，而面临清盘风险，但是在择时择股后如果不增加仓位，净值就更加上不来了。此时可以通过投入少量的期权买方，控制好最大亏损，来实现较大的收益，从而一举翻身，期权品种不限于 50ETF、豆粕、白糖、铜等。

2018 年 2 月有私募机构用 50ETF 期权，投入 1%的资金买入认沽期权获得 30 倍收益，即整个产品实现了 30%的净值增长。也有一些私募机构用 1%的资金买入 50ETF 期权，如果亏损，那么亏损最多只有 1%，但如果盈利，就可能带来 3%～5%的净值提升。

选择比努力更重要，如果能选择市场，就选择成熟的、有趋势的市场，如果不能选择市场，就选择更好的产品，换个思维天地宽。

71

屡败屡战，致信给期权投资者

屡战屡败谁无过，屡败屡战一心境。

交易圣杯何处觅，整装待发一封信。

自2018年3月以来，50ETF的走势是一个缓慢回调的过程，但在这个过程中大家发现，买入虚值认购、认沽期权，以及平值认购、认沽期权持有的时间稍微长一些，而且很难盈利。比较大的盈利机会只有2018年6月底端午节之后的快速下跌和7月初的快速上涨，那时能有几倍的利润，但这两次机会也是昙花一现，转瞬即逝，赚钱艰难。

（1）原因分析

2018年几乎没人赚大钱的主要原因有以下几点。

① 下跌过程不流畅。中国的股市，由于缺乏做空机制和对冲机制，很多人习惯行情跌下来就抄底，会使得行情的下跌过程不流畅，而且在快速下跌几天后，必然出现一些利好消息来延缓它的下跌，常常是下跌几天就横盘或者反弹，随后再慢慢阴跌。

② 波动率太高。2018年的波动率比2017年高很多，如果标的波动幅度不够大的话，那么权利仓很难赚钱。

③ 主观想法太多。现在来看，50ETF最赚钱、最稳妥的做法就是占上60日

均线就卖出认购，胜率能达到 100%。

（2）加强学习

在买方机会不大的行情里，更需要加强学习，而且需要能够静下心来学习。

① 仔细阅读与期权相关的书籍，熟悉交易制度、了解期权标的和上证 50ETF 基金的情况，下载并阅读基金的运作年报，搜集与期权相关的各种研究报告，迅速完成期权基础知识的积累。还可以研究一下上海证券交易所网站中，每日关于 ETF 公告申购赎回的清单，计算权重股比例，以便加深理解。

② 学习关于基本面的分析，特别是占 50ETF 60%权重的金融板块的基本面。每天关注资金的动向，看看这些资金到底买卖了什么股票，并做一些总结，对后期盈利有帮助。

③ 对标的和期权的走势进行复盘与技术分析。分析市场的合力、主要权重股，标的在什么时刻价格如何，以及最近半年的行情走势。将基本面了然于心，对于权重股的启动，以及股价是否在高位都有一定的印象。熟悉期权合约的大体持仓量，以及主力合约或持仓合约在某一天处于什么价格等。

（3）更改策略

① 改变观念。这一点非常重要，在期权的世界里，不只有做多、做空两种玩法，也不只买认购、买认沽才能赚钱，还有其他更多、更好的玩法，而且时移世易，也要根据市场行情用更多变的策略进行操作。不要总想着赚取暴利，也不要大资金投入买方，更不能举债去买期权。

② 使用策略。如果想在期权里有些建树，震荡期是策略单应用的最佳时机。适合的策略会让你在期权的世界里游刃有余，能容纳更多的资金。垂直价差、比率价差、合成策略，刚好可以充分地运用。

③ 静待良机。2018 年买方不必时时在场，可静待良机。2018 年赚大钱难，做买方需要耐心等待机会，但可以赚一点小钱。2017 年买认购不管怎么做都能盈利，但 2018 年的行情不一样了，就不要逞强。

④ 保持梦想。梦想总是要有的，万一实现了呢？利用期权致富的希望还是要有的，先锻炼好本领、准备好资金，当机会来临时不要犹豫，要牢牢抓住机会。

（4）未来展望

2018 年以来，国际、国内形势错综复杂，经济在合理区间内运行，经济结构持续优化，质量效益继续提升，但世界经济不确定、不稳定的因素增多，中美贸易摩擦是今后一段时期内，我国资本市场发展所面临的最大的不确定性因素。在这些不确定性因素面前，股市很难出现 2017 年那样的大牛市。

所以，最好的方法是做好波段，降低预期收益，保住本金，用不同的策略或品种去适应不同的行情，锻炼好技能，静待“春暖花开”，期权一定不会辜负我们。

72

花十亿元，期权可以月内花光

赚钱难赔钱也难，假以期权不再难。

2018 年 8 月热映的电影《西虹市首富》，讲述了一个正处于人生最低谷的“草根”接受了神秘财团“一个月花光 10 亿元”的挑战，但是这个挑战又有诸多限制，最后，很多看似不靠谱的投资不但没有亏损，反而盈利很多。想要把 10 亿元在一个月内就花得一干二净，其实不比赚钱简单多少。

但是，在期权的世界里，投资者们分分钟可以找出 100 种一个月花光 10 亿元的方法，下面列举 5 种比较典型的方法。

（1）买入期权，到期不行权、不平仓

买入期权，到期不行权也不平仓是花钱最安心的方法了，不管你买入多少期权，如果在行权日不行权，券商不催你，也不提供垫资行权的话，那么不管你有多少本金，也不管账户中有多少浮盈，在行权日之后账户里的资金都将全部烟消云散。花光 10 亿元不用一个月，只需要一夜。如图 72-1 所示，随便买入期权并持有到期，不行权、不平仓，在行权日后权利仓里的资金全部烟消云散。

（2）快到期时买入深度虚值合约

在期权到期前不久，很多深度虚值的期权翻身的机会小于 0.1%，比如 50ETF 还剩 3 天，但买了离标的价格 15%之外的认购（认沽）期权，在现阶段的 50ETF 趋势里，3 天涨跌幅超过 15%几乎是不可能的，所以稳稳地等待那几元钱一张的深度虚值期权归零吧。如图 72-2 所示，2018 年 10 月到期的 50ETF 期权在距离行权日还有 3 天时，深度虚值的 2700 以上认购期权和 2300 以下认沽期权 99.99%都会归零。

	代码	名称	涨幅%	现价	涨跌	买价	卖价	总量	现量	涨速%	换手%	今开	最高
1	510050	50ETF	3.47	2.594	0.087	2.595	2.596	1720万	3403	0.15	9.12	2.570	2.596
2	CUL9	沪铜指数	1.95	50290	960	50240	50310	230306	10	0.00	–	50210	50330
3	ML9	豆粕指数	-0.07	2979	-2	2977	2979	199.4万	16	0.24	–	2972	2984
4	SRL9	白糖指数	-0.26	5059	-13	5058	5059	195100	2	-0.02	–	5060	5063

认购								2018年11月(25天)	认沽							
成交量	持仓量	卖量	卖价	买量	买价	涨幅%	现价	行权价	现价	涨幅%	买价	买量	卖价	卖量	持仓量	成交量
7614	3937	8	0.3959	1	0.3949	23.99	0.3949	2.2000	0.0036	-45.45	0.0036	1	0.0037	130	63631	22551
3731	3593	1	0.3494	1	0.3474	28.21	0.3490	2.2500	0.0053	-50.93	0.0053	44	0.0054	1	51195	30844
6748	4420	1	0.3028	173	0.3023	30.87	0.3023	2.3000	0.0079	-54.34	0.0078	42	0.0079	14	83217	60287
8572	6429	8	0.2566	1	0.2555	35.05	0.2566	2.3500	0.0132	-50.75	0.0131	66	0.0132	19	62206	54158
19152	17407	91	0.2133	149	0.2121	39.36	0.2121	2.4000	0.0204	-49.25	0.0204	2	0.0205	8	69178	88313
44461	30935	12	0.1723	2	0.1721	43.78	0.1721	2.4500	0.0306	-46.41	0.0305	40	0.0306	113	88649	114474
114149	45987	1	0.1355	12	0.1353	48.19	0.1353	2.5000	0.0435	-44.52	0.0435	162	0.0436	7	76619	135877
209570	65291	30	0.1024	4	0.1023	53.75	0.1024	2.5500	0.0598	-42.11	0.0598	22	0.0599	174	61007	134552
196917	87691	44	0.0750	298	0.0749	56.69	0.0749	2.6000	0.0811	-39.43	0.0811	526	0.0812	6	47631	72580
139568	84499	483	0.0523	91	0.0522	60.12	0.0522	2.6500	0.1090	-35.35	0.1090	65	0.1091	25	15837	31745
80229	68706	15	0.0361	85	0.0360	69.81	0.0360	2.7000	0.1420	-31.50	0.1416	8	0.1420	1	9565	12671
54137	58272	108	0.0230	118	0.0229	76.15	0.0229	2.7500	0.1800	-28.43	0.1700	5	0.1800	2	5928	7982
54579	75430	38	0.0143	264	0.0142	84.42	0.0142	2.8000	0.2188	-25.73	0.2187	1	0.2188	12	2137	6087
67719	119002	15	0.0089	277	0.0088	102.27	0.0089	2.8500	0.2627	-23.41	0.2622	1	0.2627	5	3380	5711

图 72-1　2018 年 11 月到期的 50ETF 期权

	代码	名称	涨幅%	现价	涨跌	买价	卖价	总量	现量	涨速%	换手%	今开	最高
1	510050	50ETF	2.98	2.491	0.072	2.489	2.490	1408万	65	-0.07	7.48	2.398	2.500
2	CUL9	沪铜指数	0.54	50170	270	50150	50200	152492	2	0.00	–	50350	50390
3	ML9	豆粕指数	-0.68	3218	-22	3217	3218	144.5万	28	-0.09	–	3242	3242
4	SRL9	白糖指数	-0.50	5194	-26	5194	5196	363968	2	-0.65	–	5207	5238

认购								全部月份的期权合约	认沽							
Delta	成交量	持仓量	买价	隐波%	涨跌	涨幅%	现价	行权价	现价	涨幅%	涨跌	隐波%	买价	持仓量	成交量	Delta
2018年10月(3天)																
1.000	4114	667	0.2876	0.01	0.0678	30.53	0.2899	2.2000	0.0002	-71.43	-0.0005	46.78	0.0002	3378	8587	0.000
1.000	8841	2771	0.2408	44.09	0.0670	38.18	0.2425	2.2500	0.0005	-78.26	-0.0018	43.93	0.0005	48164	30206	0.000
0.999	21851	6242	0.1935	42.41	0.0644	49.88	0.1935	2.3000	0.0012	-77.78	-0.0042	40.82	0.0012	59323	87721	-0.001
0.986	73844	9999	0.1432	35.42	0.0572	65.75	0.1442	2.3500	0.0028	-79.86	-0.0111	37.46	0.0028	62308	190450	-0.014
0.922	202723	21120	0.0979	33.07	0.0442	82.16	0.0980	2.4000	0.0059	-80.84	-0.0249	32.98	0.0059	60671	192963	-0.078
0.742	331046	53279	0.0560	29.52	0.0238	73.91	0.0560	2.4500	0.0157	-72.65	-0.0417	31.50	0.0157	63157	192215	-0.258
0.458	281638	111303	0.0289	31.48	0.0108	59.34	0.0290	2.5000	0.0363	-61.55	-0.0581	30.90	0.0363	54533	111134	-0.542
0.200	199394	127218	0.0124	32.17	0.0027	27.55	0.0125	2.5500	0.0695	-48.86	-0.0664	31.11	0.0695	39061	54228	-0.800
0.058	133028	130352	0.0050	33.66	0.0000	0.00	0.0050	2.6000	0.1116	-38.40	-0.0696	30.84	0.1116	22600	34100	0.941
0.011	67044	125174	0.0024	37.03	0.0000	0.00	0.0024	2.6500	0.1605	-30.52	-0.0705	37.87	0.1602	14162	14376	-0.988
0.002	34768	84253	0.0008	38.39	-0.0004	-30.77	0.0009	2.7000	0.2097	-25.37	-0.0713	43.58	0.2083	11173	8130	-0.998
0.000	19694	78463	0.0004	41.97	-0.0003	-37.50	0.0005	2.7500	0.2574	-22.24	-0.0736	0.01	0.2556	4803	5318	-1.000
0.000	9269	38706	0.0002	45.52	-0.0001	-25.00	0.0003	2.8000	0.3058	-19.74	-0.0752	0.01	0.3087	1162	5161	-1.000
0.000	8175	45356	0.0002	49.25	-0.0002	-50.00	0.0002	2.8500	0.3582	-16.89	-0.0728	54.08	0.3589	1789	3587	-1.000

图 72-2　2018 年 10 月到期的 50ETF 期权 T 型报价

（3）频繁操作，消耗手续费

按照期权手续费 3 元/张来计算，账户一天累计可以买卖 1 万张，将 10 亿元分成 1000 个账户，每个账户 100 万元，因为期权具有 T+0 的特点，所以每天可以买卖期权 1 万张，一个月按 22 个交易日来计算，不管账户盈亏，所消耗的手续费计算如下：

3 元/张×10000 张/天×1000 个账户×22 天=660 000 000 元

刚好 6.6 亿元，如果每次都能高买低卖，即买在最高点、卖在最低点，那么，

10 亿元在一个月内肯定能花完。

（4）逆势死扛

先从买方来说，在一轮明显的趋势里，分多个账号逆势买入期权后，随便下跌，跌了就死扛，变成虚值期权后再加仓，很快 10 亿元就能花完。如图 72-3 所示的虚值 50ETF 购 9 月 3000，中间随便什么时候买都会亏损。

图 72-3　50ETF 购 9 月 3000 走势

再从卖方来说，在一轮明显的趋势里，分账号逆势卖出期权，保证金为每张 4000 元，可以卖出 250 000 张期权，权利金收入约为 500 元/张，然后让其上涨，上涨到 3000 元/张，每张净亏 2500 元，250 000 张就能“花掉”6.25 亿元，10 亿元很快就花完了。

（5）在异常高波动率时买入期权

在市场极度恐慌、波动率非常高的时候买入高溢价期权，随着市场情绪的消退，比如 2018 年 2 月 12 日 50ETF 反弹，波动率迅速从 40%下降到 20%（如图 72-4 和图 72-5 所示），原来从 1 元上涨到 1000 元的 50ETF 沽 2 月 2700（如图 72-6 所示），仅一天时间就被腰斩，已经涨幅千倍的期权，也能在 6 个交易日归零。当然，还要注意买入/卖出大量期权后对正股的影响。

在期权的世界里，亏钱比赚钱的方法多，作为期权投资者，应注意这些亏钱的方法，避免亏损就是盈利。

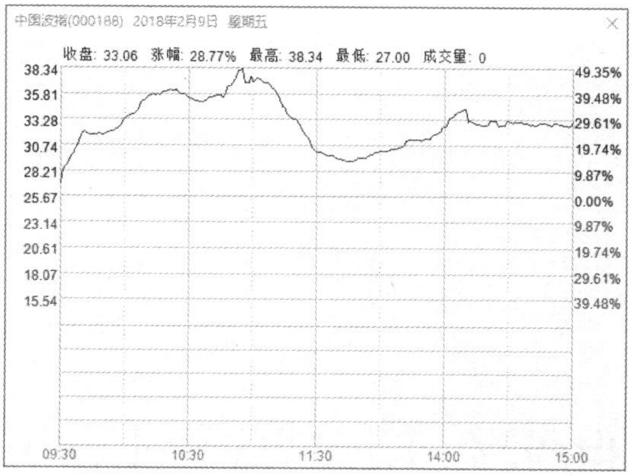

图 72-4　2018 年 2 月 9 日波动率极高，随后快速回落

图 72-5　2018 年 2 月 12 日波动率快速回落

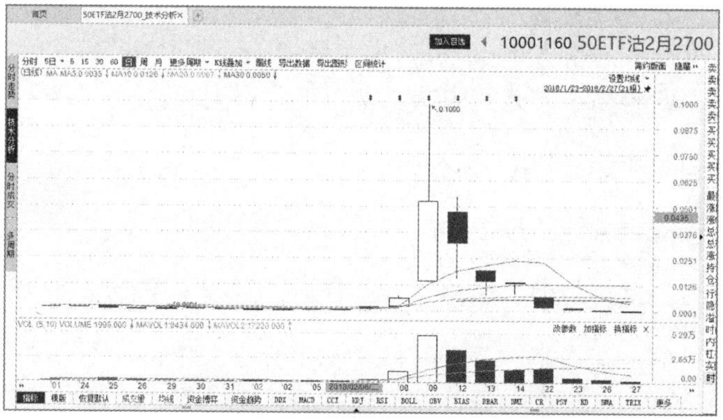

图 72-6　50ETF 沽 2 月 2700 走势

73

再来行情，有无信心赚千万元

向天借波大行情，手执白话赚千万。

往者不可谏，来者犹可追。

过去的就让它过去吧，关键是要抓住未来。然而，前事不忘，后事之师。

有人说，有了期权之后，来一轮牛市，一定赚得盆满钵满。回首过往，从 2017 年 5 月到 2018 年 1 月，50ETF 价格从 2.29 元上涨到 3.19 元（如图 73-1 所示），上涨 0.9 元，期间大部分月份是上涨的，下跌比较明显的是 2017 年 9 月和 12 月。对照标的上涨金额来计算期权收益，如果有远期实值期权，那么利润会很可观，但笔者接触过很多期权投资者，真正赚大钱的人，还真是凤毛麟角。

如果未来再给你一次大半年 50ETF 上涨 1 元的行情，有没有信心再赚千万元？笔者认为，要赚到千万元，应该具备以下几个因素。

（1）发现和跟随趋势的能力

要使用期权赚到大钱，最根本的还是要有行情的配合。

选择比努力更重要，但如果总是震荡行情，那么小本金怎么也赚不到大钱。

但是我们相信，在未来的某个时候，一定会有大牛市，不会辜负在期权里苦苦挣扎的我们，总会有那么一天，守得云开见月明。

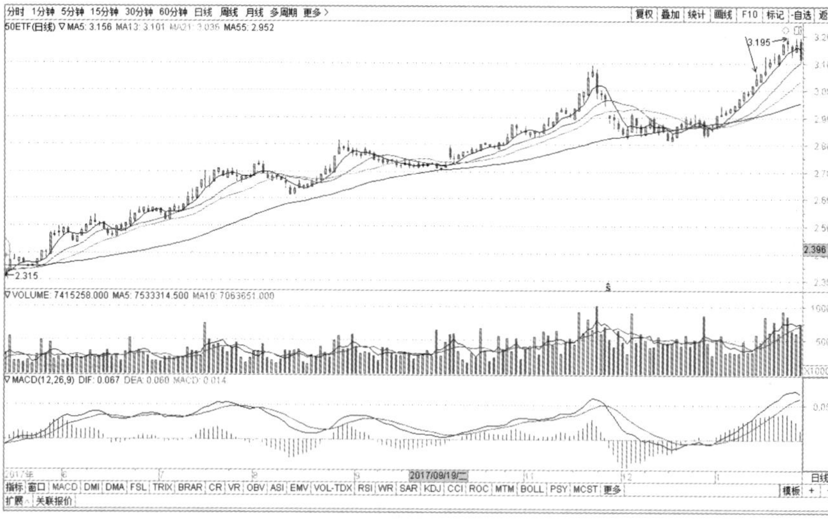

图 73-1　2017 年 5 月—2018 年 1 月 50ETF 走势

发现和跟随大趋势，对比较有经验的股票和期货投资高手来说并不是难事，不管从基本面、资金面、技术面还是情绪面都可以看出来，就像期货高手常常能跟随到某些商品的长期趋势一样，牛市来了随便买的人都会赚钱。

如果这段趋势能持续较长时间，那么晚进场一两周甚至一两个月问题都不大。期权有个非常好的特点，比如有期权投资者是价格敏感型的，总喜欢买 200 元/张或 500 元/张的期权，那么无论标的在什么价格，只要行权价深度足够，都会有 200 元/张和 500 元/张的期权存在。

（2）投入适量的本金

资本市场是资金的游戏场所，要投入适量的本金，才能获取更大的利润。在股票时代，10 万元的本金，怎么也不会比 1000 万元的本金盈利多。但在期权时代，小本金可以撬动大利润，期权是知识和技术变现的优秀工具，小资金不一定比大资金赚得少。但在行情初期，也要投入适量的本金，有了初始积累，就能获得更大的利润。

（3）守得住行情

在 2017 年那样的大行情里，行情来了大家都看得到，也都投入了资金，但是最后的收益却千差万别，有人赚了大钱，有人赚了小钱，甚至还有人亏损了。

如果要守住一段大行情，则首先要对趋势有清醒的认识，不管做股票、期货还是期权，赚大钱的都是守住大趋势的，而大多数人都把资金消耗在逆向次级波里，更有人沉迷于日内杂波，以及短线日内的高抛低吸。有时候期权的日内很诱人，日内翻番现象也很常见，但是在趋势行情里沉迷于日内，就不会在高处发现和守住更大的机会，而只能在短线翻番里沾沾自喜。并不是做日内不好，而是一般人不会投入重金做日内，并且很多人都能看准长期趋势，看准一周趋势的人没有几个，能精确把握一天之内分时图走势的投资者就更少了。

当真正的大行情来临时，不管巨额的利润还是短期的浮亏，都要守得住，最后才能赚得钵满盆满。

（4）适当的期权操作

如果发现并跟随了趋势，也投入了一定数量的本金，那么怎么样才能守得住行情、不轻易下车呢？除了从基本面、技术面去分析和预判行情外，期权的一些操作也非常重要。使用好这些操作技巧，可以在一定程度上避免回撤，增加收益，守住利润。

① 分批入场。

由于期权杠杆很大，风险也很大，常常有归零的可能，所以权利仓切不可一次全仓，手上的资金必须分成多份，因为你不可能确定哪一次是正确的。

② 选好合约。

有人在买期权时，喜欢购买极虚的合约，因为那样倍数高，但是如果你没有很多钱，那么高倍数的期权你能买很多吗？2018 年有很多次虚值认沽都能盈利很多倍，但还是应该慢慢来，先从平值、虚（实）值一档开始买。

从多次的行情走势来看，经常在行权日收在某一行权价附近（如图 73-2 所示），导致下档实值期权价值 500 元/张，而上档的虚值期权刚好归零，从而错过后面的大行情。

③ 移仓增利。

当期权上涨成 1000 多元一张甚至 2000 多元一张的实值合约时，想要往上继续翻倍上涨，除非有快速大行情，否则很难实现，合理用好期权的移仓操作，可以大大增加期权的利润。

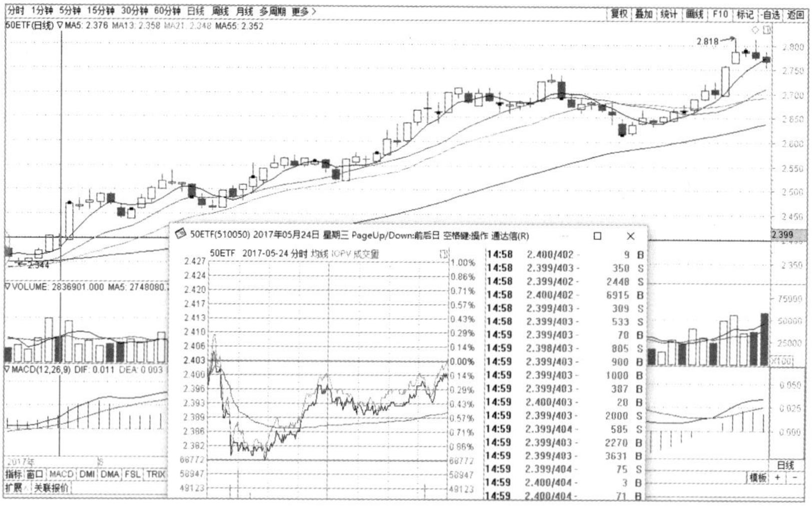

图 73-2　2017 年 5 月 24 日（5 月期权行权日）分时图及之后的走势

如图 73-3 所示的白糖期权如果从开始的 50 元/张买入，经历过回撤后，标的大幅运动，最后收益上涨 7 倍。

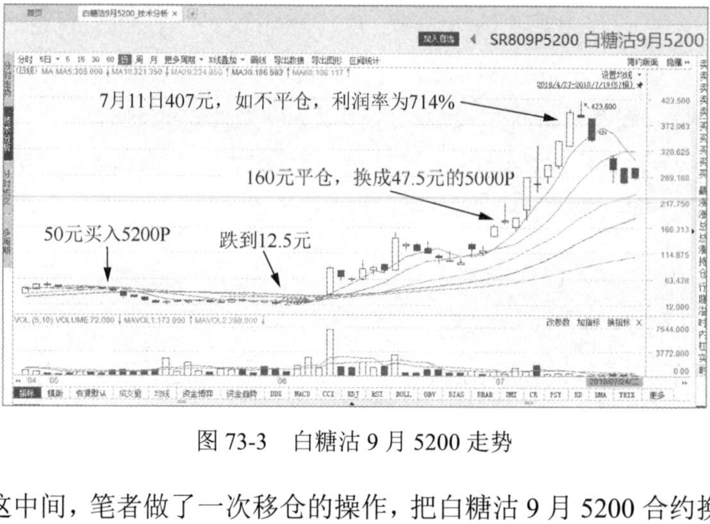

图 73-3　白糖沽 9 月 5200 走势

但在这中间，笔者做了一次移仓的操作，把白糖沽 9 月 5200 合约换成了白糖沽 9 月 5000（如图 73-4 所示），杠杆更大，但趋势还在延续，只这样一个轻轻的动作，利润相对于本金就增加了 7 倍。

期权的移仓操作，要遵循分批移仓、资金控制、区分趋势、上下移仓等原则。

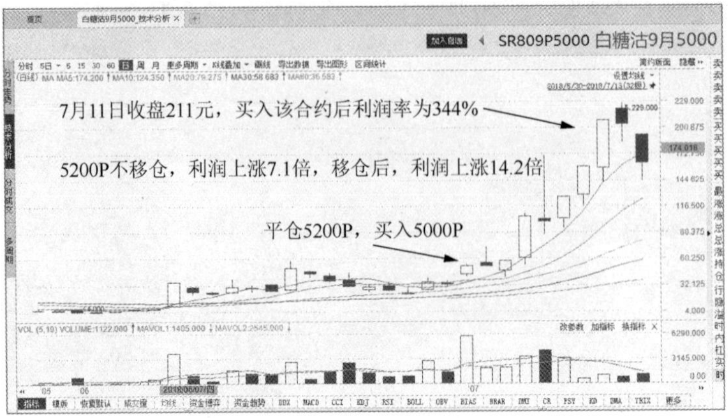

图 73-4　白糖沽 9 月 5000 走势

④ 做好波段。

在一个比较好的趋势行情里，做好波段也会增加很多利润，可以根据各自的技术指标，按照不同级别的走势来进行高抛低吸，但要注意，在期权里有限仓、限额的因素，卖出去的期权，再买回来就不是那么多了。

在图 73-5 中，使用趋势波段操作，能完美地躲过 2018 年 6 月份的两次回调，利润会增加很多。有投资者在 5 月初时，资金为 3000 元，很幸运地躲过了 6 月份的那两次回调，到 7 月份时，资金已经变成 300 万元。

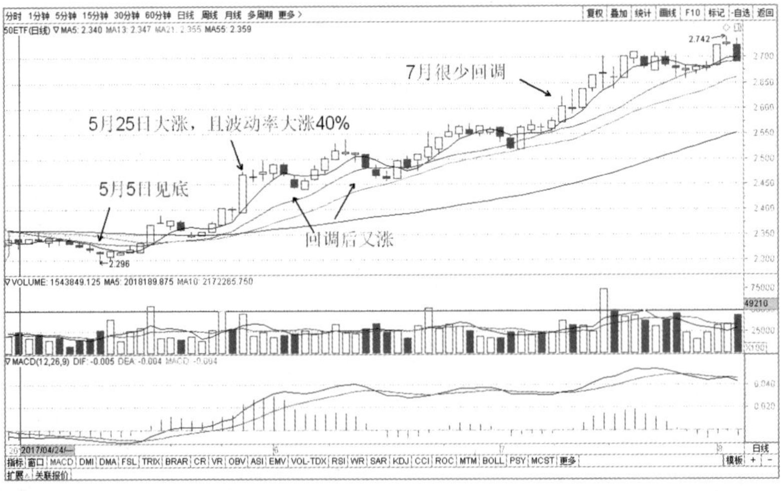

图 73-5　2017 年 5～7 月的 50ETF 走势

⑤ 颗粒归仓。

期权获得很大的浮盈很容易，但比较难的是守住利润。将利润收到银行卡里，才真正算盈利。要保住利润进入自己的口袋，不能在期权快到期或者行情不明朗时猛打猛冲，那样做会让利润回吐。要保证利润颗粒归仓，通常有移仓、保险、垂直价差等几种做法。

⑥ 头脑清醒。

就算在大行情里，也要时刻保持清醒的头脑，因为不知道什么时候就会有让你难受的回撤，资金大了，单子就应该小一些，不要去过度追求 10 倍以上的利润，而要保持一个橄榄形或金字塔形的持仓结构。不要全仓买入虚值期权，因为在标的横盘或者反向波动时，回撤会很大。

⑦ 资金管理。

不管盈利还是亏损，都自己掏本钱，所以应当做好资金管理。不可因为赚了大钱就乱花或者重仓继续买入。一般来说，一个方向的单边行情，持续的时间很难超过 3 个月，如果高位波动率很高，标的价格也很高，那么重仓买入可能会吃亏。当然如果行情真向上突破，那么顺势加仓也是可以的。

⑧ 买卖结合。

期权卖方的优点是容错性好、容纳资金大、盈利率高，如果做好方向和移仓操作，则利润并不会太低少。可以把期权的卖方和买方结合起来，既可以容纳大资金，又可以做方向性交易，还可以构建期权组合，比如垂直价差、比例价差、合成多（空）头等，以赚取相对稳定的收益。

如果一轮牛市来临，那么是否都有信心盈利上千万元？在期权交易的康庄大道上，需要学习和体验的东西还有很多，衷心希望更多投资者，在牛市中不是“酒肉穿肠过”，而是“油水肚中留”。

74

善用期权，学会为持股做保险

锁涨势买认沽，防下行也认沽。

众所周知，自 2018 年 2 月以来，股市在弱势震荡，只持有股票的投资者很难盈利，但是在期权的世界里，有好几个获利途径。

期权设立的本意，就是为现货和期货提供保险，同时，由于期权具有非线性杠杆的特点，其作用与期货的套期保值作用有区别。

期货的套期保值是对期货合约的标的、金融工具的实物（现货）进行保值，由于期货和现货价格的运动方向会最终趋同，因此套期保值能起到保护现货价格和边际利润的效果。期权也能套期保值，对买方来说，即使放弃履约，也只损失保险费，对其购买资金保了值；对卖方来说，要么按原价出售商品，要么得到保险费，同样保了值。

期权是一种对现货进行保险的很有效的工具，而且具有非线性杠杆的特点。不同的执行价格相当于给投资者提供不同等级的保险，保险范围越大，保险费用也越高。例如，投资者持有 1 万股价格为 2.5 元的 50ETF 现货，考虑到未来价格下行的风险，该投资者可以选择买入认沽期权进行保护，也可以考虑买进 1 张 8 月 2450 认沽期权进行对冲，如果想获得更大下行的对冲，还可以买进 1 张 8 月 2400 看跌期权，或者买进 1 张 8 月 2500 看跌期权，对现货头寸实施完全保护。当然，随着执行价格升高，投资者所支出的权利金即保护成本也会快速上升。相信了解期权价格报价的投资者会认为这项保险并不具有优势，因为通常略微虚值的看跌期权的权利金还是很贵的，但就成本而言，除非标的价格明显上行，否则潜在的盈利会因为权利金的支出而明显减少。

如果现货价格的上涨让你感觉到惊慌，但你不愿意放弃继续上涨的上行收益，又害怕突如其来的暴跌，那么可以买入深度虚值认沽期权对现货进行保护。

以 2018 年 1 月 18 日连阳后的行情为例，当时标的已经大幅上涨接近 3.2 元，此时投资者觉得上涨太多了，但不愿意放弃继续上涨的收益，又害怕突然大跌带来损失，因此可以买入认沽期权来做保护。

在疯狂的牛市中，不要忘记使用期权的保险功能，为手里持有的现货做保护，每次只要花费不超过投资总资金的 0.5%就够了。

75

猜多猜空，期权投资不仅如此

见微知著如百科，入木三分话期权。

“多、空、多、空”，总是做多、做空，其实在期权的世界里还有比做多、做空更好玩的事情。

很多期权投资者都习惯做多、做空，甚至有些期权投资者具有严重的股票投资思维，只会做多，总是喊着抄底，最后伤痕累累，赚不到钱。还有一些能够看清单边调整趋势的投资者虽然知道做空，但总是买入虚值认沽期权，甚至一买就是上千张，也常常因为行情下跌的速度不够快，即使最后看对方向也亏钱，同样伤痕累累，赚不到钱。

（1）期权除了单腿买购/买沽外，还有其他玩法

明明分析得很准，却还是输得很惨，那么，有没有什么方法使得看对了方向就能赚钱呢？当然有！自 2018 年以来，只要不贪心，又看对大方向的话，就能用最稳妥的单腿方法赚钱。

如图 75-1 所示，买入实值认沽期权，其曲线简直堪比 2017 年的贵州茅台、恒瑞医药的曲线，只要做好几个波段，就能稳稳地盈利。

如图 75-2 所示，卖出实值认购期权，如果标的价格上到 60 日均线压力位，那么逢高卖出认购期权，不用看也不用管，等着赚钱就好了。

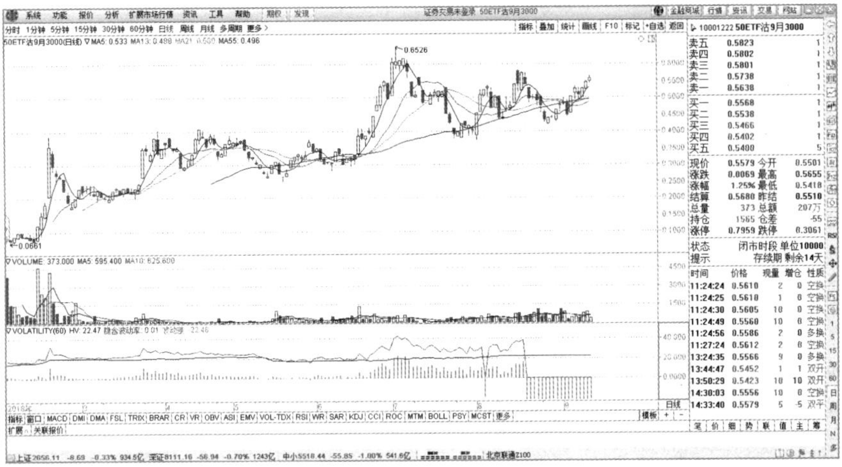

图 75-1　50ETF 沽 9 月 3000 走势

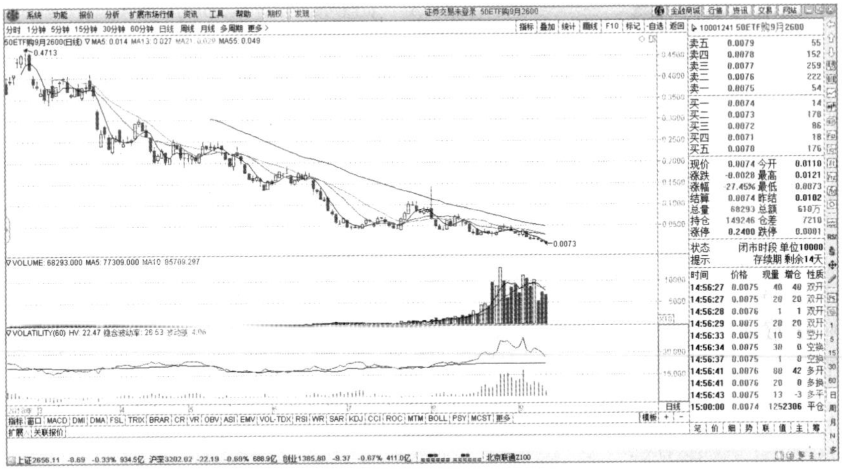

图 75-2　50ETF 购 9 月 2600 走势

应对 2018 年的行情，不能只用简单的杠杆思维，还有其他更好的办法。

① 备兑策略。

如果要进行长期投资，而不得不持有 50ETF 或其他蓝筹股，那么就可以使用备兑策略，每个月备兑卖出虚值期权、平值期权，甚至卖出实值认购期权，收取时间价值，按平值月初 700 元/张的时间价值来算，如果标的到月底一动不动，那么收取的 700 元/张的期权可以补贴标的 7 分钱，几个月下来补贴几毛钱，基本可以抵消 50ETF 的下跌带来的损失，如果在行情快速下跌时买入认沽期权构建领口策略，那就更完美了。

如果持有蓝筹股并进行长期投资，那么卖出认购期权是一个不错的增加收益的策略，2018 年波动率那么高，卖出虚值期权和平值期权都会获得丰厚利润，而如果持有了相关度比较好的蓝筹股，就不用害怕它上涨，因为上涨只会浮亏，只要最后不到你卖出的行权价就没事，并且在期权上涨的时候，蓝筹股也在上涨，一点都不用心慌。

② 垂直价差。

因为看跌，所以买入了认沽期权，但是最后没有盈利，原因是买入的认沽期权太虚了，那么就构建垂直价差吧。可以用买入实值认沽+卖出虚值认沽来构建熊市价差，也可以用卖出实值认购+买入虚值认购来构建熊市价差。虽然杠杆率低一些，但是盈利稳定，并且不一定时时保持 1:1 的比例，可以有一些择时的因素在。

③ 合成策略。

合成多头是笔者在 2018 年 5 月之后采用得比较多的一个策略，其既可以容纳比较多的资金，又能有效避免时间价值的损耗，因为如果方向做对了，那么卖方会补偿买方损失的时间价值。

④ 比率价差。

如果对标的的上涨（下跌）的顶（底）有个比较明确的观点，那么可以使用比率价差，以比垂直价差更低的成本获得比垂直价差更高的收益，买入实值期权、平值期权都可以。

以上的策略组合效果是比较好的，能够大概率赚取稳定的收益。

（2）波动率交易和时间交易

在期权世界里，比做多、做空更好玩的事情还有波动率交易和时间交易。

波动率交易最简单的是做多波动率，即买入跨式/宽跨式期权，博取波动率上升带来的一边或两边的期权价格的上涨。做空波动率就是卖出跨式/宽跨式期权，博取波动率退潮时的双边期权价格的下跌。

标的的价格波动很难判断，判断波动率的升降也有难度，唯一确定的就是时间一直在流逝。做时间交易的就是在做好 Delta 中性或者现货对冲的情况下，卖出近期、远期的虚值期权，静静地等时间的流逝。

期权的世界是多维的、立体的。首先你要有观点、看法，然后可以用策略去应对，无论什么样的行情，你都能找到适合自己的“武功心法”去笑傲“期权江湖”：可以判断方向及力度，做权利方赚取内涵价值的暴利；可以利用市场情绪，做义务方赚取波动率回归的利润；也可以在趋势行情或盘整行情中，做义务方赚取时间流逝的利润。义务方的胜率很高，因为容错率高，只要控制好风险，就会让你不断盈利。权利方盈亏比很高，要等待机会，入场后果断加仓或止盈。想要在交易时大赚小赔，期权这个工具就能帮你实现。期权不仅仅是工具，更是一种思维，它可以在任何行情中都让你盈利。

76

月饼票里，蕴含不少期权行为

禅边风味白话传，馈我睿智拓视野。

一月可曾闲几日，桂子香闻留上界。

2018 年中秋佳节，许多的酒店、食品厂商推出了月饼票，有些单位买来送员工、客户，这是一种经济行为，商家可以根据卖出月饼票的多少来做生产计划，而单位也省却了采购大量物品的麻烦。月饼票和电影票是期权的两种典型例子，分别代表了美式期权和欧式行权的行权方式。下面举例对比一下月饼票和期权的类似点。

（1）买卖方

月饼票：卖方为酒店、饮食店，具有生产能力的厂商；买方为有月饼票需求的单位、个人。

期权：没有特定的发行商，能缴纳保证金的客户都可以做卖方，卖出期权；买方只要缴纳权利金就可以买入期权。

（2）行权方式

月饼票：在中秋节前任何一天都可以凭月饼票到指定地点兑换与月饼票面值对应的月饼，也可以不兑换而作废，一般不记名。商家一般有义务兑换。

期权：美式期权在到期日前任何一天都可以行权，认购权利方可以以约定的价格买入股票，认沽权利方可以以约定的价格卖出股票。义务方有义务必须承接。

（3）获取方式

月饼票：单位发放、客户赠送、晚辈孝敬、朋友赠送。

期权：有些个股的期权是在股票上市时上市公司赠送的，类似于前些年的权证。

（4）中间商

月饼票：有些人由朋友赠送或单位发放而获得了月饼票，但其并不需要，就可以在路边以较低的折扣卖给“中间商”，“中间商”可以再稍微加点钱以低于面值的价格卖给有月饼需求的人，此时“中间商”有类似做市商的功能，其促进了月饼票市场的活跃。当然买卖双方也可以私下交易。

期权：投资者在买入期权后或盈利或浮亏，以当前的市场价在交易系统中抛售，交易系统起到中间商的作用，撮合买卖双方成交。

（5）时间价值

月饼票：随着中秋节的临近，手头还有月饼票的人都着急出手，因为害怕月饼券到期失效，越接近中秋节，月饼票的折扣价格越低。

期权：期权越接近到期日，时间价值衰减速度越快，买方生怕虚值期权到期因标的到不了那个位置而归零，纷纷卖出平仓。

（6）内在价值

月饼票：月饼票就是一张纸，对应的内在价值为商家生产月饼的材料成本、人工成本、渠道费用。

期权：内在价值为对应时点的标的价格与行权价之间的差。

（7）溢价交易

月饼票：有些老字号商家的月饼票一票难求，比如长沙某月饼店，门口排长队，有些个人排队买月饼票但并不是为了自己吃月饼，而是为了转手以高于月饼券面值的价格卖出，以获得利润。

期权：某些热门期权品种，或者某段大行情，买方纷纷不计成本地买入，表现为波动率的大幅上升，以及以往时间价值很少的实值期权的时间价值增加，比如某些个股期权的波动率高达 200%。

（7）垂直价差

月饼票：如果月饼票上指定了提货月饼的种类，那么为了吃到其他种类的月饼，则可以到“中间商”那里卖出手上单价较低的月饼票，适当加点差价买入单价较高的月饼票。

期权：买入低行权价的期权，同时卖出高行权价的期权。

（8）比率价差

月饼票：卖出多张单价较低的月饼票，并买入一张单价较高的月饼票。

期权：买入一份低行权价的期权，同时卖出多份高行权价的期权。

77

期权交易，含行为经济学特征

笔者通过两年多对很多期权交易者的观察、归纳、剖析，觉得期权交易者主要有以下几个方面的典型行为经济学特征。

（1）有限理性

在期权市场上，投资者的理性往往是有限的，这种非理性的表现是在期权上进行追涨杀跌，上涨时追入认购期权的情况一般发生在上涨的中后期，逐渐推高了隐含波动率，在下跌时疯狂追入认沽期权，造成隐含波动率的非理性快速上升，推高了期权的价格，而在潮水退去时波动率与期权价格又会快速下降（如图 77-1 所示），给了卖方好机会。

（2）羊群效应

所谓羊群效应，就是从众心理，当人数比较多时，开始大家的意见并不一致，但在最后形成一致性的意见时，就会有人放弃原来的观点，选择跟随大家去做多或做空，但是趋势的运行与散户的行为未必是一致的，即使大家意见一致，盈利和亏损也不一定。

（3）锚定效应

期权交易者往往很难忘记开仓的成本，总是在想："我是以 400 元/张买的，下跌亏损我不卖，要等回本了才卖。"如果在早盘因冲动而下单，那么往往会买在波动率的高点，或者买在与波动相反的方向，在短时间内很难回本，这时就要根据你的操作周期来判断和做决定，不要受开仓成本的影响，该止损的止损，该补仓的补仓，该死扛的死扛。

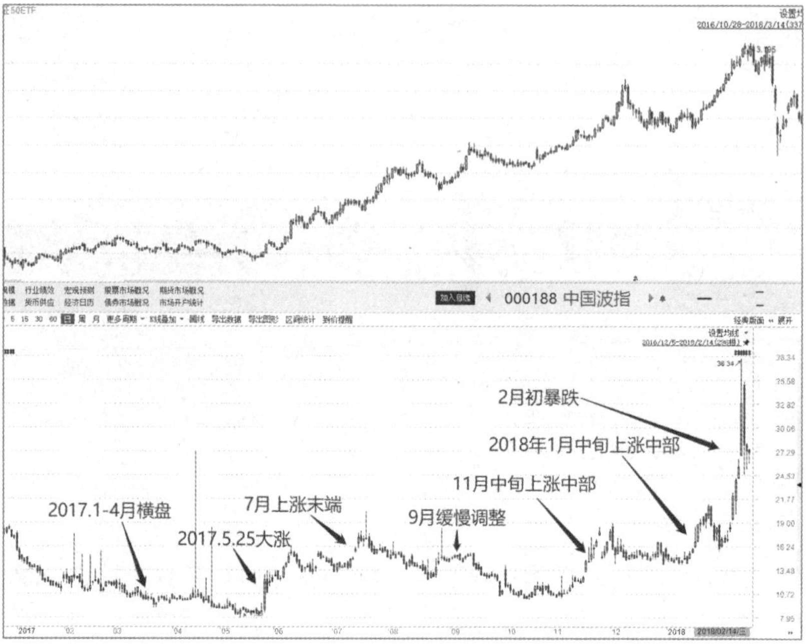

图 77-1　2017 年—2018 年 2 月 50ETF 与中国波指对应叠加

（4）迷恋小概率

很多人都买过“彩票”，并将这种行为称为“迷恋小概率事件”。在 50ETF 期权上，2018 年 2 月、3 月、6 月、9 月、10 月均出现过极度虚值的期权上涨十余倍的情况，于是很多人迷恋买此类“彩票”，重仓买入深度虚值/实值期权，但是这样极端的行情一般不多见，只是 2018 年太特殊，出现过很多次，如果长期坚持下去，那么亏损的次数会更多一些。要掌握期权投资的正确道路，精研标的、用好策略，逐渐赚取大利润。

（5）确定效应

所谓确定效应（Certainty Effect），就是在确定的收益和“赌一把”之间做一个抉择，大多数人会选择确定的收益，用一个词形容是“见好就收”，用一句话比喻就是“二鸟在林，不如一鸟在手”，正所谓“落袋为安”。确定效应表现在投资上就是投资者具有强烈的获利了结的倾向，喜欢将正在赚钱的股票卖出去。

大多数人在投资领域的表现是“赔则拖，赢必走”。在股市中，普遍有一种“卖出效应”，也就是投资者卖出获利的股票的意向，要远远大于卖出亏损股票的意向。这与“对则持，错即改”的投资理念背道而驰。

这就是为什么大多数期权投资者稍有盈利就跑得飞快，而错过后面更大行情的原因；在亏损一半的时候不焦虑，甚至还在不断加仓买入，刚好符合“不敢追高、却敢抄底”的特点，从而错过大行情，而在亏损时没少亏。

（6）损失规避

如何理解“损失规避”？用一句话比喻就是“白捡的 100 元所带来的快乐，难以抵消丢失 100 元所带来的痛苦”，即期权投资者用 10 分钟做短线或者套利赚来的 1 万元的愉悦，不如亏损 1 万元的痛苦强烈。

78

期权卖方，防爆仓的风险管理

虽然将风险管理放在了后面来讲，但却是最重要的。

2018 年 11 月 19 日傍晚，期权投资圈被 James Cordier 的故事刷屏了：James Cordier 掌管的期权交易公司 OptionSellers.com 通过邮件告知投资者，其公司管理的账户遭遇了毁灭性的损失，James Cordier 爆仓的原因在于其裸卖空美国天然气看涨期权（Naked Short On Call），且没有任何对冲保护。

而就在 James Cordier 公布爆仓的前一天，美国天然气一度暴涨 22%，这也可能是导致其爆仓的直接原因。

但在这一天，我们只看到了天然气期权上百倍的增长，却没看到后面还有这么忧伤的故事。

我也在写期权书，笔耕不辍在路上；虽还没有爆仓，内心却慌得一比；不知是不该交易，还是不该写书。

James Cordier 在 2004 年出版了自己的书，这本书的翻译版本《期权出售完全指南》于 2007 年在中国出版。简单阅读了一下这部作品，其对期权卖方的优势、风险管理、新手误区、寻找优质交易商等描述得都很好，里面的一些交易理念也非常好，但是问题出在哪里呢？值得我们思考。

（1）主要原因

通过查找资料和其他投资者的描述，初步分析 James Cordier 这次投资失利有以下几个方面的原因。

① 仓位过大。James Cordier 的基金有 290 个客户，平时的主要业务是期权卖方，资本收益完全来自于此。美国天然气在此前经历了数月的长期横盘的行情，而在 2018 年 11 月 15 日那周暴涨时，即使卖出深度虚值期权收益也有限，长期横盘的品种应该稳稳地赚取权利金，但最怕的就是在长期横盘后突然有一天出现行情大突破，使得标的价格偏离很多，波动率也升高很多。

② 逆势补仓。James Cordier 喜欢操作大豆、汽油、咖啡等带有商品属性的期权，不喜欢金融类的期权。他在天然气价格波动巨大的时候，可能觉得天然气不会上涨太多，所以最后却逆势补仓。

③ 保证金制度。美国期权市场的保证金普遍比较低，而且有组合保证金制度，按道理说做价差策略或者卖出跨式期权都还可以扛一扛，但 James Cordier 就是单卖虚值认购期权。在 11 月 14 日天然气出现巨大波动时，券商一般都会要求追加保证金，否则就会被券商强制平仓，而如果被券商强制平仓，那就变成了真实的亏损。

类似的案例在 2018 年 2 月的 50ETF 期权上也出现过，比如 50ETF 沽 2 月 2700 合约（如图 78-1 所示），从 1 元上涨到最高 1000 元，很多卖方在 300～1000 元/张的过程中止损出局，变成真实亏损，但回过头来看，只要多扛一天，就可以扭亏为盈。但在进行左侧风险管理的时候，市场不会给你这样的机会，因为谁也不知道行情会不会继续上涨。

④ 知行难合一。James Cordier 的书里面对卖方的风险管理、新手易犯的错误描述得很好，而且他有一个很好的观点：上涨途中不卖购，大跌之后可卖沽。因为对股票和商品来说，在上涨途中上涨的速度会越来越快，无法预测想卖认购的这个位置是不是顶部，而且在理论上向上涨的空间远远大于下跌的空间，股票上涨可能会翻倍，下跌最多归零，但商品不会跌到零，因为现货有其成本价。在股票大跌之后，除非遇到极端情况，否则一般很难持续大跌，在大跌过后波动率会非常高，只要不是持续大跌，波动率的回归就是卖方盈利的机会。

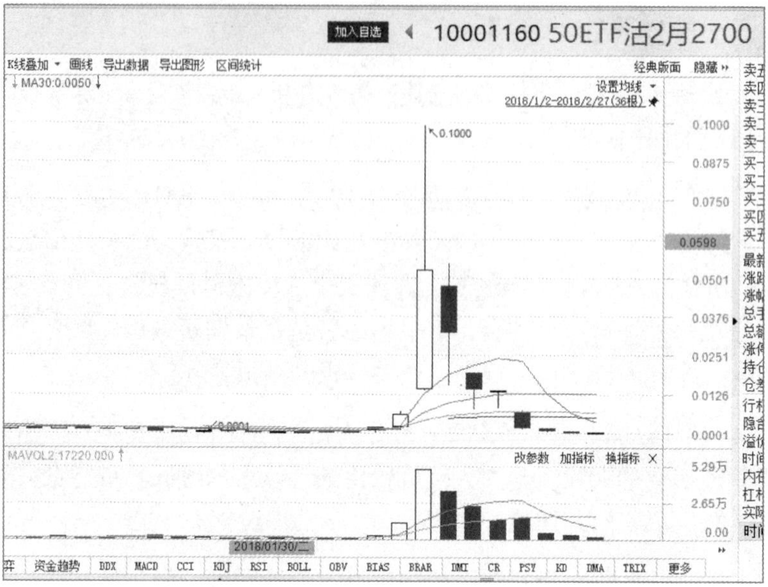

图 78-1　50ETF 沽 2 月 2700 走势

交易计划可以做得很好，但是在真金白银真实地砸下去之后，没有专业素养的投资者往往会忘记开始的计划而慌了阵脚，或者会因为后续资金跟不上而扛不下去，即使是专业素质很好的机构投资者也会因为极度自信、市场波动太剧烈及其他一些原因，而扛不过去波动率最高的那一刻。知易行难，看人挑担心不累，自己挑担累坏腰。

（2）风险管理

一次一次的极端事件，给了投资圈茶余饭后的谈资，其实在看热闹的时候，更应该关注后面的风险管理，管好自己的钱袋子！关于期权，风险管理应该从以下几个方面去着手。

① 买方的风险管理。期权买方的风险主要来自资金管理和归零风险。买方所能承受的最大风险就是亏完当期投入的本金，不会有倒欠证券公司钱的问题，但前提是一定要做好资金管理，只能用自己金融资产的少部分资金（比如 1%～10%）来单次投入期权，逆势不加仓，做好止盈、止损，或者按照“投入即止损”的思路，要么归零，要么扛到底，也许还有翻身的机会。

② 卖方的风险管理。卖方的风险管理是重点，也是各种让人伤感的故事的起

源，因为从理论上来说，卖方真的风险无限，若追加的保证金不够或者持仓量大，使得资金流动性不足，就更会加剧这个风险。

③ 仓位管理。对于小资金来说，有时候卖方仓位重并不是坏事，因为在风险度过高时券商会打电话或者动手强行平仓。根据个人经验来看，在券商强行平仓时往往是行情拐点的开始，被强行平仓后会避免遭受更大的损失。某位投资者，在 2018 年 6 月卖出认沽期权后就出去旅游了，大跌后回来一看就傻眼了，亏损 200 多万元，因为账户保证金足够，券商不会打电话通知他，也不会给他强行平仓。

对于大资金来说，既不要仓位太重、太贴近平值，也不要太接近到期日，因为如果卖出期权遇到行情反向大幅快速波动，那么往往来不及去平仓止损，一止损就会带来期权价格的非理性飙升，最后受伤的还是自己。但如果能熬过去波动率急升的情况，那么最后还是能收到权利金的，就怕资金不够熬不过去，强行平仓后就变成了实际的亏损。

④ 动态对冲。一般来说，不要裸卖一个方向，或者说不要在没有足够浮盈的时候裸卖一个方向，再或者说不要在行情纠结、方向不明朗的时候裸卖一个方向，应该买入跨式期权和宽跨式期权，或者留足资金使用买方做对冲，如此还可以顶一顶。大资金要经常做好动态对冲，调整希腊字母的数值，让风险暴露在可控的范围之内。

⑤ 品种选择。幸运的是，我们交易的 50ETF 期权没有像 James Cordier 遇到的那么极端的行情，即使有过少数几次的极端行情，风险也都是可控的，并且有足够的时间去腾挪资金。在商品期权和美股个股期权上，笔者是不敢做裸卖方的。商品期权和个股期权涨跌起来非常可怕，所以才会出现卖方爆仓的情况。当然，卖出了一个月上涨 100 倍的期权没事，卖方还有时间去调整，但最怕跳空的情况和快到行权日时一天出现 100 倍的期权，裸卖方会比较惨。

⑥ 竖着耳朵。一般来说，某种赚钱姿势太久了，必然会有一场“山火”，来对投资结构进行一次洗牌。2017 年 5 月和 2018 年 2 月的 50ETF 期权波动率飙升带来的行情如此，连续几年盈利无回撤的做空 VIX 交易也如此。躺着赚钱的 50ETF 期权卖跨或单卖舒服一段时间后，就会有个反向波动，那时候就看谁惊醒得早，所以即使睡着了，也要竖着耳朵。

⑦ 懂得认输。James Cordier 爆仓不外乎两个原因：一是高于可以承受的资金

杠杆（含借贷）和后续资金链跟不上；二是主动或被动的逆势，应该尊重市场，市场总是对的，不对的只有我们自己。该止损的止损，该对冲的对冲，无法预料到后面会发生什么事情，先保存本金，后面还会有东山再起的机会，不能孤注一掷，最后被市场淘汰出局。

历史的经验教训太多了，吸取教训，控制好仓位，才是在市场上的常胜之道。

另外，给期权新手们一些风险控制建议，具体如下。

① 集腋成裘，梭哈必败。风险控制是第一位的，比如 2018 年 10 月 19 日和 22 日，有人买入认购期权并获取了 10 倍收益，但是在 10 月 22 日的下午还在全部移仓虚值认购期权，在 10 月 23 日的大跌中，如果不止损，那么利润一定会损失殆尽。

② 期权和股票有关联，但只是投资的第一步。众所周知，50ETF 期权挂钩上证 50 的成分股，商品期权挂钩对应的豆粕、白糖、铜期货等合约。知道预测标的的上涨和下跌，只是期权投资的第一步，后面还有更多精细化的工作要做。比如看涨：上涨多少、什么时候上涨、上涨的速度有多快、中间有没有回调等，这些都是选择期权合约很关键的因素。股票可以长期持有，优质股票可以逢低补仓，但是期权合约有时限，如果趋势不对，逆势补仓，那么亏损和归零的概率也会很大。

③ 行情预测很重要，策略应对更重要。如果事前分析和预测的水平不够高，在事中做好灵活的应对也是极好的，比如及时跟上做个日内或短线操作，或者如果原来持仓方向反了，就及时止损、对冲、反手，都是可以反败为胜的好方法，期权投资不怕亏，但是怕没找到可以长期稳定地获利或者抓住大机会的方法。

④ 期权不仅有做多、做空，还有即使看对方向也亏钱的情况。因为波动率和时间价值的存在，如果已经快到期的标的涨不到（跌不到）行权价，那么即使看对方向，也会亏钱。

从图 78-2 可以看出，2018 年 10 月 19 日 50ETF 大涨 3%，但虚值价格在 2.55 元以上的期权涨幅不大，甚至还有下跌的，因为标的还有 3 天就到期了，很多人预计涨不上去，自然深度虚值的期权会加速归零。若标的有大波动，那么虚值期权盈利的倍数会比较大，但是买入一般不会太多。所以也不要过多地羡慕别人在短期内赚了多少倍，盈亏同源，别人亏损的概率也是比较大的。

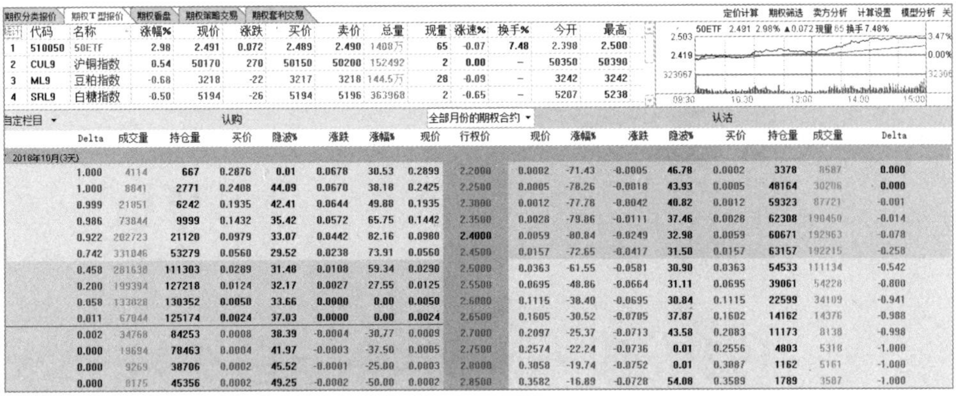

	代码	名称	涨幅%	现价	涨跌	买价	卖价	总量	现量	涨速%	换手%	今开	最高
1	510050	50ETF	2.98	2.491	0.072	2.489	2.490	1408万	65	-0.07	7.48	2.398	2.500
2	CUL9	沪铜指数	0.54	50170	270	50150	50200	152492	2	0.00	–	50350	50390
3	ML9	豆粕指数	-0.68	3218	-22	3217	3218	144.5万	28	-0.09	–	3242	3242
4	SRL9	白糖指数	-0.50	5194	-26	5194	5196	363968	2	-0.65	–	5207	5238

认购								全部月份的期权合约	认沽							
Delta	成交量	持仓量	买价	隐波%	涨跌	涨幅%	现价	行权价	现价	涨幅%	涨跌	隐波%	买价	持仓量	成交量	Delta
2018年10月(3天)																
1.000	4114	667	0.2876	0.01	0.0678	30.53	0.2899	2.2000	0.0002	-71.43	-0.0005	46.78	0.0002	3378	8587	0.000
1.000	8841	2771	0.2408	44.09	0.0670	38.18	0.2425	2.2500	0.0005	-78.26	-0.0018	43.93	0.0005	48164	30206	0.000
0.999	21051	6242	0.1935	42.41	0.0644	49.88	0.1935	2.3000	0.0012	-77.78	-0.0042	40.82	0.0012	59323	87721	-0.001
0.986	73844	9999	0.1432	35.42	0.0572	65.75	0.1442	2.3500	0.0028	-79.86	-0.0111	37.46	0.0028	62308	190450	-0.014
0.922	202723	21120	0.0979	33.07	0.0442	82.16	0.0980	2.4000	0.0059	-80.84	-0.0249	32.98	0.0059	60671	192963	-0.078
0.742	331046	53279	0.0560	29.52	0.0238	73.91	0.0560	2.4500	0.0157	-72.65	-0.0417	31.50	0.0157	63157	192215	-0.258
0.458	281638	111303	0.0289	31.48	0.0108	59.34	0.0290	2.5000	0.0363	-61.55	-0.0581	30.90	0.0363	54533	111134	-0.542
0.200	199394	127218	0.0124	32.17	0.0027	27.55	0.0125	2.5500	0.0695	-48.86	-0.0664	31.11	0.0695	39061	54228	-0.800
0.058	133828	130352	0.0050	33.66	0.0000	0.00	0.0050	2.6000	0.1115	-38.40	-0.0695	30.84	0.1115	22599	34109	-0.941
0.011	67044	125174	0.0024	37.03	0.0000	0.00	0.0024	2.6500	0.1605	-30.52	-0.0705	37.87	0.1602	14162	14376	-0.988
0.002	34768	84253	0.0008	38.39	-0.0004	-30.77	0.0009	2.7000	0.2097	-25.37	-0.0713	43.58	0.2083	11173	8138	-0.998
0.000	19694	78463	0.0004	41.97	-0.0003	-37.50	0.0005	2.7500	0.2574	-22.24	-0.0736	0.01	0.2556	4803	5318	-1.000
0.000	9269	38706	0.0002	45.52	-0.0001	-25.00	0.0003	2.8000	0.3058	-19.74	-0.0752	0.01	0.3087	1162	5161	-1.000
0.000	8175	45356	0.0002	49.25	-0.0002	-50.00	0.0002	2.8500	0.3582	-16.89	-0.0728	54.08	0.3589	1789	3587	-1.000

图 78-2　2018 年 10 月 19 日 50ETF 期权 10 月合约 T 型报价

⑤“大逆不道”，顺势而为。“大逆不道”在这里的意思是，逆了大的方向，不是正确的道路，不要随便去抄底，也不要随便去猜顶，更不要一阳或一阴就改三观，应顺势而为，将权利仓与义务仓相结合，并合成策略。

79

192 倍期权，千年一遇不可强求

2019 年 2 月 25 日，“一天 192 倍的 50ETF 购 2 月 2800”（如图 79-1 和图 79-2 所示）被投资界热议，但是实际上没有人能做到。

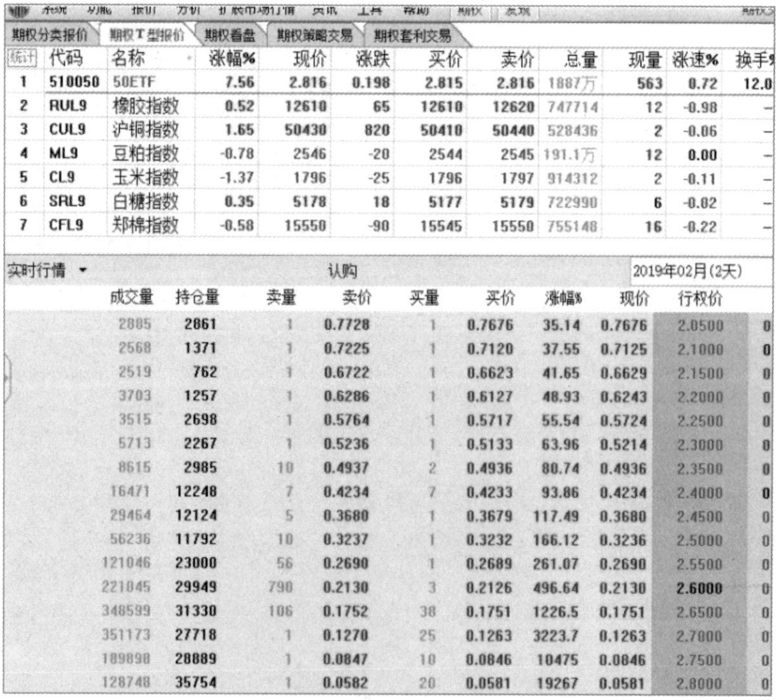

期权分类报价 | 期权T型报价 | 期权看盘 | 期权策略交易 | 期权套利交易

统计	代码	名称	涨幅%	现价	涨跌	买价	卖价	总量	现量	涨速%	换手…
1	510050	50ETF	7.56	2.816	0.198	2.815	2.816	1887万	563	0.72	12.0
2	RUL9	橡胶指数	0.52	12610	65	12610	12620	747714	12	-0.98	–
3	CUL9	沪铜指数	1.65	50430	820	50410	50440	528436	2	-0.06	–
4	ML9	豆粕指数	-0.78	2546	-20	2544	2545	191.1万	12	0.00	–
5	CL9	玉米指数	-1.37	1796	-25	1796	1797	914312	2	-0.11	–
6	SRL9	白糖指数	0.35	5178	18	5177	5179	722990	6	-0.02	–
7	CFL9	郑棉指数	-0.58	15550	-90	15545	15550	755148	16	-0.22	–

实时行情 认购 2019年02月(2天)

成交量	持仓量	卖量	卖价	买量	买价	涨幅%	现价	行权价
2885	2861	1	0.7728	1	0.7676	35.14	0.7676	2.0500
2568	1371	1	0.7225	1	0.7120	37.55	0.7125	2.1000
2519	762	1	0.6722	1	0.6623	41.65	0.6629	2.1500
3703	1257	1	0.6286	1	0.6127	48.93	0.6243	2.2000
3515	2698	1	0.5764	1	0.5717	55.54	0.5724	2.2500
5713	2267	1	0.5236	1	0.5133	63.96	0.5214	2.3000
8615	2985	10	0.4937	2	0.4936	80.74	0.4936	2.3500
16471	12248	7	0.4234	7	0.4233	93.86	0.4234	2.4000
29464	12124	5	0.3680	1	0.3679	117.49	0.3680	2.4500
56236	11792	10	0.3237	1	0.3232	166.12	0.3236	2.5000
121046	23000	56	0.2690	1	0.2689	261.07	0.2690	2.5500
221845	29949	790	0.2130	3	0.2126	496.64	0.2130	2.6000
348599	31330	106	0.1752	38	0.1751	1226.5	0.1751	2.6500
351173	27718	1	0.1270	25	0.1263	3223.7	0.1263	2.7000
189898	28889	1	0.0847	10	0.0846	10475	0.0846	2.7500
128748	35754	1	0.0582	20	0.0581	19267	0.0581	2.8000

图 79-1　2019 年 2 月 25 日期权 T 型报价

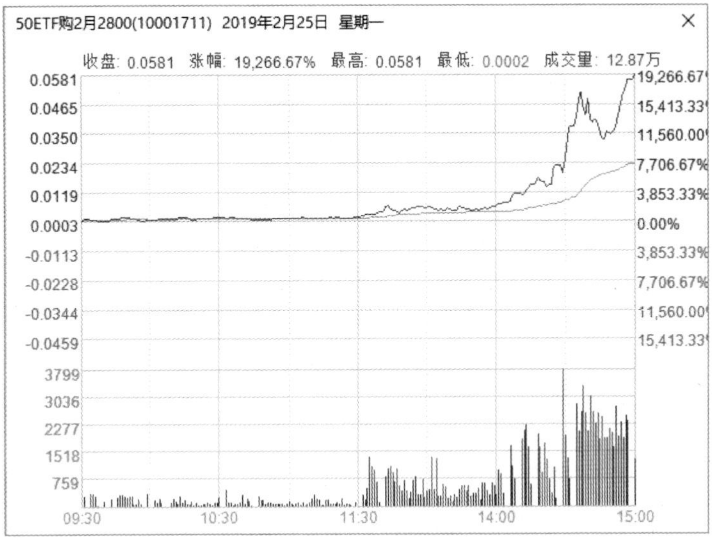

图 79-2　2 月 25 日 50ETF 购 2 月 2800 走势

在 50ETF 购 2 月 2800 最低价为 3 元的时候，成交量极少，一般在那时候成交的都是卖出开仓与买入平仓的人在交易。理性的投资者不会在那个位置重仓买入深度虚值期权，当时标的价格距离该行权价还有 0.1 元多，而距离到期日只有两天了。且受期权买入额度和张数的限制，一般用户最多买 2000 张。

如果理性的投资者能看到标的有比较好的涨幅，那么从平值期权或者轻度虚值期权买起，获利移仓，最后也能获得较好的收益。

期权给我们带来了希望和梦想，但是，仍然要理性投资。

2 月 25 日暴涨的期权除了标的的上涨之外，还有卖方的强行平仓拉高了虚值期权的价格，结果波动率上升非常高，如图 79-3 所示。

接下来，如果波动率回归理性，那就是卖方的机会。

随后在 2 月 26 日，期权暴跌 90%多（如图 79-4 所示），如果是在 25 日下午为追行情买入的，那么在 26 日上午如果不及时平仓，就会被深深套牢。

2 月 25 日能有那么大的行情，标的涨幅远远超出大家预期，买方在疯狂地买入认购期权，卖方在不计成本地止损，导致认购期权价格被推得特别高，波动率上升也非常高，但认沽期权跌幅不大。

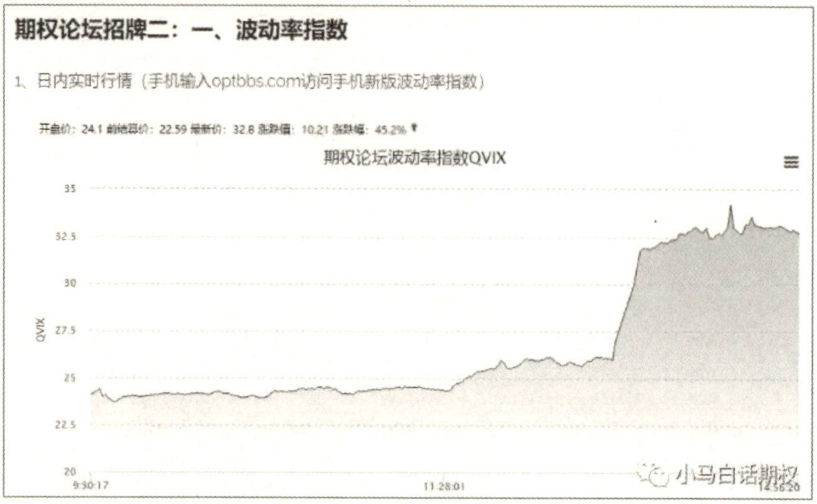

图 79-3　波动率指数

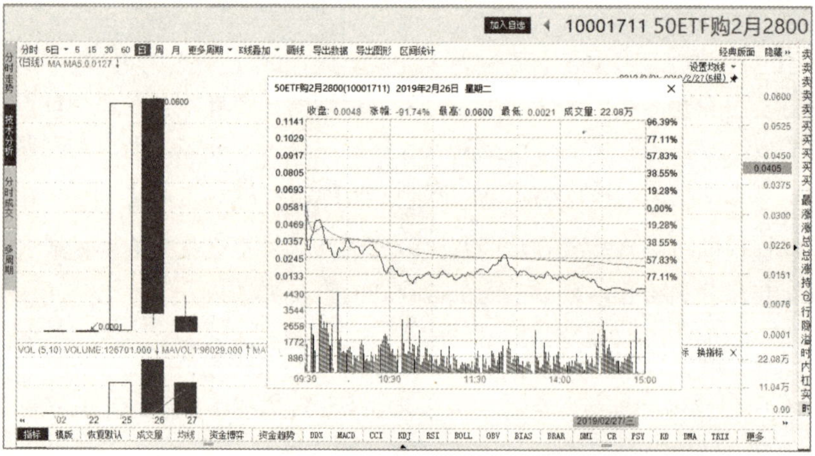

图 79-4　2 月 26 日 50ETF 购 2 月 2800 走势

2 月 26 日，市场逐渐恢复理性，开盘时标的小幅下跌，认购期权大幅下跌，认沽期权也不上涨，这时就应该尽快获利止盈了。

对于不懂期权的投资者来说，看到的是前一天 192 倍的涨幅，但是对于行内人士来说，并不羡慕那 192 倍的涨幅，因为知道涨幅怎么来的，就会怎么跌回去。

稳扎稳打、稳定获利，才是期权常胜之道。

80
后　记

我在第一本书《小马白话期权——1 年 100 倍的稳健交易心法》中所引用的例子、对期权的认识和操作手法基本都是基于 2017 年期权牛市的买方思维，随着市场的变化，2018 年的行情让我明白了什么是对冲，如何做好调整和震荡市场的期权，使用什么期权策略来做对冲和管理持仓，如何降低账户波动、止盈/止损。

我在 2018 年的期权操作上更多地使用卖方策略和合成策略，在投入期权上的资金量加大，但收益更加稳健和可控，从而实现使用期权在牛市赚大钱、在震荡市赚稳盈利的效果，并且发现商品期权和美股期权的机会，将 50ETF 期权上常见的盈利策略和操作手法运用到其中，取得了较好的收益，于是就有了这本《小马白话期权 2——多品种交易机会与稳健盈利策略》。

2019 年对于期权来说是值得纪念的一年，年初上线了橡胶期权、棉花期权、玉米期权，之后还会有更多的指数期权、ETF 期权和商品期权上市。随着期权品种的增多，越来越多的投资者可以充分利用好期权工具，发挥其在价值发现、套期保值、现货保险等方面的功能，我国的期权市场也将迎来全新属于期权的大时代！掌握并熟练使用期权工具，就把握了未来 5～20 年投资的大机会。目前，在公募、私募、券商、散户等各类人群中已经掀起学习期权、使用期权的热潮。

在近三年的期权交易和本书的编写过程中，我付出了超出常人的精力和热情，将本职工作之外的业余时间大多都投入对期权的研究中，虽然在期权交易中收获了一些经验和成绩，但也少了对家人的陪伴，虽然有时候在想这样做是否值得，但我确实热爱期权，期权不仅可以获得盈利，还能获得让投资掌握在自己手中的乐趣，同时，有那么多粉丝的支持和关注，一半是荣誉，一半是责任，推动我前行。

在此，感谢支持、包容我的家人，如果没有他们的支持，我就没有如此多的时间投入期权事业中；感谢王勇老师，带我在期权之路上驰骋；感谢禅者 yxh 为书中部分章节的配诗，他结合当时市场境况，融入自己的所想、所感，为各章节题诗填词，既贴近市场，又与章节内容相得益彰；感谢一路鼓励、支持和陪伴我的知己、朋友、各群群友，以及本书读者，我们在期权之路上携手同行。

最后，送认真看完本书的读者两句话：

- 财不入急门。
- 标的为王，策略制胜。

小　马

2019 年 4 月于北京